はじめに

本書をお手に取っていただきありがとうございます。
本書は宅建試験合格をめざす方に向けて「時短」をテーマに構成されたテキストになります。

ネット検索すると法律の知識ゼロから宅建試験合格に必要な時間は大体「300時間」とよく出てきます。3～4ヶ月、毎日3時間ぐらい勉強することになります。

しかし、仕事があり、子育てがあったりと、たとえ3ヶ月でも毎日3時間の勉強時間を確保するのは大変です。
本書で合格に必要な勉強時間をできるだけ短くして、効率よく合格を目指してほしいです。

宅建にも「暗記」は必要ですが、「暗記の仕方」もやり方次第で**「時短」**ができます。
たとえば、

○書いて覚えようとしない
覚えるまで「繰り返し書く」は効率がよくありません。はっきり言って書いている時間がもったいない。**覚えたと思ったらすぐ「問題を解く」**書くよりも問題を解くほうが覚えられます。宅建試験は、マークシート方式で書かせる問題ではありません。

○テキストは読みながすだけで無理に覚えようとしない
テキストを読むだけではなかなか内容は覚えられません。
より記憶が定着するのは、テキストを読んでいるときではなく、問題を解いているときです。
あれ何だったかなあと思い出すときが一番記憶できるときです。
本書の○×ドリルをしっかり解くようにしてください。
問題を解くまでをセットにしてより効率的に勉強していきましょう。

私は「宅建」に関わるようになってから10年以上になります。仕事をしながら宅建試験にも挑戦しました。合格したときの喜びは今思い出してもうれしく感じます。宅建試験合格を目指している人にこの喜びを味わってほしい、そのために本書が少しでもお役に立てれば、これ以上の幸せはありません。

大西 邦高

目次

11 請負契約 178

12 貸借契約 184

13 委任契約やその他の契約 194

14 契約によらない債権債務 202

法令上の制限

10 税金　410

11 景品表示法　424

12 独立行政法人 住宅金融支援機構　428

13 土地・建物に関する一般常識　432

宅建業法

3 営業保証金制度 482

4 保証協会 494

5 業務に必要な掲示・携帯等 506

宅建試験のガイドライン

「試験はいつですか?」

「10月の第3日曜日です」

□試験機関　(財)不動産適正取引推進機構(試験部)
〒105-0001　東京都港区虎ノ門(第33森ビル3階)
電話 03-3435-8111　http://www.retio.or.jp/

□試験要項　本年度試験の詳細は6月上旬に発表される試験要項に基づくため,本書発刊時期の都合上,以下の記述は昨年度の試験要項に倣っています。

□受験資格　特に受験資格はなく誰でも受験できます。

□試験日時　10月第3日曜日　13～15時(一部免除は13時10分～15時)

□試験場所　受験申込み時に希望地・会場を指定し審査を経て郵送される受験票に記載されます。

□合格発表　11月下旬～12月初旬に合格者名簿の掲示と公報等への掲載によって行われます。合格者には合格証書が送付されます。

「試験時間は何分ですか?」

「全50問を2時間で解かなければなりません」

□持参物　受験票と筆記用具(BかHBの鉛筆)。受験地によっては上履き。

□試験方法　四肢択一,マークシート方式で行われます。

□出題数　50問

□試験時間　2時間

□一部免除　登録講習を受講した方は5問が免除され45問につき1時間50分の試験時間となります。登録講習の詳細については試験機関や試験協力機関等に直接お問い合わせください。

□合格目標点　7割の正解(35点)が合格ラインの目安となっています。

「どんな問題が出題されるのですか?」

「宅地建物に関係する様々な法律から,広く出題されます」

□出題内容　民法……………………………… 10～11問
借地借家法 ………………………………… 2問

区分所有法 ……………………………………… 0～1問
不動産登記法 …………………………………… 1問
国土利用計画法 ………………………………… 1問
都市計画法 ……………………………………… 2問
建築基準法 ……………………………………… 2問
土地区画整理法…………………………………1問
農地法……………………………………………1問
諸法（雑法）……………………………………1問
税法………………………………………………2問
不動産の鑑定評価に関する法律，地価公示法……1問
宅地建物取引業法……………………………… 20問
時事問題（一部免除あり）……………………1問
（独）住宅金融支援機構（一部免除あり）…………1問
不当景品類及び不当表示防止法（一部免除あり）1問
土地，建物の常識問題（一部免除あり）…………2問

□**出題法令**　その年の4月1日現在に施行されている法令が出題対象となります。

「法律改正にはどう対処すべきですか?」

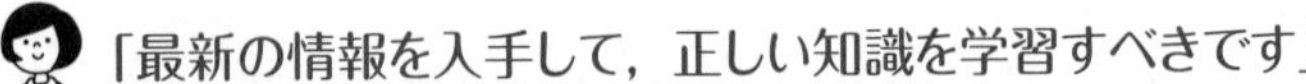

「最新の情報を入手して，正しい知識を学習すべきです」

□**出題法令**　本書発刊以降に改正される法律もあります。また4月1日以降に改正されても，4月1日以前に繰り上げて施行される場合もあります。

「受験案内（受験申込書）はどこで入手できますか?」

「まずは，住所地の協力機関に問い合わせてみましょう」

□**問合わせ先**　都道府県によって配布場所・入手方法等が異なりますので，試験機関または試験協力機関に直接お問い合わせください。ただしインターネットによる受験申込みでは不要です。

□**配布期間**　7月上旬～申込み受付終了日

「申込みはいつまでですか?」

「便利なインターネット申込みがおすすめです」

□**受付期間**　インターネットは7月上～中旬，郵送は7月上～下旬

□**写真**　6ヶ月以内に撮影したもので，無帽，無背景。4.5cm×横3.5cm

□**受験手数料**　8,200円

□**手数料納入**　受験申込前に，所定の郵便振替用紙による郵便局，または（財）不動産適正取引推進機構が指定する銀行口座への振込み等です。

法律改正に対応するには

宅建試験では，例年，法改正されたところがよく出題されます。しかし，独学で勉強をしていると法改正については疎かになりがちです。ですが，とても大切ですので，夏頃には一度，最新だけでなく「最新」＋「近年の法改正」についても整理しておきましょう。その場合も，「改正点」だけを覚えるのではなく，改正前の知識も覚え，どのように変わったのかを知ることで，より強く印象に残すことができます。

次ページに近年の改正点についてまとめました。参考にしてみてください。しっかりと理解することで得点源にしていきましょう。

とりい書房ホームページ

新刊の情報，正誤表など随時更新しております。

URL：https://toriishobo.co.jp/

※ 著者，とりい書房は本書の使用による合格を保証するものではございません。本書の内容については正確な記述につとめましたが，著者，とりい書房は内容に一切責任を負いかねますので，あらかじめご了承ください。

改正点まとめ

【権利関係】

■相続登記の申請が義務化（2024年（令和6年）4月1日から）

相続登記の義務化の背景には、所有者不明土地の急増があげられます。平成28年度の国土交通省の調査によると、日本全土の土地のうち、20%の土地が登記簿上で所有者がわからないという調査結果が出ています。

相続登記には、相続人全員の同意を得る必要や登録免許税、司法書士の先生への報酬など費用も必要になったり、面倒な手続きもあります。価値が低いと思われている田舎の土地や田・畑などは、相続登記せずにそのまま放置されるということも少なくありません。

しかし、所有者不明の土地は、そのままでは、売買が出来ず、公共事業、災害復旧工事などで土地活用をしたいときの大きな妨げとなります。

また、所有者不明の土地は、管理されず、放置されることが多く、その土地だけでなく、周辺への悪影響も発生します。

また、高齢化により、ますます所有者不明土地が増えることが懸念されています。

このような問題を改善するために相続登記が義務化されることになります。

○相続や遺贈により不動産を取得した場合、相続の開始を知り、かつ、その所有権を取得したことを知った日から3年以内に相続登記の申請をしなければならない。

（不動産登記法76条の2第1項）

○遺産分割が成立した場合には遺産分割の日から3年以内にその内容を踏まえた登記申請をしなければならない。

（不動産登記法76条の2第2項、76条の3第4項等）

相続登記申請義務については、罰則規定があり、正当な理由がないのに申告を怠ったときは10万円以下の過料となります。

（不動産登記法164条1項）

相続登記申請義務は、施行日（2024年4月1日）より前に相続が発生していた場合にも適用されます。

なお、この場合の履行期間（3年間）の起算点は、相続登記義務の要件を充足した日と施行日のいずれか遅い日となります。

■相続土地国庫帰属法〔2023年（令和5年）4月27日〕

相続等で土地を取得した相続人が、その土地を国に引き継ぐことができる制度
これまではいらない土地を手放すためには、土地を譲り受けてくれる人を自分で探さなければいけませんでした。しかし、相続土地国庫帰属法の施行により、国の審査に合格した土地については、負担金を納付することで国に引き取ってもらえるようになりました。

■相隣関係の法改正

★隣地使用権

民法改正により、一定の目的のためであれば、必要な範囲内で隣地所有者の承諾なしに隣地を使用することができるとされました。
○境界またはその付近における障壁、建物その他の工作物の築造、収去または修繕
○境界標の調査または境界に関する測量
○隣地に生えている竹木の枝の切り取り

ただし、承諾なしとはいっても、使用するときは、あらかじめその目的、日時、場所、方法を隣地所有者に通知しなければなりません。もしも隣地が借家で所有者とは別の使用者がいた場合はその使用者にも通知が必要となります。なお、隣地所有者が不明の場合は、所有者が分かった後に通知すればよいとされています。また、あくまでも隣地にとって負担の少ないものを選ばなければなりません。

★ライフライン設置権

新たに建物を建てたときなどにそこにライフライン（電気・ガス・水道等）を引き込むにあたって他の土地を通過したり、他の土地上の設備を使用せざるを得ないときなどは、必要な範囲内で、他人の土地に設備を設置したり、他人の設備を使用することが可能となりました。
電話やインターネット等も適用されます。
周囲の土地の所有者の承諾は不要になります。ただし、その目的、場所、方法を土地や設備の所有者（所有者以外に使用者がいる場合は使用者にも）事前に通知が必要になります。
また、最も負担の少ないものを選ばなければいけません。

★越境した竹木の枝の切り取り

隣地に生えている木の枝が境界線を越えて伸びている場合、越境された側は勝手に切ることは出来ず、まずは木の所有者に対して切ってくださいと請求するに留まります。

しかし、法改正により一定のケースにおいて、越境された土地の所有者が枝を自ら切り取ることが可能になりました。

○竹木の所有者に枝を切除するように催告したにもかかわらず、竹木の所有者が相当の期間内に切除しないとき（木の所有者が共有の場合は共有者全員に催告の必要あり）
※相当の期間とは通常２週間程度といわれています。

○竹木の所有者を知ることができず、またはその所在を知ることができないとき

○急迫の事情があるとき
切ってくださいといってもちっとも対応してくれない、木の所有者が不明で請求のしようがない、台風などが迫っていて急いで切らないと被害が生じる可能性があるなど。

■共有関係の法改正

★共有物の変更

共有物を変更するときは共有者全員の同意が必要ですが、共有者が誰であるか不明であったり、または共有者が行方不明のときは、裁判所はその共有者（所在等不明共有者）以外の共有者の同意を得て共有物に変更を加えることができる旨の裁判をすることができるとされました。

★共有物の管理

共有物の管理は各共有者の持分価格の過半数で決めるとされています。
しかし、共有者が誰であるか不明、行方不明、非協力的などで、持分価格の過半数の同意を得られないこともあります。裁判所は、次に掲げるときは、その共有者以外の共有者の持分価格の過半数で、共有物の管理に関する事項を決めることができる旨の裁判をすることができるとされました。

○共有者が誰であるか不明のとき、または共有者が行方不明のとき

○共有者に対し、共有物の管理に関する事項を決めるにあたって賛否を明らかにするよう催告した場合において、その共有者が相当期間内に賛否を明らかにしないとき

★裁判による共有物分割

共有物の分割については、共有者間で協議が調わないときは、その分割を裁判所に請求することできるとされています。
その場合、分割する方法は、「現物分割」(共有物を現物のまま特定の共有者に取得させる)もしくは、「競売」の２択しかありませんでした。しかし、現物分割だけで

は共有者間に不公平が生じる場合、金銭による調整を行う等、柔軟な共有物分割の必要性から「共有者に債務を負担させて他の共有者の持分の全部または一部を取得させる方法」による分割方法が追加されました。
これにより、共有者の一人が他の共有者の持分のすべてを取得する代わりに、他の共有者に対してその対価を支払うことで分割する方法も可能となりました。裁判所は、共有物分割の裁判において、当事者に金銭の支払い、物の引渡し、登記の履行その他の給付を命ずることができます。

★所在等不明共有者の持分の取得
共有者が不明、または共有者が行方不明の時は、裁判所は一定の例外を除いて所在等不明共有者の持分を他の共有者に取得させる旨の裁判をすることができるとされました。
なお、所在等不明共有者は、持分を取得した共有者に対して、その持分の時価相当額の支払いを請求することができます。

【法令上の制限】

■宅地造成及び特定盛土等規制法〔2023 年（令和 5 年）5 月 26 日から〕
「宅地造成等規制法」は「宅地造成及び特定盛土等規制法」に改正されました。

〇宅地造成及び特定盛土等規制法の目的
この法律は、宅地造成、特定盛土等または土石の堆積に伴う崖崩れまたは土砂の流出による災害の防止のため必要な規制を行うことにより、国民の生命および財産の保護を図り、もって公共の福祉に寄与することを目的としています。

★宅地造成等工事規制区域の指定（10 条）
都道府県知事（指定都市または中核市の市長）は、宅地造成等（宅地造成、特定盛土等または土石の堆積）に伴い災害が生ずるおそれが大きい市街地もしくは市街地になろうとする土地の区域または集落の区域（市街地等区域という）であって、宅地造成等に関する工事について規制を行う必要があるものを、宅地造成等工事規制区域として指定することができる。

★宅地造成等に関する工事の許可（12 条）
宅地造成等工事規制区域内において行われる宅地造成等に関する工事については、工事主は、当該工事に着手する前に都道府県知事の許可を受けなければならない。

○宅地造成等（宅地造成、特定盛土等）に該当する土地の区画形質の変更とは

宅地造成…宅地以外の土地を宅地にするために行う盛土その他の土地の形質の変更で政令で定めるものをいう。

特定盛土等…宅地または農地等において行う盛土その他の土地の形質の変更で、当該宅地または農地等に隣接し、または近接する宅地において災害を発生させるおそれが大きいものとして政令で定めるものをいう。

政令で定めるもの

1. 盛土であって、当該盛土をした土地の部分に高さが 1m を超える崖を生ずることとなるもの
2. 切土であって、当該切土をした土地の部分に高さが 2m を超える崖を生ずることとなるもの
3. 盛土と切土とを同時にする場合において、当該盛土及び切土をした土地の部分に高さが 2m を超える崖を生ずることとなるときにおける当該盛土及び切土
4. 1. または 3. に該当しない盛土であって、高さが 2m を超えるもの
5. 1. から 4. のいずれにも該当しない盛土または切土であって、当該盛土または切土をする土地の面積が 500㎡を超えるもの

○土石の堆積とは

1. 高さが 2m を超える土石の堆積
2. 1. に該当しない土石の堆積であって、当該土石の堆積を行う土地の面積が 500㎡を超えるもの

★宅地造成等に関する工事の技術的基準等（13 条）

宅地造成等工事規制区域内において行われる宅地造成等に関する工事は、一定の技術的基準に従い、擁壁等（擁壁、排水施設など）の設置その他宅地造成等に伴う災害を防止するため必要な措置が講ぜられたものでなければならない。

一定の資格を有する者の設計によらなければならない工事

1. 高さが 5 mを超える擁壁の設置
2. 盛土または切土をする土地の面積が 1,500㎡を超える土地における排水施設の設置

★完了検査等（17 条）

宅地造成または特定盛土等に関する工事について許可を受けた者は、当該許可に係る工事を完了したときは、工事が完了した日から 4 日以内にその工事が技術的基準等に

適合しているかどうかについて、都道府県知事の検査を申請しなければならない。

★監督処分（20 条）

1. 都道府県知事は、偽りその他不正な手段により許可を受けた者またはその許可に付した条件に違反した者に対して、その許可を取り消すことができる。
2. 都道府県知事は、宅地造成等工事規制区域内において行われている宅地造成等に関する次に掲げる工事については、当該工事主または当該工事の請負人（下請人を含む）もしくは現場管理者に対して、当該工事の施行の停止を命じ、または相当の猶予期間を付けて、災害防止措置（擁壁等の設置など）をとることを命ずることができる。
3. 都道府県知事は、宅地造成等工事規制区域内の次に掲げる土地については、当該土地の所有者、管理者もしくは占有者または当該工事主に対して、当該土地の使用を禁止し、もしくは制限し、または相当の猶予期間を付けて、災害防止措置をとることを命ずることができる。
   (1) 許可を受けないで宅地造成等に関する工事が施行された土地
   (2) 検査を申請せず、または検査の結果、工事が技術的基準等に適合しないと認められた土地など

★工事等の届出（21 条）

1. 宅地造成等工事規制区域の指定の際、当該宅地造成等工事規制区域内において行われている宅地造成等に関する工事の工事主は、その指定があった日から 21 日以内に、当該工事について都道府県知事に届け出なければならない。
2. 宅地造成等工事規制区域内の土地において、擁壁や崖面崩壊防止施設で高さが 2 mを超えるもの、地表水等を排除するための排水施設などの全部または一部の除却の工事を行おうとする者は、その工事に着手する日の 14 日前までに、その旨を都道府県知事に届け出なければならない。
3. 宅地造成等工事規制区域内において、公共施設用地を宅地または農地等に転用した者は、その転用した日から 14 日以内に、その旨を都道府県知事に届け出なければならない。

★土地の保全等（22 条）

1. 宅地造成等工事規制区域内の土地の所有者、管理者または占有者は、宅地造成等（宅地造成等工事規制区域の指定前に行われたものを含む）に伴う災害が生じないよう、その土地を常時安全な状態に維持するように努めなければならない。
2. 都道府県知事は、宅地造成等工事規制区域内の土地について、宅地造成等に伴う災害の防止のため必要があると認める場合においては、その土地の所有者、

管理者、占有者、工事主または工事施行者に対し、擁壁等の設置または改造その他宅地造成等に伴う災害の防止のため必要な措置をとることを勧告することができる。

★立入検査（24条）

都道府県知事は必要な限度において、その職員に、当該土地に立ち入り、当該土地または
当該土地において行われている宅地造成等に関する工事の状況を検査させることができる。

★報告の徴収（25条）

都道府県知事は、宅地造成等工事規制区域内の土地の所有者、管理者または占有者に対し
当該土地または当該土地において行われている工事の状況について報告を求めることができる。

〇特定盛土等規制区域とは

都道府県知事は、宅地造成等工事規制区域以外の土地の区域であって、土地の傾斜度や渓流の位置などの自然的条件および周辺地域における土地利用の状況や社会的条件からみて、当該区域内の土地において特定盛土等または土石の堆積が行われた場合には、これに伴う災害により市街地等区域その他の区域の居住者等の生命または身体に危害を生ずるおそれが特に大きいと認められる区域を特定盛土等規制区域として指定することができる。

★特定盛土等または土石の堆積に関する工事の届出（27条）

特定盛土等規制区域内において行われる特定盛土等または土石の堆積に関する工事については、工事主は、当該工事に着手する日の30日前までに当該工事の計画を都道府県知事に届け出なければならない。

★特定盛土等または土石の堆積に関する工事の許可（30条）

特定盛土等規制区域内において行われる特定盛土等または土石の堆積で政令で定める規模（大規模な崖崩れまたは土砂の流出を生じさせるおそれが大きいもの）に関する工事については、工事主は、当該工事に着手する前に、都道府県知事の許可を受けなければならない。

政令で定めるもの

1. 盛土であって、当該盛土をした土地の部分に高さが2mを超える崖を生ずるこ

ととなるもの
2. 切土であって、当該切土をした土地の部分に高さが 5 mを超える崖を生ずることとなるもの
3. 盛土と切土とを同時にする場合において、当該盛土および切土をした土地の部分に高さが 5 mを超える崖を生ずることとなるときにおける当該盛土および切土
4. 1. または 3. に該当しない盛土であって、高さが 5 mを超えるもの
5. 1. から 4. のいずれにも該当しない盛土または切土であって、当該盛土または切土をする土地の面積が 3,000㎡を超えるもの

★土地の保全等（41 条）

1. 特定盛土等規制区域内の土地の所有者、管理者または占有者は、特定盛土等または土石の堆積（特定盛土等規制区域の指定前に行われたものを含む）に伴う災害が生じないよう、その土地を常時安全な状態に維持するよう努めなければならない。
2. 都道府県知事は、特定盛土等規制区域内の土地について、特定盛土等または土石の堆積に伴う災害の防止のため必要があると認める場合においては、その土地の所有者、管理者、占有者、工事主または工事施行者に対し、擁壁等の設置または改造その他特定盛土等または土石の堆積に伴う災害の防止のため必要な措置をとることを勧告することができる。

○造成宅地防災区域とは

宅地造成等工事規制区域や特定盛土等規制区域は、これから宅地造成等や特定盛土等などを行う場合を規制の対象としていますが、造成宅地防災区域は、すでに造成された「既存の造成宅地」の崖崩れを防ごうというものです。特定盛土等規制区域と同様に宅地造成工事規制区域の土地を除いて指定されます。

★造成宅地防災区域の指定（45 条）

都道府県知事は、宅地造成または特定盛土等（宅地において行うものに限る）に伴う災害で相当数の居住者等に危害を生ずるものの発生のおそれが大きい一団の造成宅地（宅地造成等工事規制区域内の土地を除く）の地域であって政令で定める基準に該当するものを造成宅地防災区域として指定することができる。

政令で定める基準

1. 次のいずれかに該当する一団の造成宅地の区域（盛土をした土地の区域に限る）であって、安定計算によって、地震力およびその盛土の自重による当該盛土の滑り出す力がその滑り面に対する最大摩擦抵抗力その他の抵抗力を上回ることが確かめられたもの

イ　盛土をした土地の面積が3,000㎡以上であり、かつ、盛土をしたことにより、当該盛土をした土地の地下水位が盛土をする前の地盤面の高さを超え、盛土の内部に侵入しているもの

ロ　盛土をする前の地盤面が水平面に対し20度以上の角度をなし、かつ、盛土の高さが5m以上であるもの

2. 盛土または切土をした後の地盤の滑動、宅地造成または特定盛土等（宅地において行うものに限る）に関する工事により設置された擁壁の沈下、盛土または切土をした土地の部分に生じた崖の崩落その他これらに類する事象が生じている一団の造成宅地の区域

★災害の防止のための措置（46条）

造成宅地防災区域内の造成宅地の所有者、管理者または占有者は、災害が生じないよう、その造成宅地について擁壁等の設置または改造その他必要な措置を講ずるよう努めなければならない。

都道府県知事は、造成宅地防災区域内の造成宅地について、災害の防止のため必要があると認める場合においては、その造成宅地の所有者、管理者または占有者に対し、擁壁等の設置または改造その他災害の防止のため必要な措置をとることを勧告することができる。

宅建に独学で合格するために

「宅建」。正式には「宅地建物取引士」です。国家資格で，毎年 10 月に試験があり，年齢も経験も様々な受験生が 20 万人前後挑戦し，合格率は 15% 前後です。人気資格として，通信教育や資格講座など様々あります。独学は，費用も安く，手軽に始められる反面，やめるのも簡単です。「法改正に対応できない」「モチベーションの維持が難しい」「わからないところがあっても質問できない」などデメリットもあります。
ここでは，独学でこの宅建に合格するために勉強の仕方や勉強時間，モチベーションを維持する方法，何に重点を置いて勉強するかなどお話ししていきます。

勉強の仕方

教科書を読み込んで過去問を解く

教科書を読んで，理解して覚えたと思ったら，過去問を解いてみる。インプットとアウトプットを繰り返します。本試験では，覚えた知識を総動員して 50 問を解かなければいけません。アウトプットの練習は必要です。過去問を解くことで，長文を読むことに慣れて，聞かれていることが理解できる力（読解力）を養うことができます。

宅建業法に重点を置いて勉強する

宅建業法は，宅建試験 50 問中 20 問の出題で，権利関係 14 問，法令上の制限 8 問と比べて出題数が多く，得点源になります。比較的とっつきやすく，過去問をやってみるとわかりますが，テキストの内容がそのまま問われることがあり，勉強すればするだけ，点数が取りやすい科目になります。宅建業法の分野は例年，合格者は 20 点 ~18 点ぐらいの高得点を取っています。

どこで勉強するか

結論から言えば，どこでも構いません。ただ，やはり自宅が一番だと思います。静かな環境で落ち着いて勉強してもらいたいと思います。喫茶店や図書館などの外での勉強は，慣れない環境では緊張するので，集中力が高まります。また，毎日静かな環境で勉強していることに慣れてしまうとちょっとした物音で集中できなくなるかもしれません。試験会場は意外とうるさいです。ある程度うるさい環境でも集中できるようにお店などでの勉強も必要かもしれません。

勉強時間とスケジュールの立て方

どのくらい勉強するか

目安は 300 時間とよく言われます。人によって必要な時間は多少違ってくるかもしれません。法律になじみのない初学者の方だと 300~400 時間程度が必要とされる場合が多いようです。6 月から勉強を開始すると，1 日 3 時間ぐらいの勉強を毎日つづけて，10 月の試験当日を迎える感じです。宅建の試験勉強は，忘却との戦いです。少しずつでもいいので，過去問 1 問，教科書 1 ページでもいいので，毎日やってください。

スケジュールを立てる

独学の場合，試験日までの勉強のスケジュールは自分で立てなくてはいけません。そしてスケジュールを立てることは合格するためにはとても重要です。計画通りに勉強することで達成感と安心感があります。試験直前期には，やり込みが足りずに不安になったり，やるべき範囲をやり残してしまうような失敗の可能性が減ります。まず，1 日の中で，仕事や学校，食事，入浴，睡眠などの必ず必要になる時間を確保したうえで，それ以外の時間でどのくらいの時間を宅建の学習に充てられるか考え，計画を立て，1 日，1 週間，1 ヶ月と実行して行ってください。

合格後のメリットを考える

宅建の勉強をはじめる上で，合格後のメリットは，やる気，モチベーションを維持していくためにも大事です。
主なものは以下が考えられます。

★就職・転職に有利

不動産業界の就職・転職にはとても有利です。なぜならこれは試験でも出題されることですが、「宅地建物取引業者が、その事務所などに“成年の専任の宅地建物取引士”を置かなければならない義務」があるからです。宅建業を営む事務所は5人に1人の割合で，宅建士を設置しなければいけません。会社としては，退職や長期の入院など宅建士の不足に備えて有資格者は入社させておきたいものです。

★年収もアップ

宅建士を必要とする会社では，有資格者に対して，15,000~30,000の資格手当が支給されます。つまり資格を持っているだけで，年間20~30万円の年収アップにつながります。

★他の資格試験にも挑戦しやすい

宅建士試験に合格すると，他の資格試験にも挑戦しやすくなります。ＦＰなどは試験科目に不動産の分野があり，宅建で勉強したことがそのまま役に立ちます。不動産関連資格の管理業務主任者，マンション管理士も出題形式や内容が宅建とよく似ています。法律資格の登竜門といわれる宅建は，民法を学習するので，行政書士，司法書士，司法試験など民法に関する出題が多い法律系資格の基礎固めとすることができます。

時短宅建学習法を科学する

「時短宅建学習法とはどういうことですか?」

「無駄を省いて宅建試験合格に必要な知識を最短で身につける学習方法です」

通常の学習方法では，基礎から始めて次第に発展させていきますが，試験範囲の膨大な宅建試験では，特に仕事を持ち多忙な受験生にとっては，学習量の切詰めが合否を決する最大の課題です。だからといって要約し過ぎた「まとめ本」の類では，難関化しつつある宅建試験には太刀打ちできません。必要最小量の内容を最短時間でいかに効果的に身につけるか，いい換えれば，いかにして学習の無駄を省くかが学習術のひとつの理想といえます。

その理想を実現すべく，受験生が切望する「最小量テキスト」と「わかりやすい親切設計」を１冊に同居させた仕組みが，まさにリバース式なのです。

「このナビはなんですか?」

「“最小量+わかりやすい” を両立させるナビゲーションです」

本書は試験に必要な知識・情報を採取・分析したうえ，一定の公式に従って再構成しています。

暗記ナビ	試験頻出の最重要ポイントです。覚えやすくキーワード化したり，端的な表現で言い切ったりと，暗記に特化した形式にしてあります。その場で覚えてしまいましょう。

「なにを指しているか自信がない，内容があいまい……次へ!」

解説ナビ	より早く確実に理解できるよう，必要最小限の文言で解説しています。条文や規定に忠実な正攻法の講義です。いい換えれば通常の法律解説に最も則した形式です。

「よくわからない，理解不足を実感したら……次へ!」

基本ナビ	語句の意味や例をあげた親切講義です。項目ごとの基本的な学習態度や具体的な計算方法等，解説を読んでよくわからないと感じた場合にはじっくり読んでください。

「ここまでくれば理解できたでしょう! 思い出せたでしょう!」

時短宅建学習法を実践する

「実際に，これらのナビを使ってどう学習していくのですか?」

「まず最初に［暗記ナビ］を読んでください」

［暗記ナビ］がなにを意味しているのか，言葉や数字の意味や具体的な内容が連想できますか？ しっかりと学習できていれば，簡略化した言葉からもその内容がすぐにわかるでしょう。その項目の学習が完成の域に達していれば，過去問でどう使われていたかさえ思い出せるはずです。

［暗記ナビ］が満足に理解できていれば次のページ（項目）へ進んでください。

「え? その先を読まなくてもいいのですか?」

「ハイ。わからなかったときだけ［解説ナビ］へ進みましょう」

学習は効率的に。［暗記ナビ］が満足に理解できていれば，［解説ナビ］以降へ進む必要はありません。しかし［暗記ナビ］の学習成果に自信のないときやピンとこないとき，忘れてしまったことを自覚したときは［解説ナビ］で詳しい解説を読んでみましょう。以前の学習内容が蘇って来るはずです。

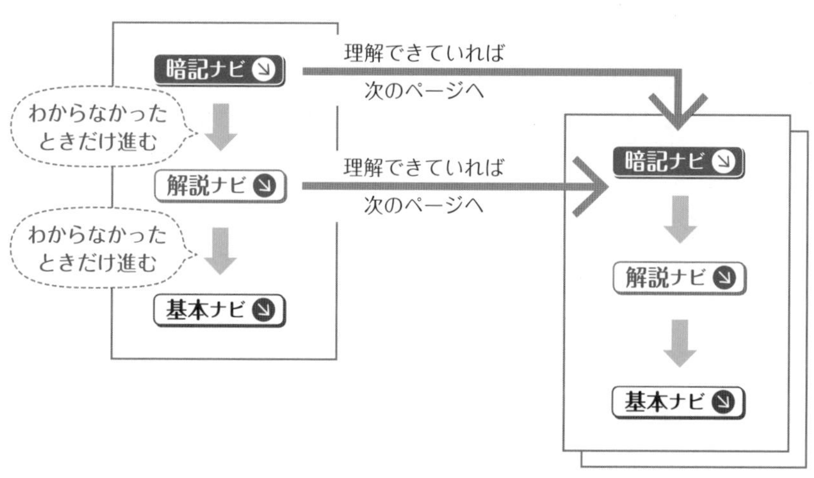

「なるほど。じゃあ［解説ナビ］でもわからなかったら?」

「そのときは［基本ナビ］で基本からやり直しましょう」

時は金なり。“わかっていれば即省略”が本書の基本姿勢ですから，[解説ナビ]でもしっくりこない場合にのみ [基本ナビ] に進み，最初からじっくりと読み直しましょう。その際は [基本ナビ] → [解説ナビ] → [暗記ナビ] と本書を下から上へ読み進めることです。

「1回読み通せば十分ですか?」

「いいえ，反復学習こそ宅建学習の基本です」

[暗記ナビ] → [解説ナビ] → [基本ナビ] という学習の流れをくり返しましょう。刀を造る鍛冶のように，知識を何度もたたき直して，理解の深化と暗記の定着を図るのです。回数を重ねていくうちに，[暗記ナビ] だけで学習を終えられる項目が増えてゆき，学習時間も短縮できるようになります。

「テキストを学習するだけでいいのですか?」

「問題集とセットで完成すると考えてください」

テキストと問題集で学ぶ知識の種類に違いはなく，違いがあるとすればテキストは「知識が深まる」のに対して，問題集は「知識が身につく」点です。つまり問題集はテキストの学習を補完する立場にあり，その意味で不可欠な教材です。セットで学習すれば１＋１＝２以上の大きな効果が期待できます。

「学習計画はどう立てればいいですか?」

「本書に沿って，権利関係から始めましょう」

まずは，メインともいえる権利関係の学習を，１回通して終えたい時期を目標として設定しましょう。ただし，あまり時間を割きすぎると，他の２分野（宅建業法・法令上の制限）の学習時間が確保できない事態に陥りかねません。権利関係の学習を「○月○旬まで」「○月第○週まで」に終わらせるという目標をしっかり立て，それを厳守することが大切です。

「初学者（はじめて学習する受験生）はどうすればいいですか?」

「ご心配なく。同じく基本姿勢は，わかっていれば即省略!」

初学者とはいえ方法論は同様です。できる項目は手短に済ませ，残った学習時間はなるべく不得意項目へ回すためにも，暗記と理解を同時進行で，かつ問題意識を持って学習する姿勢が肝心です。

「試験直前期はどうすればいいですか?」

「直前期こそ［暗記ナビ］の出番です!」

［暗記ナビ］を確認しながら進めます。習得している項目は再度学習せず，自信のない項目にのみ時間を割き貴重な時間を最大限に活用します。問題に多く触れ，不正解や理解のあいまいな項目はテキストに戻って重点的に学習します。

いろいろな角度から学習する

本書では，ひとつの項目をさまざまな角度から学習できるよう，過去問等から独自に分析した以下のデータやコラムを項目ごとに掲載しています。

ひっかけ注意!!

ひっかけ問題として受験生を悩ますポイントを取りあげています。間違えやすい規定，思込みや誤解を生みやすい箇所を事前に知っておきましょう。

○×ドリル

宅建試験の過去問題を中心に出題しています。参照ページに従って正解とワンポイント解説を読み，項目ごとの理解度を確認してください。

出題頻度 ★★★★★

宅建試験における出題頻度をわかりやすく表しています。過去問分析から5段階で分類し最高値は5，最低値は1となり，赤色で塗られている数がその値です。

別表現では

本試験でよく用いられる［暗記ナビ］の別表現を掲載しています。出題時の表現が違っていたために得点できない事態を避ける狙いがあります。

語句の意味をチェックする

耳慣れない言葉・難解な用語に対して解説しています。あくまでも本文中の語句についての意味であり，一般的な意味とは異なる場合があります。

関係する条文

合格するために，条文そのものを取り立てて学習する必要はありません。条文との整合や学習上の資料として参照する場合を想定して掲載しています。

タグ

その項の学習内容を一般的な表現で端的に示したガイドです。項の内容を一言で表しており，本試験で扱われた項目を判断し，あるいは，その問題全体の構成を理解するためにとても有用です。

権利関係

権利関係を攻略する３つのコツ

1 権利関係の学習における37条書面の重要性

宅地建物取引士の業務には民法の知識が不可欠

宅地建物取引士を目指す皆さんにとって，資格取得後に取引士として重要な事務を行うためには，特に権利関係の知識が必要になります。宅建業法で定められた取引士の事務は，次の３つです。

① 宅建業法35条書面の説明，交付

② 〃 業法35条書面への記名

③ 〃 業法37条書面への記名

①②は顧客に対して行う「あなたが購入しようとする不動産はこういったものです」という商品説明です。③は契約内容のチェックを行う業務です。特に③では民法，民法特別法である借地借家法，区分所有法，不動産登記法等の広範な知識が必要とされます。

37条書面（宅建業法で学習する）	権利関係の規定
■契約の当事者の氏名住所	■意思表示・代理行為
■宅地建物を特定させるべき，所在番地等 ■代金または交換差金の額並びに，その支払方法と時期	■売買契約，賃貸借契約等・債権債務の発生
■不動産の引渡し時期	■債権債務の発生
■移転登記の申請時期	■所有権等の物権・不動産登記法
■代金または交換差金以外の金銭の授受に関する定め ■契約の解除に関する定め	■債権債務の消滅・債務不履行・手付
■損害賠償の予定または違約金に関する定め	■損害賠償等
■代金等の斡旋にかかわる金銭の貸借が成立しないときの措置	■債務不履行等・抵当権
■天災その他不可抗力による損害の負担に関する定め	■危険負担・債務不履行等
■不動産の契約不適合担保責任に関する定め	■売主の契約不適合担保責任
■不動産にかかわる租税その他の公課の負担に関する定め	（■税金）

本試験でも頻繁に出題される民法の重要項目が37条書面にこれほど多く含まれています。

宅地建物の取引のプロフェッショナルとしては，当然，権利関係について深い理解が必要ですが，本試験においては，取引士として初めて仕事をするにあたって最低限知っておきたい民法の知識，特に 37 条書面の事項に関わる権利関係の知識が重要となってきます。

取引士の事務を理解することは無駄のない権利関係の学習のための最も有効な方法です。特に宅建業法の学習後は必ず権利関係に立ち返って，自分が取引士になったつもりで権利関係を読み直してみてください。第 1 回目の学習時とはまったく異なった視点で権利関係を認識できるはずです。

2 早目に始めて，早めに切り上げる

捕らわれてはいけない，深入りしてはいけない

民法はとにかく理解することが多いので，学習自体には変化があって苦になりませんが，苦にならない＝民法が得意，と誤解してはいけません。現在の民法は明治時代の民法に少しずつ変更を加えたものであり，「しかし」「ただし」が頻繁にでてきます。この「しかし」「ただし」に深入りし過ぎると，なかなか民法学習から抜け出せなくなってしまいます。できるだけ早めに，できれば 6 月頃までにひと通り読み終わるよう計画してください。それ以降はとにかく練習問題に取り組むことです。そして 9 月にもう一度テキストを軽く見直しましょう。

3 判例も頻出ならばしっかり覚える

本書では判例が自動的に学習できる

民法は約 100 年前，明治時代にできた法律です。時代の変化に応じて生じてきた様々なトラブルすべてに民法の条文が対応している訳ではありません。そこで重要になってくるのが判例です。宅地建物の取引のプロを目指すには判例も重要な学習対象であり，近年の試験では判例も数多く出題されています。

本書では本文中に頻出判例を網羅しており，判例の理解が確実となります。

学習のポイントは？

契約が正常に成立しない理由に着目してください。そして，元々意思と表示が一致していなければ「無効」，とりあえず一致していれば「取消し」と理解してください。

ここで学ぶのはどんなこと？

［1-3］～［1-6］，［1-9］～［1-10］は出題頻度が圧倒的に高いので要注意。全体的に比較的難しめなので，基本事項の理解を最優先に。

1 問題ある意思表示

最初に知っておこう

私たちは日頃，当然のように街へ出て物を買い，それを消費して生活しています。

この物を買う行為は，売り手（売主といいます）と買い手（買主といいます）が存在してはじめて成り立ちますが，それは売り手や買い手各々が自分の希望と相手の希望を合致させた結果です。お互いの希望が合致してはじめて取引，つまりは契約が成立するのです。

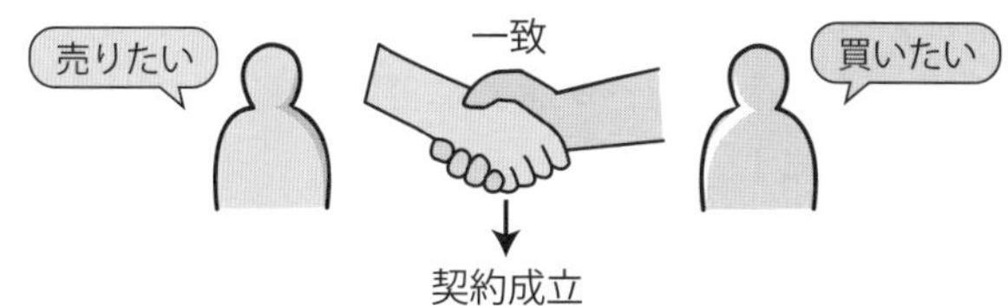

この当たり前の行為も，実は法律によって認められているのです。

法律では買う，借りる等によって目的物が引き渡される等の一定の効果が生じることを期待して行う行為を法律行為といいます。

そしてこの法律行為，つまり他人と契約を結ぶためには意思能力，権利能力，行為能力の３つが備わった者が，相手方に対して自分の考え（意思）を伝え（表示）なければならず，これを意思表示といいます。「売りたい」「買いたい」等の申込みの意思表示に対し，相手方の「買いましょう」「売りましょう」等の承諾の意思表示が合致したときに，契約は成立します。

ひとたび契約が成立すれば，その内容を実行し，たとえば買物であれば代金を支払い，かつ目的物の引き渡しを受けて，その契約を終了させます。

しかし，お互いの意思表示が合致しても，つまり契約が成立したように見えても，実際にその契約が正常な形では成立していないことがあります。

「どんなときに，契約が正常に成立しないのですか？」

「大きく分けて２つありますので，これから詳しくみていきましょう」

1 契約する者に問題がある場合

2 「契約したい」と表わすことに問題がある場合

どちらの場合でも「実際には契約が正常に成立していないから」と放っておくわけにはいかず，契約を終了させる必要があります。［1章］ではこれらの事態にどのように契約を終了させればよいのかを理解するのがポイントです。

語句の意味をチェックする

法律行為…売る，買う等，法によって行為者の希望通りの法律効果が認められる行為
意思能力…自己の行為の結果を判断することができる知的能力
権利能力…人であれば誰にでも認められる私権の主体となりうる能力
行為能力…自らの行為による法律行為の効果を自己に帰属させる能力
意思…しようとする考えや思い。「意志」とは異なる点に注意
意思表示…「～したい」等，一定の法律効果の発生を欲する意思を外部に対して表示する行為

1-1 無効とは

暗記ナビ

無効な行為ははじめから効力なし

解説ナビ 無効な行為は，行為の時点から有効となる余地のない行為です。

しかし，行為を継続することで本人がトクするときには，それを承知の上で追認することも考えられます。この場合，行為を行った時点に遡（さかのぼ）って有効とされるのではなく，追認による新しい行為と扱われます。

基本ナビ 法律行為には，表面的には成立しているように見えても「契約したい」と表すことに問題（欠缺（けんけつ））があるため無効とされる場合があります。

「無効とはいったいどういうことでしょうか？」

「意思表示が合致していない等により，行為を法律が否定することを無効といい，簡単にいうと無かったことにして契約を終了させる方法のひとつです」

無効な行為には意思無能力者や権利能力のない者のした意思表示，心裡留保（しんりりゅうほ），通謀虚偽（つうぼうきょぎ），公序良俗（こうじょりょうぞく）に違反する意思表示があります。

これらは無効な行為だからといってすべてをあきらめてしまう必要はありません。「無効だ」と理解したうえでその無効を改めて有効にできます。それが追認です。追認によって新しく行為を行ったものとして扱われます。

逆にいくら追認してもその追認が認められない行為も当然あります（［1-2］［1-6］参照）。無効に対して，これらを「効力，効果があること」という意味で有効といいます。

たとえば「物を買う」という法律行為には「物を渡す」「物を受け取る」という効果が発生します。行為になんら問題がない場合，その効果は有効です。しかし，その物が法律で所持を禁止されている拳銃や麻薬であった場合，効果は発生しないことになります。つまり正常に契約を行える場合を有効と覚えましょう。

語句の意味をチェックする

追認…過去に遡って事実を認めること　**遡る**…過去へと立ち返ること　**欠缺**…要件が欠けていること　**意思無能力者**…酩酊状態等の状態の者。［1-2］参照　**権利能力のない者**…人や法人（法律で有効な意思表示ができると認められた団体）以外の団体等。［1-2］参照　**公序良俗**…国家，社会の公共の秩序と普遍的道徳。［1-6］参照　**心裡留保**…意思表示をする者が，本心と違うことを口や書面で表示すること。［1-3］参照　**錯誤**…自らの認識とその認識の対象である客観的な事実が一致しないこと。［1-4］参照　**通謀虚偽**…意思表示をする者がその相手方と一緒にする真意でない意思表示。［1-5］参照

関係する条文 第119条〔無効行為の追認〕

1-2 契約できる者

暗記ナビ

意思無能力者，権利能力のない者による意思表示は無効

解説ナビ ［1章 - 最初に知っておこう］で述べた通り，意思表示する者は次の３つの要件が備わっていなければなりません。

1 **意思能力**
2 **権利能力**
3 **行為能力**

このうち1または2が欠けた，つまり意思無能力者や，権利の力のない者が意思表示した場合，その意思表示は無効となります。

3が欠けた，つまり行為能力を持たない者の意思表示の取り扱いは，［1-11］の取り扱いとなります。

基本ナビ 意思能力とは，自己の行為の結果を認識・判断することができる能力をいい，高度の精神病や酩酊状態の者等，意思能力がない者を意思無能力者といいます。たとえば酔っぱらいから「ダイヤモンドの指輪をプレゼントしてやるよ」といわれても，酔っぱらいのいうことを本気にする者がないように，意思無能力者による意思表示は無効となります。

権利能力は，権利を持ち，あるいは義務を負うことのできる資格や地位のことをいい，人であれば出生したときからこの権利能力を持つこととなります。つまり意思表示は人でなければできないということです。しかし銀行に預金を預ける際には，銀行と契約するように，実際には団体でも契約を締結できるのです。これはその団体が法律で「人」と認められているからです。これを法人といいます。

一方，法人以外の団体は自ずと権利能力を持たないので，意思表示できる者とはいえず，意思表示を行ったとしても無効となるのです。

○×ドリル 自己所有の土地を売却するＡの売買契約の相手方Ｃが意思無能力者であった場合，Ｃは，Ａとの間で締結した売買契約を取り消せば，当該契約を無効にできる。

関係する条文 第３条〔権利能力〕

1-3 心裡留保による意思表示

暗記ナビ

心裡留保による意思表示は，相手方が悪意 or 有過失の場合に無効

別表現では 自分の真意ではないと認識しながらした意思表示は…

解説ナビ 表意者が心裡留保（しんりりゅうほ）による意思表示をした場合，たとえ本心が別であっても口にしたその意思表示が有効となります。

しかし，相手方が実は表意者の本心について悪意（あくい）であったり，常識的に考えて本心でないことを知ることができるのに不注意のためわからなかった（有過失（ゆうかしつ））と判断される場合には，表意者の本心の方が有効となり，表意者は相手方に対して意思表示の無効を主張できるのです。

基本ナビ 心裡留保のことをよく“本心でない”といいますが，心のうち（裡）を留保するという表記からもわかるように，人をだましたり冗談をいう行為で，まさに意思と表示が合致していません。単に冗談で終わればいいのですが，冗談を本気にしてしまったことからトラブルが起こる場合もあります。このような場合には，冗談と知らずに本心と受け取った相手方が保護されています。実際の例をみてみましょう。

「Aが欲しくない（本心）のに，Bの絵画を見た際にお世辞で『僕にも描いてよ』（表示）とBに対していった場合は?」

「BはAの言葉を有効として『では描いてあげよう』と承諾すれば契約は成立し，後日AはBの絵画を受け取らなくてはなりません。というのもBはAの本心（お世辞）を知ることができないため，Aの意思表示を本心と素直に受けとめるしかないからです」

こうして契約が成立すると，後からAが「お世辞だったんだよ」と否定してもBから絵画を受け取るしかありません。この状況で否定すれば角が立つというものですよね。

ただし表示された意思をすべて有効としてしまうと公平とはいえないため，Bが冗談と知っていたか，親子や兄弟，親しい友人等知りうる立場であるときには，Aは「あれはお世辞だったんだよ。ごめん，もらえないよ」と無効を主張できます。

法律用語では本心や事実を知らないことを善意（ぜんい），表意者の本心や事実を知っていることを悪意といい，人を指す場合にはそれぞれ善意者，悪意者といいます。また，不注意を過失ということから，不注意であったことを有過失，注意していることを無過失（むかしつ）といいます。本試験においても，たとえば「知っている」は悪意と表現される場合がほとんどですから覚えましょう。

語句の意味をチェックする

表意者…意思表示をする者　**善意者**…ある事実について知らない者
悪意者…ある事実について知っている者

関係する条文 第93条〔心裡留保〕

1-4 錯誤による意思表示

暗記ナビ

錯誤による意思表示は取消し（ただし，表意者に重大な過失があった場合は有効）

別表現では 法律行為の要素に錯誤があった場合は…

解説ナビ 表意者が意思表示をするときに，法律行為の要素（行為内容の重要な部分）に錯誤（さくご）があった場合，その意思表示は原則として取消しとなります。

しかし，それが表意者自らの責任による重大な過失の結果であれば，表意者の方からは「それは取消しです」と相手方に主張できません。ただし，相手方が表意者が錯誤していることについて悪意の場合は，原則通り，表意者から相手方に取消しを主張できます。

また，表意者が意思表示するにあたり，動機に錯誤があった場合は，併せてその動機も表示していれば取消しを主張できます。

基本ナビ 勘違い，つまりは不注意（過失）はよくあることです。たとえば，おはぎと大福が同じ物と思い込みおはぎがほしいのに大福を買い求めてしまった場合や，領収書に 100 万円と書くつもりが 1,000 万円と書いてしまった場合等です。

「Aが欲しくない（本心）のに，Bの絵画を見た際にお世辞で『僕にも描いてよ』（表示）と「つまり［解説ナビ］の『法律行為の要素（行為内容の重要な部分）』とは意思表示のことを指すのですか？」

「その通りです」

勘違いからした意思表示を錯誤といい，表意者は意思表示をした後にその勘違いの事実を知ることがほとんどです。

「『もし本当のことを知っていれば…』と後悔するケースですね。許してもらえるのでしょうか？」

「『仕方ないな～』と許されることになっています。勘違いは意思と表示が合致していないためということもありますが，誰もが日常的にしてしまうことだからです」

しかし，宅建業者が物件を十分に調べずに取り引きしてしまう等のように，通常，表意者が当然しなければならない責務を怠った等の場合には，重大な過失があったとされ，表意者は取消しを主張できません。

また，意思表示自体に錯誤があるのではなく，内心の意思を決定する過程，すなわち動機に錯誤がある場合もあります。たとえば新駅ができるという噂を聞いたデベロッパーAが，その新駅予定地周辺の土地を買い取ったところ，実は新駅の計画は噂に過ぎなかった場合です。Aは土地を買おうという意思で「土地を買う」と表示したのであるため，意思表示自体には錯誤はありませんが，意思を形成する過程（動機）に勘違いがあります。そしてAが単に「土地を買う」と意思表示した場合においては，相手方はAの動機を知ることは通常ありません。よって契約は有効に成立し，Aは無効を主張することはできません。しかしAが「新駅ができるから土地を買う」と動機も表示しているときには，相手方はAの動機に錯誤があることを知ることとなり，通常の錯誤と同じように扱うことになります。つまり新駅ができることが事実でなかった場合，Aは取消しを主張できる可能性があるのです。

○×ドリル

Aは，「近く新幹線が開通し，別荘地として最適である」旨のBの虚偽の説明を信じて，B所有の原野（時価20万円）を2,000万円で購入する契約を締結した場合，Aは，無過失のときに限り，法律行為の要素に錯誤があるとして，その取消しを主張することができる。

語句の意味をチェックする

動機…意思表示や法律行為をするに至る内心上の原因

債務…ある特定の者に対して一定の行為を実行しなければならない義務。［8章 - 最初に知っておこう］参照

関係する条文　第95条〔錯誤〕

1-5 通謀虚偽による意思表示

暗記ナビ

通謀虚偽表示は無効

別表現では 仮装譲渡する契約は…

解説ナビ 通謀虚偽表示（つうぼうきょぎひょうじ）は無効となります。心裡留保の場合は，表意者だけが嘘をついていたのに対し，通謀虚偽表示は，表意者が相手方と一緒になって嘘の意思表示をするため，常に相手方が悪意の状態にあることになり，当事者間では無効となるのです。

基本ナビ 表意者とその相手方が，打ち合わせて（通謀），嘘（虚偽）の意思表示をすること，つまり，「ねぇねぇ，一緒にあいつをだまそうよ」というのが，通謀虚偽表示です。

「債権者（さいけんしゃ）の差押え（さしおさ）を逃れるために，債務者（さいむしゃ）Ａと友人Ｂが通謀して，Ａの不動産をＢに売却した場合は？」

「ＡＢ間の契約は無効となります」

○×ドリル Ａが，債権者の差押えを免れるためＢと共謀して，Ａの所有地をＢに仮装譲渡する契約をした場合，ＢがＡから所有権移転登記を受けていたときでも，Ａは，Ｂに対して，ＡＢ間の契約の無効を主張することができる。

語句の意味をチェックする

当事者…あなたと私。契約の主役。当事者と相対する言葉が第三者

第三者…あなたと私以外に契約に出てくる人物すべて

手をつないでいる者同士 → 当事者

手をつないでいない者同士 → 第三者

債権者…一定の行為を請求することができる者

差押え…物や権利について個人が自由に処分することを国家権力が禁止する行為

債務者…一定の行為をしなければならない者

移転登記…不動産物権の移動を示す登記。［19 章］参照

関係する条文 第 94 条〔通謀虚偽表示〕

1-6 公序良俗に反する意思表示

暗記ナビ

公序良俗に反する意思表示は無効

別表現では 無効を主張できる

解説ナビ 自らの意思表示と相手方の意思表示が合致したとしても，社会の秩序を著しく乱すような契約や社会道徳に著しく反するような契約は認められず，その意思表示は無効となります。

基本ナビ 契約の内容は，原則として自由に取り決められますが，いくら自由とはいっても，大学入試の替え玉受験の契約や「金をやるから人を殺せ」「愛人になれ」等，社会の一般的な道徳観念や公の秩序に反する内容は許されるわけがなく，これら公序良俗に反する契約は必ず無効となります。

どのような行為が公序良俗に反するのかは時代の風潮により一定ではなく，明確な基準は設けられませんが，心裡留保・錯誤・通謀虚偽・詐欺（さぎ）・強迫（きょうはく）のいずれにも該当しないが社会的な妥当性を欠いているものといえます。

一般的には次のような行為と考えましょう。

1. **公務員が報酬を得て不当な職務を行うことを約束する行為**
2. **犯罪に関する行為**
3. **一生特定の職業には就かないと契約させるような，自由，人権を侵害する行為**

○×ドリル Ａ所有の土地について，ＡからＢへと売り渡されたが，ＡＢ間の売買契約が公序良俗に反し無効であった場合，既に所有権移転登記がなされているときには，Ｂは，Ａに対して土地の所有権の取得を対抗できる。

語句の意味をチェックする

詐欺…他人をだまして錯誤に陥れる行為。［1-9］参照
強迫…他人に害悪を加えることを示して恐怖心を生じさせる行為。［1-10］参照
所有権…目的物を全面的・一般的に支配する物権で，所有する者がその所有物を自由に使用し，収益し，処分できる権利。［6-1］参照
物権…特定の物を直接支配することができる権利。［5章 - 最初に知っておこう］参照

関係する条文 第90条〔公序良俗違反〕

1-7 第三者に対する無効の取扱い

暗記ナビ

善意の第三者に無効を主張できないのは
[1] 心裡留保による意思表示 [2] 通謀虚偽による意思表示

解説ナビ ［1-2］～［1-6］で，当事者間においては無効となる意思表示についてみてきましたが，表意者が無効を主張したときに，契約の対象物が相手方から別の者（表意者から見れば第三者）に移転してしまっている場合には次のようになります。

［1-2］～［1-6］のうちの，心裡留保・通謀虚偽による意思表示の場合には，第三者がその事実について善意であれば，契約はその時点で有効に成立し，表意者は第三者に対して無効を主張できなくなります。この場合，第三者の過失の有無は問われません。

逆に，第三者が悪意の場合には，表意者は第三者に対して無効を主張できます。

基本ナビ 意思無能力者等による意思表示，心裡留保・通謀虚偽による意思表示，公序良俗に反する意思表示は当事者間では無効でした。しかし，相手方から対象物を譲り受けた第三者に対して，当事者間の契約が無効であることを理由に「契約は無効だから返してくれ」ということがすべての場合にできるとすると，第三者は，どんな契約をしても，いつ無効を主張されるかとビクビクしていなければなりません。
そこで善意者が出現した場合には，当事者間の無効を主張することができなくなったのです。

「ＡＢが通謀してＡの不動産をＢへ売却し，その後Ｂ→Ｃ１→Ｃ２…と売却された場合は?」

「ＡＢ間は当然無効ですが，不動産がＢＣ１（善意）→Ｃ２（悪意）→Ｃ３（悪意）…と売却されていった場合，Ｃ１が善意である限り，その時点で契約は有効に成立し，たとえＣ２，Ｃ３…が悪意であってもＣ１はもちろんＣ１以降の第三者に対してＡは無効を主張できません」

「公序良俗に反する意思表示，意思無能力者等による意思表示は善意の第三者に対しても無効を主張できる?」

「意思無能力者等による意思表示はその要件を満たしていないので当然のこと，さらに公序良俗に反する意思表示が有効ということは犯罪を認めることに他ならず，たとえ第三者が善意であっても無効となり，契約の対象物が第三者に移転している場合も，第三者の善意・悪意に関係なく無効を主張できます」

このように，相手方はもちろんのこと，第三者の善意・悪意によっても取扱いが異なる点に十分注意しましょう。

語句の意味をチェックする
移転…権利を他に移すこと

関係する条文
第94条〔通謀虚偽表示〕

1-8 取消しとは

暗記ナビ

取り消せる期間は，追認できるときから5年 or 行為から 20 年

解説ナビ 取り消せる行為はいったん有効な行為として扱いますが，それを追認したときに，その「いったん有効」が行為の時点に遡（さかのぼ）って完全に有効となり，逆にそれを取り消せば行為の時点まで遡って無効となります。

この取消しを行使できる期間は，表意者が追認できる状態になってから 5 年もしくは行為のときから 20 年と定められています。

基本ナビ 表意者自身が行為を否定することを取消しといいます。

取り消せる行為には錯誤，詐欺，強迫による意思表示，制限行為能力者による単独行為があり，これらは取り消されるまでは有効なものとして扱います。心裡留保等のように表意者の意思と表示が一致していない場合とは違い，理由はどうあれ，行為の時点では意思と表示が一致しているからです。

要するに，問題となるのは意思表示をした時点の表意者の状況です。この状況を表意者やその保護者（法定代理人等）が受け入れるかどうかについて，考える余地を残している行為が取り消せる行為というわけです。

表意者にとって，その契約内容が有利であれば，わざわざ取り消したくはないでしょう。意思表示を取り消したくなければ，表意者は追認して契約を有効なものとし，取り消したければ取消しの意思表示をしてはじめから無効にできるのです。

しかし，いったん取り消すと行為の時点まで遡って無効なものとなり，その行為に基づいて受け取った物があれば返却しなければなりません。

○×ドリル 取り消せる行為は，行為の時から 5 年を経過すると取消権が時効により消滅してしまうのでそれまでに取消す必要がある。

語句の意味をチェックする

行使…権利の内容を実現するという意
制限行為能力者…単独で有効な行為を行えない者。［1-11］参照
法定代理人…本人の意思に関係なく，法によって代理人の地位を与えられた者。成年後見人等。［1-11］参照
代理人…本人に代わって意思表示をする資格を有する者。［2-1］参照
取消権…取り消す権利

関係する条文 第 122 条〔追認の効果〕

1-9 詐欺による意思表示

暗記ナビ

詐欺による意思表示は，相手方が悪意・有過失の場合は，取り消せる　別表現では 欺罔による意思表示は…

解説ナビ 契約の当事者である相手方や，相手方以外の第三者の詐欺(さぎ)によってした自らの意思表示は取り消せます。

ただし，相手方にだまされた場合は無条件に取り消せても，相手方以外の第三者にだまされたときには，当事者である相手方が，その詐欺について悪意・有過失のときに限って，取り消せます。

基本ナビ 自らの意思と表示が合致していても，それが他人の違法な行為によってなされた場合は，自らの意思表示と相手方の意思表示が合致しているとは決していえません。他人の違法な行為によってなされた意思表示は，表意者自身が選択できるよう有効になる余地を残しつつも取り消すこともできるのです。

「違法な行為を行う他人とは，具体的に誰？」

「詐欺は文字通り人をだます行為ですが，詐欺には２パターンあります。例をあげてみましょう」

≫Ｂにだまされて，ＡがＢに不動産を売却した。

≫Ｃにだまされて，ＡがＢに不動産を売却した。

このように，相手方だけでなく第三者にだまされるケースもあります。どちらの場合も「だまされた者がいけない」というのでは酷ですから，本人がだまされたと気付いたときには悪意・有過失の者に対してのみ取り消せます。当然，詐欺によってした意思表示であっても，表意者自身にとって有効であれば追認して契約を完全に有効なものにできます。

詐欺による第三者保護

ＡがＢにだまされて土地を売却した場合，詐欺を理由に取り消せますが，Ｂが取得した土地をＣに売却した場合はどうなるのでしょうか。ＡはＢの詐欺を理由に，Ｃにも取消しを主張できるのでしょうか。旧民法では，善意の第三者には対抗できないとされていました。

つまり，Ａが詐欺にあっていたことをＣが知らない場合は，Ａは，取消しを主張できません。新民法では，この「善意の第三者」が，「**善意無過失の第三者**」に変わりました。

詐欺にあったＡは落ち度なく，そのことについて知らない善意無過失のＣには取消しを主張できないということです。逆に言えば，Ｃが詐欺について知っていた，Ｃの落ち度で詐欺を知らなかった場合は，Ａは第三者Ｃに対して取消しを主張できます。

○×ドリル Ａ所有の土地について，ＡからＢへと売り渡され，所有権移転登記もなされた場合において，ＡＢ間の売買契約がＢの詐欺に基づくものであったとき，当該登記の後にＡによりＡＢ間の売買契約が取り消されたとき，Ｂは，Ａに対して土地の所有権の取得を対抗できる。

1-10 強迫による意思表示

暗記ナビ

強迫されてした意思表示は取り消せる

解説ナビ 契約の当事者である相手方や，相手方以外の第三者に強迫（きょうはく）されてした自らの意思表示は取り消せます。

しかし，当然のこととして，たとえ強迫されてした意思表示であっても，自分にとって有利であれば追認して契約を完全に有効なものにできます。

基本ナビ 強迫とは，脅したり，しつこく迫ったりして恐怖心をあおることをいいます。この強迫にも，相手方，もしくは第三者に強迫されるというケースがありますが，「強迫されなければ契約しなかったのに…」という場合には，たとえ相手方が善意であっても契約を取り消せます。この点が詐欺の場合と違うところです。

表意者が意思と表示が一致しない意思表示を強要される強迫の場合は，その表意者を法律で全面的に保護しようとしているのに対し，表意者がだまされてした意思表示であっても，意思と表示がとりあえず一致している詐欺については，だまされる方も悪いとしているのです。

○×ドリル A所有の土地が，AからBへと売り渡され，移転登記も完了しているが，AはBに強迫されて土地を売ったので，その売買契約を取り消した場合，移転登記が完了していてもBに対して対抗することができる。

関係する条文 第96条〔詐欺と強迫による意思表示〕1項

1-11 制限行為能力者の単独行為

暗記ナビ

制限行為能力者による単独の行為は取り消せる
（ただし，未成年者・被保佐人の単独行為で法定代理人等の同意あるものは有効）

解説ナビ 制限行為能力者が制限されている法律行為はその種類によって異なりますが，それらの行為を制限行為能力者が単独で行った場合には，制限行為能力者本人もしくはその法定代理人，保佐人が取り消せます。

ただし，制限行為能力者のうち，未成年者は法定代理人の同意を得れば単独で法律行為を行えます。よって，未成年者が同意を得て単独で行った行為は取り消せません。

また，被保佐人の場合は，財産上の一定の重要な行為について制限されており，単独で行うには保佐人の同意を得なければなりません。よって，被保佐人が同意を得て単独で行った財産上の一定の重要な行為は取り消せません。

基本ナビ ［1-2］の要件のうち，③が欠けた場合です。私たちは日常生活で当たり前のように物を買い，それを自由に使っています。

このように単独で有効な法律行為が行えることを行為能力といいますが，現実にはその行為能力を制限されている者，つまり金銭や不動産といった自分の財産を自由に使えない者もいます。行為能力を制限されていることから，その者たちのことを制限行為能力者といい，具体的には成年被後見人，未成年者，被保佐人，被補助人の４者となります。

「成年被後見人は，財産に関してすべての法律行為を行ってはいけないのですか？」

「成年被後見人は常に正常でないため常に保護者の監視が必要なのですが，正確にいえば日用品の購入等の日常生活に関する行為以外の財産に関するすべての行為については，保護者の代理がなければ行えません」

保護者とは法定代理人のことで成年後見人が務めます。成年後見人には通常配偶者や親がなり，この法定代理人に権限を与えることで成年被後見人を保護しています。

法律行為を行おうとする制限行為能力者に対する保護者には，制限行為能力者の行為に賛成する同意，制限行為能力者の行為を代わって行う代理の２つの権限がありますが，成年被後見人の行為については同意だけでは足りないため，成年被後見人の法定代理人には「代理」が与えられており，成年被後見人は必ず法定代理人の代理を要します。

未成年者にも保護者である法定代理人が必要です。未成年者の法定代理人は親もしくは未成年後見人（未成年者に両親がいない場合。複数の選任可，法人も可）が務め，同意と代理の２つの権限が与えられます。

「未成年者の法律行為は，成年被後見人よりも保護者の監視が軽めなのですか？」

「未成年者は，18 歳に近づくにつれ，だんだんと正しい判断を下せるようになってきます。

また，たとえ幼くても親のいいつけ程度ならば守れるのが普通です。ですから，すべての法律行為を代理してもらう必要もないのです。そこで法定代理人の同意がある行為や，次にあげる行為については未成年者が単独で行えます」

1 単に権利を得たり，義務を免れる行為

「単に権利を得る」とは負担のない贈与，つまりタダで物をもらうことをいい「義務を免れる」とは借金等，債務の支払いの免除を受けることをいいます。

貸金の領収を義務を免れる行為と間違いやすいのですが，“債務の弁済を受ける＝債権を失う”ため，法定代理人の同意もしくは代理が必要です。

2 目的を定めて法定代理人から処分を許された財産の，その範囲内での処分

ただし，学費やノートを買うお金でお菓子を買ってしまった場合等，目的外で使ってしまったときには取り消せます。

3 小遣い等目的を定めずに，法定代理人から処分を許された財産の処分

4 法定代理人から，ある営業に関し成年者と同一の能力ありと認められ，商業登記したときは，その営業（商売）に関してのみ，成年者と同一に扱われます。

被保佐人には不完全とはいえある程度の判断能力があり，常に監視する必要はありません。よって，原則として単独で法律行為を行えますが，重要な財産についての行為では保護を受ける必要があり，保佐人を付けなければなりません。

この保佐人には同意の権限が与えられていますが，代理の権限が与えられていないことからも，保佐人は法定代理人ではありません。

「では，どのような法律行為に保佐人の同意が必要なのですか？」

「具体的にあげてみましょう」

5 元金や不動産といった元本を受け取ったり，これを利用したりすること

6 借金したり，他人の保証人になること

7 不動産や重要な動産について，不動産の抵当権設定する等の権利を持ったり，失ったりすることを目的とした行為をすること

8 民事の原告となって訴える等，裁判，訴訟を起こすこと

9 贈与を行う，あるいは「争いの仲裁を頼む」という契約をすること

10 自分の相続を承認したり，あるいは，相続を放棄すること

11 贈与，遺贈を拒絶したり，負担（条件）付きで贈与や遺贈を受けること

12 建物の新築，改築，増築，大修繕の注文者となり，請負契約等を締結すること

13 短期賃貸借の期間を超えた賃貸借契約を締結すること

14 その他，家庭裁判所が被保佐人本人に特別の制限を加えた行為

また，制限行為能力者には，被補助人も含まれますが，これは主に高齢者の財産保護を目的としています。とはいえ，現在の社会では，まだまだ現役で働く高齢者も多く，宅建業法の「被・産トリオ」（［宅建業法 1-10］他参照）にも被補助人は登場しません。したがって，本試験対策として詳しく学習する必要はありません。

語句の意味をチェックする

未成年者…18 歳未満の者。民法改正により，2022 年 4 月 1 日以降は成年年齢が 20 歳から 18 歳に引き下げられ，また，男女ともに婚姻ができる年齢も 18 歳となり，成年擬制の規定も消滅。

被保佐人…保佐開始の審判を受けた者で，精神上の障害により，事理を弁識する能力が著しく不十分な者をいいます。つまり物事の是非や善悪の判断が困難な状態に陥りやすい者（ときどき正常でなくなる者）のこと

成年被後見人…後見開始の審判を受けた者で，精神上の障害により事理を弁識する能力を欠く常況にある者。つまり日常生活において，行為の結果を認識する能力が著しく欠如している者をいい，具体的には重度の精神障害者等をいう

被補助人…本人の申立てまたは同意により補助開始の審判を受けた者で，精神上の障害により事理を弁識する能力が不十分な者をいい，原則として，ほとんどの法律行為を単独で行えるが，当事者が申し出た範囲内で家庭裁判所が定めた「特定の行為」については「補助人」という保護者が必要であり，被補助人がこの行為を行う場合には，補助人の同意を得なければならず，同意のない特定の行為については，本人（被補助人自身）が取り消せる

後見…未成年者または成年被後見人を被後見人として，後見人が被後見人の身上や財産上の保護，監護を行う民法上の制度

配偶者…夫婦の一方からみた他方（夫からみた妻，妻からみた夫）

事理…物事の筋道

弁識…物事の道理を理解すること。わきまえ知ること

常況…ふだんのありさま，普通・あたりまえの様子

同意…他人（この場合は制限行為能力者）の行為に賛成の意思を表示すること

代理…自らの意思表示を他者にさせる制度。［2-1］参照

贈与…当事者の一方（贈与者）が自己の財産を無償で相手方（受贈者）に与える意思を表示し，相手がそれを受諾することによって成立する契約のこと。［13-4］参照

弁済…債務の内容に従って，一定の行為を実行し，債権を消滅させる行為。［8-1］参照

債権…ある特定の者に対して一定の行為の実行を請求できる権利。［8 章 - 最初に知っておこう］参照

不動産…土地及びその定着物（建物）をいう

保証人…身持ちや債務を保証する者。［9-8］参照

動産…不動産以外の物すべてをいう（たとえば本，ボールペン，車，宝石等）

抵当権…債権者に担保物件を預けることなく，抵当権設定者が不動産を担保として債権者に提供する担保物権（たんぽぶっけん）。［7 章］参照

担保物件…担保として提供される物件

抵当権設定者…抵当不動産を提供する者で，借金した本人（債務者）または第三者

担保…債務が履行されない場合に備えて債権者に提供され，債務の弁済を確保する手段で，保証人による人的担保と不動産等を提供する物的担保とがある

担保物権…債権の担保のために目的物の交換価値を支配することを目的とする物権。［5 章 - 最初に知っておこう］参照

仲裁…争いの間に入り，双方を和解させること

相続…被相続人の死亡によってその財産上の権利義務を他の者が包括的に承継すること。［15 章］参照

遺贈…遺言によって財産をもらうこと

請負契約…ある仕事を全責任をもって引受けて完成することに対して，注文者が報酬を支払う契約。［11-1］参照

短期賃貸借…土地は 5 年以下，建物では 3 年以下を存続期間とする賃貸借

賃貸借契約…賃料を支払って目的物を貸借する契約

存続期間…引き続いて存する期間

関係する条文　第 9 条〔成年被後見人の行為能力〕，第 4 条〔未成年者の行為能力〕，第 12 条〔被保佐人の行為能力〕

1-12 第三者に対する取消しの取扱い

暗記ナビ

善意の第三者に取消しを主張できないのは，詐欺による意思表示

解説ナビ ［1-9］～［1-11］では，当事者間においては取り消せる意思表示についてみてきましたが，表意者が取り消したものの，契約の対象物が相手方から別の第三者に移転してしまっている場合には，次のように取り扱います。

［1-9］～［1-11］のうち，詐欺によって意思表示をした場合には，たとえ当事者間においては取り消せても，第三者が善意ならば，表意者はこの第三者に対して詐欺を理由とする意思表示の取消しを主張できません。

基本ナビ 詐欺・強迫・制限行為能力者の単独行為による意思表示は，当事者間では原則として取り消せました。しかし，相手方から対象物を譲り受けた第三者に対して，当事者間の取消しを理由に「契約は取り消したから返してくれ」といえるとすれば，第三者は常にビクついていなくてはなりません。

そこで，詐欺による意思表示については，善意者が出現した場合には，当事者間の取消しが主張できなくなったのです。

「Aが詐欺によってAの不動産をBへ売却し，その後B→C 1→C 2→C 3…と不動産が売却された場合は?」

「不動産がB（悪意）→C 1（善意）→C 2（悪意）→C 3（悪意）…と売却されていった場合，たとえBが悪意であってもC 1が善意である限りその時点で契約は有効に成立し，AはC 1に対して取消しを主張できません。そして，そのC 1が悪意のC 2にその不動産を売却してもC 1が善意である限りAはC 1はもちろんC 1以降の者に取消しを主張できません。つまり，C 2，C 3…には取消しを主張できないのです。結果として，Aが取消しを主張できるのは悪意のBまでとなります」

「強迫・制限行為能力者の単独行為による意思表示の取消しは善意の第三者にも主張できる?」

「できます」

強迫による意思表示を有効にするということは，犯罪を認めるということです。したがって，第三者の善意・悪意に関係なく，表意者は，強迫を理由に意思表示の取消しを主張できます。

また，制限行為能力者の単独行為による意思表示は，子供等を責めるのは信義にもとるとして，たとえ第三者が善意であっても取り消せます。

○×ドリル 強迫による意思表示の取消しは，善意の第三者には対抗できない。

関係する条文 第9条〔成年被後見人の行為能力〕

1-13 制限行為能力者の相手方の保護

暗記ナビ

制限行為能力者の相手方を保護する方法は
1 1ヶ月以上の期間を定めて行う催告権の行使
2 3つの取消権の消滅

解説ナビ 制限行為能力者は，自ら行った単独の法律行為を取り消すことによって保護されているのに対し，その行為の相手方もまた次の方法で保護されています。

1 相手方による催告権(さいこくけん)の行使

制限行為能力者と契約した者（相手方）は，その法定代理人や保佐人等に対し，あるいは能力者となった元制限行為能力者本人に対して，1ヶ月以上の期間を定めて，その行為を追認(ついにん)するよう催告できます。

催告を受けた法定代理人や保佐人等，元制限行為能力者がその期間内に確答しなかった場合には，制限行為能力者の行為を追認したとみなし，その行為は有効なものとなります。

また被保佐人等に対しては，まだ制限行為能力者であっても直接本人に催告できます。催告を受けた被保佐人等は，保佐人等の同意を得れば自ら追認できますが，期間内に「同意を得た」と通知しなければ，その行為を取り消したものとみなされます。

2 取消権の消滅

① 法定追認(ほうていついにん)による取消権の消滅

法定代理人等や能力者になった本人が，相手方や第三者から追認と受け取れる一定の行為を行った場合は，追認とみなされます。これを法定追認といいます。

② 時効による取消権の消滅

追認できるときから5年，または，行為の時から20年が過ぎると［1-8］にもあるように取り消せる行為も取り消せなくなります。

③ 詐術による取消権の消滅

制限行為能力者が，相手方に対し，詐術（詐欺）を使って自分を能力者であると思い込ませ，法律行為を行った場合には，その行為は取り消せません。

基本ナビ 制限行為能力者と契約する相手方は，通常は契約の内容を十分理解したうえで法律行為を行っているため，自らその行為を取り消せませんが，法定代理人や保佐人等の同意，あるいは代理のないことを理由に取り消されてしまう可能性があります。取り消されるとそれまでに受け取っていた物や代金は返却しなければなりません。

このように契約の相手方が制限行為能力者であると，いつ契約を取り消されるかと不安な日々を送らなければなりません。

そこで法律行為の相手方，つまり制限行為能力者と契約する相手方は催告権，法定追認，時効という方法で保護されています。

「法定追認とは？」

「次のような行為をいいます」

≫債務の一部または全部を履行し，相手方から一部または全部の履行を受けたとき（例：未成年者が自己所有の材木 10 本をＢに売る契約を結び，法定代理人がそのうちの５本をとりあえずＢに渡し，５本分の代金をＢから受け取った場合）

≫相手方に債務の履行を求めたとき

≫契約によって得た権利の一部または全部を他の者に譲渡したとき

これらの行為を行うということは債務の履行をして欲しいからに他ならないのです。

また，契約の相手方にしてみれば契約当初，自らの契約相手が制限行為能力者であることを知らないケースもあり，契約後何年も経ってから「取り消します」と言われかねないという相手方の不安定な状態を避けるため［解説ナビ］の時効という方法を採用しています。

「追認できるときとは？」

「制限行為能力者が能力者になった時点のことで，たとえば，16 歳の未成年者の法律行為は成人してから５年，つまり 23 歳になった時点で取り消せなくなります」

しかし，一番の防衛手段は催告権です。催告権とは「取り消さずに，契約の成立を認める（追認）か，期間内に確答して欲しい」と請求できる権利です。

「いったい誰に請求するのでしょうか？」

「催告先は，法定代理人等の保護者あるいは制限行為能力者でなくなった本人＝元制限行為能力者です。いずれも能力者であり，催告の意味を当然理解したうえで，催告をそのまま放置しないはずです。ですから，催告に対する確答がない場合は，契約を追認したものとみなされるのです」

さらに，被保佐人，被補助人に対しては直接本人に対しても催告できますが，このように催告先が制限行為能力者である場合は，催告の意味を理解しないケースや，催告をそのまま放置するケースが考えられます。

そこで確答がない場合は，契約は取り消されたものとみなされ「相手方はあきらめなさい」という結果になってしまいます。

こうして契約が取り消されると，行為によって引き渡されていたすべての物や金銭等を元へ戻さなければなりません。

しかし，取り消されるまでの間に，金銭等を消費している場合には，現在，利益として残っている分のみを返還すればよいことになります。

「契約によって100万円を受け取った未成年者が，この契約を未成年者を理由に取り消した。この 100 万円のうち，30 万円は盗まれ，20 万円を生活費に充て，10 万円は遊びで使ってしまい，手元に 40 万円残っている。この場合は？」

「この未成年者が返却しなければならない『現在，利益として残っている』分というのは，手元に残っている 40 万円と生活費（医療や食料等に形が変わっただけで，利益が現存している）の 20 万円の，合計 60 万円になります。残りの 40 万円は，利益が手元に残っているわけではないため，返却する必要はありません」

この他，制限行為能力者は，詐術を使って行った契約に対して取消権を失いますが，詐術の内容については，未成年者が，法定代理人に無断で法定代理人の同意書を作成して契約に及ぶこと等を具体的にイメージすればわかりやすいでしょう。

○×ドリル
未成年者Ａ所有の不動産につき，Ａを売主，Ｂを買主とする売買契約が締結されたが，Ａは，法定代理人であるＣの同意を事前に得ていなかった場合，Ｂは，Ｃに対し，１ヶ月以上の期間内にＡの行為を追認するか否かを確答すべきことを催告することができ，当該期間内にＣが確答をしなかったときには，ＣはＡの行為を取り消したものとみなされる。

語句の意味をチェックする

催告…相手方に対して一定の行為をするよう請求すること
確答…はっきりと答えること。確かな返事
保佐人等…保佐人と補助人
被保佐人等…被保佐人と被補助人
法定追認…取り消せる行為について一定の事実が存在するときに，法律上の追認があった場合と同一の効果を持たせること
詐術…人をだます手段，術策
履行…債務者等が債務の内容を実現すること
譲渡…権利，財産等を他人に移転すること（売買等）
時効…ある事実上の状態が一定期間継続することによって，権利を得喪させる制度。［4-1］参照

関係する条文　第 19 条〔制限行為能力者の相手方の催告権〕，第 125 条〔法定追認〕，第 126 条〔取消権の消滅時効〕，第 20 条〔制限行為能力者の詐術〕

学習のポイントは？

［2-6］は［１章］の内容が関わってくるため少々難しめですが「本人＝代理人」という関係を念頭に,［１章］の「表意者」にあてはめながら学習を進めましょう。

ここで学ぶのはどんなこと？

［2-8］～［2-10］は出題頻度が高いうえに比較的得点しやすいので要チェック。誰にどのような責任がどんなときに生じるのかを押さえること。

2 代理制度

2-1 代理とは

暗記ナビ

代理人の行為の効果や責任は本人に及ぶ

解説ナビ 代理とは，他人が自分（本人）に代わってする法律行為であり，代理人の行為の効果や責任のすべては直接本人に及びます。

基本ナビ 代理や代理人という言葉，具体的にどんなことを意味するのかは知らなくても，1度は耳にしたことがあるのではないでしょうか。

代理契約も厳密にいえば法律上の呼称ではなく，代理制度を使った契約を慣習的にいっているに過ぎません。

代理制度では代理を依頼する者を**本人**，代理の依頼を受ける者を**代理人**，代理人が本人のために行う行為を**代理行為**といい，本人の意思を代理人が代わりに表示します。

代理行為には，まず本人から「意思表示を代わりにやって欲しい」という依頼が必要で，本人から与えられた権利を**代理権**といい，このように本人からの依頼による代理を任意代理といいます。これに対して，本人に対し一定の地位にある者が当然に代理権を持つ代理を法定代理（［1-11］参照）といいます。そして，これらによる代理人の法律行為の効果はすべて直接本人に対して生じます。

「ＢはＡの代理人として，ＣとＣ所有の土地を購入する契約を締結した場合は?」

「契約の締結という事務手続きはＢＣ間で行われますが，実際の契約者はＡＣであり，土地はＡが購入したことになります」

○×ドリル 代理人がその権限内において本人のためにすることを示してなした意思表示は，直接本人に対して効力を生じる。

語句の意味をチェックする

本人…代理を依頼する者で，任意代理（にんいだいり）の依頼者や制限行為能力者をいう

任意代理…専門家に事務を委任する等，本人の意思により代理権が与えられる代理のことで，委任による代理ともいう

関係する条文　第99条〔代理行為の要件と効力〕

2-2 代理が成立するとき

暗記ナビ

代理の３要件は
1 本人名の表示
2 意思表示が有効
3 代理権あり

解説ナビ 代理人の行為や効果が本人に及ぶためには，次の1～3が揃わなければなりません。

1 本人の名を表示すること

法定代理人もしくは任意(にんい)代理人が本人に代わって法律行為を行う場合には，その行為の相手方に対して「自らのためではなく本人のために（代わりに）意思表示をするのです」と，本人の名を明らかにして行動する必要があります。

代理人が相手方の意思表示を受ける場合も「本人の代わりに意思表示を受けました」と本人の名を明らかにして行動する必要があります。

2 意思表示が有効に成立していること

3 本人から代理権を与えられていること

基本ナビ 契約の内容は当事者間で自由に決められますが，決めた以上はその内容を履行しなければなりません。

逆に，「誰が契約の内容を履行するのか？」と考えた場合，契約を締結するには，必ず当事者が決まっていなければならないという前提が不可欠です。そこで代理人の意思表示（行為，契約等）については，本人のためか代理人自身のためかを相手方に確実に伝える必要があり，かつ本人の名前を出す方法が最も有効となります。具体的には委任状を見せたりします。

○×ドリル 第三者が，代理人に対して代理人の権限内において本人のためにすることを示してなした意思表示は，直接，本人に対してその効力を生じる。

語句の意味をチェックする

要件…必要な条件
履行…債務者等が債務の内容を実現すること
委任状…代理人に代理権を与えた旨を第三者に証明するために用いる書面で，ある者に一定の事項について委任した旨を記載する
任意代理人…任意代理による代理人のこと

関係する条文 第99条〔代理行為の要件と効力〕

2-3 代理人になれる者

暗記ナビ

制限行為能力者も代理人になれる

解説ナビ 本人の代わりに，代理人が意思表示をするという関係は，**本人＝代理人**に他なりません。本人が「代理人は制限行為能力者でもいい」と思えば，制限行為能力者でも代理人になれます（ただし，実際に代理人になるには法定代理人の同意が必要です）

基本ナビ 本人が代理権を与えている以上，法定代理，任意代理ともに，その代理人は本人から信頼を受けている者であると推測されます。

「では，“信頼”だけで誰もが代理人になれるのですか？」

「そうではありません。代理人が相手方に本人の意思を伝えるという役目を負っている以上，意思を伝える能力を有していなければ代理行為ができません」

逆に考えると，意思を伝えることさえできれば，制限行為能力者でも十分ということになります。たとえば，親が子供に「玉子を買ってきて」と依頼し，子供が親の代理人となって玉子を買ってくる，これも立派な代理行為なのです。

このように，制限行為能力者も立派に代理人になれますが，制限行為能力者である代理人による代理行為については，本人がきちんと責任をとらなくてはなりません。制限行為能力者自身が間違った代理行為をしたとしても，本人が進んで責任をとる覚悟で代理を依頼しているともいえるからです。

しかし，これは任意代理の場合に限られ，法定代理の場合には制限行為能力者は代理人になれません。

「制限行為能力者が，法定代理人になれないのはなぜ？」

「制限行為能力者である本人が，ある行為について『制限行為能力者である法定代理人』に同意を得ようとしても，法定代理人であるその制限行為能力者は，単独では法律行為ができず，さらにその法定代理人に同意を得なければならない…と『同意を得る』という状況から先に進めなくなってしまいます。その間に，本人の意思がゆがめられてしまうおそれもあります。よって，制限行為能力者は法定代理人になれないのです」

○×ドリル Aが未成年者Bに土地売却に関する代理権を与え，Dと売買契約を締結した場合，Aは，Bが未成年者で，法定代理人の同意を得ないで契約を締結したことを理由に，当該契約を取り消すことができる。

関係する条文 第102条〔代理人の能力〕

2-4 代理人の権限

暗記ナビ

代理権の範囲を定めていない場合は，保存・利用・改良行為

解説ナビ 代理人の権限はその範囲が具体的に定められるのが通常ですが，定めない場合もあります。その場合は次の３つが代理人の権限の範囲となります。

1. **本人が所有している財産の滅失や損壊を防ぎ，その現状を維持する保存行為**
2. **本人が所有している財産の性質に従って有利に利用する利用行為**
3. **本人が所有している財産の性質を変えない限度で，その価値を増やす改良行為**

基本ナビ 代理権を与えられた者は，本人の名前さえ示せば何でもできるのかといえばそれは違います。代理人が勝手に本人の名前で行動したばかりに本人が損をするのでは元も子もありません。

代理人が行う行為（代理権）がどのような制限を受けるのか例をみてみましょう。

「本人から『宅建の本を買ってきてくれ』と指示を受けた場合は?」

「『宅建の本を買う』ことが代理人に与えられた権限の範囲になります」

もしも代理人が間違えて行政書士の本を買ってしまった場合は，権限の範囲外になります（この場合の措置は［2-9］［2-10］で学びます）

このように任意代理の場合には，本人が代理を依頼する時点で，代理の権限の範囲を決める場合がほとんどです。一方，法定代理人は当然に代理人となるため「～をしてくれ」という本人の具体的な依頼はありません。

「本人から単に代理の依頼のみを受けただけで，代理権の範囲が指示されていない場合は?」

「その場合は任意代理人，法定代理人共に保存行為，利用行為，改良行為の３つが自動的に権限の範囲となります」

保存行為，利用行為，改良行為の具体例をみてみましょう。

≫保存行為…家屋の修繕を目的とする請負契約を締結する

≫利用行為…現金を銀行に預けて利息を得る，物を賃貸して賃料を得る

≫改良行為…財産価値を高めるために家屋に電気，ガス，水道等を備え付ける

そして，この保存行為，利用行為，改良行為の３つを管理行為といいます。

○×ドリル 権限の定めのない代理人は，保存行為しか行うことができない。

関係する条文　第 103 条〔代理人の権限〕

2-5 本人の名前を表示しなかったとき

暗記ナビ

本人名を表示しなかった場合は，代理人自身のための行為とみなされる

解説ナビ 代理人が本人の名前を示さずに行った法律行為は，原則として本人のためではなく代理人自身のための行為とみなされます。

ただし，相手方が本人のために代理することを事前に知っていたり，親子，夫婦，契約関係等，本人のために代理することを常識的に知ることのできる立場にあるときには，本人のための行為とみなされます。

基本ナビ ［2-5］～［2-7］では，代理行為について［2-2］であげた要件がひとつでも欠落した場合，どのように取り扱われるかみてみましょう。

その最初として，まずは「1 本人名の表示」が欠落した場合の取扱いです。

本人が代理人に権限を与えた事実は，当然本人と代理人しか知りません。したがって，行為の相手方にしてみれば，代理人の行為はそのまま代理人自身の意思に基づくものと解釈するしかなく，代理行為は成立しなくなるのです。

○×ドリル

Ａが，Ｂ所有の建物の売却についてＢから代理権を授与されている場合において，Ａが，Ｂの名を示さずＣと売買契約を締結したときでも，売買契約はＢＣ間で成立する。

関係する条文　第100条〔本人にためにすることを示さぬ意思表示〕

2-6 意思表示が有効に成立していないとき

暗記ナビ

意思表示が有効に成立していない場合は
無効あるいは本人が取り消せる

解説ナビ 代理行為が成立するためには，代理人の行為が有効でなければなりません。代理人が通謀虚偽表示によってした意思表示は無効なのはもちろんのこと，代理人が錯誤や詐欺や強迫によってした意思表示も未だ取り消せる状態にあるため，代理行為が完成したとはいえません。

代理人の意思表示が有効に成立していない場合は，代理行為を完成させるため，追認あるいは取消しの選択が本人に委ねられます。

基本ナビ ここでは［2-2］にあげた要件のうち「②意思表示が有効」が欠落した場合の取扱いです。

まずは，本人＝代理人と考え，そのうえで『問題ある意思表示』（［1-1］～［1-10］［1-12］参照）の学習内容を思い起こしてください。

たとえば，代理人が善意で本人が悪意の場合や，その逆の，代理人が悪意で本人が善意の場合も，本人＝代理人と考えれば，いずれも悪意が優先されると判断できるのです。

本試験によく出題されるパターンを具体的にみてみましょう。

1 代理人が錯誤に陥った場合

原則として契約は取り消すことができますが，代理人が錯誤に陥っている事実について本人が悪意の場合には，本人はそのことを代理人に教えられる状況にあるため取消しを主張できません。

2 代理人と相手方の通謀虚偽表示

原則として本人の善意・悪意にかかわらず契約は無効となります。

3 代理人が詐欺，強迫を行った場合

本人の善意・悪意にかかわらず本人からは取り消せません。逆に，代理人の詐欺や強迫によって意思表示をしてしまった相手方からは取り消せます。

4 代理人がだまされた場合

原則として取り消せますが，本人が悪意の場合には取り消せません。また，たとえ代理人がだまされた事実について本人が善意であっても，相手方が善意の場合は取り消せません。

○×ドリル Bから代理権を与えられているAが，Cにだまされて契約を締結した場合においても，Bは，Cの詐欺を知っていたときは，その契約を取り消すことはできない。

関係する条文 第101条〔代理行為の瑕疵〕

2-7 代理権を与えられていなかったとき

暗記ナビ

無権代理行為は，本人に対して効力なし
（ただし，本人が追認したときには契約した時点に遡って効力が生じる）

解説ナビ 無権（むけん）代理行為は本人に対して効力は生じません。しかし，本人はその行為が自らにとって有利であれば追認でき，追認によって，その無権代理行為は契約した時点まで遡って効力を生じることになります。

本人の追認は自ら無権代理人の相手方に伝えなければなりませんが，相手方がなんらかの事情で本人による追認の事実を知った場合は，伝える必要はありません。

ただし，次の場合には本人は追認を拒絶できません。

1 無権代理行為について，表見（ひょうけん）代理が成立した場合

2 無権代理人が本人の地位を相続した場合

基本ナビ 最後は［2-2］にあげた要件のうち「3代理権」が欠落した場合の取扱いです。

代理権の欠落，つまり本人から代理権を与えられていないにもかかわらず，本人のために行った代理行為，さらに平たくいえば，代理人でない者が代理人と偽って行った代理行為を無権代理行為といい，行為を行った者を無権代理人といいます。無権代理行為は，本人の関知しない行為のため，行為の相手方から「約束を守れ」といわれても，「そんなの知らない」と拒絶できます。

しかし，拒絶できない場合もあります。1は［2-10］で学習するとして，ここでは，2について実例をみてみましょう。

「Aは，父親Bが所有する山林をBの代理人と称してCに売却した。その後Bが死亡し，Aが当該山林を相続した。この場合は？」

「Aは『無権代理人』という地位に加えて『本人』という地位を得たことになり，それに伴い，本人の持つ追認権，追認拒絶権も併せて得ます。しかし，この場合，Cからの催告に対し本人として追認拒絶権を行使すると，無権代理行為をした当時の意思と矛盾することから，追認を拒絶できません」

「逆に，本人が無権代理人の地位を相続した場合はどうですか？」

「無権代理人の意思とは矛盾しますが，本人として意思表示をする権利を元々もっているため，単にその権利を行使するに過ぎず，本人の持つ追認権，追認拒絶権を失うことはありません」

ただし，無権代理人の地位を相続するとは，すなわちその責任を相続することである点に注意しましょう。

語句の意味をチェックする

表見代理…無権代理行為のうち，無権代理人に代理権があるような外見がある場合。［2-10］参照

関係する条文 第113条〔無権代理〕，第116条〔無権代理行為の追認〕

2-8 無権代理行為の相手方の保護

暗記ナビ

無権代理行為の相手方を保護する方法は
1 相手方は催告できる
2 善意の相手方は取り消せる

解説ナビ 無権代理人と契約を行った相手方は，無権代理行為について善意・悪意にかかわりなく，相当の期間を定めて，本人に対しその期間内に追認するよう催告できます。そして，本人がその期間内に確答しなかったときは，追認を拒絶したものとみなされます。

また，善意の相手方に限っては，無権代理人と行った契約を本人の追認がない間に限り取り消せます。この場合，相手方が契約当初に善意であれば，契約後に代理人でないことを知ったとしても同様に取り消せます。

基本ナビ 無権代理行為の取扱いでは，本人の保護に重点が置かれており，本人に追認権，追認拒絶権が与えられています。これに対して，相手方は意思表示において意思と表示が一致しているため，とりたてて保護はされていません。

だからといって，「取り消されるかも知れない」という不安定な状態が長期間続くのは不公平です。そこで相手方は催告権，取消権を有します。

ただし，相手方が悪意の場合は「本人が追認してくれるだろう」と期待して契約したと考えられるため，催告権は有していても取消権を有さず，取り消せません。

○×ドリル

Aは，Bの代理人として，C所有の土地についてCと売買契約を締結したが，BがAに代理権を与えていなかった場合は，Cは，そのことについて善意であり，かつ，Bの追認がないとき，当該売買契約を取り消すことができる。

語句の意味をチェックする

相当の期間…（この場合は）常識的に考えて，相手方（催告する者）が相当と思う期間

関係する条文 第114条〔相手方の催告権〕，第115条〔相手方の取消権〕

2-9 無権代理人の責任

暗記ナビ

無権代理人が責任をとる方法は
1 契約をそのまま履行する
2 損害賠償

解説ナビ 無権代理人は，無権代理行為の相手方に対し，自分が代理人であることを証明できないとき，または本人から追認されなかったときに，自らの行為に対する責任を次のいずれかの方法でとらなければなりません。

1 **契約通りに履行する**

2 **損害を賠償する**

方法の選択権は無権代理行為の相手方にあり，無権代理人自身は選択できません。

しかし，次のいずれかに該当する場合は，無権代理人は行為に対する責任を免れます。

① 相手方が無権代理人である事実を知っていたとき

② 相手方が自らの過失で，無権代理人である事実をわからなかったとき

③ 相手方が取消権を行使したとき

④ 無権代理人が制限行為能力者であったとき

基本ナビ 無権代理の本人や相手方は，結局のところ無権代理人の行為に振り回されます。本人は，状況に応じて「無効」や「有利であれば追認」で応戦し損を回避できますが，相手方は，自らの胸算用が水の泡になりかねません。

この不公平を是正するため，相手方は，無権代理人に対して，責任をとるよう請求できるのです。しかし，無権代理人が制限行為能力者の場合はそうもいきません。なぜなら，制限行為能力者には責任をとる能力がないからです。さらに，相手方の損害は実損ではなく，あくまでも胸算用なので，損害の程度が比較的低いと解されるからです。

注）無権代理人は，相手方が無権代理であること知っていた場合や過失により無権代理であることを知らなかった場合は責任を免れますが，無権代理人が自己に代理権がないことを知って代理行為をした場合は，相手方は過失があっても無権代理人に責任を追及することができます。

○×ドリル Aの子BがAの代理人と偽って，Aの所有地についてCと売買契約を締結した場合，Aが売買契約を追認しないときは，Cは，Bの無権代理について善意であれば，過失の有無に関係なく，Bに対し履行の請求をすることができる。

語句の意味をチェックする

賠償…他人に与えた損害を償うこと

関係する条文 第117条〔無権代理人の責任〕

2-10 表見代理が成立するとき

暗記ナビ

表見代理が成立するときとは
〔前提〕相手方が善意・無過失で
1 元代理人が代理行為を行ったとき
2 代理人が権限外の代理行為を行ったとき
3 本人が代理権を与えると表示したが，実は与えていなかったとき
別表現では〔前提〕相手方が代理権ありと過失なく信じたとき

解説ナビ 無権代理行為によって契約が締結されたとしても，無権代理行為において表見(ひょうけん)代理が成立すると，本人がその相手方に対して責任をとらなければならない場合があります。

表見代理が成立する場合は以下の３つです。

1 **元代理人が代理行為を行い，その事実について相手方が善意無過失のとき**

2 **代理人が権限外の代理行為を行い，その事実について相手方が善意無過失のとき**

3 **本人が代理権を与えると表示したが実は与えておらず，その事実について相手方が善意無過失のとき**

これらいずれかの場合で，相手方が本人に対してその責任を追求したときには，本人は無権代理人の行為について責任をとらなければなりません。

基本ナビ 無権代理人の代理行為で，「本人から追認をもらえなかったとき」や「自分が代理人であることを証明できなかったとき」には，無権代理人が相手方に対して責任をとらなければなりません（[2-9] 参照）が，逆に，追認をもらえた場合や，代理人であると誤認させるような外観があって相手方がそれを主張した場合には，無権代理人は相手方に対して責任を取る必要がなくなります。

「では誰が相手方に対して責任を取るの?」

「本人が責任を取ることになります」

無権代理人に代理権があるような外観が存在する（そのようにみえる）場合を表見代理といい，無権代理が本人の保護を重視しているのに対し，表見代理は相手方の保護を重視しています。つまり無権代理行為の効果や責任が本人に及ぶことがポイントです。当然本人は表見代理の責任をとることで被った損害については，不法行為等に基づいて，無権代理人に対してその責任を追及できます。

では，どんな場合に代理権があるような外観が存在するのか1～3の具体例をみてみましょう。

1 元代理人が代理行為を行ったとき

代理人の代理権が消滅した後に，その事実を知らずに契約を行った相手方に対して，本人は「彼はもう代理人ではない」と説明するだけでは足りず，いったん代理人の行為について責任をとらなければなりません。

たとえば，いつも集金をしていた酒屋の店員が店をやめた後，店をやめたことを知らない客に対し，店員と偽って集金をした場合です。その客は代金を払ったことになります。

2 代理人が権限外の代理行為を行ったとき

代理人が与えられた権限を超えて行った行為であっても，それが正式な代理行為であると信ずるだけの正当な理由が相手方にある（善意無過失）ときには，本人は，いったん代理人の行為について責任をとらなければなりません。

たとえば，甲地，乙地を持つＡが，甲地売却についての代理権をＢに与えたが，ＢはＡの代理人として，甲地と共に乙地も善意無過失のＣに売ってしまった場合です。ＡはＣに甲地，乙地を引き渡さなければなりません。

3 本人が代理権を与えると表示したが，実は与えていなかったとき

本人自身が相手方に対して「この者に代理権を与えた」という表示を行った場合には，実際は代理権を与えていなくても，その者の行為について責任をとらなければなりません。

たとえば，甲地を持つＡが，甲地売却についての代理権を将来においてＢに与えようと考えていた際に，その時期が到来していないにもかかわらず，その代理権をＢに与えたとＣに告げ，Ｂが，代理権のないままＡの代理人として甲地をＣに売った場合です。ＡはＣに甲地を引き渡さなければなりません。

ただし，たとえ1～3のケースであり表見代理が成立しても無権代理にはかわりありません。相手方が無権代理人に「責任をとれ」といえば，無権代理人が責任をとるのです。

また，1～3のケースであっても，相手方が悪意 or 有過失のときには，本人はそれを証明して，自称代理人の行為が無権代理であることを主張できます。

○×ドリル　ＢがＡに抵当権設定の代理権しか与えていなかったにもかかわらず，ＡがＢの代理人として，Ｂ所有地をＣに売却する契約を締結した場合，Ｂは，Ｃが善意無過失であっても，その売買契約を取り消すことができる。

語句の意味をチェックする

不法行為…故意または過失によって他人の権利を侵害し，これによって他人に損害を生じさせる行為。［14章］参照

自称代理人…無権代理人のこと

関係する条文　第109条〔表見代理ー代理権授与の表示があるとき〕，第110条〔同前ー代理権踰越のとき〕，第112条〔表見代理　代理権消滅後〕

出題頻度 ★★★☆☆

2-11 禁止されている代理行為

暗記ナビ

禁止されている代理行為は
1 自己契約
2 双方代理
別表現では 1 代理人Aは自ら買主になることができない

解説ナビ 代理行為では，1つの法律行為について，代理人が当事者の一方である相手方になること（自己契約）や，1人の者が当事者双方の代理人になること（双方代理）は禁止されています。

ただし，共に本人の承諾がある場合には認められています。

基本ナビ AB間の売買契約で買主Bが売主Aの代理人になって契約を締結することは，自己に有利な契約を結び，本人Aの利益を害するおそれがあるため無効となります。これが自己契約です（右上図）。

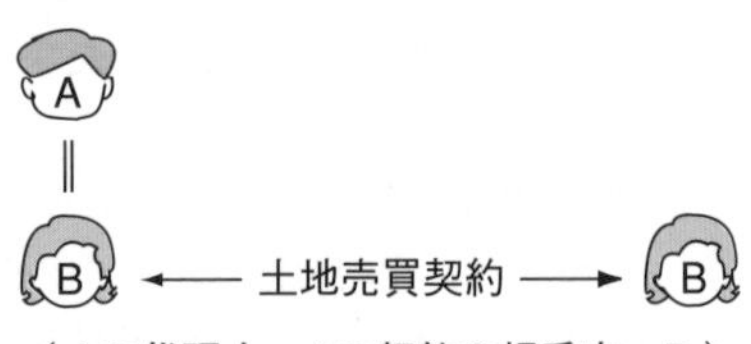

一方，AB間の売買契約でAの代理人であるXがBの代理人となって契約を締結することは，BとXが口裏を合わせてBに有利な契約を結び，本人Aの利益を害する恐れがあるため無効となります。これを双方代理契約，または単に双方代理といいます（右下図）。

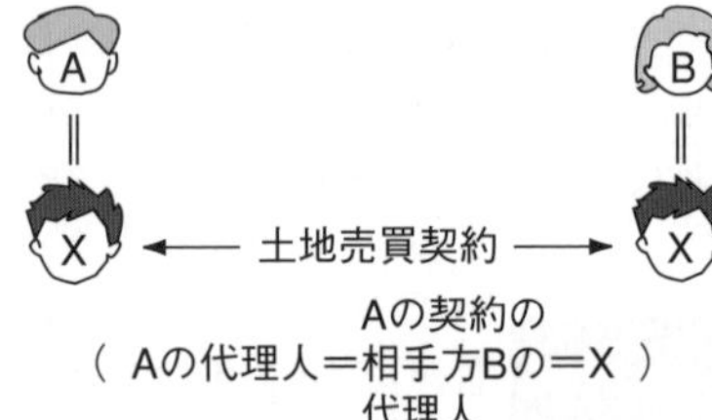

双方代理では，本人の承諾がある場合の他，単なる債務を履行するときには認められています。この「単なる債務の履行」とは，すでに確定している契約内容を実現するための，単なる手続きのことをいい，不動産売買契約締結による登記手続き等が該当します。

〇×ドリル AがBからB所有地の売却の代理権を与えられている場合，Aは，Bの同意がなければ，自ら買主となることができない。

語句の意味をチェックする

登記…一定の事項を広く社会に公示するため登記所に備える登記簿に登録等すること。［19章］参照

関係する条文 第108条〔自己契約，双方代理の禁止〕

2-12 任意代理人が復代理人を選任するとき

暗記ナビ

任意代理人が復代理人を選任できる場合は
1 本人の許諾がある
2 やむを得ない事由がある

解説ナビ 代理行為において，任意代理人が復代理人を選任できるのは12の場合に限られ，復代理人を選任した任意代理人は「なぜその者を復代理人に選んだか」「その復代理人を充分に監督したか」の２つについて責任を負うことになります。

また，本人より指名された者を復代理人として選任する場合は，代理人は本人が選んだ以上，「なぜその者を復代理人に選んだか」という責任は負わず，その復代理人が不適任，不誠実であった場合に限り，それを本人に通知するか，あるいはその復代理人を解任すればいいのです。

基本ナビ 代理行為は本人から信頼されている（であろう）代理人自身が処理することが好ましいですが，代理人が独力で処理できない場合や，病気等によって仕事が十分にできない場合は，共に代理事務をこなしてくれる者の存在が好都合です。代理人から選任されるこれらの者を復代理人といいます。

復代理人を選任した後も，代理人の本人に対する権利や義務は消滅しません。復代理人に本人に対する権利や義務が代理人と同様に発生し，本人に複数の代理人が付いたことになるのです。

任意代理は，通常本人が代理人を信頼して契約するため，同様の信頼を復代理人に対してまで期待するのは無理な話です。そこで復代理人を選任した代理人が復代理人の面倒をみなければなりません。とはいえ，復代理人が権限の範囲を超えて行った行為まで責任を負う必要はありません。どちらにしても，責任は重大ですから復代理人の選任には条件が設けられており，いつでもできるとは限らないのです。

一方，法定代理人は，任意代理人に比べて権限が広く，安易に辞任できないばかりか，本人に法定代理人が復代理人を選任することを許諾する能力がなく，その負担は非常に大きいものです。そこで，法定代理人は，いつでも好きなときに，復代理人を選べますが，本人に判断能力がない分，復代理人に関する全責任をとらなければなりません。

語句の意味をチェックする

復代理人…代理人によって選任された本人の代理人
許諾…許可
事由…理由，事情

関係する条文 第 104 条〔任意代理人の復任権〕，第 105 条〔復代理人選任の責任〕，
第 106 条〔法定代理人の復任権〕

2-13 代理権が消滅するとき

暗記ナビ

代理権が消滅するときとは
1 死亡
2 代理人が成年被後見人・破産者
3〔任意代理の場合〕契約終了，本人破産
4〔法定代理の場合〕本人が能力者

解説ナビ 12は法定代理，任意代理の共通事由です。覚えやすくキーワード化してありますので，ひとつずつ詳しくみていきましょう。

1「死亡」は本人もしくは代理人が死亡したときのこと

代理人は本人の意思を代わりに表示するため，本人が死亡すると，本人の代わりに表示してもその効果の帰属先がなくなることになります。よって，法定代理，任意代理にかかわらず，本人が死亡すれば代理権は消滅します。

逆に，代理する人が死亡すれば，本人の意思を表示する者が存在しなくなるため代理権は消滅します。

2「代理人が成年被後見人・破産者」は代理人が成年被後見人もしくは破産者になったときのこと

代理人が成年被後見人になるとは，代理人の状態が“常に正気でなくなる”ということです。最初から制限行為能力者を代理人とした場合には，その意思能力に期待していないと考えられますが，能力者を代理人とした場合には，代理人の意思能力に期待して依頼しているはずです。よって，代理人が後見開始の審判を受ければ，その期待から外れ代理権は消滅します。

さらに，代理人の行為は本人の財産の取扱いが主であり，自分の財産もまともに扱えない破産者もまた他人の財産を扱う資格がないとされます。

逆に，本人が成年被後見人になった場合には，代理人の意思能力は失せていないため代理権は消滅しません。

3「任意代理の場合，契約終了，本人破産」は任意代理行為が完了したとき，もしくは本人が破産したときのこと

任意代理の場合は，前述の12の事由の他，代理行為を無事完了して委任契約を終了させたときに代理権が消滅します。

また，任意代理では本人の財産について代理人が意思表示をするため，その財産がなければ意思表示のしようもありません。よって，本人が破産したときにも代理権は消滅します。

5「法定代理の場合，本人が能力者」は本人が成人したとき，もしくは後見開始の審判が取り消されたときのこと

法定代理の場合は，前述の12の事由の他に，本人が成年（満 18 才）になったり，本人が後見開始の審判を取り消されたときに代理権が消滅します。法定代理人は本人の能力を補充する立場にあるため，本人に能力が備わればその必要がなくなるのです。

基本ナビ 法定代理の場合，代理人は本人の能力を補充するための存在ですが，任意代理では通常，本人を信頼して契約します。本人と代理人の信頼関係を基本としている以上，代理人が死亡したとしても，その立場が相続人に相続されることはありません。

任意代理の消滅事由は，委任契約（［13-1］参照）の消滅事由でもあります。委任契約が代理制度を使った契約だからですが，このことを頭の隅に入れておくと理解が進むでしょう。

どんな場合に代理人が本人の能力を補充する理由がなくなるのか，あるいは本人との信頼関係が喪失するのかを整理し，法定代理と任意代理の共通事由，相違事由をしっかり覚えましょう。

○×ドリル 代理権は，本人の死亡，破産，または後見開始の審判を受けることにより消滅する。

語句の意味をチェックする

破産…債務者が経済的に破綻（はたん）して，債権者に対して債務を完済できない状況に陥ること
意思能力…自己の行為の結果を判断することができる知的能力
委任契約…委任者の依頼を受任者が承諾して成立する契約。［13-1］参照

関係する条文 第 111 条〔代理権消滅の事由〕，第 653 条〔委任の終了事由〕

学習のポイントは?

本試験において，ここで学ぶことがそのままの形で出題されることはありません。通常は「こういった条件のときには契約はどうなるか?」という事例形式で出題されています。したがって，この後の学習のために必要な用語の定義を理解する章と位置づけてください。

ここで学ぶのはどんなこと?

理解しやすい項目ばかりなので気楽な気持ちで。ただし，知っておかないとあとで困ることばかりです。

3 条件・期限

3-1 条件とは

暗記ナビ

条件の種類は
1 停止条件　2 解除条件

解説ナビ 条件には停止条件，解除条件の２つがあります。

停止条件とは，その条件が成就するまで契約の効力発生を停止させる条件をいいます。停止条件付きの契約を締結した場合には，契約自体は成立しているものの条件が成就してはじめてその契約に効力が発生することになり，逆に条件が成就しなければ永久に契約に効力が生じません。

一方，解除条件とは，その条件が成就すると契約の効力が解除，つまり契約の効力がなくなる条件をいいます。解除条件付きの契約を締結した場合には，停止条件とは逆に契約成立時に効力が発生することになり，条件が成就すると効力が消滅します。

よって条件が成就しなければいつまで経っても契約は消滅しません。

基本ナビ 通常契約が成立すると，その内容を実行しなければならないという効力が発生します。そして，それを実行すれば効力は消滅し，契約は終了します。

「この本をください」「かしこまりました」で契約が成立し，代金を支払う代わりに本が受け渡されて買い物が終了するといった具合です。

ただし，「もし，明日残っていたらください」や「お金が入ったら買います」等，契約に条件を付けることもできます。

このように，条件とは法律行為の効力の発生・消滅を将来実現するかわからない事柄の成立にまかせることをいいます。具体例をみてみましょう。

「Aに対し，父親Bが宅建試験に合格したら車を買ってあげると約束した場合は?」

「Aが宅建試験に合格できない間は構いませんが，合格したら，車を買ってあげなければなりません。このように，ある条件が成就したときに法律行為の効力が具体化される場合の条件が停止条件です」

「宅建試験に不合格になったら，仕送りはやめると約束した場合は?」

「約束の時点から宅建試験で不合格となるまでは仕送りがありますが，いったん試験に不合格になると，仕送りは止まります。このように，条件が成就することで，今まであった法律効果が消滅する場合の条件が解除条件です」

語句の意味をチェックする

実行…実際に行うこと

関係する条文　第127条〔条件成就の効果〕

3-2 期限とは

暗記ナビ

期限の種類は
1 確定期限
2 不確定期限

解説ナビ 期限を付けた法律行為を期限付法律行為といい，その期限には，確定期限と不確定期限の２つがあります。

確定期限は，期限の来る日が確実に決まっている場合をいい，不確定期限は，期限の到来は確実でも，その日がいつ来るか定かでない場合をいいます。

基本ナビ 繰り返しますが，契約が成立すると，その内容を実行しなければならないという効力が発生し，それを実行すればその効力も消滅します。

スーパーマーケットでのような通常の買い物では，契約成立日＝効力発生日＝効力消滅日となりますが，この発生日や消滅日に猶予を与えるのが，条件（[3-1] 参照）であり，期限なのです。条件と期限の大きな差異は，条件は，それが確実に成就するか否か不明なのに対して，期限は，遅かれ早かれそれが必ず到来する点にあります。

たとえば，「今年の年末には…」といった確定期限や，「次に雨が降ったら」といった不確定期限の，それぞれの期限の設定に違いはあっても，どちらも「(成立することが確実な事柄が)成立するまで」と，法律行為の効力の発生・消滅に猶予を与えているのです。

○×ドリル 法律行為に始期を付したときは，その法律行為の履行は，期限が到来するまでこれを請求できない。

関係する条文 第135条〔期限到来の効果〕

3-3 期限の利益とは

暗記ナビ

期限の利益は放棄できる

解説ナビ 契約における期限の利益は，当事者のうち債務者が受けることが多いため，民法では，期限の利益は債務者のためにあると推定しています。

そこで，この利益を受けるか放棄するかの選択は債務者に委ねられます。ただし，債務者が債権者の信用を失うような以下の行為を行った場合には，期限の利益を失います。

1. **債務者が破産の宣告を受けた場合**
2. **債務者が担保を毀滅（きめつ）した場合**
3. **債務者が担保供与義務を履行しない場合**

基本ナビ 契約を締結すると，その契約の内容を履行しなければならない当事者が出現します。それを債務者，そして履行するよう請求できる権利を持つもう一方の当事者を債権者といいます。

〔3-2〕で学習した通り，契約に期限が付いている場合，その期限が到来するまでは，債務者は契約の履行を待ってもらえます。このように，期限付契約で始期または終期が到来しないことによって債務者が受ける利益を期限の利益といいます。具体的にみてみましょう。

「洋服を買って代金を３日後に支払うことになった場合は？」

「買主は，代金支払に３日間の猶予が与えられ，その間にお金を用意すればいいことになります」

しかし，お金をすぐに用意できる者にとっては，３日間の猶予は必要ありません。そこで，期限の猶予を与えられている者は，『猶予なんていらないよ，すぐに代金を払うよ』と期限の利益を放棄できます。

○×ドリル Aは，Bから弁済期１年との約束の下に金銭を借りたが，１年経過前でも金銭を返すことができる。

語句の意味をチェックする

放棄…権利や利益について，行使せずに投げ棄てる行為の意
推定…ある事項につき，確たる反論があるまでは，それを正当と仮定すること
毀滅…こわれ，なくなる
担保…債務不履行に備えて債権者に提供され，債務の弁済を確保する手段となるもの
供与…ある利益を相手方にトクさせること
始期…法律行為の効力を発生させたり，債務の履行を請求できるに至る期限
終期…将来確実に到来する事実の発生に，法律行為の効力の消滅が付加された期限

関係する条文 第136条〔期限の利益〕，第137条〔期限の利益の喪失〕

学習のポイントは？

時効という言葉の意味を知っている人は多くても，その正確な内容と仕組みまで理解している人は少ないでしょう。ここでは「時効の完成猶予と更新」「所有権の取得時効」「占有期間を算出する方法」の３つをメインに学習しましょう。

ここで学ぶのはどんなこと？

理解しやすい項目ばかりなので気楽な気持ちで。ただし知っておかないとあとで困ることばかりです。

4 時効と占有

最初に知っておこう

［1章-最初に知っておこう］で契約は当事者の意思表示が合致すると成立すると学びました。

たとえば，Ａが「マンガ本をちょうだい」といいＢが「いいよ」といえば，ＡＢ間でＡがＢからマンガ本をもらう契約が成立します。

この契約が成立するとその内容を実行しなければならない効力，たとえばＡにはマンガ本を引き渡すよう請求できる権利が，Ｂにはマンガ本を引き渡す義務がそれぞれ生じることになります。

民法では，このような一定の行為を請求できる権利，あるいは一定の行為をしてもらえる権利を債権（さいけん），逆に，一定の行為を行わなければならない義務を債務（さいむ）といいます。
両者をあわせて債権債務といい，この債権債務によってマンガ本はＢからＡへ移転（移動）し，さらにＡがマンガ本を所持することで，誰が見てもマンガ本の持ち主はＡだとわかります。

このような所持している状態を占有（せんゆう）といい，占有する権利を占有権といいます。

「でも，Ａがマンガ本をＣに貸すと，本当の持ち主はＡなのにＣが持ち主に見えますが？」

「そうです。他人から見るとマンガ本を所持している，つまりマンガ本を占有しているＣが持ち主だと勘違いされるのも当然です」

「ということはＡの占有権はＣに移ったの？」

「いいえ，Ｃ同様Ａにも占有権はあります。Ａには本来の持ち主としての占有権があります」

ＡはＣを通して占有している，簡単にいえば，貸していることがすなわち「自分のためにＣに占有させている」と解釈できるからです。

そうなると，ＡもＣも持つ占有権はとりあえず物を所持すれば誰でも持つことができる権利で，さほど重要ではないとわかります。見かけ上での権利に過ぎないからです。

「とすると大切なのは？」

「本来の持ち主としての権利です」

本来の持ち主としての権利，つまりマンガ本を所有する権利を所有権（しょゆうけん）といいます。

この所有権がＢからＡに移動すれば，Ａは，たとえＣにマンガ本を貸していたとしても「私が持ち主です」といえるのです。逆にいえば，ＢがＡにマンガ本を引き渡したとしても，所有権の移転が済んでいなければ，単なる見かけ上のやりとりに過ぎないことになります。

こうして考えれば，重要なのはマンガ本自体に付く権利なのです。

このように，物に付く権利を物権（ぶっけん）といい，所有権以外にも数種類あります。特に対象が土地や建物になると，土地や建物を利用するための様々な権利として物権が存在します。

逆に，Ｃが持っているのは借りるという債権です。物権を物に付く権利とすれば，債権は人に付く権利です。物権については〔5章〕で，債権については〔8章〕でそれぞれ学習するので，ここでは基本的な仕組みだけ頭に入れておきましょう。

さて，ＡもＣも所有権や債権を契約で手に入れましたが，実は時間が経過することによってこれらを手に入れることも可能です。それをこの章で学習しましょう。

語句の意味をチェックする　**占有**…所有権の有無にかかわらず，ものを所持すること。

4-1 時効とは

暗記ナビ

時効が完成すると，その効力は時効開始時に遡る

解説ナビ 時効が完成すると，その効力は，時効期間の最初の時点に遡ります。

つまり「最初からそのような事実はなかった」「最初から私が所有していた」等と扱われるのです。

基本ナビ 真実の権利関係とは異なる事実状態が長年にわたって継続した場合に，真実の権利関係よりもその事実状態の方を保護する制度を時効といいます。

厳密にいうと，ある事実状態が一定期間継続することにより，権利の得喪（とくそう）という効果が発生することです。

時が経過するだけで恩恵を受けられるため，このような効果を時効の利益といいます。

「では，権利の得喪とはどういうことですか？」

「たとえば，お金を借りても一定期間が経過すればその事実はなかったものとなり，元本や延滞利息等の利息は払わなくていいことになります。貸したまま放っておいた方にも原因アリとされ，放っておく＝必要ないものとみなされるのです」

○×ドリル 時効が完成したときは，その効力は，起算日に遡る。

語句の意味をチェックする

時効期間…時効の完成のために必要な期間
得喪…取得や消滅

関係する条文 第144条〔時効の遡及効〕

4-2 時効の利益とは

暗記ナビ

時効完成前には利益を放棄できない

解説ナビ 時効の効力は，時効の利益を受ける者がその意思を表示することではじめて生じます。よって，時効の利益を受けるか否かは本人の自由ですが，放棄する場合には時効完成前には行えません。

基本ナビ 時効によって権利を得たり，権利を消滅させたりするには，権利を取得できる者または権利の消滅を主張できる者が「時効が完成して私のものになった」「この権利は消えた」等の主張をしなければなりません。このように時効完成を主張することを時効の援用（えんよう）といい，本人が時効を援用してはじめて時効による効力が生じるのです。

時効の完成で自動的に効力が生じ，当然に権利を取得したり，消滅するのではないことに注意しましょう。

そして，時効の援用は本人の自由です。ただし，時効を援用するもしないも時効完成後の話です。そうでなければ「時効を援用しないなら貸すよ」等の特約が幅を利かせてしまい「時がすべてを解決してくれる」という時効制度の主旨が損なわれてしまいます。

○×ドリル 時効の効力はその起算日に遡り，時効の利益はあらかじめ放棄することはできない。

語句の意味をチェックする

援用…自己の利益のために一定の事実を主張すること
特約…特別の条件のある契約や約束をすること

関係する条文 第 146 条〔時効利益の放棄〕

4-3 所有権の取得時効

暗記ナビ

所有権の取得時効は
善意・無過失……10 年間　悪意・有過失……20 年間

解説ナビ 他人の物と知りつつ，自分のために所有権を得る意思（目的）を持った者は，20 年間にわたり平穏（へいおん）かつ公然（こうぜん）と占有を続けていれば，原則として所有権を取得できます。

さらに，その占有を始めたときに他人の物を自分の物と信じ，かつそう信じる際に落度（過失（かしつ））がなければ，平穏かつ公然と 10 年間占有を続けるだけで所有権を取得できます。

基本ナビ 通常，人が物を所持する行為は所有権に基づきますが，自分の物ではないのに自分の物として所持する，つまり所有権に基づかずに物を所持する場合があります。このように，所有権の有無にかかわらず物を所持することを占有といいます。

さらに，この占有の継続により権利を取得することを取得時効（しゅとくじこう）といい，他人の物であっても，一定の期間自分の物としてトラブルを起こさず堂々と占有すれば手に入れられます。「自分の物として占有」とは買った物等のように自分の物として持ち続けることです。

「『Bから借りた土地だけど，売ってしまえ』とAがCに土地を売った場合は?」

「Cは不法占拠者となってしまうため，Bから『出ていけ』といわれれば従わなければなりません。しかし，10 年あるいは 20 年間Bがそのことに気付かなければ，Bにとって必要ないとされ土地はCのものになってしまいます。このように買った場合は悪意・有過失でも 20 年間で所有権を取得できますが，Aのように最初から借りた場合には所有権を得る意思がないため，いくら 20 年間占有しても時効によっては土地の所有権を取得できません」

また，所有権以外の地上権（ちじょう），地役権（ちえき），永小作権（えいこさく）といった財産権も，所有権同様 10 年あるいは 20 年の占有でその権利を取得できます。

○×ドリル A所有の土地をBが占有していることについて，Bはこの土地を賃借権に基づき占有していたが，今までに一度もAより賃料を請求されたことがない。この場合において，Bはこの土地の占有を 20 年間継続しさえすれば，時効により所有権を取得することができる。

語句の意味をチェックする

不法占拠者…ある場所を法に違反して占拠している者
地上権，地役権，永小作権…［5 章 - 最初に知っておこう］参照
財産権…財産を目的とする権利

関係する条文　第 162 条〔所有権の取得時効〕，第 163 条〔所有権以外の財産権の取得時効〕

4-4 占有権を取得するとき

暗記ナビ

占有権を取得する方法は
1 本人が占有する
2 代理人が占有する

解説ナビ 所有者が誰であれ，事実上その物を占有し，利益を得ようとする権利を占有権といいます。

この占有権は，たとえ代理人を使って物を所持させても，本人の占有権が失われることはありません。

基本ナビ 占有権を取得する具体例をみてみましょう。

「Aの家をBが借りて住んでいる場合は？」

「このような場合Bは，所有権を有していませんが，実際に家に住み，事実上家を支配していることから，占有権を持っていることになります。さらに賃貸借の期間が終了したにもかかわらず，Bがそのまま住んでいる場合も，自分が住むために家を支配していることから，Bは占有権を引き続き持っていることになります」

逆に，Aは，Bに家を貸しているため，家には住めませんが，Bが住むことを通して家を支配していることになります。よって，Aも占有権を持っています。つまり所有権を持つA，持たないBともに家に対して占有権を持っているのです。

この場合のBが［暗記ナビ］2の代理人にあたります。代理人の行為の効果や責任は本人に及ぶ（［2-1］参照）ことから，Bの占有の効果がAに及び，結果としてAも占有権を有していることになります。

〇×ドリル

所有の意思をもって，平穏かつ公然にA所有の甲土地をBが2年間自己所有し，引き続き18年間Cに賃貸していた場合には，Bに所有の意思があっても，Bは，時効によって甲土地の所有権を取得できない。

語句の意味をチェックする

所有者…所有権を持つ者

関係する条文 第180条〔占有権の取得〕，第181条〔代理占有〕

4-5 占有期間を算出する方法

暗記ナビ

占有期間とできるのは
[1] 自分だけの占有期間
(または)
[2] 前占有者と自分の占有期間の合計

解説ナビ 占有物を２人以上で占有し続ける場合，占有を引き継いだ者が占有期間を主張する方法は次の２通りです。

[1] **自分が占有を引き継いでからの占有期間を主張する**

[2] **自分と前占有者の占有期間を合計した期間を占有期間として主張する**

ただし，[2]の場合は，前占有者に関する瑕疵(かし)等も受け継がれます。

よって，占有開始時の占有者が悪意であったときにはその者の悪意も瑕疵として承継(しょうけい)し，善意であったときにはその者の善意を承継することになるのです。

基本ナビ 所有権の取得時効を主張する場合，10 年か 20 年かをどう判断するのかみてみましょう。

「X所有の不動産が，占有者AからB，BからCへ売買された場合は?」

「Cのみでも，ＡＢＣ３人の合計の占有期間でも取得時効を主張できます。善意・悪意については，Cのみの場合はCで，ＡＢＣ３人の場合には占有開始時のAで判断されます。Aが善意無過失であれば，ＢＣが悪意であっても合計 10 年の占有継続により所有権を取得できます」

ここで，自分の占有期間のみで取得時効を完成させる場合を整理してみます。

① 善意・無過失の現占有者……10 年で取得時効完成
② 悪意の現占有者……20 年で取得時効完成

前占有者の期間と合計して取得時効を完成させる場合には，次のようになります。

③ 善意・無過失の前占有者＋善意・無過失の現占有者……10 年で取得時効完成
④ 善意・無過失の前占有者＋悪意の現占有者……10 年で取得時効完成
⑤ 悪意の前占有者＋善意・無過失の現占有者……20 年で取得時効完成

語句の意味をチェックする

承継…うけつぐこと
占有物…所有権の有無にかかわらず所持するもの
瑕疵…なんらかの欠点，欠陥があること

関係する条文　第 187 条〔占有の承継〕

4-6 消滅時効とは

暗記ナビ

消滅時効は
所有権以外の物権……20 年間
債権……………………主観的起算点から 5 年間
客観的起算点から 10 年間

解説ナビ 消滅時効（しょうめつじこう）の期間は，所有権以外の物権は20 年，民法改正により、債権は債権者が権利を行使できることを知った時（主観的起算点）から5 年、債権者が権利を行使できる時（客観的起算点）から10 年となり、それぞれの消滅時効の進行の開始時期は，所有権以外の物権については権利不行使（ふこうし）の事実状態が開始した当初，債権については以下となります。

1 確定期限付債権は，確定期限が到来したとき

2 不確定期限付債権は，期限が到来したとき

3 期限を定めない債権は，債権成立のとき

2020 年の法改正で消滅時効については旧民法と比べて、期間など変更になった点が多く、ここで整理しておきます。

○職業別の短期消滅時効の廃止

旧民法では、原則として請求できるときから10 年で債権は消滅するとされていました。（167 条）また、飲み屋のツケは1 年、工事の請負代金は3 年など、業種によって異なる短期の消滅時効も定められていました。（170 ～174 条）しかし、民法改正により、職業別の短期消滅時効（170 ～174 条）は廃止され、改正民法166 条に統一されました。

166 条では原則として権利を行使できることを知った時（主観的起算点）から5 年、権利を行使できる時（客観的起算点）から10 年のいずれか早いほうの経過によって消滅すると統一されました。

○人の生命または身体の侵害による特則

不法行為に基づく損害賠償請求権は、損害および加害者を知ったときから3 年、または不法行為のときから20 年で時効によって消滅します。（724 条）この規定は改正後も変わりませんが、人の生命または身体の侵害による場合には特則が設けられました。

人の生命または身体の侵害による場合の特則（724 条の2）
損害および加害者を知ったときから5 年、不法行為による被害が発生したときから20 年。

人の生命または身体の侵害による場合の特則は、債務不履行に基づく損害賠償請求を行う場合にも適用されます。

権利を行使できることを知った時から5年、権利を行使することができる時から20年の特則（167条）が設けられました。

基本ナビ 消滅時効とは，一定の財産権について，権利不行使という事実状態が一定期間継続した場合にその権利を消滅させる制度で，権利を行使できる時点から消滅時効が進行します。

ただし，この一定の財産権には所有権は含まれません。物が存在する限りその物の所有権が存在することから時間で所有権が消滅することは決してないからです。

「地役権に基づいて他人の土地を利用していたが，ある時点から利用しなくなった場合は？」

「土地を利用しなくなったときから20年経過すると地役権（[5章 - 最初に知っておこう］参照）は消滅します」

債権の場合は，権利を行使できる時点が期限の定めによって以下のように異なります。

1. **確定期限付債権は，その期限が到来すれば債権の行使（履行の請求）が可能になるので，確定期限の到来のときから消滅時効が進行します。「5年後に払う」では5年後の期日が到来したときから消滅時効が進行します。**
2. **不確定期限付債権は，いつ期限が到来するか不明ですが，期限が到来したときから消滅時効が進行します。「兄が死んだら払う」では兄が死んだときから消滅時効が進行します。**
3. **期限を定めない債権は，常に履行を請求できるので債権成立のときから消滅時効が進行します。**

○×ドリル 所有権は，取得のときから20年間行使しなかった場合，時効により消滅する。

語句の意味をチェックする

権利不行使…権利の内容を実現しないこと
事実状態…ここでは，実際にそれが普通の状態になっていること

関係する条文 第166条〔債権等の消滅時効〕

4-7 時効の完成猶予と更新

暗記ナビ

時効の完成猶予事由	時効の更新事由
1 裁判上の請求	1 確定判決による権利確定
2 支払督促	2 強制執行等の終了
3 和解・調停	3 承認
4 破産手続参加・再生手続参加・更生手続参加	
5 強制執行・競売	
6 仮差押・仮処分・催告	
7 協議を行う旨の合意	
8 天災等	

解説ナビ 時効の完成猶予と更新は民法改正により、旧民法の時効の中断と停止を再構成したものです。

時効の完成猶予：「完成猶予事由」が発生した場合にある一定の期間（猶予期間）が経過するまで時効の完成を先延ばしにすることをいいます。

たとえば、裁判上の請求で完成猶予事由が発生し、その手続きが終わるまでの間は猶予期間として本来の時効完成にプラスされ、猶予期間の分だけ時効完成がのびることになります。

また、権利が確定せずに終了した場合でも、6ヶ月間は時効の完成が猶予されます。

時効の更新：「更新事由」が発生した場合にそれまでの時効期間の経過が無意味なものとなり、新たな時効期間が進行することをいいます。

時効の完成猶予は時効の完成を先延ばしにするのに対して、時効の更新はそれまでの時効期間をリセットします。そして、新たな時効が開始する時期は更新事由が終了したときです。

更新後に進行する時効期間は更新前の長さと原則として同じですが、確定判決によって確定した権利については更新前の時効期間が10年より短いものであっても10年で消滅時効にかかります。

基本ナビ 時効の完成猶予と更新についてまとめると以下のようになります。

○裁判上の請求等による時効の完成猶予と更新

【完成猶予】

暗記ナビ時効の完成猶予事由①～④の事由が終了するまでの間は時効は完成しない。また、確定判決などで権利が確定することなく終了した場合にはその終了の時から６ヶ月を経過するまでの間は時効は完成しない。

【更新】

確定判決などで権利が確定したときは①～④の事由が終了したときから時効は新たに進行を開始する。

○強制執行等による時効の完成猶予と更新

【完成猶予】

暗記ナビ⑤などの事由が生じた場合、それらが終了するまでの間は時効は完成しない。また、申立ての取下げなどで終了した場合にはその終了の時から６ヶ月を経過するまでの間は時効は完成しない。

【更新】

強制執行・競売などの事由が終了したときから時効は新たに進行を開始する。ただし、申立ての取下げなどで終了した場合は時効は更新しない。

○仮差押・仮処分・催告による時効の完成猶予

〈仮差押・仮処分〉

これらの事由が終了したときから６ヶ月を経過するまでの間は時効は完成しない。

〈催告〉

催告があった場合（内容証明郵便などで裁判外で返済を請求するなど）は催告から６ヶ月を経過するまでの間は時効は完成しない。

○協議を行う旨の合意による時効の完成猶予

権利について協議を行う旨の合意が書面等でされたとき以下のうち、いずれか早い時期までの間は時効は完成しない。

①合意があったときから１年

②当事者間で定めた協議期間（1 年未満に限る）

③当事者の一方から相手方に対して協議続行を拒絶する通知が書面等でなされたときはその通知から６ヶ月を経過するまでの間

本来の時効完成時点から５年以内であれば、合意を繰り返すことが可能。

○天災等による時効の完成猶予

天災等により裁判上の請求等や強制執行等の手続きができないときはその障害が消滅したときから３ヶ月を経過するまでの間は時効は完成しない。

○承認による時効の更新

権利の承認があったときは時効はその承認があったときから新たに進行を開始する。

○×ドリル 裁判上の請求をした場合、裁判が終了するまでの間は時効が完成しないが、当該請求を途中で取り下げて権利が確定することなく当該請求が終了した場合には、その終了したときから新たに時効の進行が始まる。

語句の意味をチェックする

権利者…一定の利益を請求し，主張し，享受することが認められている者
差押え…物，権利について，個人が自由に処分することを，国家権力が禁止する行為
仮差押え…金銭の支払いを目的とする債権について，債務者の財産の現状を維持しなければ強制執行に困難をきたすおそれがある場合，あらかじめ債務者の財産を差押さえて処分を禁止しておく保全措置
仮処分…権利の実現が種々の原因で危険に瀕している場合，その権利の保全のため，権利に関する紛争が訴訟で解決する，もしくは，強制執行が可能となるまでの間，暫定的になされる裁判やその執行
短期消滅時効…１年，２年，３年のように，一般の債権の時効期間の 10 年より期間の短い時効
無権利者…一定の利益を請求する等の権利を持っていない者

関係する条文 第 147 条〔裁判上の請求等による時効の完成猶予及び更新〕

学習のポイントは?

他人に対して自分の権利を主張するためには，何よりまず証拠が必要です。さらに，その証拠がどうやって入手したものかも重要です。

ここで学ぶのはどんなこと?

〔5-1〕〔5-2〕を理解しましょう。ただし最近は地役権等からの出題もあるので必ず［5 章 - 最初に知っておこう］から読んでください。

5 物権の種類

最初に知っておこう

私たちが目にするすべての物は動産と不動産に区別できます。そして，その動産と不動産は私たちの財産として存在しています。

しかし，たとえば動産である本を手にしている場合，自分で買っていればその本は自分の財産ですが，借りているとしたらその本は自分の財産とはいえません。

つまり，その物に付くなんらかの権利の有無で財産であるか否かが決まることになり，財産とは目に見えているその物自体ではなく，その物に付くなんらかの権利を指しています。

この権利を物権といい，私たちが目にするあらゆる物には必ず存在し，私たちはそれによって物を支配していますが，支配の方法は物権の種類として，法律で以下の通り定められています。なお，ここでは表中の枠で囲んだものについて簡単に解説しておきましょう。

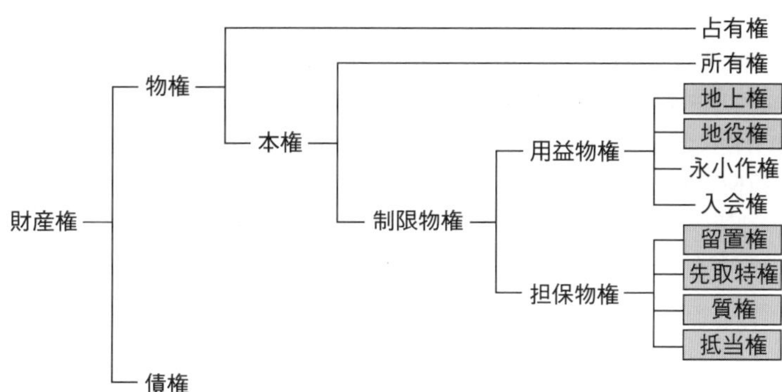

まずは用益物権のうち，地上権，地役権の説明です。永小作権を含めこれらの物権は土地専用の物権であり，契約等により設定，移転します。

地上権

地上権とは他人の土地に，竹木を植える，工作物を作る権利で，地上権が設定された土地では所有権を有している土地所有者でさえも使用・収益できません。

地役権

地役権とは他人の土地を通行する等の定められた目的に従い，自分の土地の利益のために，他人の土地を使用する権利をいいます。まず下図を見てください。

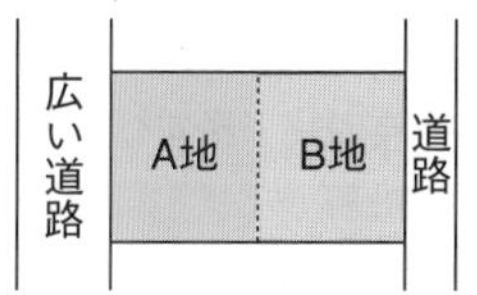

「図のように，Ｂ地に接している道路は狭く出入りが不便なのに対して，Ａ地に接している広い道路が便利な場合は?」

「(遠回りは別として) Ｂ地から広い道路に出るためにＡ地を通らなければならない場合で，Ｂ地の所有者がＡ地を通行することを目的として，Ａ地上に設定する権利を地役権，自らのＢ地を要役地，自らのために利用する他人のＡ地を承役地といいます」

そして，この地役権は土地，つまり所有権に付く権利であり，要役地のために存在する権利といえるため，要役地が譲渡されると地役権も一緒に譲渡されます。「所有権は売るが，地役権は売らないよ」等と分離しては処分できません。

次は担保物権です。担保物権は所有権，用益物権とは異なり，財産を支配する権利ではありません。債権を担保するために使われる，つまり債務の履行がなされない場合に，その物を換価処分できる権利です。

そして，担保物権には法律上当然に債権を担保するために発生する先取特権，債権の回収を確実にするために当事者の契約によって設定する質権，抵当権（根抵当権を含む）があり，これらの担保物権には共通した３つの性質があります。

1 **付従性…担保物権は債権の担保として存在するため，債権がなければ成立せず，また債権が消滅すれば担保物権も消滅する性質**

2 **随伴性…担保物権は特定の債権を担保するため，その債権が譲渡（［8-11］参照）されると，原則としてこれに伴って新しい債権者に移転する性質**

3 **不可分性…担保物権を持つ者は，債権の全部を回収するまでその物の全部について権利を行使できる性質**

これらの性質は，担保物権としての効力を強めるために存在します。実際に，1～3の性質の例をあげながら，個々の担保物権をみてみましょう。

先取特権

たとえば，旅行先で財布を盗まれ宿泊代金が支払えない客に対して，ホテルは預かった手荷物から宿泊代金相当分を換金して債権の回収に充てられます。

このような担保物権を先取特権といい，民法の他にも各種の法律で規定されている場合にのみ発生します。契約で担保物権を設定しなければ換金できないとなると“代金踏み倒し”が横行してしまうため，発生した債権債務に当然に対応するために，契約しなくても法律に基づいて担保物権が設定できるようになっているのです。

民法では 15 種類規定されており，大別すると，債務者のいかなる財産からも優先的に弁済を受けられる「一般の先取特権」，動産に限って優先的に弁済を受けられる「動産の先取特権」，不動産に限って優先的に弁済を受けられる「不動産の先取特権」の３種となります。

不動産の先取特権は不動産の保存，不動産の工事，不動産の売買の際，その代金が支払われなかった場合にその不動産に対して行使できますが，そのためには，それぞれ次の時期に登記を行わなければなりません。

4 **不動産の保存の場合 … 保存行為の終了後すぐ**

5 **不動産の工事の場合 … 工事開始前**

6 **不動産の売買の場合 … 売買の契約と同時**

そして，6の不動産の売買の先取特権以外は，これらの登記を行うとその順位にかかわらず，抵当権よりも優先して行使できます。

質権

借金をする等の契約の他に，その契約の債権者が債務者から物を預かり留置することによって，その契約の債権を確保する担保物権を質権といい，これにより債権者は他の債権者よりも優先的に弁済を受けられます。

このように，質権は質権者（債権者）と質権設定者（債務者）の間で質権設定の契約を結ぶだけでは成立せず，債権者が目的物を預かることによってはじめて成立し，債権のすべてを回収するまで債権者は物を留置することになります。

そして，すべてを回収すると債権は消滅し，さらに質権も消滅します。これが①付従性です。質権が消滅すれば，当然に債権者は預かった物を債務者に返還しなければなりません。

逆に，債権が回収できないときには，債権者は留置した物を処分して，そこから他の債権者に先がけて弁済を受けられるのです。

通常，質権というと着物や時計を質に入れる等，動産を目的物とする質屋さんを思い出しますが，動産以外に不動産や権利も質権の目的物になります。動産を目的物とすることを動産質，不動産を目的物とすることを不動産質，権利を目的物とすることを権利質といいます。

権利質では定期預金の支払いを受ける債権等が目的物となり，債権者が定期預金証書等を預かることで質権は成立します。

また，不動産質では債権者は不動産の引渡しを受けるとともに，登記がなければ第三者に質権を対抗できません。

抵当権

抵当権とは債権者に担保物件を預けることなく，抵当権設定者が不動産を担保として債権者に提供する担保物権です。

これにより，抵当権設定者は家や土地に居続けながら借金でき，債権者は債務者が返済できなくなったとき，つまり債権を回収できなくなったときに抵当権の実行（［7-6］参照）によってその抵当不動産から優先的に弁済を受けられます。

「債務者と抵当権設定者の関係は?」

「債務者は実際にお金等を借りた者，つまり主となる契約の債務を持つ者であり，抵当権設定者はその債務のために抵当物件を提供する者です」

通常，債務者＝抵当権設定者となりますが，子の借金のために親が担保を提供する等，債務者と抵当権設定者が同一者である必要はありません。

「質権との違いは?」

「抵当権が質権と大きく異なるのは，不動産専用の担保物権である点で，不動産の所有権，地上権，永小作権の３つに限って抵当権の目的にできます」

さらに，抵当権設定者が不動産を使いながらそれを担保にできる点も異なります。

通常，質権は担保の目的物を債権者へ渡して借金するため，担保提供者は目的物を自由にできません。債権者からすると換金できるものを預かっているので，回収不能に陥る心配がなく安心できる担保物権なのですが，担保提供者からすると不便な担保物権なのです。

そこで登場したのが抵当権であり，換価処分の手続きが始まるまでは，抵当権が設定されている不動産を貸すのも売るのも所有者が自由に行える点が大きな特徴といえます。

根抵当権

抵当権は普通抵当権（［第７章］参照）と根抵当権とに分けることができます。
普通抵当権は１つの債権を担保するために，１つあるいは複数の不動産に抵当権を設定します。一般に抵当権というとこれを指します。

それに対し根抵当権は，複数の債権を担保するために，１つあるいは複数の不動産に抵当権を設定し，債務者との間で継続的に行われる契約によって生ずる債権を一括して担保するのです。

つまり，契約を行うたびに抵当権設定の手続きを行う手間を省くために，あらかじめ借金できる上限を決めておき，その範囲内であれば何度でも契約できるようにしたのです。この上限を極度額（きょくどがく）といいます。

「具体的にはどんな手続きですか？」

「根抵当権は銀行等の金融機関と契約会社，卸業者等でよくみかけます。極度額の身近な例はカードローンです。極度額 50 万円と設定すれば合計 50 万円を超えない範囲で何度でも買い物でき，好きなときに返済できるといった具合です」

このように，根抵当権は，極度額によって債務が弁済されても消滅することはなく，さらには枠内であれば，いくつでも債権が発生する状況となります。

そこで登場するのが元本確定期日です。これは担保する債権が具体的に特定される日を意味し，その日以降に発生した債権は担保されなくなります。

元本確定期日をはさんで担保されることが確定したものは，普通抵当権とあまり変わらない取扱いとなり，換価処分に至るまでの手続きは普通抵当権と同じことになります。

逆に，普通抵当権との差異を最も有するのは元本確定前といえます。

よって，宅建試験においても，この元本確定日前の出題を多く見受けます。

以上を踏まえて，根抵当権について宅建試験の頻出事項を簡単にあげておきましょう。

まずはいつ設定できるかについてですが，先述したように根抵当権は現在はもちろん将来発生するであろう債権をも担保できます。普通抵当権も将来発生することが確実であれば設定できますがそれはごく稀な例で，通常は債権が存在してはじめて成立します。根抵当権は債権がなくても設定できる点に注意しましょう。

また，実行の際には，根抵当権は債権者へ優先的に弁済される額が普通抵当権とは違います。債務者が債務不履行に陥ったために，根抵当権を実行する場合には，元本と利息，その他債務を履行しないことによって債権者に与えた損害賠償金等を極度額の範囲で優先的に弁済されることになります。

最後に債権譲渡についてですが，通常債権が譲渡されると，その債権を担保している抵当権は新しい債権者のための抵当権となります。これが②随伴性であり，これは１つの債権を担保するために１つ，あるいは複数の不動産に抵当権を設定するからできることです。

これに対して，根抵当権は債権が譲渡されたからといって根抵当権の一部で新しい債権者のために債権を担保することはありません。

「なぜ根抵当権は新しい債権者のために債権を担保しないの？」

「一部の債権の譲渡に伴ってその債権を担保するとなると，元本確定期日を挟んで担保される債権が特定されるという根抵当権の性質に反し，元本確定期日前から特定の債権を担保することになってしまうので，債権譲渡に伴ってその債権を担保することはないのです」

逆に，根抵当権設定者の承諾を得れば，根抵当権者は根抵当権の一部あるいは全部を譲渡することは可能です。つまりは極度額の枠を譲渡すると考えればわかり易いでしょう。

留置権

先取特権や質権等の担保物権に基づいて債権者が担保物件を留置するには，一定の権利が必要となります。この物を留置する権利が留置権です。

債権者はすべての債権を回収するまで，留置権に基づき，その物すべてを善良な管理者の注意をもって留置することになります。

先取特権に基づいて留置権が発生する具体例を見てみましょう。

「Aの車を借りたBが自動車事故を起こしてしまい，Cに修理を頼んだ場合は?」

「この場合，修理代金の支払いが約束した日に行われない時点で留置権が成立し，留置権が成立すると，車の所有者はA，債務者はB，債権者はCになります」

つまり留置される物の所有者が債務者とは限りませんが，Cは車の修理が終わっても，Bが修理代金を支払うまで車の引渡しを拒めます。たとえBが少しずつ弁済（べんさい）したとしても，弁済額に相当する分として，その度ごとに車を分解して返却するのは事実上不可能であるため，すべてが弁済されるまで，Cは車を返却する必要がないのです。これが③不可分性です。

このように，留置権の特徴は担保物件を単に留置するのみという点にあります。

ちなみに，さらに待っても債権者が債権を回収できなければ，先取特権や質権等の担保物権を実行し，つまり担保物件を換金して回収にあたります。

逆にいえば，留置権があるからこそ，債権者は滞りなく担保物件を換金できることになり，その意味で，先取特権等にとって必要不可欠な担保物権のひとつといえます。

語句の意味をチェックする

支配する…その物を使用し，収益し，処分すること
〔例：土地を購入したら，使用…その土地を自由に使う，収益…土地を他人に貸してお金を取る，処分…土地を他人に売る〕
本権…占有について，これを法律上正当なものとさせる実質的な権利
制限物権…物を一定の限られた内容で支配（利用）する物権
用益物権…他人の土地を一定の目的のために使用・収益する土地にかかわる物権
永小作権…小作料を払って他人の土地で耕作や牧畜を行う権利
入会権（いりあい）…一定の地域の者が共同して木材の伐採，採草，漁労を行う権利
工作物…地上権においては，建物も含まれるが，通常は橋，電柱，トンネル，銅像といった建造物を指す
留置…人または物を，ある者の支配下に留めておくこと
対抗する…自己の権利を相手方や第三者に主張すること
善良な管理者の注意…その者の職業や社会的地位等を考えて，普通に要求される程度の注意
順位…法律的効力の優劣
抵当権者…お金を貸した債権者
担保提供者…債務を履行できなくなったとき（債務不履行）に備えて，債権者に債務の弁済を確保する手段となるものを提供する者
換価処分…公売その他の方法により財産を金銭化し，配当すること
共有…1つの権利を複数の者で持つこと。〔6-5〕参照

関係する条文 第265条〔地上権の内容〕，第280条〔地役権の内容〕，第281条〔地役権の付従性〕，第295条〔留置権の意義〕，第303条〔先取特権の意義〕，第342条〔質権の意義〕，第369条〔抵当権の意義〕

出題頻度 ★☆☆☆☆

5-1 不動産権利の第三者対抗要件

暗記ナビ

不動産権利の第三者対抗要件は，登記

解説ナビ 不動産に関する物権の得喪，及び内容の変更について当事者間では意思表示だけでその権利を主張できますが，第三者に対してその権利を主張するには，不動産登記法の定めに従って登記を行わなければなりません。

基本ナビ 動産・不動産にかかわらず物権を取得する方法は様々です。

売買等で取得する（特定承継），相続等で取得する（一般承継），時効によって他人の権利を取得する，所有権以外の物権についてその物権を設定する契約によって取得する等です。

そして，これらの方法で物権を取得し当事者以外の者に対して，自分が物権を取得したことを主張するには，不動産の場合には登記が必要です。つまり，自分が持っている権利を第三者に認めさせるには証拠が必要であり，意思表示だけでは不十分なのです。

「Aの別荘をBが購入した場合は？」

「AB当事者間では，契約により所有権がBへ移転するため，BはAに対して登記なくして自らの所有権を主張できますが，第三者，たとえばAから別荘を借りているCに対しては，Bはたとえ所有権を持ったとはいえ登記なくしては自らの所有権を主張できません」

これに対して，動産は前所有者からその動産の引渡しを受けただけで，第三者にまで対抗できます。ただし，皆さんが目指している宅建士が取り扱う目的物は宅地や建物に限られますので，ここからは不動産の物権についてのみ学習していきます。

Aの印章を盗取してAになりすましたBから善意・無過失でA所有の土地を譲り受け，移転登記もすませたCに対し，Aは所有権を主張することができない。

語句の意味をチェックする

第三者対抗要件…すでに成立した権利関係，法律関係を他人に対して法律上主張することができるために必要とされる法律要件

不動産登記法…［19章］参照

特定承継…売買による所有権の取得のように，個々の原因に基づき権利・義務を受け継ぐこと

一般承継…相続（［15章］参照），合併等である者の権利・義務のすべてを一体として受け継ぎ，その権利・義務について同じ地位に立つこと

関係する条文 第177条〔不動産物権の対抗要件〕，第178条〔動産物権の対抗要件〕

5-2 対抗要件を要する第三者とは

暗記ナビ

対抗要件を要する第三者とは
二重譲受人，競落人，制限物権取得者，賃借人等，
なんらかの権原がある者
別表現では ……は登記がなければ所有権を主張できない

解説ナビ ［5-1］で学んだように物権変動等が生じた場合，第三者に対してその権利を主張するためには登記が必要です。

逆にいうと，登記がなければ第三者は保護される立場にいるということです。

ここでの第三者は，登記の欠缺（けんけつ）を主張するについて正当な利益を有する者でなければならず，二重譲受人（にじゅうゆずりうけ），競落人（けいらく），制限物権取得者，賃借人（ちんしゃく）等，なんらかの権原（けんげん）がある者をいいます。

基本ナビ

「Aの別荘を勝手に使っていたBは?」

「Bは正当な利益を有する者ではありません。したがって，Aは登記がなくてもBに対して所有権を主張し，立ち退いてもらえます」

このように不法占拠者，不法行為者，無権利者等権原のない者は第三者にはあたりません。

○×ドリル Aの所有する土地をBが取得したが，Bはまだ所有権移転登記を受けていない場合，Aから当該土地を賃借し，その上に自己名義で保存登記をした建物を所有している者に対し，Bは土地の所有権を主張できない。

語句の意味をチェックする

二重譲受人…同一の物の所有権を別の２人に譲渡した場合の譲受人
競落人…競売によって動産・不動産の所有権を取得した者
競売…売主が多数の者に申し出させ，最高価額を申し出た者に売る売買方法で，一般にはキョウバイというが法律用語ではケイバイと読む
制限物権取得者…地上権，永小作権等の物権を取得した者。［P93 図］参照
賃借人…対価を払って物を借りる者
権原…ある行為をすることを正当なものとする法律上の原因
物権変動…物件の発生，変更，消滅の総称
不法行為…故意または過失によって他人の権利を侵害し，それによって他人に損害を生じさせる行為。［14-1］参照

関係する条文 第177条〔不動産物件の対抗要件〕

学習のポイントは?

いろいろな物権のなかでも，最もよく耳にするのが所有権ですが，一番身近な物権にもかかわらず，その内容をしっかり理解している人は少ないでしょう。所有権は最も重要な財産でもあります。その財産を守るにはどうしたらいいのかを学んでください。

ここで学ぶのはどんなこと?

［6-4］は出題頻度が高いうえ，しっかり理解しなければならない項目ですから，よく読むようにしましょう。

6 所有権と共有

6-1 所有権とは

暗記ナビ

所有権の効力は，不動産に付合するものまでに及ぶ

解説ナビ 所有権は物の使用，収益，処分という支配機能をすべて有している物権であり，所有者は自由にその物を使い，利益を得，譲渡することができます。

所有権の目的物が不動産の場合には，その効力は不動産に付合する物にまで及び，所有者は付合された物をも取得できます。

基本ナビ 花瓶，テレビ，絵画等の動産や土地や建物といった不動産については，そこに物がある限りにおいて所有権が存在します。逆に物が消滅すれば所有権も消滅します。いってみれば，私たちは物が存在している限りその所有権について契約を結ぶことができます。

さらに，不動産については，所有権を取得した所有者は，その不動産はもちろん不動産に付合された物まで取得することになります。

「付合された物とは何ですか？」

「元々は独立した１個の動産であったのに，不動産と結びつけられることによって，不動産の一部となってしまったり，切り放せないような状態になってしまった動産のことをいいます。たとえば，床を張り替えた場合の床の材料，土地に植えた木等です」

○×ドリル 土地の所有権は，その土地の上下に無限に及び，土地の所有者は，その土地を法令の制限内において，自由に使用・収益及び処分をすることができる。

語句の意味をチェックする

使用…本来の用法に従って消費し，またはそのまま使うこと。[5 章 - 最初に知っておこう] 参照
収益…利益を収め取ること。[5 章 - 最初に知っておこう] 参照
処分…所有権等の物権の変動を直接生じさせる行為。[5 章 - 最初に知っておこう] 参照

関係する条文 第 206 条〔所有権の意義，内容〕，第 242 条〔不動産の付合〕

6-2 相隣関係とは

暗記ナビ

境界線を越えた竹木を排除する者は
枝は竹木の所有者，根は越境された側

解説ナビ 隣地の竹木の枝が境界線を越えて来たとしても，勝手に切除してはならず，竹木の所有者に対して枝の切除を請求しなければなりません。

それに対して，隣地の竹木の根が境界線を越えて来た場合は切除できます。

基本ナビ ［6-1］にもあるように，所有者は，所有権に基づき所有物を自由に使用，収益できますが，所有物が不動産，特に土地の場合には，ひとつに繋がった土地を境界線で分けて所有するために必ず隣地が存在するため，相隣する土地の所有者間では自由な使用，収益がトラブルの要因にもなってしまいます。竹木はその好例で，いくら境界線で分けても，それを勝手に越境し隣地を勝手に占有しかねません。

そこで土地所有であれば，隣地の所有者との折半で境界標を設置できますが，それでも竹木はその境界標すら越えて越境しかねないため，切除を要する場合が生じます。

切除にあたっては，本体と一体と視認できる枝はその所有者が，地中を経て越境するため別の個体と視認できる根は越境された側で，それぞれ切除することになります。

また，所有地に建物を築造する場合，たとえ境界線内であっても，境界線から50cm以上離さなければならず，さらに境界線から１ｍ未満の距離において隣地を見通すことができる窓や縁側を設ける際には目隠しをする必要があります。

隣地の所有者への配慮だけでなく，逆に，境界付近での工事等作業を行う場合には，必要な範囲内で隣地の一時使用を請求できます。

このように相隣する所有者や利用者が，それぞれの権利を制限し協力する必要があり，これを相隣関係といいます。相隣関係は竹木の取扱い，建物を建てる場合のプライバシー保護等の観点から整理するとわかりやすいでしょう。

○×ドリル 土地の所有者は，隣地から木の枝が境界線を越えて伸びてきたときは，自らこれを切除できる。

語句の意味をチェックする

境界標…権利者を異にする土地の境界を示すために，土地に設置された標識で，たとえば柱，杭，柵等のこと

関係する条文 第209条〔隣地の使用請求〕第223条〔境界標の設置〕
第224条〔境界標の設置及び保存の費用〕
第233条〔竹木の枝の切除及び根の切取り〕
第234条，第235条〔境界線付近の建築の制限〕

6-3 通行権を取得するとき

暗記ナビ

分割，譲渡による袋地所有者等となった者は
その部分のみを無償で通行できる

解説ナビ 袋地（ふくろち）が分割や土地の一部譲渡により生じた場合には，その袋地の所有者等は，他の分割者や譲渡人の所有地のみを通行でき，その際は償金を支払う必要はありません。

この通行権は，袋地の所有権移転登記を受けていなくとも，その所有権を取得しただけで主張できます。

基本ナビ 通行権には，契約で締結される地役権によるもの（[5章 - 最初に知っておこう] 参照）と，法律によって生じるものの２種類があります。

本項目は後者に該当し，袋地の所有者は，通行権を自動的に取得しますが，原則として，公道に至るために必要で，かつ囲繞地（いにょうち）にとって最も損害の少ない方法や場所を選んで通行できます。

また，この通行による囲繞地の損害に対しては，１年ごとに償金（通行料）を支払えます。

「袋地とは?」

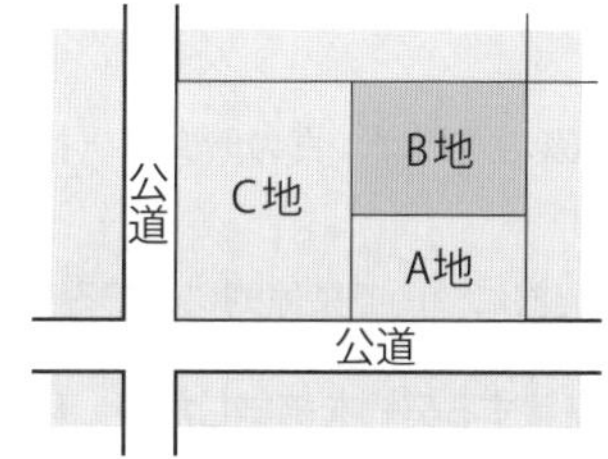

「図のＢ地のように他の土地に囲まれている等で公道に通じていない土地が袋地にあたり，Ａ地やＣ地のように囲んでいる他の土地が囲繞地です」

Ｂ地の所有者が公道に出るためには囲繞地を通らざるを得ず，そのためＢ地の所有者にはその通行権が自動的に発生しますが，たとえば，Ｃ地を通った場合におけるＣ地（の所有者）に与える損害よりも，Ａ地を通った場合におけるＡ地（の所有者）に与える損害が少なければ，それが囲繞地にとって最も損害の少ない方法や場所とされ，Ａ地を通行できることになります。

また，Ｂ地がもとはＣ地の一部であり，分割や一部譲渡の結果として袋地となった場合は，Ａ地を通った方が公道に近かったとしても，Ｃ地を通行することとなりますが，その場合には償金を払う必要はありません。

語句の意味をチェックする

分割…物を分けること

関係する条文 第210条，第211条，第212条，第213条〔公道に至るための他の土地の通行権〕

6-4 所有権の二重譲渡とは

暗記ナビ

二重譲渡では，登記を行った者が真の所有者となる

解説ナビ 物権（[5-1] 参照）でも学習したように，売買，譲渡，相続等によって不動産の所有権が変動した場合，その変動を第三者に対抗するには登記が必要となります。

ここで問題となるのは，たとえば不動産の所有権を譲渡する契約が２人の者と締結された場合，つまり二重譲渡（にじゅうじょうと）では，どちらが所有権を主張できるかということです。

二重譲渡では，どちらが先に契約したかに関係なく，先に登記を行った譲受人が所有権を主張できます。

基本ナビ 当事者間において，所有権は意思表示のみで変動します（[5-1] 参照）が，登記がなければ，第三者に所有権の変動を主張できません。

また，所有権が契約の対象となる場合には，所有権はＡからＢ，ＢからＣといった具合に，流れが途切れることなく変動していくのが原則です。

ところが，「所有権が同時に２人の者に譲渡されていた」という二重譲渡の場合には，その流れがどちらに向かって変動しているのか区別しにくく，誰が所有権を主張できるのかわからなくなってしまいます。

そんなときには，所有権の流れを図示すれば，真の所有者（権利を主張できる所有者）をたやすく見つけることができるでしょう。

二重譲渡やそれと同様に取り扱う契約について具体的にみてみましょう。

「Ａが自己所有の土地をＢに売買する契約を締結したが，移転登記を行う前にその土地をＣに売却し，移転登記を行ってしまった場合は?」

「『Ｃの方がＢより高値で買ってくれるから』等の理由により，土地の所有者が，このような二重譲渡を行ってしまうことはよくある話です。１つの所有権に対し，最初の契約でＡ→Ｂ，その後の契約でＡ→Ｃという２つの流れが存在することになります。このような場合は，先に登記を行ったＣが所有権を主張できます」

「ＡがＢにだまされて，自己所有の土地をＢに売買する契約を締結して移転登記を行ったが，後日，Ｂの詐欺を理由に売買契約を取り消した。しかし，その後登記を抹消する前に，ＢがＣに土地を売却して移転登記を行ってしまった場合は?」

「まず取消しの時期に注目しましょう。たとえば［1-9］［1-12］の『詐欺による意思表示』では第三者が権利を取得した後に取り消しますが，この場合，第三者Ｃは表意者Ａの取消後に利害関係を持った者であるため，Ａの『取消し』を主張できる第三者には該当しません。したがって，所有権にはＢ→Ａ（取消しによるもの），Ｂ→Ｃ（譲渡によるもの）という２つの流れが存在することになり『二重譲渡』の場合と同様，先に登記をしたＣが所有権を主張できます。これは『強迫』『虚偽表示』等にも適用されます」

「Aの土地について，Bの取得時効が完成したが，Bが時効の援用を行わないでいるうちに，AがCにその土地を売却して移転登記を行ってしまった場合は?」

「時効取得の場合には，時効の援用のみで権利を主張できるため，登記に関係なく，時効の援用を行った者が所有権を主張できますが，時効の援用は時効完成時の所有者に対して行わなければなりません。ここでの時効完成時の所有者はAであり，BはAに対してのみ時効を援用でき，Cに対しては援用できません。したがって，所有権には，A→B（時効によるもの），A→C（譲渡によるもの）という2つの流れが存在することになり，先に登記を行ったCが所有権を主張できます」

ここまでは，二重譲渡として取り扱う例ですが，次は，登記よりも意思表示が優先されるケースをみてみましょう。

「Aは自己所有の土地をBに売買する契約を締結し，移転登記を行った。その後，その土地についてCの取得時効が完成した場合は?」

「所有権には，まず，A→Bという流れがあり，次に，時効完成時の所有者に対して時効を援用できることから，B→Cという流れもできます。つまりBCは当事者同士の関係であることから，Cは登記がなくても『意思表示』のみで時効により所有権を取得できるのです」

不正な手段で登記を行った者から不動産の所有権を取得した場合も，その所有権を取得できるのか?

答はノー。いくら登記があったとしても，実質的には無権利者であるため，その者からいくら権利を取得しても，権利者にはなれません。ただし，転得者が善意・無過失であれば，第94条，第110条等により保護されることもあります。

○×ドリル Aの所有する土地についてBの取得時効が完成した後，Bが移転登記をする前に，AがCに売却し，登記をC名義に移転したとき，BはCに対して登記がなければ土地の所有権を主張できない。

関係する条文 第177条〔不動産物権の対抗要件〕

6-5 共有物を使用するとき

暗記ナビ

共有者は，共有物の全部について持分に応じて使用できる

解説ナビ 1つの物を何人かで共有する場合には，争いが起きないよう持分の割合が決められます。この持分の割合は，通常支出した金額の割合によりますが，特に決まっていないときには，各共有者の持分はすべて同じ割合であると推定されます。そして，共有者はこの持分に応じて共有物の全部を使用できるのです。

基本ナビ 1つの物には1つの所有権しか存在しませんが，所有者も1人であるとは限りません。不動産のように高価な物の場合は，何人かで共同して所有することもあります。このように，1つの物を数人で所有することを共有といいます。

具体例をみた方がわかりやすいでしょう。

「ＡＢＣの３人が，それぞれ 50 万円ずつ出しあって，車を共同で購入した場合は?」

「ＡＢＣは車について共有者であり，それぞれの持分は 1/3 となります。車の場合は３つに分けては使用できないので，使用期間を 1/3 ずつに分けることになります。つまり自分の持分の使用期間中は共有物である車全体を使用できるのです」

この持分の割合は，損害賠償の請求にも使われます。

「共有物を不法に占拠された場合に，その不法占拠者に対して損害賠償を請求する場合は?」

「各共有者はそれぞれの持分の割合に応じて損害賠償を請求できます」

不法占拠によって自らの持分の権利を侵害されたことになるため，それに応じた損害賠償を請求できますが，その占拠が他の共有者の持分の権利を侵害しているか否か，つまり損害を与えられたか否かは当事者であるその共有者本人にしか判断できません。よって持分の割合を超えて請求することは許されないのです。

○×ドリル ＡＢＣの３人で別荘を所有している場合，ＡＢＣは，それぞれ別荘の持分について，その持分に応じた使用をすることができる。

語句の意味をチェックする

共有物…数人で共有している物
共有者…財産を共有している各人
持分…各共有者が有している権利，または共有物に占める各共有者の権利の割合
損害賠償…一定の事由に基づき他人に与えた損害を填補して，損害がなかったのと同じ状態にすること

関係する条文 第 249 条〔共有者の使用権〕，第 250 条〔共有持分の割合〕

6-6 共有物を保存するとき

暗記ナビ

共有物の保存は，単独（１人）で行える

解説ナビ 共有物を保存する場合には，各共有者は他の共有者の同意を得ることなく，単独で現状を維持するために必要な保存行為を行えます。

基本ナビ たとえば，共有物が別荘であった場合には，不法占拠者に時効取得されそうになっているときに他の共有者に連絡を取って全員が揃うのを待っていたら，時効を援用されてしまうことになりかねません。

ですから，掃除，修理，不法占拠者に対する立ち退き請求といった保存行為は，持分にかかわりなく，各共有者が気付いたときに単独で行えます。

○×ドリル ＡＢＣの３人の共有（持分均一）の土地に関して，Ｄが不法に土地を占拠した場合，Ｂは，Ｄに対し，単独で土地の明渡請求をすることができる。

関係する条文 第 252 条〔共有物の管理〕

6-7 共有物を利用・改良するとき

暗記ナビ

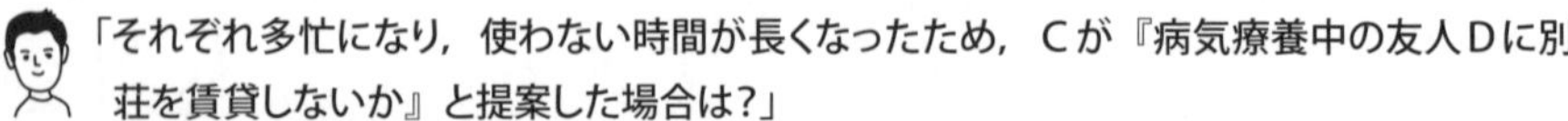

共有物の利用・改良は，持分価格の過半数の同意が必要

解説ナビ 共有物の性質や形状に変更を加えずに，共有者がそれを利用・改良する場合には，各共有者に与える金銭的な利害もほとんどないため，共有者の持分の価格の過半数の賛成があれば行えます。

基本ナビ ＡＢＣの３人で，Ａが 1,000 万円，ＢＣが 500 万円ずつ出し合って別荘を購入し，その持分をＡが 1/2，ＢＣが各 1/4 とし，Ａが２週間，ＢＣがそれぞれ１週間と期間を決め，交代で別荘を使うことにした場合を考えてみましょう。

「それぞれ多忙になり，使わない時間が長くなったため，Ｃが『病気療養中の友人Ｄに別荘を賃貸しないか』と提案した場合は？」

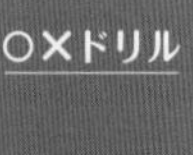

「ＡＢ共に賛成がベストですが，この他『Ａが賛成，Ｂが反対』と『Ａが反対，Ｂが賛成』の２通りが考えられます。多数決ならば，後者でもＣの提案は通りますが，それでは『持分は多いのに，権利が一緒では変だ』とＡが不満に思うでしょう。そこで，持分の割合を考慮することで，意見調整を行っているのです」

その結果，前者の場合は賛成 3/4，反対 1/4，後者は，賛成 1/2，反対 1/2 の割合になります。過半数の賛成が必要ですから，前者ならＤに別荘を賃貸できます。

利用・改良行為としては，その他に共有物の賃貸の解除等があります。

○×ドリル ＡＢＣの３人で共有している建物（持分均一）をＤに賃貸している場合において，Ｄに賃貸借契約解除の事由があるときは，Ａは，Ｂ及びＣの同意を得ることなく，Ｄとの契約を解除することができる。

関係する条文 第 251 条〔共有物の変更〕，第 252 条〔共有物の管理〕

6-8 共有物を変更するとき

暗記ナビ

共有物の変更は，共有者全員の同意が必要

解説ナビ 共有者が共有物の性質や形状に変更を加える場合には，各共有者に与える金銭的な利害が大きいため，共有者全員の賛成が必要となります。

基本ナビ ＡＢＣの３人で，Ａが 1,000 万円，ＢＣが 500 万円ずつ出し合って別荘を購入し，その持分をＡが 1/2，ＢＣが各 1/4 とし，Ａが２週間，ＢＣがそれぞれ１週間と期間を決め，交代で別荘を使うことにした場合を考えてみましょう。

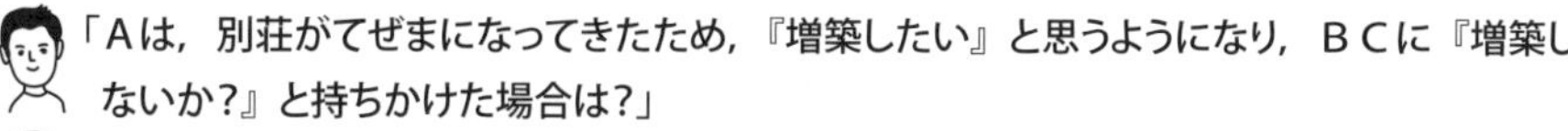

「Ａは，別荘がてぜまになってきたため，『増築したい』と思うようになり，ＢＣに『増築しないか？』と持ちかけた場合は？」

「この場合，ＢＣ２人の賛成がなければ増築できません」

この他，変更行為には田を宅地にする，地上権を設定する等があります。

○×ドリル ＡＢＣの３人で共有している建物（持分均一）を増築する場合には，ＡＢＣ３人の持分価格の過半数の同意があれば，することができる。

関係する条文 第 251 条〔共有物の変更〕，第 252 条〔共有物の管理〕

6-9 共有物を処分するとき

暗記ナビ

共有物の処分………共有者全員の同意が必要
共有持分の処分……単独で行える

解説ナビ 共有者が共有物自体を第三者に処分，つまり譲渡等する場合には，共有者全員が自己の持分を第三者に一括して譲渡等することになり，共有者全員の賛成が必要となります。

これに対して，各共有者が自己の持分のみを対象にその持分を処分する場合は，他の共有者の賛成を得ることなく単独で処分できます。

基本ナビ ＡＢＣの３人で，Ａが 1,000 万円，ＢＣが 500 万円ずつ出し合って別荘を購入し，その持分をＡが 1/2，ＢＣが各 1/4 とし，Ａが２週間，ＢＣがそれぞれ１週間を期間と決め，交代で別荘を使うことにした場合を考えてみましょう。

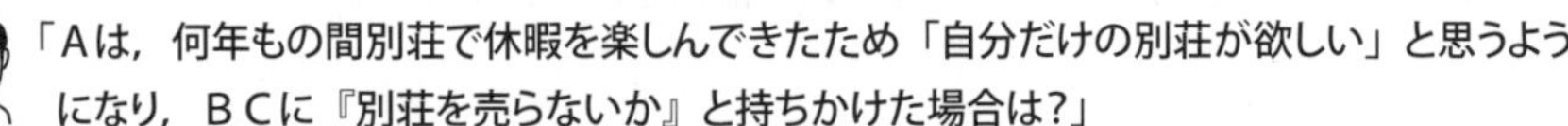

「Aは，何年もの間別荘で休暇を楽しんできたため「自分だけの別荘が欲しい」と思うようになり，ＢＣに『別荘を売らないか』と持ちかけた場合は?」

「この場合，ＢＣ２人の賛成がなければ，別荘は売却できません」

「では，Aは転勤で別荘を使用できなくなったため，ＢＣに『1/2 の持分をDに売りたい』と相談した場合は?」

「この場合，相談したとはいっても，ＢＣ２人の賛成は必要ありません。Aは自由に自己の持分をDに売ることができ，その結果として，新たにDが 1/2，ＢＣが各 1/4 を持分とする共有者になるのです」

○×ドリル A及びBが共有名義（持分均一）で宅地を購入した場合において，BはAの同意を得なければ自己の持分を他に譲渡することはできない。

関係する条文 第 251 条〔共有物の変更〕，第 253 条〔管理費の負担〕

6-10 共有物を管理するとき

暗記ナビ

共有物の管理費用は持分に応じて負担する

解説ナビ 各共有者の持分はその共有物の使用回数や使用期間に反映されますが，当然管理費用についても反映され，各共有者は持分に応じて管理費用，その他共有物に関して必要な費用を負担することになります。

しかし，共有者のなかにはこの費用を滞納(たいのう)する者もおり，その際に，滞納期間が１年を超えた場合には，他の共有者は相当の補償金を支払って滞納者の持分を買い取れます。

また，共有者が費用等を支払わないまま持分を処分した場合には，他の共有者はその特定承継人に対して支払いを請求できます。

基本ナビ 管理費用にあたるのはガス，電気等の光熱費や税金等です。その負担の割合について具体例をみてみましょう。

「ＡＢＣの３人で，Ａが 60 万円，ＢＣがそれぞれ 30 万円ずつ出し合って，車を購入した。それぞれの持分は，Ａが 1/2，ＢＣがそれぞれ 1/4 となり，Ａが２週間，ＢＣがそれぞれ１週間の交代で，車を使うことにした場合は?」

「使用した期間によって，Ａが２週間分，ＢＣがそれぞれ１週間分の車の管理費用を出します。つまり持分に応じて管理費等を負担するのです」

しかし，１人でも滞納すれば，他の共有者の費用がかさみ「どうせ今後も管理費等を自分たちで補わなければならないのならば，自分たちの持分として支払った方がいい」と考え至るのも当然の話です。そこで『解説ナビ』の通り，持分の買取りという方法が規定されています。

また，〔6-9〕で述べた通り，各共有者は自己の持分の権利について自由に処分できることから，費用等を滞納したまま持分を処分してしまう者もいます。この場合は，他の共有者にとっては，共有者が別の者に代わっただけで「共有者が滞納している」という事実は変わりません。したがって，この管理費等を特定承継人に肩代わりしてもらう方が回収しやすいのです。

○×ドリル ＡＢＣの３人で共有している建物（持分均一）の管理に関してＡがＢ及びＣに債務を負っている場合，Ｂ及びＣは，Ａがその債務を支払わずに持分をＥに譲渡しても，Ｅに対し，その債務の支払いを請求することができる。

語句の意味をチェックする

特定承継人…売買による所有権の取得等，個々の原因に基づいて権利・義務を取得した者

関係する条文 第 253 条〔管理費の負担〕，第 254 条〔共有物に関する債権〕

6-11 共有物を承継するとき

暗記ナビ

共有物を承継するときとは
1 共有者の1人が自己の持分を放棄したとき
2 共有者の1人が死亡したが相続人がいないとき

解説ナビ 共有者の１人が持分を放棄したときには，その持分は他の共有者のものになります。また，共有者の１人が死亡した場合で，相続人がいないときにも，その死亡した共有者の持分は他の共有者のものになります。

その際に引き継ぐ割合は，他の共有者それぞれの持分の割合に応じます。

基本ナビ 共有者は当初は「いっしょに使おう」と共有しても，後から「いっしょはイヤだ」と心変わりすることも当然ありえます。その際には［6-12］で勉強するような金銭等で解決する方法もありますが，それでは時間が掛かり過ぎます。そこで「取り分はいらない」と見返りを得ることなく共有をやめることも可能です。それが放棄です。

また放棄もせず死亡した共有者の財産は，通常相続人が引き継ぎますが，相続人がいないとなれば国に帰属(きぞく)するのが普通です。しかし，その財産が共有物であり，かつ国が共有者になるとすると何につけ手続きに時間がかかりそうです。

そこで引き継ぐ者がいないときにはその持分は他の共有者のものになるのです。

○×ドリル 共有者の１人が持分を放棄したときは，その持分は，放棄した人の相続人のものとなる。

語句の意味をチェックする

相続人…死亡した者の財産上の権利義務を包括的に承継する者。［15 章］参照
承継…受け継ぐこと
帰属…つき従うこと，その所有となること

関係する条文　第 255 条〔持分の放棄等〕

6-12 共有物を分割するとき

暗記ナビ

共有物を分割するとき
分割請求……………いつでもできる
分割禁止の特約……５年以内

解説ナビ 各共有者は，原則として他の共有者に対して，自己の持分についていつでも分割するよう請求できます。

逆に５年以内の期間であれば「分割請求できない」旨の特約も付けられます。ただし，この特約は５年が限度となるため，それ以上の期間に渡って分割しないようにするには特約を更新するしかなく，この期間も５年が限度となります。

基本ナビ 分割とは「オレの分をくれ」ということです。しかし，共有物が簡単に分けられない場合もあります。強引に分解したためにその物本来の目的を果たせなくなったのではかえって損です。

このような場合には，共有物をすべて金銭に換えるか，持分に相当する金銭で他の共有者が買い取るという方法で分割することになります。

また，分割できない共有物を高額で買った場合に，買ってすぐに他の共有者から「オレの分をくれ」といわれても資金を用意できなかったり「まだほとんど共有物を使っていないのに」という不満の発生が十分考えられます。そこで５年以内の分割禁止の特約も付けられるのです。

○×ドリル ＡＢＣの３人の共有（持分均一）の土地に関して，Ａは，特約がなければ，いつでも土地の分割を請求することができる。

語句の意味をチェックする

更新…契約の存続期間が満了したときに，当事者の約定によって今までの契約の内容を存続させつつ，その存続期間を延長すること

関係する条文 第 256 条〔共有物の分割請求〕

学習のポイントは?

担保物権のなかでも最もよく耳にするのが抵当権です。
抵当権を理解するためには，抵当権の性質を理解することです。お金を借りたうえ，担保として差し出すべき土地建物が手もとにあるという状況について，そのプラスな面とマイナスな面を学びましょう。

ここで学ぶのはどんなこと?

抵当権は担保物権のひとつですが，他の担保物権と共通する点，異なる点について，なぜ共通しなぜ異なるのかを含めて理解しましょう。

7 抵当権

最初に知っておこう

［5 章 - 最初に知っておこう］でも述べた通り，抵当権は土地や家に住みながらにして借金できる債務者からすると便利な担保物権です。それでも，借金をしっかり返していかなければ，結局は土地や家を取りあげられてしまいます。

ここでは，抵当権の設定から債務者が借金を返せなかったときの抵当不動産の取扱いまでを学習しましょう。

まずは抵当権設定後の不動産の取扱いですが，担保として提供するものの抵当不動産は抵当権設定者の手元に残りますから，抵当権設定者は自由に抵当不動産を使用・収益・処分できます。そして，収益によって得られる金銭等は原則として抵当権設定者が受け取れます。

しかし，債務者がなんらかの事情で借金を返済できないと，つまり債務不履行に陥ると債権者は貸したお金の担保として提供を受けていた抵当不動産について，抵当権実行の手続きをとります。この手続きが競売です。

まず，債権者は一定の手続きを終えた後，裁判所へ競売の申立てを行います。この申立てに基づき抵当不動産の管理は裁判所へ移ります。つまり抵当不動産は裁判所によって差し押さえられるのです。

差押え後は，抵当権設定者は抵当不動産について使用・収益できるものの処分はできなくなります。また収益によって得られる金銭も裁判所の管理下となり，抵当権設定者の自由にはなりません。

次に裁判所は，評価人の評価に基づき最低売却価額を定め，抵当不動産の売却方法，売却の日時，場所を決定しそれらを公告します。

「新聞等で○○地方裁判所管理競売物件情報という欄を見たことありますがあれですか?」

「そうです，あれが公告にあたります」

売却方法は入札または競(せ)り売りが原則となります。裁判所は売却決定の期日を開いて売却の許可の決定を行い，最高価格買受申出人が抵当不動産の競落人となるのです。

買受人は裁判所の定める期限までに代金を納付し，その時点で不動産の所有権を取得します。また登記等の手続きは裁判所で行います。

納付された金銭は裁判所によって債権者へ配当され，債権者も無事借金を返済してもらうことができるのです。当然，借金返済後余った金銭は抵当権設定者へ返却されます。以上が抵当権設定から競売までの流れと抵当不動産の取扱いとなります。

本章では，抵当権設定から競売までの流れを念頭に，流れのどの時点を学習しているのかを意識しましょう。

語句の意味をチェックする

債務不履行…債務が履行できない状態にいること。［8 章］参照
評価人…物品，財産権等の価格を評定することを職務とする者
公告…ある事項を広く一般の人に知らせること
競落人…競売によりその対象である動産や不動産の所有権を取得した者

出題頻度 ★★☆☆☆

7-1 抵当権の効力が及ぶ範囲

暗記ナビ

抵当権の効力を法定果実に及ぼすには差押えが必要

別表現では 抵当権の効力は差押えがあったとき等を除き果実には及ばない

解説ナビ 目的物に抵当権が設定されていても，それを使用・収益できるのは抵当権設定者であり，それによって生じる果実(かじつ)を取得できるのも抵当権設定者です。つまり債務不履行が生じるまでは，抵当権の効力は果実にまで及びません。

ただし果実のうち法定果実(ほうていかじつ)については，差押えを行えば抵当権の効力が及びます。

基本ナビ 法定果実，付加物に，抵当権の効力がどう及ぶかみてみましょう。

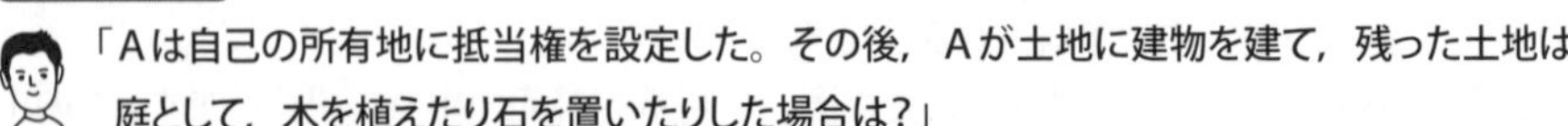

「Aは自己の所有地に抵当権を設定した。その後，Aが土地に建物を建て，残った土地は庭として，木を植えたり石を置いたりした場合は?」

「建物は独立した不動産なので抵当権の効力は及びません。しかし木や石は付加物といい，不動産に設置されてはじめて機能することから，その付加の時期にかかわらず抵当権の効力が及ぶことになり，抵当権が行使されたときには木や石も一緒に競売されます」

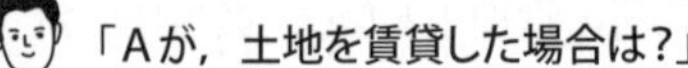

「Aが，土地を賃貸した場合は?」

「土地を貸すことによって生じる賃料は法定果実です。債務不履行後に発生した賃料には当然抵当権の効力が及び，抵当権設定者であるAの自由にはなりませんが，債務不履行前に発生した賃料は，たとえ債務不履行によって抵当権が実行されてもAは自由に処分でき，抵当権者に引き渡す必要はありません。ですから，抵当権者が債権回収の足しに債務不履行前の賃料を手に入れるためには，Aに賃料が支払われる前に差押える必要があるのです」

これを物上代位といい，賃料の他にも担保物権の目的物の売却，滅失等により債務者が受け取るべき金銭等に対して，抵当権者はそれを差し押さえることで，それら姿を変えた物の引渡しを請求できます。

○×ドリル 建物に設定された抵当権では，建物の賃借人の賃料への物上代位はできない。

語句の意味をチェックする

果実…物から生じる収益で，天然果実と法定果実のこと
天然果実…物の経済的目的に従って収得する産出物（牛乳，鉱物等）
法定果実…物の使用の対価として受ける金銭その他の物（家賃，利子等）
付加物…不動産の構成部分となって，独立性を失っている物（雨戸，硝子等）
対価…財産等を人に与え，または利用させることの報酬として受け取るもの
滅失…物が消滅してなくなること

関係する条文 第 304 条〔物上代位〕，第 370 条〔抵当権の効力の及ぶ範囲〕，第 371 条〔果実に対する効力〕

7-2 抵当権の順位

暗記ナビ

抵当権の順位の変更は登記で効力が生じる

解説ナビ 1つの不動産に複数抵当権を設定した場合には，その登記を行った順に優先して弁済を受けられます。この順番は，関わっている抵当権者全員の合意のもとに変更できますが，その際には，順位の変更について登記を済ませなければ，変更の効力は生じません。

ただし，抵当権の順位が変わることによって利害関係を持つ者がいるときには，その者の承諾が必要となります。

基本ナビ 1つの物に所有権は1つ存在し，決して2つは存在しません。これは権利から得られる利益を1人で独占できるように，物権には一物一権主義という性質が存在するからです。

しかし，抵当権は物権とはいえ，あくまでもいざというときの備えでしかないうえ，債権者が目的物を留置する機能を備えていないため，1つの不動産に対して複数設定できます。そうすると複数の債権者が1つの不動産に対して換金，つまり弁済を受ける権利を持つことになるため，誰から優先的に弁済を受けるかを決めなければなりません。

そこで登場するのが登記です。それぞれの抵当権者が他の債権者や第三者に対してその権利を主張し，さらに不動産から優先して弁済を受ける権利を確実にするためには登記が不可欠です。そして，登記の順番が先であればあるほど弁済を受けられる確実性が高くなります。

したがって，話し合いによって登記の順番を変更する場合もあります。たとえば，第2順位と第4順位が変更するときには，第2，3，4順位の抵当権者で話し合います。第3順位の抵当権者も損をする場合もあるため加わることになります。

ただし，抵当権者同士が自分たちの思惑通りに順位を変更したことで，保証人等の利害関係者が「第1順位だったから保証人になったのに…」と不満を抱くことも容易に想像できるため，その承諾が必要となっています。

一方，抵当権設定者の承諾は不要です。抵当権設定者はいざというときに不動産で弁済する責を負う存在であり，「弁済順がイヤだ」といえる立場にはないからです。

○×ドリル 抵当権の順位の変更は，その登記をしなければ効力が生じない。

語句の意味をチェックする

第○順位…同一不動産に対して抵当権設定登記を行った順番。原則としてそのまま弁済を受けられる順番となる

一物一権主義…物には様々な種類の物権を重複して設定できるが，1つの物には1つの所有権といった具合に，同一内容の物権は1回しか設定できないとする原則のこと

保証人…人が債務を担保すること。［9-8］参照

関係する条文 第373条〔抵当権の順位とその変更〕

7-3 優先弁済額

暗記ナビ

抵当権者が複数いるときの優先弁済額は，債権額+2年分の利息

解説ナビ 通常，抵当権者は登記された債権額，利息共に回収できますが，抵当権者が複数いる場合には，先に来る抵当権者は登記された債権額と満期（競売を始めた時）から遡って２年分の利息までが保証されます。

基本ナビ 債務者の弁済が滞ると，抵当権者は抵当物件を競売によって換金し，そこから債権を回収します。その際に，他の抵当権者に先んじて弁済を受けることを優先弁済（ゆうせんべんさい）といい，これを第三者に対して対抗するには当然登記が必要となります。また，行った登記の順番を比較し先のものを先順位，後のものを後順位といいます。

後順位の抵当権者は，先順位の抵当権者に優先弁済された残余について優先弁済を受けることになりますが，通常は不動産の情報が登記されている登記簿謄本（とうきぼとうほん）で他の債権者の債権額を確認して貸す額を決めるため，回収不能に陥ることはほとんどありません。しかし，いくら登記簿謄本で債権額を確認していても，不動産価格の値下がり等が生じることがあります。後順位の抵当権者ほど優先弁済を受けられない危険性が高くなるというわけです。

そのため，後順位の抵当権者がいるときに限り，利息分について調整が行われます。

本来ならば，５年分の利息がもらえる先順位の抵当権者に対して，「後順位の抵当権者のために２年分で我慢しなさい」と，後順位の抵当権者さえいなければすべて回収できた利息も制限されてしまうということです。

○×ドリル

ＡはＢからの借入金債務を担保するためにＡ所有地に第１順位の抵当権を設定し，その登記を経た。その後当該土地に第三者に対して第２順位の抵当権が設定されその登記がされたが，第３順位以下の担保権者はいない。この場合，Ｂは，Ａの本件借入金債務の不履行による遅延損害金については，一定の場合を除き，利息その他定期金と通算し，最大限，最後の２年分しか本件登記にかかる抵当権の優先弁済権を主張することができない。

語句の意味をチェックする

優先弁済…ある債権が，他の債権に先立って債務者から弁済を受けること
先順位，後順位…前者は先に行った登記，後者は後に行った登記
登記簿謄本…登記用紙と同一様式の用紙で登記簿に記載された事項を漏らさず謄写し，登記官が登記簿の記載と同一であることを認証したもの

関係する条文 第 374 条〔優先弁済の範囲〕

7-4 第三取得者が代価弁済するとき

暗記ナビ

代価弁済できる第三取得者は
抵当不動産の所有権 or 地上権を取得した者

解説ナビ 抵当不動産について，所有権または地上権を買い受けた第三取得者が，抵当権者の請求に応じて，その抵当権の代価を弁済することを代価弁済（だいかべんさい）といい，これにより抵当権は消滅します。

そして債務者に代わって債務を弁済した第三取得者は，当然債務者に対し求償権（きゅうしょうけん）を持つことになります。

基本ナビ 抵当権を消滅させるには，第１に本人が債務を弁済する，第２に抵当不動産の第三者取得者が債務者に代わって弁済する，第３に第三者が代わって弁済するという３つの方法があります。第１の方法は当然のこととして，第３の第三者が代わって弁済するとは債務者以外の者が抵当権設定者のときに，この者が債務者に代わって弁済すること等を指します（[8-5][8-6] 参照）

ここでは，第２の抵当不動産の第三者取得者が弁済する方法のうち，代価弁済について具体的に学習します。もうひとつの抵当権消滅請求（ていとうけんしょうめつせいきゅう）については［7-5］で学習します。

第三取得者とは抵当不動産の権利を取得した者をいいます。たとえ不動産に抵当権が設定されていたとしても，抵当不動産の所有者，つまり抵当権設定者は不動産を譲渡等できるため第三取得者が出現する場合があるのです。この第三取得者は利害関係を持つ第三者に変わりありませんので［8-6］に該当することに注意してください。

元々第三取得者は抵当権の消滅を期待して抵当不動産の権利を取得します。しかし，債務者が弁済を怠ったときには抵当権が実行され，せっかく手に入れた権利を失ってしまう場合もあるのです。そこで，第三取得者が抵当不動産の権利を保全するための制度として，代価弁済や抵当権消滅請求（[7-5] 参照）の制度があります。

代価弁済は，抵当権者自ら第三取得者に対して「抵当権設定者に支払う分を，オレに支払え」と請求する方法で，抵当権者はたとえ売買代金の回収額が債権額より小さくても，「これでは少ない」といって抵当権の消滅を拒むことはできません。マイナスの差額分については一般債権者となって回収することになります。

○×ドリル 抵当不動産の第三取得者は代価弁済をすることができるが，物上保証人は，代価弁済をすることができない。

語句の意味をチェックする

求償権…弁済した者が，他人に対してその返還または弁済を求める権利。[14-7] 参照

関係する条文 第 377 条〔代価弁済〕

7-5 第三取得者が抵当権消滅請求するとき

暗記ナビ

第三取得者が抵当権消滅請求するときは
その手続きが終了するまで代金の支払いを拒める

解説ナビ 抵当不動産について所有権を取得した第三取得者は，抵当権実行としての競売による差押えの効力発生前であれば，債権者に対して自らの評価額をもって代価等の金銭を提供し抵当権を消滅するよう請求できます。

第三取得者は代金を抵当権者へ渡すことで，抵当権消滅請求を行うため，その手続きが終了するまでは，売主に対して代金の支払いを拒めます。

そして，債務者に代わって債務を弁済した第三取得者は［7-4］同様に，当然債務者に対し求償権を持つことになります。

基本ナビ 抵当不動産の第三取得者が弁済する方法として，［7-4］で学習した代価弁済に加え，ここでは抵当権消滅請求について学習します。

抵当権消滅請求とは，抵当不動産について，所有権を取得した第三取得者が「この金額が妥当だろう」と自ら評価した金額を債権者に弁済することで抵当権を消滅させる方法です。

「たとえば，BのAに対する1,000万円の債権を担保するために，A所有の土地に抵当権が設定されていたが，値下がりして時価800万円となったときに，その値段でCがAから土地を購入した場合は?」

「この場合，Cが土地の対価を800万円と評価し，800万円支払うから抵当権を消滅させてとBに要求するのが抵当権消滅請求です」

この金額は，買主である第三取得者と売主である抵当権設定者の間で実際に行われた売買契約の代金とは関係なく，第三取得者が自由に定められ，当然，抵当権者には抵当権消滅請求を受けるか否かの選択肢があります。抵当権消滅請求を受ける場合には，第三取得者が抵当権設定者である売主に代金を渡す代わりに，抵当権者に支払ったり供託することで，抵当権を消滅させられます。

そのため，たとえ代金が債権額よりも多く，抵当権設定者から「差額をよこせ」といわれても，第三取得者は「抵当権消滅請求が終わるまで待って」と差額の支払いを拒めるのです。

抵当権消滅請求を受けない場合には，［7-6］の競売の手続きを行うことになります。

○×ドリル Aは，BからB所有地を2,000万円で買い受けたが，当該土地には，CのDに対する1,000万円の債権を担保するためのCの抵当権が設定され登記もされていた場合，Aは，抵当権消滅請求することができ，その手続きが終わるまで，Bに対し，代金の支払いを拒むことができる。

関係する条文 第378条〔抵当権消滅請求〕，第577条〔買主の代金支払拒絶権－担保権のある場合〕

7-6 抵当権を実行するとき

暗記ナビ

抵当権を実行するときは，第三取得者の送達を受けてから2ヶ月以内

解説ナビ 債務者が債務不履行に陥った，あるいは第三取得者より抵当権消滅請求の送達を書面で受け取り，その請求を拒む場合には，抵当権者は抵当権を実行する，つまり競売(けいばい)を申し立てられます。

後者の場合は，送達を受けてから２ヶ月以内に競売を申し立てなければなりません。

基本ナビ 抵当権者は，債務者がきちんと弁済してくれれば，当然のことながら抵当権を実行しませんが，弁済が行われなかったときは，債権回収のために抵当権を実行することになります。

こうして，ひとたび抵当権が実行され競売の手続きに入ると，抵当不動産は裁判所の管理下に置かれることになります。たとえ抵当不動産の所有権等を取得した者，つまり第三取得者が存在しても，競売が行われた場合はその権利まで失われることになります。

そこで，第三取得者は自らの権利を守るために，抵当権消滅請求等で抵当権を消滅させられるのです。

○×ドリル Aは，BのCに対する債務を担保するため，Aの所有地にCの抵当権を設定し，その旨の登記も完了した後，建物を新築して，Dに対し当該土地建物を譲渡した。この場合，Cは，Bが債務を返済しないときは，Dに通知するまでもなく，抵当権を実行することができる。

語句の意味をチェックする

送達…行政法規（本章の場合は抵当権消滅請求）手続きに必要な書類を法律で決められた方式にのっとって当事者等に交付し，または，これらの者にその交付を受ける機会を与える行為

関係する条文 第383条〔抵当権消滅請求の手続き〕，第384条〔競売の請求〕

出題頻度 ★★☆☆☆

7-7 法定地上権が成立するとき

暗記ナビ

法定地上権が成立するための要件とは

1. 抵当権設定時に，土地に建物が存在するとき
2. 抵当権設定時に，土地と建物の所有者が同じとき
3. 土地と建物の片方もしくは両方に抵当権を設定したとき
4. 競売で，土地と建物の所有者が別々になったとき

解説ナビ 抵当不動産を競売にかける場合，地上権等の登記が行われていない抵当不動産であっても，抵当権者の意思にかかわらず地上権が発生するときがあります。

これを法定地上権といい，抵当権設定時に土地に建物が存在し，かつ土地と建物が同一所有者の場合において，その不動産が競売された結果，土地と建物の所有者が別々になったときに建物の所有者のために発生します。

基本ナビ 抵当不動産について，弁済や抵当権消滅請求等が行われなかったときには，競売が行われます。その際，抵当権者は，少しでも高く売って，自分の債権を回収しようとしますが，競落人は，より安く，いいものを買いたいと考えます。よって，わずかな瑕疵でも抵当権者には大きく影響します。

当然，地上権，永小作権等が設定されている土地については，所有者が自由に土地を使えないことから，競落人も敬遠し，不動産の評価がぐっと下がるのです。

そこで，抵当権者（債権者）は，地上権が発生しそうな土地については，抵当権を設定する場合に，あらかじめ所有権の評価を低く見積もって，貸す金額を設定します。

そうした際に，地上権が発生しそうな土地が上の1～4に該当する土地なのです。

建物を所有するためには，土地についてなんらかの権利がなければ，不法占拠者になってしまいます。建物のみを競落した者，つまり建物のみを所有することになった者に対して，土地についての権利が必ず得られるよう法律で地上権を与えているのです。契約でなく法律の規定で発生する地上権なので法定地上権といいます。

○×ドリル AがBのためにA所有の更地に抵当権を設定した後，Aが当該更地の上に建物を新築した。この場合，土地について競売が実施されると，建物について法定地上権が成立する。

語句の意味をチェックする

競落…競売によって対象の不動産や動産の所有権を取得すること

関係する条文 第388条〔法定地上権〕

7-8 一括競売ができるとき

暗記ナビ

一括競売ができるための要件は，更地に抵当権を設定していること

解説ナビ 更地の状態のときに抵当権を設定し，その後，その土地の上に建物を建てたときには，抵当権者は土地だけではなくその建物も一緒にして裁判所に競売を請求でき，これを一括競売といいます。

ただし，競売にかける際に，建物の所有者が抵当権設定者でない場合で，その者が土地について［7-9］での対抗要件を有するときには一括競売ができません。

基本ナビ 土地の上に建物がない状態，つまり更地のときには，抵当権者（債権者）は，［7-7］の法定地上権の存在を考えずに土地を評価します。しかし，土地は抵当権設定者の自由に使われますから，抵当権設定後に建物を建てることも自由です。ここで建物を建てたからといって法定地上権の成立を認めてしまっては，評価が下がった分について債権の回収ができなくなってしまいます。

当然，財産の価値が下がるようなことを法律が後押しするはずもなく，このような場合には，法定地上権が発生しないよう土地と一緒に建物も競売にかけ，同一人に競落してもらうことができるのです。

これは抵当権が複数設定されている場合も同様で，先順位の抵当権者が更地に抵当権を設定しているときには，後順位の抵当権者に法定地上権を成立させる要件が備わっていたとしても，先順位の抵当権者を保護するため，一括競売にかけられます。

ただし，一括競売の結果，抵当権者が優先弁済を受けることができるのは土地の競売代金分からのみで，建物の競売代金分からの配当は受けることができません。

また，抵当権設定後に建てた建物の所有者が抵当権設定者でない場合も，一括競売にかけられます。

「せっかく建物を取得したのに一括競売を回避する方法はないの？」

「建物を所有する際には，建物が建つ土地の賃借権や地上権，所有権を取得しているはずです。土地について所有権を取得した者には抵当権消滅請求権等，地上権を取得した者は代価弁済が行えるようになっています。また，土地に対する権利が賃借権であれば，［7-9］にある一定の要件を満たせば一括競売ができません」

○×ドリル Aは，BのCに対する債務を担保するため，Aの所有地にCの抵当権を設定し，その旨の登記も完了した後，建物を新築した。この場合，Cは，抵当権を実行して，土地及び建物をともに競売し，建物の売却代金からも優先して弁済を受けることができる。

関係する条文 第 389 条〔抵当地上の建物の競売権〕

7-9 抵当不動産に付く権利

暗記ナビ

抵当権設定後に登記した賃借権は
抵当権者の同意，かつ，その登記があれば主張できる

解説ナビ 抵当権が設定された後に，その不動産に地上権を設定した地上権者や，同様に賃貸借契約を結んだ賃借人が対抗要件を備えても，抵当権者には対抗できず，競売によって地上権や賃借権は消滅します。

ただし，抵当権者が同意し，その同意の登記のある賃借権については，対抗要件を備えれば抵当権者に対して自分の賃借権を主張できます。

一方，抵当権者の同意のない賃借権は抵当権者に対して対抗できず，さらに競売が行われたときには，競落人の買受けのときから６ヶ月で消滅し，賃借人は抵当不動産を競落人に引き渡さなければなりません。

基本ナビ 抵当権者は，抵当権設定時に，登記簿を見て貸す金額を決め，回収し損ねないようしています。

登記等の対抗要件を備えるとは自分の権利を主張することに他ならず，対抗要件を備えている権利は考慮し，逆に対抗要件を備えていない権利つまり主張していない権利は無視できます。

よって，抵当権の設定前に登記等の対抗要件を備えた各種の権利については，抵当権者はもちろん，競落人や第三取得者に対しても対抗できます。

「抵当権設定後に，土地の評価を下げるおそれのある権利が新たに設定され対抗要件を備えられてしまうとどうなる?」

「対抗要件を備えているという理由で権利を認めてしまうと，抵当権者は損をしてしまいます。なぜならば，抵当権設定後に登場した権利を考慮して貸す金額を決めていないからです」

そこで，抵当権設定後の権利は抵当権実行とともに消滅するのです。

ただし，例外として，抵当権者が同意した賃貸借については消滅することはありません。抵当権者が賃貸借に同意するということは，不動産の収益を認めることで弁済を確実にしようとする行為に他ならないからです。

賃貸借の対抗要件については［12-1］［16-10］［17-5］で確認しておきましょう。

○×ドリル Ａがその所有する建物にＢのための抵当権設定の登記をした後に，その建物を賃貸する契約を締結したＣは，Ａから建物の引渡しを受ければ，Ｂに対し，賃借権を主張することができる。

語句の意味をチェックする　**賃貸借**…［12-1］参照

関係する条文　第395条〔賃借権の保護〕

7-10 抵当権の消滅時効

暗記ナビ

抵当権は担保されている債権と同時に時効にかかる

解説ナビ 抵当権が付いている不動産にかかわる時効については，抵当権が消滅時効にかかる場合と，不動産が時効取得される場合が考えられます。

前者の場合，原則として債権よりも先に抵当権が時効にかかって消滅するということはありえませんが，抵当不動産の第三取得者が抵当権の消滅時効を援用する場合には，債権とは関係なく抵当権の消滅を主張できます。

一方，後者の場合には，時効の援用者は，債務者または抵当権設定者以外の者に限られ，不動産を時効取得したときに抵当権は消滅します。

基本ナビ ［5 章 - 最初に知っておこう］でも解説した通り，抵当権は担保物権であり，付従性という性質を持っています。よって，債権がなければ抵当権も存在せず，債権が先に消滅時効にかかったときには，たとえ抵当権の消滅時効が完成していなくても，債権と一緒に抵当権も消滅することになります。

「債権より先に抵当権が時効にかかることがあるの?」

「実はあるのです」

まず，抵当権と債権は別ものということを念頭に置いてください。「抵当権が時効にかかる」とは競売できるのに，その手続きをせずに 20 年間経ってしまった状態をいいます。債権は回収しないまま 10 年の経過で消滅してしまいますが，たとえば 10 年目に請求の手続きを行うと，消滅時効は中断し，長期にわたった裁判の判決確定後さらに 10 年経過しなければ債権は消滅しません。この場合裁判前の時効期間＋裁判期間＋裁判後の時効期間で 20 年を軽く超えてしまうでしょう。

このように債権が抵当権より後に消滅時効を迎えることがありえますが，債権あっての抵当権である以上，債権自体が消滅時効にかかるまでは，抵当権が消滅することはありません。

しかし，第三取得者が抵当権の消滅時効を主張するときに，債権についての消滅時効が完成している必要は必ずしもありません。というのも，第三取得者にとって，抵当権設定者の債務はまったく無関係であると同時に，抵当権の存在もはなはだ迷惑であり，いち早い消滅が望ましいからです。

次に，抵当不動産の時効取得について触れておきます。第三取得者にとって，債権と抵当権はまったく関係のない存在ですから，第三取得者に対して，いくら抵当権の存在を主張したところで意味がありません。逆に，債務者や抵当権設定者が，いくら抵当不動産の時効取得を主張しても，抵当権，債権について当事者であることから，消滅することはありません。

つまり債務者や抵当権設定者は，債権が消滅時効にかかる場合以外は，時効による恩恵を受けられないのです。

関係する条文 第 396 条〔抵当権の消滅時効〕，第 397 条〔目的物の取得時効による抵当権の消滅〕

学習のポイントは?

借りたら返す，返せなければ弁償する。当たり前のことが条文化されているだけなのに，やたらと難しく感じてしまうのがこの章です。身近な事例に置き換えて理解するようにしましょう。

ここで学ぶのはどんなこと?

難しそうな用語も登場しますが，特に［8-14］～［8-17］ではしっかりとした理解が必要となります。

8 契約の基本

最初に知っておこう

契約は，宅建で学習する民法の範囲のハイライトのひとつです。

本書でも，ここ［8 章］から［13 章］までが契約についての学習となります。そのうち［8 章］［9 章］ではまず契約の基本としての総論的な学習を，［10 章］～［13 章］は各種契約についての各論的な学習を行います。総論を原則，各論を例外と置き換えることも可能で，［8 章］［9 章］で学ぶことは［10 章］以降に進む際にとても重要な大前提となるのです。

そのなかでもこの［8 章］の内容は，あらゆる契約の基礎として特に重要です。

しっかり学習し，着実な知識として［9 章］から先へ読み進める際に，常に念頭に置くよう心掛けてください。

「～しませんか」「いいですよ」といった具合に，互いの意思表示が合致することで，契約は成立します。

そして，契約が成立すると効力，つまり契約の内容を実行するよう請求する権利と，契約の内容を実行しなければならない義務が発生します。これが，債権債務です。

債権債務の発生の具体例をみてみましょう。

「AがBから本を買った場合は？」

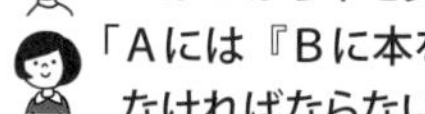

「Aには『Bに本を引き渡すことを請求する』権利が発生し，Bには『Aに本を引き渡さなければならない』義務が発生します」，C同様Aにも占有権はあります。Aには本来の持ち主としての占有権があります」

Aが持つ権利を債権，Bが持つ義務を債務，Aを債権者，Bを債務者と学習してきましたが，こうして債権債務が生じると，次は，債務者が契約の内容を実行する段階となります。債権者からすれば債権を回収できれば，逆に債務者からすれば契約の内容通りに債務を履行できれば債権債務は消滅します（［8-1］～［8-4］参照）。

このように債権と債務は表裏一体で，どちらか片方だけが存在することはありえません。契約により発生する効力を債権者は債権と，債務者は債務とそれぞれ呼んでいるだけであり，その中身は同一と考えてください。

また，債務者が債務を消滅させる方法は 1 つではなく，契約の内容とは別の方法で債務を消滅させることもあります（［8-5］～［8-13］参照）。

一方，なんらかの事由で，債務者が債務を履行できない場合もあります。この場合には債務者あるいは債権者に責任が生じてきます。

「なんらかの事由とは？」

「3 つあります」

1 債務者の責任で
2 債権者の責任で
3 不可抗力で（債務者，債権者のいずれにも責任がない）

そして1～3のうち，1の事由で契約の内容を実行できないことを債務不履行（さいむふりこう）といいます。

債務不履行には，期限通りに債務を履行できなかった履行遅滞（りこうちたい），期限の際に行った履行が不完全な不完全履行（ふかんぜんりこう），そして，期限の際にまったく債務を履行できない履行不能（りこうふのう）の 3 つがあります。これら債務不履行は［8-14］～［8-19］で，3は［8-20］で債権者や債務者にどのような責任が生じてくるのかを学習します。

その際には，債権債務を消滅させるために，実際に行動するのが債務者であることから，［8 章］や［9 章］が債務を中心に規定されていることに注意しましょう。

8-1 弁済とは

暗記ナビ

弁済の提供は，債務の本旨に従う

解説ナビ 契約は互いに信義誠実に実行できる内容でなければならず，そのうえで，契約の内容通りに実行することが弁済の提供であり，債務の本旨に従うこととなります。

契約が，互いに信義誠実に実行できる内容でない場合は，権利の行使や義務の履行も制約を受けることとなります。

基本ナビ 契約が意思表示の合致だけで成立することは，契約が当事者双方の信頼のうえに成立していることを表しており，同時に双方が信頼を裏切らないよう誠実に行動すべきことも要請しています。

契約の当事者は弁済期に内容を実行し，契約の効力として発生した債権債務を消滅させ，契約を終了させなければなりませんが，この『内容の実行』を債権者の立場からは債権の回収といい，債務者の立場からは債務の履行といいます。表現の違いのみで中身こそ同一ですが，内容の実行にあたって実際に行動するのは債務者なので，民法では債務を中心にした規定が多く見られます。

また，『内容の実行』方法は，［8-5］～［8-12］の第三者弁済，相殺をはじめ，更改，混同等，複数が民法に規定されていますが，そのうち最もオーソドックスな方法が弁済です。

弁済においては，たとえば金銭債務であれば，原則として金銭を弁済することが債務の本旨に従うことになりますが，その他に，銀行の自己宛小切手や銀行の支払保証のある小切手等，すでに銀行で小切手の額面金額がストックされているため支払いが確実なものについても，同様に債務の本旨に従っているといえます。

○×ドリル AはBとの間で，土地の売買契約を締結し，Aの所有権移転登記手続とBの代金の支払を同時に履行することとした。決済約定日に，Aが所有権移転登記手続を行う債務の履行の提供をし，Bが，自分振出しの小切手をAの所に持参した場合，Bの提供は，債務の本旨に従った弁済の提供とはならない。

語句の意味をチェックする

弁済期…債務者が債務の履行を成すべき時期
第三者弁済…［8-5］［8-6］参照
相殺…［8-8］～［8-10］参照
更改…ローンの借換え等，それまでの契約とは異なった内容で新たに契約をしなおすことで，古い債権を消滅させ新しい債権を生じさせる契約のこと。［9-7］参照
混同…債権と債務等，相対立する２つの法律上の地位が同一人に帰属すること。［9-7］参照
金銭債務…一定額の金銭の支払を目的とする債権。［8-16］参照
自分振出しの小切手…持参者に，小切手を振り出した者の預金口座から支払うことを金融機関に対して委託する支払委託証券であり，預金口座に残高がなければ支払えない

関係する条文 第１条〔基本原則〕，第493条〔弁済の提供の方法〕

8-2 弁済する場所

暗記ナビ

弁済する場所は
特定物…………その物があった場所
特定物以外……債権者の住所

解説ナビ 弁済する場所について特約がないときは，次の場所で弁済します。

1 **特定物を弁済する場合には，債権債務が発生したときにその物があった場所**

2 **特定物以外の物を弁済する場合は，弁済するときに債権者の住んでいる場所**

弁済のための費用が発生した場合には，原則として債務者が負担しますが，債権者が住所を移転する等債権者の責任で弁済の費用が増加したときには，債権者が増加分を負担しなくてはなりません。

基本ナビ 債務を消滅させる最もオーソドックスな方法が弁済です。

弁済というと，金銭の返済を思い浮かべてしまいますがそれだけではありません。店員が購入した客にレジで洋服を引き渡す行為も弁済に他ならないのです。難しくいえば，弁済とは，債務者が債務の内容である一定の給付を実行し，債務を消滅させる行為をいいます。

そして，その給付の内容によって弁済場所が異なってくるのです。具体的にみてみましょう。

「住宅を引き渡す債務を実行するときは?」

「住宅は，特定物の代表です。住宅の場合持ち運びできないことからもわかるように，弁済場所は住宅，つまり特定物のある場所となります」

「借金を返済するときは?」

「金銭は，特定物以外の代表です。ここでは銀行を思い出しましょう。銀行からお金を借りたら債権者である銀行へ返済しに行きますよね。このように特定物以外の弁済場所は債権者の住所となるのです」

迷ったときには，この２つの具体例を思い浮かべましょう。

○×ドリル ＡのＢに対する貸金について返済の場所を定めていない場合において，Ａが住所を移転したとき，Ｂは，Ａの新たな住所で返済しなければならない。

語句の意味をチェックする

一定の給付…契約によって決められた債権の目的となる債務者の行為

関係する条文 第 484 条〔弁済の場所〕，第 485 条〔弁済の費用〕

8-3 弁済する順序

暗記ナビ

弁済の順序は，費用 → 利息 → 元本となる

解説ナビ 債務者が支払う弁済額が，債務を消滅させるために必要な額に足りないときには，まずは費用の支払いにあて，次に利息，元本の順で充当されます。

また，債務が複数ある場合には，債務者にとって利益の多いものから充当されます。

基本ナビ よくわかるのがお金を貸したときです。

債権者は，お金を貸すことによって利息を得ることができ，この利息はお金を貸している間中手にすることができるのです。しかし，貸しているお金が減れば，当然利息も少なくなります。そこで，債務者が一部弁済を行う場合，利息が発生する元本には最後に充当されることになるのです。

貸すのだから，それくらいの得があってもいいですよね。

逆に，債務者を考慮する規定もあります。それが債務が複数ある場合の充当です。

弁済期が迫っているものから，利息の高いものから，保証のないものから等，債務者の利益が多い債務から弁済することで，債務者の負担を軽減しているのです。当然債務者が指定すれば，指定された債務から充当されます。

Aは B に対し金銭債務を負っている。この場合，この債務が利息を生ずべきものであるときに，Aの弁済額が元本と利息の合計に不足する場合は，Aが特段の指定をしない限り，まず元本にこれを充当する。

語句の意味をチェックする

元本…広く，使用の対価として収益を生じさせる財産であり，普通は，法定果実を生ずる元物をいう。
一部弁済…債務の全部ではなく，その一部についてのみ行われる弁済

関係する条文 第 491 条〔費用，利息，元本間の法定弁済充当〕

8-4 弁済と受取証書

暗記ナビ

受取証書の交付と弁済は，同時履行の関係

解説ナビ 債務者は弁済を行った証拠として，債権者に対し受取証書（領収書）を出すよう請求することができ，受取証書が交付されるまで弁済を拒む（これを同時履行(どうじりこう)の関係という）ことができます。

基本ナビ 受取証書の代表といえば，レシートです。レシートを見れば，何をいくら買ったか，自分がいくら支払ったかが一目瞭然ですよね。たとえ万引きと間違えられても，レシートを見せれば弁済が終わったことを証明できる大事な物なのです。ですから，債務者は受取証書の交付が行われるまで弁済を拒むことができるのです。

「では，受取証書の交付を行ってくれる人＝債権者と考えて良いわけですね」

「原則はそうです」

中には受取証書を盗んで回収するといった悪人もいますが，そんな事情を債務者が知る由もなければ，通常，受取証書を持参した人に弁済を行ってしまいます。そこで，このような弁済であっても有効なものとして取り扱っています。

しかし，債務者が受取証書が盗まれたことを知っていたり，過失で知らなかったときには，弁済は無効となります。

注）令和３年の法改正により，弁済者は，受取証書（領収書）の交付または電子的な受取証書の提供のいずれかを選択して請求することができるようになりました。
ただし，小規模事業者や個人などが，弁済者からの電子的記録の提供請求に際して，直ちに応じることが困難で，不相当な負担を課される場合には，電子的記録の提供義務を負う必要はありません。

○×ドリル AがBに対して100万円の金銭債務を有しており，B名義の領収証をEが持参したので，AがEに弁済した場合，Eに受領権限がなくても，Aが過失なくしてその事情を知らなかったときは，Aは，免責される。

語句の意味をチェックする

同時履行…双務契約の当事者が，相手方が弁済期にある債務を提供するまでは自分の債務を履行しないと主張すること。［8-13］参照

双務契約…当事者の双方が互いに債務を負担する契約

関係する条文 第480条〔受取証書の持参人への弁済〕，第486条〔受取証書の請求〕

8-5 利害関係のない第三者弁済とは

暗記ナビ

まったくの第三者が第三者弁済するときには
債務者が反対すればできない

解説ナビ 債務については，債務者が反対する意思表示をしなければ，債務者の他に債務について利害関係を持たない，まったくの第三者も弁済できます。

債務者に代わって，債務を弁済する以上，その第三者は，弁済と同時に債権者と同じ立場になり，債権者が持っていた保証人に対する権利や担保物権は，その第三者に移ります。これを任意代位（にんいだいい）といい，その際には債権者の承諾が必要となります。

さらに，この任意代位の効果を債務者や第三者に対抗するには，債務者に対してその旨を通知するか，債務者の承諾を得なければなりません。

基本ナビ 債務を消滅させるために第三者が債務者に代わって弁済する方法があります。これを第三者弁済といい，債務に無関係のまったくの第三者であっても行えます。

代わりに弁済できるとはいえ，そのままでは弁済した第三者はまる損です。そこで，第三者弁済が行われると，債務者の代わりに弁済した者が，新しい債権者になり，債務者に対して求償できます。

そして，この求償を確実にするために，前の債権者が持っていた債務者に対するすべての権利，具体的には抵当権者としての権利，保証人に請求できる権利等を引き継ぐことができるのです。

この引継ぎには債権者の承諾が必要ですが，「弁済はいいが代位はダメ」とならないよう，弁済前あるいは弁済と同時に承諾を得ます。他に債務者への通知や承諾も任意代位の効果を主張するための手段として登場しますが，これらは［8-11］にも通じているのでチェックしましょう。

また，まったくの第三者が債務を弁済する場合には，債権回収屋のように優しい顔をして第三者弁済した後に一転して高額な利息で執拗に取り立てるといったケースもあるため，債務者が反対した場合には弁済できません。親兄弟ならばいざ知らず「嫌だ」といっているのに無理矢理肩代わりするなんて胡散臭いですよね。

○×ドリル AのBからの借入金100万円の弁済に関して，Aの兄Cは，Aが反対しても，Bの承諾があれば，Bに弁済することができる。

語句の意味をチェックする

代位…ある人の法律上の地位に他の人が代わってつくこと
債権回収屋…一般に回収が困難となった債権を割り引いて買い取り，利息を付加する等で回収しその差額を利益としている業者の俗称

関係する条文 第474条〔第三者の弁済〕，第499条〔任意代位〕

8-6 利害関係のある第三者弁済とは

暗記ナビ

保証人，抵当不動産取得者，等が第三者弁済したときには債権者の立場を法定代位する

別表現では …債権者の立場を当然に代位する

解説ナビ 債務については，債務者の他に保証人，抵当不動産取得者等，債務について利害関係を持つ第三者も弁済できます。

この場合，[8-5]とは逆に，債務者が反対する意思表示をしたとしても，弁済できます。

そして，債務者に代わって利害関係を持つ第三者が弁済すれば，債権者の承諾を得ずに，当然に債権者と同じ立場に立つことになります。これを法定代位といいます。

ここで注意することは保証人が弁済したときです。保証人が弁済したときには，代位の付記登記（ふきとうき）を行わなければなりません。

基本ナビ ここでは抵当権（[7-4]［7-5]）の項にもある，債務に対して利害を持つ第三者が代わりに弁済するケースを具体的に学習します。

債務に対して利害を持つ第三者とは，債務が弁済されなかったときに損する者をいい，具体的には保証人，抵当権設定者，抵当不動産の第三取得者が該当します。債務者に代わって自ら弁済でき，自らの損失を回避することが目的なので，債務者の意向を聞き入れる必要もありません。

そして，代わりに弁済したときには[8-5］同様に新しい債権者となって債務者に求償でき，さらにはその求償を確実にするために，前の債権者が持っていた債務者に対する権利を引き継ぎます。

「借金を担保するために保証人と不動産に抵当権が設定されている場合は？」

「債権者は借金に関する債権，保証の債権，抵当権の債権の３つを持っていることになります。そして保証人が第三者弁済をしたときには，保証人はこのうち，借金に関する債権と抵当権の債権を引き継ぐことになります」

ただし，保証人が弁済したときには，付記登記が必要です（[解説ナビ］参照）。というのも，弁済によって抵当権が表面上は消滅するため，その後，抵当不動産の所有権等の権利を取得した第三取得者に対し，抵当権を所有したことを主張する証拠が必要となるからです。抵当権の消滅を信じて買った第三取得者に対して，「実は，私が代わりに弁済をして，前債権者の抵当権を引き継ぎました」と知らせているのが付記登記ということです。

また，抵当不動産取得者が弁済したときに限っては，抵当不動産取得者が抵当権消滅請求（[7-5参照）の手段を有していることから，保証人に対する権利は引き継げないので注意しましょう。

語句の意味をチェックする

付記登記…既存の特定の登記に付記して，その一部を変更する登記

関係する条文 第474条〔第三者の弁済〕，第500条〔弁済者の法定代位〕

8-7 代物弁済とは

暗記ナビ

代物弁済は，債務者が実際に代物を引き渡さなければ効力が生じない

解説ナビ 債務者は，もとから存在する債務の代わりに別の物で弁済することで，通常の弁済が行われたものとし債務を消滅させることができ，これを代物弁済（だいぶつべんさい）といいます。

代物弁済の効力は代わりの物を実際に債権者に引き渡すことで生じますが，代物弁済の対象が不動産の場合には，対抗要件を備える，つまり所有権移転登記等の手続きが完了しなければ効力は生じません。

基本ナビ 債権者の同意を得て金銭の代わりに車を渡す，といった行為をテレビ等でよく見かけるように，弁済は，契約によって決められていた給付を別の物で行っても良いのです。つまり，代物弁済も債務を消滅させる方法のひとつということなのです。

ただし，代替物（だいたいぶつ）の価値と決められた給付の価値が同等であるか否かには，鑑定を必要とする場合さえありますが，代物弁済は同価値でなくても可能となっています。

また，代わりの物に瑕疵があれば債務者は損害賠償等を行わなければなりません。

○×ドリル Aが，Bに対する金銭債務について，Aの不動産の所有権をもって代物弁済の目的とする場合，Bへの所有権移転登記，その他第三者に対する対抗要件を具備するため必要な行為を完了しなければ，弁済としての効力は生じない。

語句の意味をチェックする

代替物…代わりとなる他の物。取引上，物そのものの個性を問題にせず同種，同等，同量の他の物で代替させることができる物

関係する条文 第482条〔代物弁済〕

8-8 相殺が成立するとき

暗記ナビ

相殺の要件は
1 双方の債権が同種類
2 自働債権が弁済期を迎えている

解説ナビ 当事者同士が同じ種類の目的の債務を持つ場合，お互いに差し引きして，同等の額について債務を消滅させる一方的な意思表示を相殺(そうさい)といいます。

相殺の意思表示を発する者の債権を自働(じどう)債権，相殺の意思表示を受ける者の債権を受働(じゅどう)債権といい，たとえ債務の履行地が違っても，自働債権も受働債権も同じ種類の債権であれば相殺できます。

また，相殺するときには双方の債権が弁済期を迎えているのが原則ですが，例外的にそれが満たせない場合であっても，少なくとも自働債権だけは弁済期を迎えている必要があります。一方の受働債権はその必要はありません。

基本ナビ 互いに債務を消滅させたい両者が「互いの債務でチャラ（反古）にしよう」という方法が相殺であり，相殺も債務を消滅させる方法のひとつです。相殺に必要な条件を具体的にみてみましょう。

「AがBに対し，10月1日を弁済期とする 100万円の金銭債権を有し，BがAに対し，12月1日を弁済期とする 120万円の金銭債権を有していた場合は?」

「結論からいうと，10月 1日の時点でAから相殺の意思表示を発することができますが，Bから相殺の意思表示を発することはできません」

100万円については，Aが債権者，Bが債務者。120万円についてはその逆となります。対立した金銭債権なので相殺の対象に成り得ます。弁済期についてみてみると，12月1日を弁済期とする債務の方が猶予を多く持っています。つまりAは 12月1日まである期限の利益を放棄することで，10月1日に相殺可能となるのです。逆にBが 12月 1日前に相殺の意思表示をすると，Aが持つ期限の利益を奪ってしまうことになります。Aからしてみると 10月 1日から 12月 1日の2ヶ月間は現金計 220万円を使うつもりでいたのにそれができなくなってしまうのです。せっかくのAの利益をBの勝手で奪うことはできません。したがって，期限が到来していない債務の債権者からは相殺の主張ができないのです。

〇×ドリル 相殺は，双方の債務の弁済期が到来した後にのみ可能である。

語句の意味をチェックする

履行地…債務を履行すべき場所（弁済する場所のこと）

関係する条文 第 505 条〔相殺の概念〕

8-9 相殺できないとき

暗記ナビ

相殺できないときは
[1] 相殺できない性質を持っているとき
[2] 相殺禁止の特約があるとき
[3] 不法行為による損害賠償請求権を受働債権とするとき

解説ナビ 有名歌手がショーに出演する契約等，債務の内容が代替（だいたい）不可能なものを対象にしている場合や，当事者間で前もって相殺禁止の特約を結んでいた場合には，相殺できません。ただし，この特約は，善意の第三者には対抗できません。

そして，最も重要なことですが，不法行為により生じた損害賠償請求権は，受働債権として相殺できません。

基本ナビ

「『B君，君の車に傷をつけちゃったけど，この前貸したお金を修理代として取っておいてくれればいいから…』とAがいった場合は?」

「この場合，AはBに対し，金銭債権，BはAに対し，不法行為により生じた損害賠償請求権を有することになります。損害賠償は，あくまでも金銭で行われるもの（[8-16] 参照）で，それを使って，すぐにでも修理等をしたいのが被害者の心情です。つまりこの場合，Bの債権を受働債権にしてはいけないということです」

しかし，逆に不法行為により生じた損害賠償請求権は自働債権にできます。

「『おまえ，オレの車に傷をつけたな。修理代として，この前借りたお金返さないけれどいいな』という場合は?」

「これは，被害者が，お金をもらわなくてもいい状況にあるからいえるのです」

○×ドリル AがBに対して100万円の金銭債権，BがAに対して100万円の同種の債権を有する場合，Aの債権が，Bの不法行為によって発生したものであるときには，Bは，Bの債権をもって相殺することができない。

語句の意味をチェックする

不法行為…故意または過失によって，他人の権利を侵害し損害を生じさせる行為。［14章］参照

関係する条文 第505条〔相殺の概念〕，第509条〔不法行為債権を受働債権とする相殺の禁止〕

8-10 相殺の効力

暗記ナビ

相殺の効力は，相殺適状まで遡って生じる

別表現では …債権者の立場を当然に代位する

解説ナビ 相殺の意思表示がされると，相殺される双方の債務が，お互いに相殺するのに適した初めの時点（相殺適状（そうさいてきじょう））まで遡ってその効力を生じます。

この効力により，時効によって消滅してしまった債務についても，消滅前に相殺に適していた事実があった場合には相殺できるのです。

基本ナビ 相殺する場合，当事者の一方から，その相手方に対する意思表示だけで効力が生じますが，その意思表示には，条件や期限を付けることはできません。

そして，この相殺によって発生する効力は，お互いの債務（債権者の立場からみると債権）が相殺できる時点まで遡って発生します。

「ＡのＢに対する令和６年６月11日が支払期日の金銭債権と，ＢのＡに対する令和６年４月11日が支払期日の金銭債権を，令和８年８月11日に，ＡがＢに対し相殺の意思表示をした場合は?」

「令和６年６月11日に遡って債務は消滅します」

○×ドリル

ＡはＢに対して土地を1,000万円で売却し，その代金債権を有している。一方，ＢはＡに対して同じく1,000万円の貸金債権を有している。この場合，両者の債権が相殺適状になった後，ＡがＢに対して相殺の意思表示をしたときは，その効力は相殺適状が生じた時に遡って発生する。

関係する条文 第506条〔相殺の方法と遡及効〕，第508条〔時効消滅した債権による相殺〕

8-11 債権を譲渡するとき

暗記ナビ

債権を譲渡する方法は
1 「旧」債権者から債務者への通知
2 債務者から「旧」債権者もしくは「新」債権者への承諾

解説ナビ 債権が譲渡されたときには，譲渡人である債権者から，債務者に対して「誰々に譲渡した」という通知を出すか，または債務者の承諾がなければ，譲受人である債権者は，債務者に対して債権の譲渡を主張できません。

この場合，譲渡人である債権者から債務者に対する通知を，譲受人である債権者が代わって行うことはできません。

さらに，債務者以外の第三者に対して債権の譲渡を主張するには，通知または承諾の他，確定日付ある証書が必要です。

基本ナビ 債権とは，債務者に対し一定の行為を請求できる権利ですが，別の者に譲ることができ，その場合，譲り受けた者が代わって請求することになります。

このように，債務者は前債権者に対しては債務を履行する必要がなくなることから，譲渡も債務を消滅させる方法のひとつと考えていいでしょう。

もちろん，すべての債権が譲渡できるわけではなく，法律で譲渡を禁止していたり，その性質上譲渡できない債権もあります。また,実際には譲渡可能な種類の債権であっても,当事者が「譲渡しない」という特約を付けることもできます。ただし，この特約を知らないで（善意）譲り受けた第三者には特約を主張できず，譲渡は有効となります。

一方，債務者は，この債権譲渡を拒めますが，債権譲渡を無条件で承諾した場合は，譲渡人に対抗できる事由があっても，それを譲受人に対抗することはできません。「実は相殺（[8-8]参照）ができた」といってみても，後の祭りということです。

○×ドリル 債権者 A と債務者 B との間で債権につき債権譲渡禁止の特約がある。A から債権を譲渡された譲受人 C は，AB 間の債権譲渡禁止の特約について悪意・重過失の場合は，B に債務の履行を請求できず，B は C からの請求を拒絶して A に支払いをすることができる。

語句の意味をチェックする

譲渡人，譲受人…権利を譲り渡した者と譲り受けた者
確定日付ある証書…公正証書，内容証明郵便等のことで，証書の作成日について完全な証拠力を有すると法律で認める日付のある証書のこと

関係する条文 第 466 条〔債権の譲渡性〕，第 467 条〔指名債権譲渡の対抗要件〕

8-12 債権の二重譲渡とは

暗記ナビ

債権の二重譲渡では
債務者に確定日付ある証書が先に届いた者が真の譲受人となる

解説ナビ 債権の譲渡も，物権同様，同時に２人の者と契約できます。債権が二重に譲渡されたときには，どちらが先に契約したかに関係なく，譲渡人から債務者の手元に届けられる確定日付ある証書による通知や承諾のうち，債務者へ先に届けられた方の通知や承諾が在る譲受人が，譲渡を主張できます。

基本ナビ 原則として，譲渡は［8-11］にもあるように，単なる通知や承諾で成立します。しかし，債権が二重に譲渡されているときにはそうもいきません。債務者は複数の者から「弁済して」といわれかねないのです。

「この場合，債務者は誰に弁済するの？」

「確定日付ある証書で通知してきた譲渡の譲受人に弁済します」

もしも，確定日付ある証書で譲渡が複数行われているときは，債務者は先に届いた確定日付ある証書で通知が行われた譲渡にかかわる譲受人に弁済します。一見，先に契約した人に優先的に弁済しなくてはならないと考えがちですが，二重譲渡は債務者の知らないところで行われる場合がほとんどですから，債務者からすると譲受人が複数いるとは考えず，確定日付ある証書が届いた順に処理していくのが普通です。債務者の行為を保護し二重に弁済が行われないよう定められているのです。

また，確定日付のない証書と確定日付ある証書で譲渡の通知等が行われたときには，原則として確定日付ある証書で通知等が行われた譲渡にかかわる譲受人に弁済します。

しかし，通知等が必ずしも弁済期前に債務者に到達するとは限らず，弁済期に確定日付のない証書で通知が行われた譲渡にかかわる譲受人に弁済した後，確定日付ある証書の通知等が到達することもあり，この場合にはすでに行われた弁済が有効なものとして扱われます。

「確定日付ある証書って？」

「確定日付証書，あるいは確定日付のある証書ともいいますが，内容証明書等，当事者が後に変更できない日付を有する証書です（［8-11］参照）」

○×ドリル Aが，Bに対する金銭債権をCとDに二重譲渡した場合で，Cに係る通知の確定日付は，Dに係るものより遅かったがBに対しては先に到達したとき，Dへの債権譲渡が優先する。

関係する条文 第466条〔債権の譲渡性〕，第467条〔指名債権譲渡の対抗要件〕

8-13 同時履行の抗弁権を行使するとき

暗記ナビ

同時履行の抗弁権を行使するための要件は
1 相手方の債務が弁済期にある
2 相手方が自分の債務を履行しない
別表現では 2相手方が債務の履行を提供しない

解説ナビ 1個の契約から当事者双方に生じた債務に対しては，期日が来ると互いに履行を請求できますが，その場合，相手方の履行がないことを理由に自分の債務の履行を拒むことができます。この権利を同時履行の抗弁権(こうべんけん)といいます。

ただし，これを行使するには次の要件が必要となります。

1 相手方の債務が弁済期にあること

自らの債務については，期限の利益（[3-3] 参照）を放棄すればいいのですが，それを相手方には強制できないため，少なくとも相手方の債務の弁済期が到来していなければなりません。

2 相手方が自分の債務の履行または履行の提供をしないこと

相手方の履行を望む場合，自己の債務を履行しなくては，相手方に同時履行の抗弁権を行使されてしまうおそれがあります。

基本ナビ 債権債務が発生すると，当然，債務者は契約の内容を実行しなければなりませんが，契約によっては1契約で互いに債務が生じるものもあります。このような契約を双務契約といいます。

双務契約によって互いに債務を持つ場合には，なるべく損が発生しないようにあるいは実行を引き延ばすように策を講じます。その策のひとつが同時履行の抗弁権なのです。

「AがBから車を買い『早く車を渡してくれ，引渡し期日は過ぎてるよ』といったのに対し，Bは『だったら車の代金を早くくれよ』といった場合は?」

「Bの言葉がまさに同時履行の抗弁権です。やることをやってから文句をいえということです」

語句の意味をチェックする

抗弁権…相手方が債務の履行を請求してきた場合，その請求権の効力の発生を阻止して請求を拒絶することができる権利
弁済期…履行期のことで，債務の履行をしなければならない時期
履行の提供…債務者が弁済をするため債権者の受領を求めること

関係する条文 第533条〔同時履行の抗弁権〕

8-14 履行遅滞とは

暗記ナビ

履行遅滞の責任の発生時期は
1 確定期限付債務…期限が到来したとき
2 不確定期限付債務…期限の到来した後に履行の請求を受けた時、債務者自身が期限の到来を知ったときのいずれか早いほう
3 期限の定めのない債務…債務者が履行の請求を受けたとき

解説ナビ 弁済期において，債務を履行できるにもかかわらず，債務者の責任で債務の履行が遅れることを履行遅滞(りこうちたい)といいます。

民法改正により，415条が新設され，履行遅滞の要件に「契約その他の債務の発生原因及び取引上の社会通念に照らして債務者の責めに帰することができない事由」がないことが追加されました。つまり，大地震で建物が損傷して引渡しが遅れた場合は，履行遅滞とはならず，建物の引渡しが遅れた理由が，債務者（売主）にあることが必要ということです。

また，同時履行の場合は債権者（買主）が履行遅滞をいうには履行の提供が必要です。

また，いつの時点で履行遅滞なのかが問題となります。債務には確定期限付債務，不確定期限付債務，期限の定めのない債務の3種類があります（[4-6] 参照）が，それぞれの場合において，上の1～3の期日に遅れることにより，債務者が責任を負うことになります。

基本ナビ ここからは，いよいよ［8章 - 最初に知っておこう］の1，つまり債務不履行の学習で，まずは履行遅滞からです。

1～3の具体例を考えてみましょう。

いつまでに履行するのか確定的な期限を定めた場合，つまり確定期限付債務の場合には，債務者には，その期限が来たときから，履行遅滞の責任が生じます。

「2月15日に車を返すといって車を借りたAは?」

「2月15日までに返さなければならず，2月16日から履行遅滞の責任を負います」

債務の履行に際し，不確定な期限しか定めていない場合，債務者には，期限は到来したが、到来したことを知らないまま債権者から履行の請求を受けた時か、自分がその期限が来たことを知ったときからのいずれか早いほうから履行遅滞の責任が生じます。

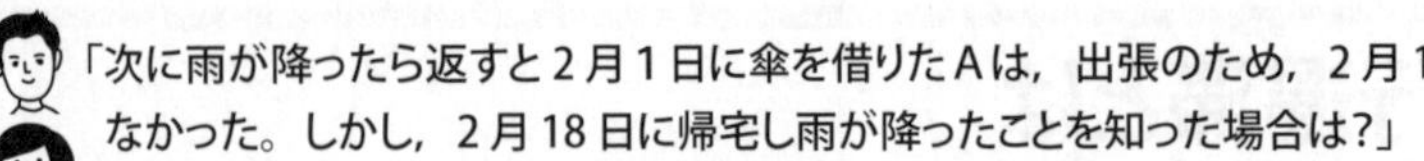

「次に雨が降ったら返すと2月1日に傘を借りたAは，出張のため，2月15日の雨を知らなかった。しかし，2月18日に帰宅し雨が降ったことを知った場合は?」

「2月15日以降に請求を受けたらその日から、なければ、2月18日から履行遅滞の責任を負います」

債務の履行に際し期限を定めていなかった場合，債務者には，債権者より履行の請求を受けたときから，履行遅滞の責任が生じます。

「『返すのはいつでもいいよ』といわれて本を借りたAが，1週間後の2月15日に『やっぱり返してくれないか』といわれた場合は?」

「2月15日から履行遅滞の責任を負います」

また，『解説ナビ』の債務の種類を［4-6］では債権の種類として載せています。表現の違いは立場の違いによるものであり，その内容は同一なので，併せて復習しておきましょう。

関係する条文　第412条〔履行期と履行遅滞〕

8-15 履行不能とは

暗記ナビ

履行不能の責任の発生は，債務履行が不可能になったときから

解説ナビ 債務の発生時は履行可能であったにもかかわらず，その後，完全に履行することが不可能になることを履行不能（りこうふのう）といいます。

この場合には，契約上債務履行が不可能になったときから債務者は債務不履行の責任を負うことになります。

また，履行不能の要件は履行が不可能であること，履行遅滞と同じく「契約その他の債務の発生原因及び取引上の社会通念に照らして債務者の責めに帰することができない事由」がないことです。

また，債務不履行には，不完全履行（ふかんぜんりこう）があります。不完全履行は履行遅滞，履行不能には該当しない場合のうち，債務者の責任で「履行期間中に履行したが，履行した目的物に契約不適合があった」「履行の途中で，損害を与えた」材料として買った部品の一部が壊れている，引越し作業の途中で壁を傷つけた等，履行内容が不完全な場合をいいます。

そして，不完全履行によって債権者に損害を与えたときから，債務者はその責任を負うことになります。

基本ナビ ［8-14］［8-15］は共にいつから債務者に責任が生じるかを，しっかり頭に入れてください。

ただし，不完全履行はあまり本試験ではとりあげられませんので履行遅滞，履行不能を中心に学習しましょう。

○×ドリル A所有の家屋につき，Aを売主，Bを買主とする売買契約が成立した。家屋の所有権移転登記後，引渡し前に，その家屋がAの失火によって焼失した場合，その契約は失効する。

関係する条文 第415条〔債務不履行〕

8-16 債務不履行による損害賠償

暗記ナビ

損害額は原則として債権者が証明するが，あらかじめ予定しておける

解説ナビ 債務者の責任で債務不履行に陥り損害が生じた場合には，債権者はそれを証明したうえで損害賠償を請求し，債務者は原則として金銭で支払います。

この賠償額は契約であらかじめ予定しておくことも可能ですが，債務不履行に陥った債務の内容が金銭の弁済である場合には，債権者は損害に関して証明せずに，債務者に対して約束した利率での損害賠償を請求できます。

基本ナビ 債権者は，債務者の責任で債務不履行に陥り，損害賠償を請求する場合，次の２つを証明しなければなりません。

1. **債務不履行によって損害が生じた事実**
2. **損害の額**
3. **債務者の責に帰すべき事由（帰責事由）**

ところが，金銭債務，つまり債務の内容が金銭の弁済である場合は，債務者が期日に現金を用意できたか否かの事実以外は（たとえ盗まれたとしても）問題とされず，債権者は，損害を証明せずに，当事者同士で決めた利率で，また，未決定の場合は年３分の利率で，損害賠償を請求できます。

「では，金銭債務以外の場合はどうですか？」

「専門知識もない一般の人は1は証明できても2は困難です」

そこで，あらかじめ損害発生を予定し，実際に債務不履行が生じた場合，債権者は，2を証明をしなくても，損害の大小を問わず債務者に予定した賠償額を請求できるのです。この賠償額は，実際の損害額とかけ離れていても，またそれを証明できたとしても変更できませんが，債務不履行に陥った原因に債権者が関係していたときは，債権者の責任分を賠償額から減じることができます。

注）債務不履行による損害賠償は，債務の不履行が契約その他の債務の発生原因および取引上の社会通念に照らして債務者の責めに帰することができない事由であるときは請求できない。

○×ドリル 債務不履行による損害賠償額の予定をした場合，債権者は，実際の損害額が予定額より大きいことを証明しても，予定額を超えて請求することはできない。

語句の意味をチェックする

金銭債務…債務の内容が，売買代金等金銭の支払いを目的とする債務

関係する条文 第 415 条　第 417 条〔金銭賠償の原則〕，第 420 条〔額の予定〕，第 419 条〔金銭債務の特則〕

8-17 契約を解除するとき

暗記ナビ

契約を解除するには
履行遅滞の場合……催告してから解除できる
履行不能の場合……催告なしで解除できる

解説ナビ 債務者の責任で債務不履行に陥ると，債権者には契約についての解除権が発生することがあります。

履行遅滞の場合には，相当の期間を定めて債務を履行をするよう催告し，それでも債務者がその期間内に履行しなかったときにはじめて債権者に解除権が発生するのに対します。例外として，541 条，その契約及び取引上の社会通念に照らして軽微であるときは解除できないと改正がありました。履行不能の場合は，履行の可能性がまったくないため，催告なしに解除権が発生します。

催告なしに解除できるのは，履行不能のほか，次の 4 つになります。

①債務者の明確な履行拒絶

②一部の履行不能または履行拒絶があり、残りの部分では契約目的が達成できない場合

③定期行為

④その他、催告をしても契約目的が達成できる見込みがないことが明らかな場合

こうして解除権が発生すると，相手方に対し一方的に「解除する」と意思表示をしただけで契約が解除されます。この契約の解除は，いったん意思表示をしてしまったら撤回できません。

基本ナビ 契約成立→債務者の責任による債務不履行（[8-14]［8-15］参照）→損害賠償（[8-16］参照）と学習してきましたが，債務者の責任で債務不履行が生じた場合には，債務者は損害賠償だけではおさまらず，契約が解除されてしまうこともあります。

不完全履行の場合には，債権者は，依然履行できるのであれば履行遅滞の手続き，すでに履行できなければ履行不能の手続きを踏んでいきます。

ちなみに, ここで登場する『催告』は時効の完成猶予と更新（[4-7］参照）で登場する『催告』と当然に同一のものであり，催告後に解除権を行使するのも，裁判所へ請求するのも債権者の自由となります。

債務不履行による契約の解除は要件として、従来は債務者の帰責事由が必要とされていましたが、民法改正後はその要件を抜いて、債務者に帰責事由がなくても解除できるという新しい解除制度となりました。

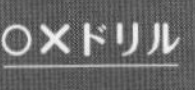

債務の履行が債務者の責めに帰すべき事由によって不能となったときには，債権者は，直ちに契約を解除できる。

語句の意味をチェックする

解除権…契約を解除する権利

関係する条文　第 540 条〔解除権の行使〕，第 541 条〔履行遅滞による解除権〕，第 543 条〔履行不能による解除権〕

8-18 原状回復とは

暗記ナビ

互いに原状回復義務を負うときに，同時履行の関係となる

解説ナビ 債権者によって契約が解除された場合，債務者の履行が済んでいなければ債務者は履行の義務から免れ，履行が済んだ部分については債権者がそれを元に戻す義務を負うことになります。

この元に戻す義務を原状回復(げんじょうかいふく)義務といいます。たとえば，金銭を受け取っていた場合には，その金額に受領した時からの利息を付けて返還するのです。

また双務契約の場合には，当事者双方が原状回復の債務を負う場合もでてきます。互いに原状回復義務を負うときには，同時履行の関係が生じることになります。

基本ナビ 債権者による契約の解除は，解除権が発生したときにその意思表示をすることによって効果が生じ，その効力は契約したときまで遡って発生します。

つまり，契約は「初めから締結されなかったもの」として取り扱われ，契約の履行が済んでいれば，その部分について原状に回復させなければなりません。

特に金銭は［解説ナビ］にもあるように利息を付けて返還する必要があります。これは「銀行に預けていれば○○円の利息が付いたのに」という声を反映しています。

また，当事者双方が原状に回復させなければならないときには，「自分は原状を回復したのに，相手はしないじゃないか」と一方に損が発生しないよう，双方が［8-13］で学習した同時履行の抗弁権を持っているのです。

○×ドリル 宅地の売買契約が解除された場合で，当事者の一方がその原状回復義務の履行を提供しないとき，その相手方は，自らの原状回復義務の履行を拒むことができる。

語句の意味をチェックする

原状…物の状態に変化が起こったことを前提とし，変化の起こる前の状態のこと

関係する条文 第 545 条〔解除権行使の効果〕

8-19 原状回復ができないとき

暗記ナビ

原状回復できないときとは，
権利を得た第三者が対抗要件を備えたとき

解説ナビ ［8-18］は債権者によって契約が解除されたときの取扱いでしたが，契約が解除されたときに，すでにその契約に基づく権利を第三者が取得してしまっている場合には，次のように取り扱います。

第三者が取得した権利について対抗要件を備えているときには，第三者の善意・悪意にかかわらず解除によっても第三者の権利を奪うことはできません。

基本ナビ 契約が解除されると当事者間には原状回復義務が生じます。しかし，当事者間の契約が解除されたことを理由に，権利を取得した第三者に対して「契約を解除したから返してくれ」といえるとすると，どんな契約でも，第三者はいつ解除されてしまうのかと安心できません。そこで，第三者が登記や引渡しといった対抗要件を備えているときには原状回復を主張できないのです。

このように，第三者に権利が移り，かつ対抗要件を備えているために原状の回復ができないときや，回復してもなお損害を与えているときには損害賠償責任を負うことになります。

○×ドリル Ａの所有地がＡからＤ，ＤからＥへと売り渡され，Ｅ名義の所有権移転登記がなされた後でも，ＡがＤの債務不履行に基づきＡＤ間の売買契約を解除した場合，Ａは，その所有権をＥに対抗することができる。

関係する条文 第545条〔解除権行使の効果〕

8-20 不可抗力によって債務が履行できないとき

暗記ナビ

債権者が危険を負担するときは
特定物に関する物権の設定・移転を目的とする双務契約が，不可抗力によって債務履行できないとき

別表現では 売買契約が不可抗力で債務履行できないときは債権者が危険を負担する

解説ナビ 双務契約の目的物が特定されており，その契約の内容が目的物の物権の設定や移転に関する場合で，債務者に責任がない理由で目的物が滅失，毀損したときには，債務者は滅失，毀損したままの状態で，債権者にこれを引渡せば契約は終了します。

基本ナビ ［8章 - 最初に知っておこう］の債務が履行できない事由①～③を，もう一度思い出してください。

債務者の責任（①）で債務が履行できない場合は，その責任を債務者が，債権者の責任（②）で債務が履行できない場合は，その責任を債権者が，それぞれ負います。

不可抗力による場合（③）には，原則として債務者が危険を負担しますが，特定物に関する物権の設定または移転を目的とする双務契約において，契約成立後，各債務が完全に履行される前に，一方の債務が不可抗力で履行できなくなった場合には，債権者が危険を負担します。

○×ドリル Ａ所有の建物につき，ＡＢ間で売買契約が成立したが，移転登記も引渡しもすまないうちに，建物が落雷で消失してしまった。ＢはＡの履行不能を理由に売買契約を解除することができる。

語句の意味をチェックする

危険負担…双務契約により，当事者双方が債務を有し，その一方が不可抗力によって履行不能に陥ったとき，他方の債務が消滅するか否かの問題

特定物…契約の目的物として当事者が物の個性に着目した物をいう。たとえば，車ならどれでもというのではなく，この車を買うという場合。

売買契約…［10章］参照

毀損…こわすこと。傷を付けること

関係する条文 第536条〔危険負担ー特定物に関する債務者主義〕

8-21 手付によって契約を解除するとき

暗記ナビ

手付による契約の解除方法は
〔前提〕相手方が履行にとりかかるまで
　買主……手付金の放棄
　売主……手付金の倍額を返還

解説ナビ 解約手付が交付されると，売主または買主は，たとえ，自分が契約の履行に着手していたとしても，相手方が履行に着手していなければ，なんら原因がなくても，契約を解除することができます。

解除の方法は，手付金を交付した者はその手付を放棄し，逆に，手付金を受け取った者は交付された手付金を返還し，さらに，その手付金と同じ額の金銭を渡す，つまり手付金の倍額を返還します。

基本ナビ たとえば，売買契約における目的物の値段は，ピンからキリまであります。食料品や洋服等のように安価な物であれば，その場で現金を支払い，現物を渡してもらえますが，車や不動産等の高価な物については，気に入ったからといって，その場ですぐ現金を支払う人は希でしょう。

しかし，そうはいっても，そのままにしておいたら他の人に買われてしまうおそれがあります。そこで，大いに活躍することになるのが手付（手附とも書きます）です。

手付を交付することによって，目的物を一時的に確保し，さらには，相手方が履行に着手するまでは「自分は本当に欲しいか」ゆっくり考える時間をも確保できるのです。

ここでの「履行に着手する」とは，たとえば，買主が代金の一部を支払った場合，売主が目的物を引き渡した，移転登記を行った場合等，契約内容の一部または全部の行為を行うことをいいます。

手付とは，契約締結時に当事者の一方から相手方に交付される金銭その他の有価証券をいい，元々代金とは別のものでした。したがって，代金を支払うときに，手付はその交付者に返還されていたのです。しかし，長い間の習慣により，返還されずに代金の一部に充当されるようになりました。

また，手付は，渡す目的によって，次の３種類に分かれています。

1 契約が成立した証拠として交付する「証約手付」
2 債務不履行の際に，違約罰や損害賠償として没収される「違約手付」
3 当事者が解除権を留保するためのもので，債務不履行が生じなくても契約を解除できる「解約手付」

ただし「この手付金は違約手付として交付します」等，意思表示をする場合はともかく，その意思がはっきりしない場合は解約手付として処理されます。

最後に，解約手付の具体例をみてみましょう。

「Aは，Bの所有地を2,000万円で購入する売買契約を締結する際，手付金20万円をBに支払った場合は?」

「この場合，Aから契約を解除するには20万円を放棄しなくてはならず，Bから契約を解除するには，40万円をAに支払わなければなりません」

また，解約手付は宅建業法（［宅建業法8-4］参照）にも大きくかかわってくるので，その仕組みをしっかりと頭に留めておきましょう。

○×ドリル 不動産の売買契約において，買主が手付を交付した後，売主の責めに帰すべき事由により売主の債務が履行不能となった場合で，損害賠償額について別段の定めがないときは，その額は手付の倍額とされる。

語句の意味をチェックする

移転登記…不動産物件の移転を示す登記
有価証券…財産権を綴った証券で，手形，小切手，株券等をいう
違約罰…債務不履行の場合に，債務者から債権者に一定の金銭等を給付する約束，あるいはその約束の対象となったもの

関係する条文 第557条〔手付〕

学習のポイントは?

１つの所有権を数人で所有する共有のように，１つの債権あるいは債務を数人で持つことがあります。このような場合も，当然「借りたら返す」が基本です。

ここで学ぶのはどんなこと?

弁済がバラバラに行われたらどうなるかをしっかり学習し，さらには保証債務に応用できるように力をつけましょう。

9 多数当事者の契約の基本

9-1 多数当事者が契約を解除するとき

暗記ナビ

多数当事者の契約解除は，全員で意思表示をする

解説ナビ 契約の当事者の一方が数人いる場合で，その数人いる側から契約を解除する際には，全員一緒に契約解除を通知し，逆に，数人いる相手方に対して解除を通知する際にも，全員に向けて契約解除を通知しなければなりません。

このように，契約の当事者が数人いる場合には，全員一緒に意思表示をしなければなりません。

基本ナビ ２人で共有している車を誰かに貸したり，誰かの車を２人で借りたりといったように数人で債権あるいは債務を所有した場合において，債務不履行が生じたときに「約束が守られていないからやっぱり借りないことにしたよ。あとはあいつに聞いてくれ」等，各人がバラバラに契約を解除してしまうと，ある者との間では契約が消滅し，他の者との間では契約が存在するという事態になり，人間関係や手続きが複雑になってしまいます。

そのため，契約を解除する際には，個々が勝手に振る舞うのではなく，全員で意思表示をし，あるいは全員に対してその意思表示をしなければならないのです。

○×ドリル　AとBが，Cから土地を購入し，Cに対する代金債務については，連帯して負担（負担部分は均一）する契約を締結した場合において，Cが，本件売買契約を解除する意思表示をAに対してしたとき，その効力はBにも及ぶ。

関係する条文　第544条〔解除権の不可分性〕

9-2 連帯債務の時効が更新されるとき

暗記ナビ

連帯債務者の１人に対する請求は他の連帯債務者には影響しない

別表現では≫連帯債務者Ａに対して履行を請求してＡの債務の消滅時効が更新されたときには連帯債務者Ｂの債務については更新されない

解説ナビ 旧法で，連帯債務者の１人に対する請求は，全員に効力が及ぶとされていました。（絶対効）

民法改正により，相対効となり，他の連帯債務者への請求で，消滅時効に影響はなくなりました。

例えば，ＡとＢがＣに対して連帯して代金を支払う債務を負担している場合，ＣがＡに代金の支払いを請求して，Ａの代金債権の消滅時効が完成猶予および更新されたときでも，Ｂの債務については完成猶予および更新はされません。

基本ナビ １つの債務に対し，数人の債務者が独立して全債務を給付する義務を負い，そのうちの１人が給付すると，他の債務者がその給付分についての債務を免れる債務関係を連帯債務といいます。逆にいえば，他の者が給付できないときには，自らの負担部分が給付済みでも，代わって給付しなければなりません。

「ＡＢＣ３人で，300 万円借りた場合は？」

「この場合，通常は１人 100 万円ずつ借金したことになります。連帯債務として 300 万円を借りた場合には，当然，300 万円のうち『誰がいくら負担する』といった，共有でいえば持分に該当する負担部分があります。しかし，300 万円を完済するまでは，ＡＢＣの誰もが，300 万円を支払う義務があるのです」

したがって，債権者から，どのように給付の請求があったとしても，債務の給付が完了しないうちは，全員がその義務を免れることができないのです。

語句の意味をチェックする

給付…債権の目的となる債務者の行為をいう

関係する条文

第 432 条〔履行の請求〕，第 436 条〔連帯債務者に対する履行の請求〕

9-3 弁済によって連帯債務が消滅するとき

暗記ナビ

連帯債務者の1人が負担部分の債務を弁済したときは
その分債務総額が減る

解説ナビ 連帯債務者の債務の弁済には，各々が自らの負担部分についてのみ弁済する場合と，自らの負担部分を超えて弁済する場合があります。

前者の場合，自らが弁済した分については債務が減り自らの負担部分はゼロになりますが，他の債務者がそれぞれの負担部分を弁済するまでは，全体の債務について支払い義務が残っていることになります。

一方，履行が自らの負担部分を超えたときには，自らの負担部分がゼロになったうえで他の債務者の負担部分も支払ったことになるため，その分については他の債務者に対して求償権を持つことになります。

基本ナビ 自分の行った行為あるいは自分に起きた事由の効力が，他の連帯債務者に影響することを絶対効（ぜったいこう）といいます。連帯債務の場合には，数人で1つの債務に対して責任を負うため，ある者の行為が他の者にも大きく影響してくるのです。

では，連帯債務者の1人が債務を消滅させようとした場合，他の者にどう影響するのかみてみましょう。まずは履行です。弁済も絶対効のひとつであることを理解しましょう。

「ABC3人で，連帯して300万円借り，負担部分はそれぞれ平等とした場合は?」

「Aが自分の負担部分である100万円を弁済した場合，3人で借りた債務の額は100万円減って200万円となります。つまり，3人で200万円を未だ借りていることになり，負担部分は，Aが0円，Bが100万円，Cが100万円になります」

また，Aが300万円全額の債務を履行すると3人で借りた債務の額は300万円減って0円となります。ここで債務は消滅したことになります。このように，他人のために自分の財産を減らす行為を出捐（しゅつえん）といい，Aは自らが出捐した200万円について，BCに返すよう求償できます。ただし，この場合には，連帯債務者に対する債権者の請求の場合とは異なり，BCに対し，それぞれ100万円ずつしか請求できません。つまり，AB間とAC間にそれぞれ新たな債権債務が発生したことになるのです。

語句の意味をチェックする

求償権… [7-4] 参照

関係する条文

第442条〔連帯債務者間の求償〕

9-4 免除によって連帯債務が消滅するとき

暗記ナビ

債権者が連帯債務者の１人に対して債務を免除したときでも他の連帯債務者には影響しない

解説ナビ 連帯債務者の１人が債権者から債務を免除されたときは，免除を受けた者の債務は消滅し，自らの負担部分と一緒に連帯債務から外れることになるのですが，他の債務者には影響しません。免除も民法改正により，絶対効から相対効になったため注意が必要です。

基本ナビ 実際に，具体例をみてみましょう。

「ＡＢＣ３人で，連帯して 300 万円借り，負担部分はそれぞれ平等とした場合は?」

「ＡＢＣ，それぞれの負担部分は 100 万円ですが，債務全体については，それぞれ 300 万円の債務を有していることになります。したがって，たとえばＡの債務が免除されるということは，Ａは 300 万円の債務を有さなくなる，ということです。そして，他の債務者からみれば，Ａという存在が消えても，影響はなく、ＢＣが連帯して，300 万円の債務を負うということになり、ふたん部分は BC それぞれ 150 万円ということになります。」

○×ドリル ＡとＢが，Ｃに対する金銭債務（負担部分は均一）について，連帯して負担する契約を締結した場合，ＣがＡに対して，金銭債務の全額の免除をしたときでも，Ｂに対して債務の全額の支払いを請求することができる。

語句の意味をチェックする

免除…債務者に対する一方的な意思表示によって債権者が債権を無償で消滅させること

関係する条文 第 437 条〔連帯債務者の一人に対する免除〕

9-5 時効によって連帯債務が消滅するとき

暗記ナビ

連帯債務者の１人に時効が完成したときは
他の債務者には影響しない

解説ナビ 連帯債務者１人の消滅時効の完成猶予および更新は他の債務者には影響しません。

よって，連帯債務者のうちの１人だけ時効が完成するということもありえるのです。

連帯債務者の１人が時効によって債務を免れたときは，その債務者の負担部分についての連帯債務が消滅しますが、他の債務者には影響しません。

つまり連帯債務者の１人が時効によって債務を免れた場合には，その債務者は自らの負担部分と一緒に連帯債務からはずれることになるのです。

基本ナビ

「ＡＢＣ３人で，連帯して 300 万円借り，負担部分はそれぞれ平等とした場合は?」

「時効も相対効です。ＡＢＣ, 各々の負担部分は 100 万円ですが, 債務全体については, 各々 300 万円の債務を有していることになります。したがって，たとえばＡの債務について時効が完成すると，Ａの 300 万円の債務は消滅するということです。他の債務者からみれば, Ａという存在が消えても、影響がなく、これも民法改正により、変更した点なので注意が必要です。以後，ＢＣが連帯して，300 万円の債務を負うことになります」

つまり時効も相対効のひとつということです。

Ａ及びＢは，Ｃの所有地を買い受ける契約をＣと締結し，連帯して代金を支払う債務を負担している。この場合，Ａの債務が時効により消滅したときは，Ｂは，Ａの負担部分について支払いを免れる。

関係する条文 第 441 条〔相対的効力の原則〕

9-6 相殺によって連帯債務が消滅するとき

暗記ナビ

連帯債務者の1人の反対債権による相殺等は
1 自ら相殺する場合…援用した分が債務総額から減る
2 他の債務者の場合…反対債権を有する連帯債務者の負担部分の限度で債務の履行を拒める

解説ナビ 連帯債務者のうち1人が債権者に対し反対債権を持っている場合には，反対債権を持っている連帯債務者自身が相殺を援用するときと，他の連帯債務者がその反対債権で相殺を援用するときがあります。

自ら相殺を援用するときには，進んで債務を消滅させようとすることから，相殺する額に上限はありません。

一方，他の連帯債務者は反対債権を有する連帯債務者が相殺を援用しない間，その連帯債務者の負担部分の限度において債務の履行を拒むことができます。

基本ナビ

「ABC3人で，連帯してDから300万円を借り，負担部分はそれぞれ平等(各人100万円)とした。また，AがDに300万円貸しがあった場合は?」

「相殺は絶対効です。もしAが自ら『300万円で相殺しよう』と相殺を援用した場合には，連帯債務は全部消滅することになります。そしてAはB・Cに対して100万円の求償が可能です」

また，AがDに対する300万円の反対債権を有しているが，相殺を援用しようとしないときは，B・CはAの負担部分100万円の限度で債務の履行を拒むことができます。

○×ドリル A及びBは，Cに対して連帯債務を負担している。この場合，AがCに対して債権を有しており，Cの債権と相殺が可能であるときは，Bは，Aが相殺を援用しない間は，Aの負担部分を限度に，債務の履行を拒むことができる。

語句の意味をチェックする
反対債権…債務者が債権者に対して持つ債権

関係する条文 第439条〔連帯債務者一人による相殺等〕

9-7 更改，混同によって連帯債務が消滅するとき

暗記ナビ

連帯債務者の１人に更改，混同が生じたときは
債務総額が消滅する

解説ナビ 連帯債務者の１人と債権者の間で，全債務をその者１人で負担するという契約等に更改（こうかい）した場合，今までの連帯債務契約とは別の契約が成立するため，前契約での他の債務者全員が債務を免れます。

また，連帯債務者の１人と債権者の間に混同（こんどう）が生じたときも，その債務者が全員の債務を弁済したとみなし，他の債務者全員が債務を免れます。

基本ナビ 更改，混同も絶対効です。[9-3] 〜 [9-6] で学んだように，弁済，相殺の各事由が連帯債務者のうちの１人に生じた場合には，他の連帯債務者に対する影響は，事由が生じた債務者の負担部分について，他の連帯債務者も連帯債務を免れます。それに対して，更改，混同の事由が連帯債務者のうちの１人に生じた場合には，その債務者が，全員の債務を弁済したものとして扱われることになります。その結果，更改や混同が生じた連帯債務者は各々に対して求償権が発生することになります。

○×ドリル A及びBは，Cと売買契約を締結し，連帯してその代金を支払う債務を負担している。この場合，Cが死亡し，Aがその相続人としてその代金債権を承継しても，Bの代金支払債務は，消滅しない。

関係する条文 第 438 条〔連帯債務者の一人との間の更改〕，第 440 条〔連帯債務者の一人との間の混同〕

9-8 保証債務とは

暗記ナビ

保証債務は，主債務より重くなってはいけない

解説ナビ 債務者が債務を履行しないとき，代わりに第三者が債権者に対して債務を履行する契約を保証契約といいます。そして，この保証によって第三者に生じる債務を保証債務といい，その第三者を保証人，保証対象となる元々の債務や債務者を主たる債務（以下「主債務」と略す），主たる債務者（以下「主債務者」と略す）といいます。

保証人は，原則として，主債務に関する利息，違約金（いやくきん），損害賠償その他，その主債務についているものをすべて含んで保証しなければなりません。

また，保証契約は，債権者と保証人が締結する独立した契約のため，主債務とは別に，違約金，損害賠償について約束することもできます。

しかし，保証契約は主債務あっての存在であるため，金額，保証債務の目的，内容等は，主たる債務よりも重くなってはならず，万一，主債務よりも重いときには，主債務の限度まで引き下げられます。

基本ナビ 債権者が，債権の給付を確保するには，抵当権等のように物を担保とする手段の他に，人を担保にする手段もあります。つまり「Aが返せないときはBが代わりに返しなさい。さもなければお金は貸さないよ」という具合です。

通常，債務者から保証人になってくれるよう依頼するため，保証契約を債務者と保証人の間の契約のように思われがちです。しかし，どのような形でどこまで債務を保証して欲しいかは，債権者の希望であるため，保証契約は債権者と保証人の間の契約であり，書面で行われなければ無効となります。担保とはいえ，主債務者の行動いかんによっては自分に無関係な債務の弁済を肩代わりしなければならないため，証拠が必要なのです。

こうして締結される保証契約の特徴は，主債務の「従」であるということです。つまり，主債務が消滅すれば「従」である保証債務も消滅し，主債務が移転すれば保証債務も移転します。さらに，「従」である以上は「主」よりも出しゃばってはいけないのです。

これは担保物権（[5章 - 最初に知っておこう] 参照）で学習した付従性，随伴性に該当します。

つまり，人を担保する場合も，担保物権同様の性質を持つということです。

○×ドリル Aは，BのCに対する1,000万円の債務について，保証人となる契約をCと締結した。BのCに対する債務が条件不成就のため成立しなかった場合，AはCに対して保証債務を負わない。

関係する条文 第446条〔保証債務の内容〕，第447条〔保証債務の範囲〕，第448条〔保証債務の付従性〕

9-9 保証人になれる者

暗記ナビ

保証人になる者は，能力者かつ弁済可能な財産を持つ者

解説ナビ 保証人は能力者であり，かつ弁済できるだけの財産を持っている者でなければなりません。保証人がこの条件に該当しなくなったときには，債権者は当然，債権の給付を確保するために保証人の変更を要求できます。

ただし，初めから債権者が保証人を指名していた場合には，たとえその保証人が条件を満たさなくなったとしても，別の保証人を立てるよう債務者に要求できません。

基本ナビ 保証人を立てる目的は，債権者が債務の給付を確保することです。したがって，債務者が債務を履行しなかったときのために，債務者に代わって確実に債務を履行してくれる者に保証人になってもらいたいと思うのが，債権者の心情でしょう。そこで，保証人には［解説ナビ］であげたような条件が設けられているのです。

○×ドリル 債務者が保証人を立てる義務を負うときは，その保証人は，能力者であり，かつ，弁済の資力のある者でなければならない。

関係する条文 第450条〔保証人を立てる義務〕

9-10 共同保証とは

暗記ナビ

共同保証の負担部分は，保証債務を頭割りする

解説ナビ 1つの主債務について，複数の者が同時に保証人になった場合も，また，順々に保証人になった場合も，それぞれの保証債務は原則として頭割りで負担します。このように頭割りで主債務を保証することを共同保証といい，各保証人は主債務の全部を保証しなくてもよいことになります。これを分別（ぶんべつ）の利益といいます。

しかし，主債務が不可分（頭割りできない）であるときや，頭割りしない等の特約があるときには，各保証人が主債務の全部を保証しなければなりません。

基本ナビ 保証には，単なる保証債務と連帯保証債務がありますが，いずれも保証人となる者の数に限度はありません。数人が同一の債務に対して保証人となることがあり，これを共同保証といいます。

具体例をみてみましょう。

「AのBに対する300万円の債務について，CDEが保証人になった場合は?」

「分別の利益に従えば，CDEはそれぞれ100万円を保証しているに過ぎず，たとえば，CがBから300万円を請求されても，100万円を弁済すればいいのです。また，Cが300万円を支払った場合には，CはDEに対して，100万円ずつ求償できます。しかし，分別の利益を放棄する等の特約がある場合には，CDEはそれぞれ300万円を保証することになるので，CがBから300万円を請求された場合には，Cは300万円を支払わなければなりません」

以上からもわかるように，頭割りをしないという特約こそが連帯保証債務の典型なのです。

○×ドリル AがBに対して負う1,000万円の債務について，C及びDが連帯保証人となった場合（CD間に特約はないものとする。），Cが1,000万円をBに弁済したとき，Cは，Aに対して求償することができるが，Dに対して求償することはできない。

語句の意味をチェックする

連帯…2人以上の者が関係して同じ法律関係に立つこと
頭割り…金や物等を人数に応じて平等に割り当てること

関係する条文　第456条〔共同保証と分別の利益〕

9-11 保証人が主張できる権利

暗記ナビ

保証人が債権者に対して主張できる権利は
1 催告の抗弁権
2 検索の抗弁権

解説ナビ 保証人は，主債務者に代わって債務を履行しなければならなくなった場合に次の手段で対抗できます。

1 催告の抗弁権

「まずは債務者に請求してくれ」といって債権者の請求を断る保証人の権利です。債権者が主債務者に催促するまでの間，一時的に保証債務の履行を拒否できます。しかし，債権者が主債務者に催告すればもう二度と行使できません。

2 検索（けんさく）の抗弁権

債権者が主債務者に催告した後でも「主債務者には，十分な財産があり，強制執行をかけることだって簡単にできるよ」と保証人が証明することによって，まずは主債務者の財産を強制執行にかけさせる権利です。これにより，債権者は，主債務者を強制執行にかけた後でなければ，保証人に保証債務の履行を請求できません。

基本ナビ 自らが代わって債務を履行しなければならなくなった保証人が，できる限りその責任から逃れたいと思うのは当然のことです。そのため，保証人は抗弁権を主張することで，保証債務を消滅させるよう試みます。

履行の時期を遅らせる手段としては，催告の抗弁権，検索の抗弁権があります。「まずは，徹底的に主債務の財産を調べて，奴から履行してもらってくれ」というものです。

○×ドリル AがBに対して負う債務について，Cは保証人（ただし，連帯保証人でない）となった。この場合，BがCに保証債務の履行を請求してきたときは，原則としてCは「まずはAに催告せよ」とBに請求することができる。

語句の意味をチェックする

抗弁権…相手方が請求権を行使した場合において，その請求権の効力の発生を阻止して，請求を拒絶することができる権利

強制執行…私法上の請求権を，国家権力によって強制的に実現する手続き

関係する条文 第452条〔催告の抗弁権〕，第453条〔検索の抗弁権〕

9-12 連帯保証人が主張できる権利

暗記ナビ

連帯保証人は「催告の抗弁権」「検索の抗弁権」を主張できない

解説ナビ 連帯保証とは，保証人が主債務者と連帯して債務を負担する保証のことをいい，この場合の保証人を連帯保証人といいます。この連帯保証人には催告の抗弁権，検索の抗弁権がありません。

基本ナビ この連帯保証人の債務については，連帯債務（[9-2] 参照）として捉えれば理解しやすく，その場合，連帯保証人の債務は負担部分「０」の連帯債務と考えるとわかりやすいです。

しかし，たとえ負担部分が「０」であっても，連帯債務者は債権者から弁済の請求を受けると支払わなければならず，そのことからも連帯保証人には「まず主債務者に請求してくれ」とか「主債務者から調べてくれ」という抗弁権がないのです。

○×ドリル ＡがＢに対して負う 1,000 万円の債務について，Ｃ及びＤが連帯保証人となった場合（ＣＤ間に特約はないものとする。），ＣがＢから請求を受けたとき，ＣがＡに執行の容易な財産があることを証明すれば，Ｂは，まずＡに請求しなければならない。

関係する条文 第 454 条〔連帯保証人と両抗弁権〕

9-13 主債務者，保証人に生じた事由の効力

暗記ナビ

たとえば消滅時効の完成猶予・更新は
1. 主債務者に生じた事由の効力………保証債務にも及ぶ
2. 保証人に生じた事由の効力…………主債務には影響しない
3. 連帯保証人に生じた事由の効力……主債務にも及ぶ

解説ナビ 債主債務者に生じた事由の効力は，保証債務にも及びます。逆に保証人に起きた事由については，影響を及ぼしません。債権者が保証人に対して裁判上の請求をしても主債務の時効の完成猶予はされません。連帯保証人に対して行った場合は主債務に影響を及ぼします。

基本ナビ 保証債務には付従性・随伴性の性質があるため，主債務に起きた事由には従わなければなりません（[9-8] 参照）。

主債務者と保証人の関係は「主」と「従」であり，保証債務が主債務の「従」であることがよくわかるのが債権譲渡です。

この場合，主債務者に対して，確定日付ある証書で通知すれば債権譲渡は完了し，保証人も新債権者のための保証を開始することになります。保証人に対してはなんらの通知も必要ありません。逆に，保証人に対して，主債務者に対する債権が他に譲渡された旨を通知したとしても，主債務者に対する通知がなければ，主債務者に対して対抗できないのです。

この関係は，連帯保証人についても変わりません。ただし，連帯保証の場合には，連帯保証人への請求の効力が，主債務者にも及ぶ点に気を付けましょう。その理由は，連帯保証を負担部分「0」の連帯債務に置き換えれば理解できますよね。

○×ドリル Aは，宅地建物取引業者Bからマンションを購入し，Bの保証を受けてC銀行から金銭を借り入れ，その支払に充てた。この場合，C銀行がAに対して債務の履行を請求した効果はBにも及ぶ。

語句の意味をチェックする

債権譲渡…債権者と債権譲受人との間で，債権を同一性を保ちながら移転する契約。[8-11] 参照

関係する条文 第 457 条〔主たる債務者について生じた事由の効力〕

出題頻度 ★★☆☆☆

9-14 保証人が相殺するとき

暗記ナビ

保証人は，主債務者が債権者に対して持つ反対債権で相殺を援用できる

解説ナビ 主債務者が債権者に対し反対債権を持っている場合で，主債務者が相殺を援用しないときには，代わりに保証人あるいは連帯保証人が相殺を援用し，主債務を消滅させることができます。しかし，それとは逆に，保証人あるいは連帯保証人が債権者に対して反対債権を持っていたとしても，主債務者がその反対債権を利用して相殺することはできません。

基本ナビ 主債務者が自らが持つ財産や債権で債務を弁済するのは当然の行為ですが，それを怠った場合に，保証人が代わって援用するのも当然の行為です。
具体的にみてみましょう。

「Aが，BのCに対する100万円の債務について連帯保証人になった場合で，BがCに対して反対債権を持っていたときは?」

「これを連帯債務に置き換えると，Aの負担部分は0，Bの負担部分が100万円ということになります。つまりAがBの反対債権で相殺しようとする場合には，AはBの負担部分である100万円の範囲で相殺を援用できるということです。その結果主債務は消滅することになります」

「続いて，AがCに対して反対債権を持っていた場合は?」

「Aの負担部分は0です。それをまず念頭に置き，次に，連帯債務では，他の債務者が持つ反対債権で相殺しようとするときでも，その債権を持っている人の負担部分を超えられないことを思い出しましょう。つまりこの場合は，いくらBがAの反対債権で相殺しようと思ってもできないことになります」

○×ドリル Aは，BのCに対する1,000万円の債務について，保証人となる契約をCと締結した場合において，CがAに対して直接1,000万円の支払いを求めてきても，BがCに600万円の債権を有しているときは，Aは，Bの債権による相殺を主張して，400万円を支払えばよい。

関係する条文 第457条〔主たる債務者について生じた事由の効力〕

9-15 保証債務の消滅時効が完成するとき

暗記ナビ

主債務の消滅時効が完成すると，保証債務の消滅時効も完成する

解説ナビ 主債務者は，消滅時効が完成したときに，その完成を主張せずに放棄することもできます（[4-2] 参照）。しかし，保証人や連帯保証人からみれば，主債務の時効が完成した時点で保証債務も時効を迎えるわけですから，主債務の「従」とはいえ，その時点で主債務者の意思とは関係なく時効を主張できる権利を持つのです。

基本ナビ 保証債務は主債務の「従」。したがって，家来である保証債務は，時効の利益を放棄するか否かも主人である主債務に従わなければならないのかというと，そうではありません。

「従」ではあっても，契約によって保証債務が生じていることから，時効の完成を主張できるのです。「ご主人様，おヒマをいただきます」というわけです。

逆に，保証債務について時効が完成した場合でも，主債務は，時効等で消滅しない以上は存在することになります。家来に従う主人がいないのと同じことです。

これは免除でも同様ですので覚えておきましょう。

○×ドリル 主たる債務者が時効の利益を放棄しても，連帯保証人は時効の援用ができる。

関係する条文　第 446 条〔保証債務の内容〕

9-16 連帯保証が消滅するとき

暗記ナビ

主債務者，連帯保証人の一方に生じた「更改」「混同」の効力は他方に及ぶ

解説ナビ 主債務者または連帯保証人のいずれか一方に対して更改，混同が生じた場合は，他方にも効力を及ぼします。つまり主債務は消滅します。

基本ナビ 連帯債務の消滅事由として登場した請求，相殺，時効，免除，更改，混同のうち，［9-13］～［9-15］で請求，相殺，時効，免除を学習しました。ここでは，残る更改，混同の効力が，どのように主債務者もしくは保証人に影響を及ぼすのかをみてみましょう。

連帯保証は負担部分「０」の連帯債務として，それぞれの効力がどう影響するのかを考えると，更改，混同の場合「主債務者＝債権者」または「連帯保証人＝債権者」，あるいは「契約を結び直す」といった行為の結果，主債務はいったん消滅したものとして取り扱われます。主債務が消滅すれば，当然，連帯保証債務も消滅します。

「では，保証債務の場合はどうなるのでしょうか？」

「混同の場合で考えてみましょう」

「主債務者＝債権者」となった場合，主債務者にとって弁済の必要がなくなるため，当然，主債務は消滅し，その結果として保証債務も消滅することになります。

逆に「保証人＝債権者」となった場合は，保証人が債務を弁済したことになり，主債務，保証債務は消滅します。そのうえで，保証人は主債務者に対して求償権を持つことになるのです。ただし，免除，更改，混同の効力に関しては，保証債務についての出題はほとんどありませんので連帯保証債務についてのみ覚えましょう。

○×ドリル	主債務者または連帯保証人のうち，連帯保証人に混同が生じた場合は，主債務は消滅する

関係する条文　第458条〔連帯保証の特則〕

過去問を解いてみよう

〔問 4〕 AとBとが共同で，Cから，C所有の土地を 2,000 万円で購入し，代金を連帯して負担する（連帯債務）と定め，CはA・Bに登記，引渡しをしたのに，A・Bが支払いをしない場合の次の記述のうち，民法の規定によれば，正しいものはどれか。

(1) Cは，Aに対して 2,000 万円の請求をすると，それと同時には，Bに対しては，全く請求をすることができない。

(2) AとBとが，代金の負担部分を 1,000 万円ずつと定めていた場合，AはCから 2,000 万円請求されても，1,000 万円支払えばよい。

(3) BがCに 2,000 万円し払った場合，Bは，Aの負担部分と定めていた 1,000 万円及びその支払った日以後の法定利息をAに求償することができる。

(4) Cから請求を受けたBは，Aが，Cに対して有する 1,000 万円の債権をもって相殺しない以上，Aの負担部分についても，Bからこれをもって相殺することはできない。

解答のポイント 連帯債務の基本問題。特に肢（1）（2）（4）を間違えてはダメ。連帯債務者同士どんな事由が影響しあうのかを覚えること

解答解説

(1) × 数人で連帯して債務を負担するとき（連帯債務）債権者は、同時に若しくは順次にすべての連帯債務者に対して全部または一部の履行を請求することができる。CはAに対して 2,000 万円全額の請求をしていても、同時にBに対しても請求をすることができる。（民法 436 条）

㉃ 連帯債務者への請求 ［権 9-2］

(2) × 何も問題がなければ負担分のみ支払っておけばいいが，問題が起きたからこそ請求が行われたということ。その場合は，連帯である以上全額支払う義務あり。

㉃ 連帯債務者への請求 ［権 9-2］

(3) ○ 連帯債務者の 1 人が連帯債務を弁済すると，弁済した者と弁済していない者との間に新たな債権債務が生じたことになる。つまり弁済した日以降利息も生じるということ。

㉃ 連帯債務の弁済 ［権 9-3］

(4) × 他の債務者が相殺するときたら反対債権を持っている者の負担分が債務総額から減る。連帯債務者の 1 人であるAが反対債権を持っていれば，BはAの負担分までなら相殺可能。

㉃ 連帯債務の相殺 ［権 9-6］

学習のポイントは?

契約の基本では，債務不履行→損害賠償→契約解除という流れで債務者が責任をとってきましたが，この流れは売買契約でも変わりません。基本を押さえつつ，売買契約独自の債務者の責任を学習していきましょう。

ここで学ぶのはどんなこと?

本章では，売買契約における売主の義務，売主の担保責任について学習します。

10 売買契約

10-1 売買の効力－売主の義務とは

暗記ナビ

売買における売主の義務は
権利移転義務
対抗要件具備義務

解説ナビ 売買契約における売主の義務は，契約の内容に適合した権利を買主に移転することです。

売主が自らのものでない他人の権利を売買の目的物にした場合において，売主はその権利を取得して買主に移転する義務を負います。

その権利全部が他人の物の場合のほか，その一部が他人の権利の場合も同様に，売主は他人から権利を取得して，その権利を買主に移転しなければいけません。

そしてその権利の移転について買主に対抗要件を備えさせる義務を負います。不動産の売買における登記などがそれにあたります。

基本ナビ 売買契約は、売主が財産（物）等の権利を「売ろう」といい，それに対して，買主が「買おう」といって代金を支払う約束をすることによって成立する契約です。
売買契約が成立すると，売主には目的物を買主に移転する義務が発生し，買主には代金支払いの義務が発生します。その際，売買の目的物は売主のものである必要はありません。はじめから他人の物と知っている場合もあれば，契約後に判明する場合もありますが，いずれの場合も，売主はその目的物を取得し買主に移転させなければなりません。そこで，目的物を手に入れられなかった等の債務不履行に陥ったときには，買主保護のため売主に担保責任を負わせています。担保責任とは，有償契約において目的物を給付した相手方に対して負う責任をいい，簡単にいうと，お金等を払って権利を取得した者に対するアフターケアのようなものです。

［8 章］ではそのアフターケアが損害賠償や契約解除にあたりますが，売買契約では，売主に対してより厳しく，責任を負うよう定めています。

○×ドリル A を売主、B を買主とする甲土地の売買契約を締結したとき、甲土地が A の所有でないときは AB 間の売買契約は無効である。

語句の意味をチェックする

対抗要件…不動産売買における買主名義の所有権移転登記
有償契約…対価（財産上の利益）の授受を伴う契約

関係する条文 第 561 条〔売主の義務〕

10-2 売主の担保責任 – 物・権利に関する不適合とは

暗記ナビ

物･権利に関する契約不適合の際の買主の権利は
追完請求権
代金減額請求権
損害賠償請求権
解除権

解説ナビ 売買契約によって，買主は目的物を手にいれることができますが，売主の勘違いや怠慢などで，引き渡された目的物が種類・品質・数量に関して契約の内容に適合しないものであるとき，買主は，売主に対して，追完請求権，代金減額請求権，損害賠償請求権，解除権を行使できます。

また権利に関しても同じように考えます。売主が買主に移転した権利が契約の内容に適合しないものであるとき，買主は売主に対して，追完請求権，代金減額請求権，損害賠償請求権，解除権を行使できます。（権利の一部が他人に属する場合で、その一部を移転しないときを含む）

基本ナビ 目的物の種類・品質・数量のイメージは次のようにするとわかりやすいかもしれません。種類が違う（牛肉を頼んだら，豚肉だった）品質が違う（A5 ランクを頼んだのに C5 ランクだった）数量が違う（10kgを頼んだのに 8 kgしか入ってない）など。

追完請求権

引き渡された目的物が種類・品質・数量に関して契約の内容に適合しないものであるとき，買主は，売主に対して，目的物の修補，代替物の引渡しまたは不足分の引渡しによる履行の追完を請求することができる。

また，売主が買主に移転した権利が契約の内容に適合しないときも履行の追完を請求することができる。

ただし，売主は，買主に不相当な負担を課するものでないときは，買主が請求した方法と異なる方法による履行の追完をすることができる。

目的物の不適合が買主の責めに帰すべき事由によるものであるときは，買主は履行の追完を請求することができない。

代金減額請求権

引き渡された目的物が種類・品質・数量に関して契約の内容に適合しないものであるとき，

買主は，売主に対して，相当の期間を定めて履行の追完の催告をして，その期間内に履行の追完がなされなかったときは，その不適合の程度に応じて代金の減額を請求できる。
また，売主が買主に移転した権利が契約の内容に適合しないときも代金の減額を請求することができる。
ただし，以下のうちどれか 1 つにでも該当する場合は，催告することなく，直ちに代金の減額を請求することができる。

①履行の追完が不能であるとき
②売主が履行の追完を拒絶する意思表示を明確にしたとき
③契約の性質または当事者の意思表示により，特定の日時または一定の期間内に履行をしなければ契約をした目的を達することができない場合において，売主が履行の追完をしないでその時期を経過したとき
④買主が催告しても履行の追完を受ける見込みがないことが明らかなとき

また、追完請求権と同様にこの不適合が買主の責めに帰すべき事由によるものであるときは，買主は代金の減額を請求することができない。

損害賠償請求権および解除権

引き渡された目的物が種類・品質・数量に関して契約の内容に適合しないものであるとき，売主が買主に移転した権利が契約の内容に適合しないとき，債務不履行として損害賠償の請求や契約の解除をすることができる。

語句の意味をチェックする

追完請求…契約不適合であるときに買主が売主に対し、目的物の修補、代替物の引渡し、不足分の引渡しを求めること

関係する条文　第 565 条〔売主の義務〕

10-3 担保責任の期間の制限とは

暗記ナビ

買主の権利の行使は不適合を知った時から1年以内

解説ナビ 売主が種類または品質に関して契約の内容に適合しない目的物を買主に引き渡したときは，買主はその不適合を知った時から１年以内にその旨を売主に通知しないときは，その不適合を理由として，履行の追完請求，代金の減額請求，損害賠償の請求，契約の解除をすることができない。

ただし，売主が引渡しのときにその不適合を知っていた，または重大な過失によって知らなかったときはこの限りではない。

基本ナビ 期間の制限を受けるのは物の種類と品質に関する不適合だけで，物の数量に関する不適合と移転した権利に関する不適合は期間の制限の対象外です。

また，民法改正前は代金減額や解除等の「権利行使」を１年以内にしなければならないという条文になっており、判例により権利行使の意思を明確に表明することが必要と解されてきましたが，改正後は通知で足りることになりました。通知については，契約不適合の種類と大体の範囲を知らせるものであることが必要になります。

そして，消滅時効にも注意が必要です。期間の制限とは別に消滅時効にかかります。
つまり，一定期間，権利を行使しないと権利が消滅してしまいます。（買主が権利を行使できることを知った時から５年，権利を行使できる時から 10 年）

物の種類・品質に関する契約不適合は、１年以内に通知をすれば、権利が保存されて通常どおりの消滅時効が適用され、通知を怠れば権利行使ができなくなります。

「物の数量に関する契約不適合」と「権利に関する契約不適合」には最初から消滅時効のみが適用されます。

○×ドリル

数量を指示して売買したが数量が不足していた。買主はその不適合を知った時から1年以内に売主にその旨を通知しないときは代金減額請求できない。

関係する条文 第 566 条〔担保責任の期間の制限〕

10-4 危険の移転とは

暗記ナビ

目的物の引渡し後, 双方の責めに帰することができない事由によって, 滅失･損傷したとき, 買主は代金の支払いを拒めない

解説ナビ 売主が買主に目的物の引き渡しをした場合において，その引渡しがあった時以降にその目的物が当事者双方の責めに帰することができない事由によって滅失・損傷したときは，買主は，その滅失・損傷を理由として，履行の追完請求，代金減額請求，損害賠償請求，契約の解除をすることができない。また，買主は代金の支払いを拒むことができない。

売主が契約の内容に適合する目的物をもって，引渡しの債務の履行を提供しようとしたにもかかわらず，買主がその履行を受けることを拒み，または受けることができない場合において，その履行の提供があった時以後に当事者双方の責めに帰することができない事由によって目的物が滅失・損傷した場合も同様に扱う。

基本ナビ 民法の危険負担と混同してしまうかもしれません。危険負担は契約時以後，危険の移転はさらにその先の引渡し以後の取り扱いなので明確に違います。

まず，危険負担について整理しておきましょう。

危険負担とは，たとえば建物の売買などで契約後に売主，買主双方の責めに帰することができない，近隣からの延焼や大地震などで滅失・損傷した場合にどちらが責任を負担するのか，買主は，代金の支払いをしなければいけないのか，しなくてもよいのか，その問題のことをいいます。旧民法では，特約がないかぎり，買主の代金支払債務は消滅しません。つまり代金を払わなくてはいけません。しかし，民法改正により，買主の代金支払債務は消滅しませんが，代金の支払いを拒むことができるようになりました。つまり，代金の支払いはしなくてもよくなりました。

危険の移転とは，売買契約において契約よりさらに後の目的物の引渡し後に滅失した場合は，買主が危険を負担して代金を払わなくてはいけないということです。

○×ドリル 売主 A が甲建物を買主 B に引き渡した後、地震により建物が滅失した。この場合、買主 B は当事者双方の責めに帰することのできない事由のため代金の支払いを拒むことができる。

語句の意味をチェックする

危険負担…建物の売買の契約後、地震などで建物が損傷した場合などに買主は支払いを拒むことができる。
危険の移転…建物の引渡し後、地震などで建物が滅失した場合などに買主は支払いを拒むことができない。

関係する条文 第 567 条〔危険の移転〕

10-5 担保責任に売主が特約するとき

暗記ナビ

「売主が担保責任を負わない」特約が可能

解説ナビ ［10-1］～［10-4］で学習した担保責任は，売主や買主が任意に取り決められるうえ，「担保責任は負わない」という特約を付けることも可能です。

しかし，このような特約を無制限に認めると，「知っているのに知らんぷり」するようなトラブルが発生しかねません。

そこで，売主が，契約当時に目的物の瑕疵を知っていた，目的物の一部もしくは全部を第三者に譲渡した等の場合には，その責任を免れることはできません。

基本ナビ ［10-1］～［10-4］で学習した担保責任はあくまでも原則であり，当事者の合意で修正できるようになっています。

したがって，担保責任の特約は［10-1］～［10-4］の担保責任が対象となりますが，本試験では契約不適合担保を対象とした特約の出題がほとんどです。

○×ドリル 土地について、Aを売主、Bを買主とする売買契約が成立した。この場合、その土地に契約不適合があったときは、Aが担保責任を負わない旨の特約をしていたとしても、Aは自ら知っていながらBに告げなかった不適合については担保責任を免れることはできない。

過去問を解いてみよう

〔問 5〕 A は、B 所有の土地建物を B から買い受け、その際「B は担保責任を負わない」旨の特約を結んだが、その土地建物に契約不適合が存在して、契約をした目的を達成することができなくなった。なお、B は、その契約不適合の存在を知っていた。この場合、民法の規定によれば、次の記述のうち正しいものはどれか。(法改正により問題文を修正している)

(1) 特約を結んだ以上、A は、B に対し、契約の解除をすることができない。

(2) 特約があっても、A は、契約不適合の存在を知ったときから 1 年間以内に契約不適合の内容を通知した上で、B に対し、契約の解除をすることができる。

(3) 特約があっても、A は、契約不適合の存在を知った時から 2 年間は、B に対し、契約の解除をすることができる。

(4) 特約があっても、A は、土地建物の引渡しを受けたときから 2 年間は、B に対し、契約の解除をすることができる。

解答のポイント 売主の担保責任に特約を絡めた形は頻出パターン。売主の善意悪意を見極めることが正解への早道

解答解説

(1) × 売主は、担保責任は負わない旨の特約をしていたとしても、知っていて告げなかった契約不適合については責任を免れることはできない。契約不適合を理由に解除するには、目的を達成することができないときに限られません。解除 OK。

タグ 売主の担保責任の特約 [権 10-5]

(2) ○ 売主は、知っていて告げなかった契約不適合には担保責任あり。買主が責任を追及できるのは、不適合を知った時から 1 年以内で、その旨を売主に通知したとき。

タグ 担保責任の期間の制限 [権 10-3]

(3) × 「2 年間」ではなく、「1 年間」が正しい。

タグ 担保責任の期間の制限 [権 10-3]

(4) × 宅建業法の規定と混同させようとしたひっかけ問題。担保責任を追及できるのは「引渡しを受けたときから 2 年間」ではなく、「契約不適合を知った時から 1 年間」でその旨を売主に「通知」したとき。

タグ 担保責任の期間の制限 [権 10-3]

学習のポイントは?

一見馴染みがないような請負契約ですが，実際は美容師であったり庭師であったりと，請負仕事はごく身近な存在でもあります。宅建試験ではやはり建物の建築に関する請負契約が中心となります。

ここで学ぶのはどんなこと?

近年は出題頻度こそ低めですが，基本事項だけはしっかりと覚えましょう。特に［11-3］は重要です。また，ここで学習する基本は［14-4］に続いているので，出題頻度が低めといって手を抜いてはいけません。

11 請負契約

11-1 請負契約が成立するとき

暗記ナビ

請負契約は，仕事の完成に対し報酬を与えると約束することで成立する

解説ナビ 請負（うけおい）契約は，請負人（うけおいにん）が仕事の完成を約束し，注文者がそれに対して報酬を与えることを約束することによって成立します。

そして，報酬は請負人が完成した目的物を引き渡すと同時に，注文者より支払われます。したがって，これら報酬と目的物の引渡しは同時履行の関係となります。

基本ナビ 請負というと，土木工事や建築工事といった契約をすぐに連想しますが，実は，弁護士に依頼する，病気の治療を医者に依頼するといった契約も，ある意味請負契約といえます。依頼する者を注文者，依頼を受ける者を請負人といいます。

請負契約が成立すると，仕事を請け負った以上，請負人には仕事としてそれを完成させる義務が生じ契約を解除できません。

一方，注文者は，仕事の途中であっても，それによって生じた損害を賠償すれば契約を解除できます。

○×ドリル Aが建設業者Bに請け負わせて木造住宅を建築した場合，Aの報酬支払義務とBの住宅引渡義務は，同時履行の関係に立つ。

関係する条文 第632条〔請負の意義〕，第633条〔報酬の支払時期〕

11-2 請負仕事に契約不適合があったとき

暗記ナビ

請負契約における請負人の契約不適合責任は
修補, 代金減額, 損害賠償, 契約の解除

解説ナビ 民法改正により，請負契約における瑕疵担保責任は廃止され，仕事の目的物が契約の内容に適合しないことに対する責任，契約不適合責任に改正されました。
目的物が契約の内容に適合しない場合，注文者は請負人に対して，修補請求，損害賠償請求，代金減額請求，契約の解除が可能となります。
これらの除斥期間は契約不適合を知った時から１年以内となりました。

基本ナビ たとえば，庭の剪定をしようと思ったとき，通常は庭師（剪定業者）に仕事を依頼します。庭師（請負人）は依頼人（注文者）が満足するような仕事をして，完成時に報酬を受け取りますが，注文者が満足しなかった場合や，たとえば剪定されていない木がある等，目的物が契約の内容に適合しない場合には仕事が不完全ということになり，注文者を保護するために，請負人に契約不適合責任を負わせています。

そして，この項目で学習することがあらゆる請負契約の原則になります。

○×ドリル 建物の建築を注文した場合の請負契約において、その品質に関して契約の内容に適合しない建物が引き渡された場合、注文者は請負人にその不適合を理由に報酬の減額や損害賠償の請求はできるが、契約自体を解除することはできない。

語句の意味をチェックする
修補…修理し補うこと

関係する条文　第634条〔請負人の担保責任〕，第635条〔同前〕

11-3 土地工作物に契約不適合があったとき

暗記ナビ

土地工作物の請負契約における請負人の契約不適合責任は
修補，代金減額，損害賠償，契約の解除

解説ナビ 建物等，土地の工作物の請負における契約不適合責任は，修補，代金減額，損害賠償の請求，また，旧法では，目的物が土地工作物の場合，いかなる瑕疵があろうとも注文者は契約を解除することができないとされていましたが，民法改正により，注文者からも解除することが可能となりました。

そして，除斥期間も改正により，契約不適合を知った時から１年以内となりました。

基本ナビ 請負の目的物は，家等の高価なものから，理髪や外食等のように安いものまで様々です。旧民法では，建物等，土地の工作物には社会的価値があり，これを解除により取り壊すことは社会的損失になり，請負人に対しても過度な負担を課し，時間，労力，材料等，多大な損失を与えるものと考えられていました。しかし，契約の内容に適合しない場合であって，契約の目的を達成することができないほどの欠陥がある建物等，土地の工作物には社会的価値はなく，その存在がむしろ有害であり，その建築をした請負人に解体などの負担をさせたとしても必ずしも過度な負担とはいえないと考えられるようになりました。

○×ドリル 完成した請負の目的物がその品質に関して契約の内容に適合しないものである場合でも、土地の工作物については、注文者は契約を解除することができない。

語句の意味をチェックする

土地工作物…建物，鉄橋，トンネル，公園等，土地に接着して人工的作業を加えることによって成立したものをいう

関係する条文 第 635 条〔請負人の担保責任〕

11-4 担保責任に請負人が特約するとき

暗記ナビ

「請負人が担保責任を負わない」特約が可能

解説ナビ 請負人の仕事が不完全だった場合には，請負人は，注文者に対して契約不適合担保責任を負うのが一般的ですが，この請負契約に，一定の特約を付けることもできます。

それが「担保責任を一切負わない」という特約です。

この特約を付けると，請負人は［11-2］［11-3］の担保責任を免れます。

しかし，この特約を付けたとしても，契約不適合について悪意にもかかわらず注文者にいわなかった場合には，担保責任を免れることはできません。

基本ナビ この特約は一見請負人に有利に見えますが，請負人には仕事を完成させる義務があるため，この特約をいざというときの切り札にして，手抜き工事等は許されることではありませんし，通用しません。

なぜなら，手抜き工事を行う＝契約不適合の事実を知っている，ということであり請負人の責任を免れられないからです。あくまでも完全な仕事をしたうえで，それでも契約適合が生じてしまったときの特約と考えましょう。

また，この特約の他にも「注文者が材料を支給し，その材料の性質（品質）が悪かったために契約不適合が生じた」「注文者があれこれ出した指示（指図）の悪さゆえに契約不適合が生じた」等，注文者の不適当な行為や言動が契約不適合の原因となった場合，請負人は責任を免れますが，請負人はその仕事の専門家であることが多く，材料や指図が不適当なことを承知のうえで注文者にそれを教えず仕事を継続した場合は，やはり責任を免れられません。

○×ドリル A が建設業者 B に請け負わせて木造住宅を建築した場合、B は担保責任は負わないとする特約を A と結ぶこともできるが、その場合でも B が契約不適合の存在を知っていて A に告げなかったときは免責されない。

関係する条文 第 636 条〔請負人の担保責任〕，第 640 条〔担保責任免除の特約〕

過去問を解いてみよう

〔問 7〕Aは，宅地建物取引業者Bに媒介を依頼して，土地を買ったが，Bの社員Cの虚偽の説明によって，損害を受けた。この場合の不法行為責任に関する次の記述のうち，民法の規定及び判例によれば，正しいものはどれか。

(1) Aは，Cの不法行為責任が成立しなければ，Bに対して損害の賠償を求めることはできない。

(2) Aは，Bに対して不法行為に基づく損害の賠償を請求した場合，Cに対して請求することはできない。

(3) Aは，Cの虚偽の説明がBの指示によるものでないときは，Cに対して損害の賠償を求めることができるが，Bに対しては求めることができない。

(4) Bは，Aに対して損害の賠償をした場合，Cに求償することはできない。

解答のポイント 仕事中の不法行為に一般不法行為を絡ませたところが本問のツボ。どちらの不法行為として責任を負わせるのかを見極めること

解答解説

(1) ○　不法行為の成立ときたら加害者の故意・過失等を証明する必要あり。使用者（業者）の責任の根拠は被用者（社員）の不法行為であり，被用者の不法行為が成立しなければ，当然使用者の責任を問えない。
タグ 不法行為の効力［権 14-2］

(2) ×　仕事中の不法行為ときたら使用者と被用者が責任を負う。Bに対しては使用者としての責任を，Cに対しては一般不法行為の責任を追及できる。
タグ 仕事中の不法行為［権 14-1,3］

(3) ×　仕事中の不法行為ときたら使用者と被用者が責任を負う。Bに対しては使用者としての責任を，Cに対しては一般不法行為の責任を追及できる。もしもBが責任を回避できるときがあるとしたら，それは社員を十分に指導監督しているとき。
タグ 仕事中の不法行為［権 14-1,3］

(4) ×　仕事中の不法行為ときたら使用者と被用者が責任を負う。被用者のミスは使用者の責任。ただし全面的に使用者が責任を負うのではなく，被用者にも不法行為を引き起こしたことについての責任を減俸といった形等で負わせる。
タグ 仕事中の不法行為［権 14-3］

学習のポイントは?

物を貸す，物を借りる。貸し手にも借り手にもそれぞれ義務が生じます。どのような義務かを理解するのがポイントです。目安は "相手方が気持ち良くなるように，それぞれの義務がある" ということでしょうか。

ここで学ぶのはどんなこと?

ここで学ぶ賃貸借契約は，［16章］［17章］で学習する借地借家法と大きく関わってきます。借地借家法を理解するためには本章をクリアしなければならないと肝に銘じてください。

12 貸借契約

12-1 賃貸借契約とは

暗記ナビ

不動産の賃借権は登記できる

解説ナビ 賃貸借契約とは，賃貸人が賃借人に対して目的物について使用・収益させることを約束し，賃借人が賃貸人に対して賃料を支払うことを約束することによって成立する契約です。この契約に基づいて発生する賃借人の権利を賃借権といいます。

賃借権は物権でないにもかかわらず，不動産に関するものは登記でき，それによって賃借人は第三者に賃借権を対抗することができます。

基本ナビ アパートを借りて住む，ホテルを予約する，レンタカーを借りて使う等，私たちの日常では賃貸借契約をたくさん見ることができます。

そして，賃貸借契約では，借りる際に「○月○日まで借ります」と存続期間（そんぞくきかん）を定める場合と「とりあえず借ります」と存続期間を定めない場合がありますが，存続期間を定める場合は 50 年を超えられません。更新は可能ですが，その存続期間も同様に 50 年を超えられません。

逆に，どんなに短い存続期間であっても，賃貸借契約は成立します。

このように，最短期間について制限がないことは，この後に学習する借地借家法における建物賃貸借契約（［17 章］参照）と大きく違う点なので，頭の隅にでも納めておきましょう。

○×ドリル 民法の規定において，不動産の賃借権は，債権であるので登記することはできない。

語句の意味をチェックする

賃借権…賃貸借契約に基づいて，その目的物を使用・収益する賃借人の権利
賃貸人，賃借人…貸主，借主
存続期間…引き続いて存する期間

関係する条文 第 601 条〔賃貸借の意義〕，第 604 条〔賃貸借の存続期間〕

12-2 賃借人に対する賃貸人の義務

暗記ナビ

賃貸人の義務は
1 完全な賃貸物の引渡し
2 必要費，有益費の償還

解説ナビ 賃貸人は，賃貸借契約の目的物を，賃借人に十分使用・収益させるために，目的物を完全な形で賃借人に引き渡す義務があり，当然，賃借人が使用・収益している間も目的物は完全な形である必要があります。

そのためには修繕を行う必要が生じる場合もあります。ただし，賃貸人が目的物を修繕しようとする際には，賃借人はそれを断れません。

また，これら修繕等にかかる必要費（ひつようひ）を賃借人自らが支払った場合には，賃貸人に対して，直ちにその必要費の償還を請求できます。

さらに，賃貸物の改良等にかかる有益費（ゆうえきひ）を賃借人自らが支払った場合には，賃貸借契約が終了のときに，賃貸人に対して，その有益費の償還を請求できます。

基本ナビ 必要費，有益費の２つについてみてみましょう。
必要費とは，貸主が借主に賃貸物を十分に使用・収益をさせるために必要な費用のことで，貸家の雨漏りの修繕等賃貸物の修繕費等をいいます。この賃貸物の修繕は，賃貸人の義務ですが，修繕等に急を要し，賃貸人に修繕を依頼する時間がない場合には，賃借人が直接，賃借している物の修繕を行うことになります。しかし，いずれにしても必要費は賃貸人が負担しなければならず，賃借人が立て替えたときには，即返還してもらえるのです。

また，この修繕の結果，目的物が使いづらくなったり，賃料が値上げされて継続して借りていられなくなったときには，賃借人は契約を解除できます。

有益費とは，使用・収益を効果的に行うための費用です。賃貸物を改良等して，より使いやすくすることもできます。たとえば，水洗トイレに改良する等です。

この場合，改良すること自体は賃貸人の義務ではありませんが，改良によって賃貸物の価値が上がるわけですから，賃貸人にとっても損にはなりません。賃貸借契約終了時に「値打ちが残っていれば買い取りましょう」となるのです。

○×ドリル AがBからBの所有する建物を賃借している場合において，Aが，Bの負担すべき必要費を支出したときは，直ちに，Bに対しその償還を請求できる。

関係する条文 第606条〔賃貸人の修繕義務〕，第608条〔賃借人の費用償還請求権〕

12-3 賃貸人に対する賃借人の義務

暗記ナビ

賃借人の義務は
1 目的物の使用法に従った使用・収益
2 善管注意
3 原状回復

解説ナビ 賃貸人に義務があるように，賃借人にも義務があります。

1 **物にはそれぞれの使用方法があるため，賃借する場合には，それに従って使用・収益しなくてはならない**
2 **賃借物を，賃貸人に返還するまでは，善良な管理者の注意をもって，賃借物を保管しなければならない**
3 **返還する際には，賃借物を契約時の原状に戻さなければならず，賃借人が賃借物に付属させた物があるときは，それを収去しなければならない**

基本ナビ 賃料支払い以外にも，お互いのマナーとして“相手方が気持ち良くなるような義務”が賃借人に生じます。それは賃借物を借りたときと同様の状態で返還することであり，そのための義務が1～3です。

賃借人は1～3の義務を守ったうえで，契約終了時に賃借物を賃貸人に返還することになります。これらの義務については，使用貸借契約（[12-9] 参照）の借主もあてはまる点を頭に入れておいてください。

○×ドリル 借主は，契約又はその目的物の性質によって定まった用法に従い，その物の使用及び収益をしなければならない。

語句の意味をチェックする

賃借物…賃借人からみた場合の，賃貸借契約の目的物，借りた物
善良な管理者の注意…物を保管するのに，その物を取り扱うプロが払う程度の注意。「善管（ぜんかん）注意」という
使用貸借契約…無償で物を借りて使用・収益した後に，その目的物を返還することを約束し，その目的物を貸主から受け取ることによって成立する契約。[12-9] 参照

関係する条文 第616条〔使用貸借の規定の準用〕

12-4 賃借権を転貸，譲渡するとき

暗記ナビ

賃借権を転貸，譲渡するときには，賃貸人の承諾が必要

解説ナビ 賃借人は，賃貸人に無断で，賃借物を転貸したり賃借権を譲渡することはできませんが，賃貸人が承諾した場合には，転貸（てんたい），譲渡が可能です。

この承諾によって転貸，譲渡が行われた場合，賃貸人と転借人との間に新たな信頼関係が生まれ賃貸借契約が結ばれたと同じことになります。つまり，転借人は，賃貸人に対して直接義務を負うことになるのです。

一方，賃貸人は，転借人に対して，［12-2］であげた２つの義務を負うことにはならず，この２つの義務については，賃借人（転貸人）が負うことになります。

基本ナビ 賃借権は債権であり，譲渡（［8-11］参照）も当然に可能です。その際には，契約の性質上，通知は排除され，承諾が必要となります。

転貸と賃借権の譲渡では，賃貸人，賃借人，転借人の３人の関係が微妙に違ってきます。

「Ａ所有の建物をＢが賃借していたが，Ａの承諾を得てＣに転貸した場合，賃料の支払いはどうなりますか?」

「ＡＢ間の賃貸借契約だけであったものが，転貸によって，新たにＢＣ間の賃貸借契約とＡＣ間の賃貸借契約が成立したことになり，ＡがＢ及びＣの賃貸人，ＢがＣの賃貸人となります。そして，ＣがＢに賃料を払っていたとしても，ＡはＢＣ双方に賃料を請求でき，Ａからの請求をＣは拒めません。もし，ＣがすでにＢに賃料を払っていた場合には，Ｃはいったん Ａに対しても賃料を支払い，その後Ｂに賃料の返還を請求することになります」

「ＢがＡの承諾を得てＣに賃借権を譲渡した場合は?」

「ＡＢ間の賃貸借契約だけであったものが，賃借権の譲渡によって，ＡＢ間の契約が消滅し，ＡＣ間の賃貸借契約が新たに成立したことになります。したがって，転貸とは違い，ＡはＣにのみ賃料を請求できます」

○×ドリル ＡがＢの所有地を賃借して，建物を建てその登記をした場合，Ｂがその土地をＣに譲渡するときは，賃貸人の義務の移転を伴うので，Ｂは，その譲渡についてＡの承諾を必要とする。

語句の意味をチェックする

転貸…他人から借りている物を，さらに別の第三者に貸すこと。又貸し
転借人…又借りした者

関係する条文 第 612 条〔賃借権の譲渡及び転貸の制限〕

12-5 賃貸物を譲渡するとき

暗記ナビ

登記がない「新」賃貸人は，賃借人に対して権利を主張できない

解説ナビ 賃貸人は，賃貸物とはいえ自己の所有物なので，賃貸物を自由に処分（譲渡等）できます。ただし，賃貸物を譲り受けた新賃貸人は，第三者対抗要件を備えなければ，賃借人に対して，新賃貸人であることを主張できません。

基本ナビ 賃貸物が譲渡により移転すると，それに付く権利・義務も譲受人に移転することになります。

しかし，いくら譲渡により権利等を得たからといって，それを第三者に主張するには［5-1］［5-2］でも学習した通り，権利移転の証拠となる対抗要件を必要とし，不動産についてはそれにあたるのが登記です。

よって，不動産の新賃貸人が賃借人に対して賃料を請求するといった行為も，所有権について登記を備えていなければできないことになります。

○×ドリル Aが，B所有の建物を賃借している場合において，Aが，建物に自ら居住せず，Bの承諾を得てCに転貸し居住させているときは，Aは，Bからその建物を買い受けた者に対し，賃借権を対抗することができない。

関係する条文 第177条〔不動産物件の対抗要件〕

12-6 敷金とは

暗記ナビ

敷金は，賃貸借契約終了時に賃借人へ返還される

解説ナビ 賃貸借契約を締結する際，賃料の支払い債務や将来賃借人が負うこともありえる損害賠償債務等，賃貸借契約から生じる債務を担保する金銭として賃貸人は賃借人から敷金（しききん）を受領できます。

そして，契約終了時にこれらの債務を相殺したうえで残額が賃借人に返還されます。

また，賃貸物が譲渡されると，旧賃貸人は賃借人の債務を相殺したうえで，敷金は新賃貸人に継承されます。

基本ナビ マンションやアパート等を借りる際に，敷金という言葉を聞いたことありませんか？

最近は敷金返還におけるトラブル例をニュース等でよく目にします。そのためか敷金返還請求権を対象に質権の問題が出題されるようになってきました。

敷金の性質をよく頭に入れたうえで注意したいのは，賃借人は敷金返還請求権を質権の対象にできるということです。つまり賃貸人が相殺したうえで返還される金銭について，賃借人は質権を設定できます。

「では，借主が家賃を払えないときには敷金から支払うよう請求できる？」

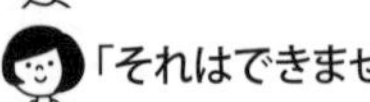
「それはできません」

敷金はいざというときの担保ですから，それをあてにする等は言語道断です。また，借主は貸してもらう代わりにお金を払うことを約束しているのですから，そんなことをするなら借りてはいけません。

また，賃貸物や賃借権の行方により，敷金の行方も変わってくることに注意しましょう。

まずは賃貸物が譲渡された場合には，新賃貸人へ敷金は引き継がれます（［解説ナビ］参照）。賃借権が譲渡された場合には，敷金はいったん旧賃借人に返還され，新たに新賃借人から敷金を回収します。これは賃借権の譲渡により元々の賃貸借契約が終了し，新たに賃貸借契約を結んだと考えられるからです。

転貸の場合には，元々の賃貸借契約が終了するわけではないので，転借人から新たに敷金を回収することはありません。転貸と譲渡の違いをしっかり理解しましょう。

○×ドリル Aは，A所有の建物を，Bから敷金を受領して，Bに賃貸したが，Bは賃料の支払いを遅滞している場合において，AがDに建物を譲渡し，Dが賃貸人となったとき，Aに差し入れていた敷金は，Bの未払い賃料を控除した残額について，権利義務関係がDに承継される。

関係する条文　第177条〔不動産物件の対抗要件〕

12-7 賃貸借契約が終了するとき

暗記ナビ

期間の定めのない賃貸借契約が終了するときとは
解約の申込日から一定期間が経ったとき

解説ナビ 存続期間を定めなかった賃貸借契約については，その当事者（賃貸人と賃借人）間では，いつでも解約を申し込めますが，その日から起算して次にあげる一定期間を経なければ，契約は終了しません。逆にいえば，契約を終了させたい日が決まっているときには，①②の期間前に解約を申し入れればよいのです。

① **土地…1年**

② **建物…3ヶ月**

基本ナビ 賃貸借契約には，存続期間を定めたものと存続期間を定めないものがあると触れました（[12-1] 参照）が，それぞれ契約を終了させるための手続きが異なります。

賃貸借の期間を定めた契約は，当然，その期間が満了したときに終了しますが，存続期間を定めない賃貸借契約の場合には，賃貸人，賃借人ともに「せっかく貸したのに」あるいは「せっかく借りたのに」いつ契約終了の申込みが来るのか，不安な状態で過ごさなければなりません。そこで，解約の申込みを受けてから，必要な手続きや準備ができるよう，一定の期間を設けているのです。

また，たとえ存続期間が定められていたとしても，期間満了後も賃借人が目的物の使用収益を継続する場合で，賃貸人がこれを知りながら異議を述べないときは，同一条件で期間の定めのない賃貸借を更新したものとして取り扱います。当然，この場合は［12-7］の手続きで契約を終了させることになります。

○×ドリル

その所有する建物を明らかな一時使用のためBに貸したが，Bは，期間満了後も居住を続け，Aも，その事実を知りながら意義を述べなかった。この場合，Aは，正当な事由がない場合でも，解約の申し入れをし，Bに対し，その3ヶ月後に明渡を請求することができる。

関係する条文 第617条〔解約の申入〕

12-8 賃貸借契約を解除するとき

暗記ナビ

賃貸借契約の解除権が
賃貸人に発生するとき……承諾なしで，転貸，譲渡されたとき
賃借人に発生するとき……目的が達成できなくなったとき

解説ナビ 賃貸借契約の当事者である賃貸人と賃借人のいずれか一方は，相手方がそれぞれの義務を怠った場合には，債務不履行を理由に賃貸借契約を解除できます。

賃借人の義務違反には，無断転貸等があります。

これに対し，賃貸人の義務違反は，目的物の毀損(きそん)等により，完全な物を賃借人に提供できなくなることです。賃借人の責任でない事由によって目的物の一部が滅失した場合には，その責任として，目的物の修理はもちろんのこと，その間の賃料の減額，さらに，一部が滅失したことよって賃借人が目的を果たせなくなった場合や，目的物が完全に滅失してしまったときには，賃借人に解除権が発生するのです。

基本ナビ ここでもう一度［12-2］～［12-4］を確認してください。お互いの義務を理解することで，どんなときに債務不履行が生じるのかが理解できます。

また，賃借人の無断転貸，無断譲渡については，賃借人の背信行為と認められたときにのみ債務不履行となります。「留守の間だけ」等で背信行為とは認められない場合には，賃貸人は契約を解除できません。

さらに，最近は必要費と留置権を絡めた出題もみかけますが，賃貸人の義務を履行してもらえるまで賃借物を留置できることを頭に入れておけば対応できます。ただし，これも［12-2］～［12-4］が理解できていれば話です。

○×ドリル AはBの所有する建物を賃借したが，当該建物の一部が隣家の火事により類焼して滅失してしまった。この場合，Aは，滅失した部分の割合に応じて借賃の減額を請求することができる。

語句の意味をチェックする

背信行為…信頼に背く行為

関係する条文　第611条〔賃借物の一部滅失と借賃減額請求権〕，
第612条〔賃借権の譲渡及び転貸の制限〕

12-9 その他の貸借契約とは

暗記ナビ

貸借契約の種類は
1 消費貸借契約　2 使用貸借契約　3 賃貸借契約

解説ナビ 貸借契約について，それぞれどんな契約かを理解しておきましょう。

1 消費貸借契約（しょうひたいしゃく）

消費貸借契約とは，貸主が，借主に対して金銭や米，麦等の消費物を貸し，借主が，この借りた物と種類，品質，数量の同じ物を返すことを約束して，その目的物を受け取ることで成立する契約です。

お醤油が切れてしまったので，隣の家に「明日お醤油を返すから 1 瓶貸して」といってお醤油を借りる等が一例です。

2 使用貸借契約（しようたいしゃく）

使用貸借契約とは，タダで物を借りて，使用したり収益した後，その目的物を返還することを約束し，借主が貸主からその物を受け取ることで成立する契約で，これにより借主に使用借権が発生します。

賃貸借契約は有償，使用貸借は無償とはいえ，いずれも貸借契約なので，使用貸借はほぼ賃貸借契約の規定が準用されます。

とはいえ，相違点も多数あります。その最たるものが第三者対抗要件で，賃貸借による賃借権は登記等によって第三者対抗要件を備えることができましたが，使用貸借による使用借権は備えられません。

第三者対抗要件以外にどのような相違点があるのかみてみましょう。

① 必要費の負担は借主
② 使用貸借は期間を定めていないときには，返還請求があれば，使用・収益が終わった，あるいは十分な期間を経過したときに，即目的物を返還しなければならない
③ 貸主が目的物を譲渡し，新貸主から返還請求があったときには，即目的物を返還しなければならない
④ 使用貸借期間中，借主が死亡すれば使用貸借契約も終了

3 賃貸借契約

詳しくは［12-1］～［12-8］を参照してください。

語句の意味をチェックする

使用借権…使用貸借契約に基づき，その目的物を使用，収益する借主の権利

関係する条文 第 587 条〔消費貸借〕，第 593 条〔使用貸借〕

学習のポイントは?

法律はすべてつながっているということを念頭に置き，ひとつひとつバラバラに理解するのではなく，それぞれが民法という法律の１部分であると捉えましょう。

ここで学ぶのはどんなこと?

委任契約は代理制度［２章］と，贈与契約は遺言［15 章］と大きく関わっており，いずれもそれぞれの応用となっています。たとえすべてを覚えられなくても「基本である代理と遺言がしっかり理解できていれば何とかなる」程度の軽い気持ちで学習に臨みましょう。

13 委任契約やその他の契約

13-1 委任契約が成立するとき

暗記ナビ

委任契約は，委任者の依頼を，受任者が承諾して成立する

解説ナビ 委任契約とは，当事者の一方である委任者（いにんしゃ）が，法律行為を行う等の事務処理を相手方に依頼し，相手方である受任者（じゅにんしゃ）ががこれを承諾することによって成立する契約をいい，原則として無償ですが，契約締結時に報酬を定めた場合に限り，受任者は報酬を請求できます。

また，委任契約は，契約の内容が無事完了したときに終了しますが，委任の処理の途中であっても，契約を解除できます。この解除の意思表示は，委任者，受任者いずれからでも，そして，いつでもできますが，損害賠償が必要となります。ただし，病気等のやむを得ない事由があれば，その必要もありません。

基本ナビ 委任契約は代理制度（［2 章］参照）を使った契約，つまり財産についての意思表示を自分に代わって別の者にしてもらう契約であり，依頼する者を委任者，依頼を承諾する者を受任者といいます。宅建業者に依頼する不動産の売買，司法書士に依頼する登記申請，親が子に依頼するお使い等々，日常生活の様々な場所や場面で実際に目にします。

しかし，宅建業者に依頼する不動産の売買，司法書士に依頼する登記申請等が，報酬を支払って代行してもらうことから，委任契約には報酬が必要と思いがちですが，お使いの例からもわかるように，必ずしもそうではありません。

委任契約は，委任者と受任者における一種の信頼関係によって成立しており，報酬は受任を仕事とする者が契約締結時にその旨を特約しなければ受領できません。

○×ドリル 委任は，原則として無償契約だから，報酬についての特約がない限り，受任者は委任者に対し報酬を請求することはできない。

関係する条文 第 643 条〔委任の意義〕，第 648 条〔受任者の報酬請求権〕，第 651 条〔委任の相互解除の自由〕

13-2 受任者の義務

暗記ナビ

受任者の義務は
1 善管注意
2 状況報告
3 受領物の引渡し
4 自ら事務処理にあたる

解説ナビ 受任者は，委任契約を締結した以上，有償・無償にかかわらず，善良な管理者の注意義務をもって事務を処理し，委任者から，その処理状況について報告を求められたときには，それを報告し，事務処理が終了したときにも，事務の結果を報告しなければなりません。

また，受任者は，受領した物を確実に委任者に引き渡さなければならず，引渡しができないときには，その損害を賠償しなければなりません。

基本ナビ 委任契約は，代理制度を基にして，その契約内容を具体化しています。ですから，代理制度と重なるところがあって当然なのです。

たとえば［暗記ナビ］の4つの義務は，原則として，受任者自らが事務を処理しなければなりませんが，やむを得ない事情がある場合には履行補助者，つまり復代理人（［2-12］参照）を利用できます。

復代理人を選任した場合は復代理人を監督等しなければなりません（［2-12］参照）。

○×ドリル Aは，Bにマンションの一室を賃貸するにあたり，管理を業としないCとの間で管理委託契約を締結して，Cに賃料取立て等の代理権を与えた場合において，CがBから取り立てた賃料を自己の生活費に消費したときは，Aは，Cに対して，その賃料額に，消費した日以後の利息を付した金額を支払うよう請求することができる。

語句の意味をチェックする
履行補助者…債務者が債務の履行にために使用，または利用する者

関係する条文 第644条〔事務処理に関する善管義務〕，第645条〔受任者の報告義務〕，第646条〔受任者の受取物等の引渡義務〕

13-3 委任者の義務

暗記ナビ

委任者の義務は，受任者に金銭的負担を負わせないこと

解説ナビ 委任者は，受任者が事務処理を十分行えるよう，有償・無償にかかわらず，必要な費用を，受任者が請求したときに支払う必要があります。

たとえ，その請求が前払いであったとしても，受任者が委任事務を処理するために必要な費用であれば，支払わなければなりません。

基本ナビ 委任契約は，委任者，受任者が〔13-2〕〔13-3〕の義務をそれぞれ果たすことによって事務処理が行われ終了します。委任契約の終了は，代理制度（〔2-13〕参照）を参照してください。

〇×ドリル 委任事務の処理のため，費用の支出が必要なときでも，受任者は，委任事務履行後でなければ，費用の支払を委任者に対し請求できない。

関係する条文 第 649 条〔受任者の費用前払請求権〕

13-4 贈与契約が成立するとき

暗記ナビ

贈与契約は，贈与者と受贈者の意思表示が合致して成立する

解説ナビ 贈与契約は，贈与者（ぞうよしゃ）が自己の財産を「無償であげよう」といい，受贈者（じゅぞうしゃ）が「もらおう」といって合意したときに成立します。

贈与契約は，贈与者自身の財産を無償で受贈者に交付するため，その物に瑕疵があったとしても，受贈者は文句をいえません。ただし，贈与者は，瑕疵の存在を前もって知っていたときは，その責任を負わなければなりません。

また，贈与契約は，目的物を交付することで終了しますが，贈与契約を締結していても，交付に時間がかかるときは，その間に受贈者が死んでしまう場合もあります。その場合には贈与契約の効力は失われます。

基本ナビ 贈与契約はタダで物をあげる契約で，贈与する者を贈与者，贈与を受ける者を受贈者といいます。

たとえば，バレンタインデーにチョコレートをプレゼントされた受贈者である男性は，その代金を支払うわけではなく，その代償として何か義務を負わされるわけでもありません。つまり当事者の一方（片方）にしか債務が生じないため片務契約になります。

しかし，せっかくのチョコレートも，包みを開けてみたら割れていた，なんてこともありえますが「割れてたからとりかえてよ」という人もいません。つまりタダでもらったものにはケチが付けられないのです。

「贈与者が瑕疵のあることを知っていた場合は？」

「たとえば，コードの切れかけたドライヤーと知りながら贈与する場合，感電事故が起こる危険性も考えられます。その場合には，贈与者は損害を賠償しなければなりません」

また，せっかくプレゼントしようと思っていたのに，受贈者が死んでしまった場合「じゃあ私がもらいましょう」と受贈者の両親等が申し出ても，プレゼントする方は戸惑ってしまいますよね。贈与契約は，贈与者と受贈者の人間関係に基づいて契約する場合がほとんどですから，代わって受贈者の相続人が贈与を受けるということはありません。

○×ドリル AのBに対する土地の贈与（何らの負担もないものとする）に関して，その贈与が書面によるか否かを問わず，その土地に瑕疵があっても，Aは，そのことを知らなかったときは，Bに対して瑕疵の責任を負わない。

語句の意味をチェックする

片務契約…一方の当事者のみが債務を負う契約
相続人…［15-1］参照

関係する条文

第549条〔贈与の意義〕

13-5 贈与を撤回するとき

暗記ナビ

口約束の贈与では，履行した部分は撤回できない

解説ナビ 書面によらない贈与について，贈与者はいつでもこれを撤回できますが，すでに引き渡されている，移転登記が行われている等，履行の終わった部分は撤回できません。

基本ナビ 贈与のパターンは，２通りあります。突然に贈与する場合と「今度あげる」と予告してから贈与する場合です。

いずれの場合も書面を作成することはほとんどなく，贈与者の気ままな意思に基づいて行われますので，その撤回も自由です。

一方，もらう側からすれば，一度あげた物を「返して」といわれるのは迷惑な話ですが，約束だけで実際には贈与されていない場合は「しかたないさ」とあきらめがつくでしょう。それは一部だけ贈与されている場合も同様でしょう。

このように，すでになんらかの贈与が行われた場合，すでに贈与した部分については取り返せませんが，贈与していない部分については撤回できます。

また，贈与，特に口約束はあてにならないので，受贈者にしてみれば証拠として書面に残してもらうのが最善です。書面さえ残っていれば贈与も撤回できません。

ただし，たとえ書面であったとしても，その内容が「僕が死んだらこれをあげよう」等，死因贈与の場合には，遺言書を作成して財産を他人に贈る遺贈とよく似ていることから，遺言の規定（[15-9]［15-10］参照）が準用されます。つまり遺言によって死因贈与を撤回できます。

○×ドリル AのBに対する土地の贈与が書面によらないものであっても，Bにその土地の所有権移転登記がなされたときは，Aは，その贈与を撤回することができない。

語句の意味をチェックする

撤回…過去になされた行為の効力を将来に向けて消滅させること
死因贈与…贈与の種類の一つで，贈与者の死亡によって効力を生ずる贈与
遺言…一定の方式に従った遺言者の死後の法律関係を定める最終意思の表示。[15-9］参照
遺贈…遺言によって相続権のない人等に遺産を譲与すること

関係する条文 第 550 条〔書面によらぬ贈与の撤回〕

出題頻度 ★☆☆☆☆

13-6 寄託が成立するとき

暗記ナビ

寄託は，受寄者が寄託者から寄託物を受け取ることで，効力が生じる

解説ナビ 寄託を締結すると，受寄者は，寄託者から受け取った物の滅失・毀損を防ぎ，その状態を維持しつつ保管する義務を負います。

この受寄者の保管義務は，有償の場合には善良な管理者としての注意義務となり，無償の場合には自己の財産に対するものと同一の注意義務となります。

一方，寄託者には委任契約の規定が準用されるため，寄託者は，受寄者に金銭的負担を負わせない義務を負います。

基本ナビ 寄託とは，受寄者が寄託者のために目的物を保管することを約束し，それを受け取ることによって効力を生ずる契約であり，たとえば旅行の間ペットを預ける，銀行へ預金する，倉庫へ商品を預ける等があたります。物の受渡しがなければ，契約の効力が生じることはありません。

また，受寄者は寄託者の承諾がない限り，受寄物を自ら使用したり，第三者に保管させることはできず，自らで保管しなければなりません。どのように保管するかは［解説ナビ］にあるように，有償・無償で異なります。

寄託は受寄物を返還することで終了します。定めがない場合には，寄託者からも，受寄者からもいつでも返還できます。それに対して定めがある場合には，寄託者からはいつでも返還を請求できますが，やむを得ない理由がない限り，受寄者からは定めた期限前に返還できず，定めた期限が到来してはじめて契約は終了します。このように定めはもっぱら寄託者の利益のために存在しているようですが，寄託が有償の場合において，中途の返還請求により受寄者が本来受けるべき報酬を受けられないときには，寄託者は受寄者に対して損害を賠償しなければなりません。

このように寄託は委任契約と大変類似していますが，それは寄託も委任契約と同様に代理制度を使った契約の一種だからです。委任契約が事務（意思表示）の委託であるのに対して，寄託は保管事務の委託となります。

○×ドリル 商人ではない受寄者は，報酬を受けて寄託を受ける場合も，無報酬で寄託を受ける場合も，自己の財産と同一の注意をもって寄託物を保管する義務を負う。

語句の意味をチェックする

受寄者…物の保管を引き受けた者
寄託者…物の保管を依頼する者
受寄物…寄託の目的物

関係する条文 第 657 条〔寄託〕，第 659 条〔無償受寄者の注意義務〕

13-7 組合契約が成立するとき

暗記ナビ

組合の財産は，組合員全員に帰属する

解説ナビ 組合契約では，当事者である組合員全員が出資の義務を負い，その内容は金銭の他に不動産，労務，信用等でも構いません。

組合員全員が出資する以上，利益は全員が受けることになります。

また，組合の財産は組合員全員の共有に帰属することになります。

基本ナビ 各当事者が出資して共同の事業を営むことを約束することによって成立する契約を組合契約といいます。代表的なものが区分所有法の管理組合（[18-4] 参照）です。

組合の事業に使用すべき財産が一部の組合員のために無断で使用されることを防ぐためにも，組合の財産は組合員全員の共有に帰属されており，債権についても各当事者は分割を請求できません。そのため，組合自体に対する債務は，組合員の 1 人に対する債権とは相殺できません。

また，組合員が組合を脱退する事由は次の通りです。

1 **組合員の意思**
2 **組合員の死亡**
3 **組合員の破産**
4 **組合員が成年被後見人の審判開始を受けた**
5 **除名**

○×ドリル 組合への出資金で不動産を購入し組合財産とした場合，この組合財産は総組合員の共有に属する。

語句の意味をチェックする

組合…数人が出資して共同の事業を営むことを約することによって成立する団体

関係する条文 第 667 条〔組合の意義〕，第 668 条〔組合財産の共有〕

学習のポイントは?

被害者が何を根拠に損害賠償を請求しているのかに着目することです。加害者自身が悪いのか，加害者の仕事が悪いのか…といった具合です。根拠さえ見極められればクリアできたも同然です。

ここで学ぶのはどんなこと?

通常は契約の成立によって生じる債権債務が，突発的な行為によって生じる場合もあります。交通事故を起こしたとき，ケガを負わせた相手に対して損害賠償金を支払うような行為を指しますが，その賠償金を誰が支払い，また，被害者は誰に請求したらいいのかについて学習します。

14 契約によらない債権債務

14-1 不法行為とは

暗記ナビ

不法行為は故意・過失による違法行為で，損害を与えた者が責任を負う

解説ナビ 不注意（過失）で，あるいは自分の行為が他人に損害を及ぼすことを知っていながら，あえて（故意に）違法な行為で他人の権利や利益を犯し，損害を与えた者は，その損害を賠償しなくてはなりません。

ただし，不法行為による損害賠償請求権は被害者やその代理人が，被害があったこと及びその加害者を知ったときから3年，もしくは不法行為のときから20年を経過すると消滅します。人の生命または身体を害する不法行為による損害賠償請求権の消滅時効については3年ではなく5年となる。

基本ナビ 債権債務は，通常「～したい」「いいですよ」という契約によって生じ，その契約について債務不履行に陥ったときに損害賠償という問題が生じます（[8章]～[13章]参照）。しかし，例外的に契約を締結することなく債権債務が生じ，その結果損害賠償という問題が生じることがあります。その代表が不法行為です。

交通事故，盗み…等不法行為の例をあげればきりがありませんが，これらの不法行為について，損害を与えた者を加害者，損害を被った者を被害者といい，被害者は加害者に対して，財産的にも精神的にも損害賠償を請求できます。

ここで注意すべきは，不法行為によるものであっても，債務は相殺できるという点です。ただし，加害者からは相殺を主張できないので気を付けましょう（[8-9]参照）。

なお，本項の内容を学習の便宜上，一般的な不法行為（あるいは一般的不法行為）といいます。

〇×ドリル 不法行為の被害者は，損害賠償債権を自働債権として，加害者に対する金銭返還債務と相殺することができない。

語句の意味をチェックする

相殺…2人が互いに同種の債務を負担し，双方（あるいは相手方）の債務が弁済期にあるとき一方の意思表示によって対等額について債務を免れること。[8-8]～[8-10]参照

関係する条文 第709条〔不法行為の要件と効果〕

14-2 加害者の責任が生じる時期

暗記ナビ

加害者は，債権発生時から履行遅滞に陥る

解説ナビ 不法行為によって債権・債務が生じた場合，加害者は，不法行為が行われた時点から，債務を履行する責任が生じます。つまり債務発生時点から履行遅滞に陥るのです。

ただし，加害者の行為を不法行為として成立させるためには，次の要件が揃わなければなりません。

1 加害者に故意・過失があること

2 加害者の行為が違法であること

3 加害者の行為によって損害が発生したこと　等

1～3等を被害者が証明することによって，被害者は加害者に損害賠償を請求できます。

基本ナビ 不法行為とは，他人に損害を及ぼす不法な行為をいい，加害者は，被害者に対して，その損害を賠償しなければなりません。

しかし，被害がどれだけあったか証明できるのは被害者です。したがって，被害者は「傷をこれだけ受けた」「いくら修理にかかった」等の証拠を示し，その傷等の治療代金，修理代金が，加害者の行為で発生したということを証明しなければなりません。

一方，加害者は，被害者が1～3の証明を行ったときにはその責任を負わなければなりません。責任が生じる時期は不法行為が行われた時点からとなります。というのも被害者は被害を受けた時点から治療等の必要に迫られているからです。

○×ドリル 不法行為に基づく損害賠償債務は，被害者が催告するまでもなく，その損害の発生の時から履行遅滞に陥る。

関係する条文　第709条〔不法行為の要件と効果〕

14-3 仕事中に被用者によって不法行為が生じたとき

暗記ナビ

仕事中の不法行為は，使用者と被用者が責任を負う

解説ナビ 被用者(ひようしゃ)が仕事中に他人に損害を与えた場合には，被害者は，不法行為による損害賠償を使用者(しようしゃ)，被用者の双方に請求できます。

使用者に請求したときには，使用者の被用者に対する監督不十分を指摘することで，損害の責任は使用者と被用者が連帯して負うことになります。

連帯責任ですからそれぞれの負担分が存在し，使用者が全額賠償した場合には，被用者にその負担分を求償できます。

しかし，使用者は，被用者の選任や態度について十分監督したにもかかわらず不法行為が行われたことを自ら証明すれば，賠償の責任を負いません。

一方，被用者に請求したときには，一般的な不法行為（［14-1］参照）に基づく請求であり，加害者である被用者の責任が追及されたことになります。

したがって，使用者は無関係となり，被用者は，全額損害を賠償したからといって使用者に求償できません。

基本ナビ

「タクシー会社の運転手が，誤って乗客に怪我をさせてしまった場合は？」

「乗客は，まず一般的な不法行為に基づいて，運転手に損害賠償を請求できます。しかし，より資力のある会社に損害賠償を請求する方が確実に損害賠償の支払いが受けられそうであれば，仕事中であったことを理由に，会社に対してそれを請求できるのです」

請求を受けた会社は，運転手に代わって，損害を賠償しなければなりません。

しかし，会社自体が不法行為を行ったわけではないので，信義則上妥当と認められる程度において，運転手と連帯して責任を負い，請求に応じた後に，運転手の責任分について減給やボーナスカット等の方法で求償することになります。

○×ドリル 従業員Aが宅地建物取引業者Bの業務を遂行中に第三者Cに不法行為による損害を与えた場合，Bは，その損害を賠償しなければならないが，Aに対してその求償をすることはできない。

語句の意味をチェックする

使用者…人を使って事業をする者
被用者…使用者に雇われている者

関係する条文 第715条〔使用者の責任〕

14-4 請負工事の不備で不法行為が生じたとき

暗記ナビ

請負工事の不法行為は，原則として請負人だけが責任を負う

解説ナビ 請負工事によって発生した不法行為についての損害は，注文者ではなく請負人がその責任を負います。したがって，被害者は，請負人に対してのみ損害賠償を請求することができます。

しかし，請負工事の場合，請負人に対して注文者が指図等するときもあり，その指図等によって被害者が被害を被ったのであれば，その責任は注文者が負うことになります。

基本ナビ 請負人と注文者の両方が責任をとることはありません。いずれか一方です。

○×ドリル ＡがＢとの請負契約によりＢに建物を建築させてその所有者となり，その後Ｃに売却した。Ｃはこの建物をＤに賃貸し，Ｄが建物を占有していたところ，この建物の建築の際におけるＢの過失により生じた瑕疵により，その外壁が剥離して落下し，通行人Ｅが重傷を負った。この場合，Ａは，建築の際において注文または指図に過失がなく，かつ，その瑕疵を過失なくして知らなかったときでも，Ｅに対して不法行為責任を負うことがある。

関係する条文 第716条〔注文者の責任〕

14-5 工作物の不備で不法行為が生じたとき

暗記ナビ

工作物の不法行為は，まず占有者，次に所有者が責任を負う

解説ナビ 土地の工作物の瑕疵を放置していたために，突然崩壊等して通行人等の第三者に怪我等の損害を与えた場合の責任は，まず占有者が負います。しかし，占有者が自らに過失のないことを立証できれば所有者が負うことになります。

一方，所有者は，自分に過失がなくても，その責任を免れることはできず，損害を賠償しなければなりません。

ただし，工作物の設置について，請負人に不完全な仕事があったり，前所有者が工作物を十分に保存しなかった等，責任のある者が他にいる場合には，占有者や所有者は，［14-4］等に基づきこれらの者に求償できます。

基本ナビ 土地の工作物は，建物，鉄橋，トンネル，ブロック塀等様々です。

そして，工作物によっては，所有者ではなく，管理人や賃貸人等の占有者が管理している場合があります。

「そんな場合は誰が不法行為の責任をとるのでしょうか？」

「所有者と占有者の両方が責任をとることはなく，いずれか一方となりますが，工作物を占有して利益を得ている者が，まずは責任を問われることになります。ただし，占有者が補修や張り紙等を行って損害が起こらないよう十分注意していた場合は，その責任は所有者に移ります」

○×ドリル

AがBとの請負契約によりBに建物を建築させてその所有者となり，その後Cに売却した。Cはこの建物をDに賃貸し，Dが建物を占有していたところ，この建物の建築の際におけるBの過失により生じた瑕疵により，その外壁が剥離して落下し，通行人Eが重傷を負った。この場合，Cは，損害の発生を防止するため必要な注意をしていたときでも，瑕疵ある土地の工作物の所有者として，Eに対して不法行為責任を負うことがある。

関係する条文 第717条〔土地の工作物の占有者，所有者の責任〕

14-6 複数人によって不法行為が生じたとき

暗記ナビ

共同不法行為は，全員が責任を負う

解説ナビ 共同の不法行為によって他人に損害を与えたときは，その全員が連帯して損害を賠償しなくてはなりません。直接手を下さなかったからといって，責任を逃れることはできないのです。

基本ナビ 加害者は1人であるとは限りません。グループで役割を決めて万引きしたり，他人に損害を与えるようなことをそそのかしたりすることもあります。

このような場合，最前列で実行した者だけが悪いのではなく，全員が連帯して責任を負い，損害を賠償しなくてはなりません。

ただし，［14-3］も含めて，この不法行為における連帯には連帯債務（［9-2］参照）のような効力はありません。具体的には，被害者による，加害者の1人に対する請求の効力は，他の加害者には及びません。その理由を考えてみましょう。

被害者にしてみれば損害を全額賠償してもらえるならば，いずれの加害者からであっても構わず，加害者同士の責任割合まで関知する必要はありません。加害者同士の責任割合によって賠償を受ける権利を侵害されたり，さらには被害者が回収し損ねないよう，たとえば，加害者の1人に資力がなく損害賠償が支払えなくても，あるいは，加害者の1人の損害賠償の債務が時効で消滅したとしても，他の加害者から損害を賠償してもらえることが重要です。したがって，加害者の1人に対する請求の効力が，他の加害者には及ばないことになっているのです。

また，加害者は1つの不法行為に対して，一般的な不法行為（［14-1］参照）を含めて［14-3］～［14-6］の方法で責任を追求していくことになります。たとえば，暴行事件の被害者が刑事と民事の両方で加害者の責任を追求できるのと同じです。

○×ドリル 売主及び買主がそれぞれ別の宅地建物取引業者に媒介を依頼し，両業者が共同して媒介を行った場合において，両業者の共同不法行為により買主が損害を受けたときは，買主は，買主が依頼した業者に損害賠償を請求することはできるが，売主が依頼した業者に損害賠償を請求することはできない。

関係する条文 第719条〔共同不法行為者の責任〕

14-7 不当利得とは

暗記ナビ

不当利得とは，正当な理由なしに他人の財産を自分のものにすること

解説ナビ 不当利得(ふとうりとく)は，当事者の一方に利得があり，他方に損失がある場合に生じます。

不当利得では，損失者がどれくらいの損失額を受益者に請求できるか，いい換えれば，受益者がどれくらい利益を返還しなければならないかが問題となります。

善意の受益者は，現存する利益だけを返還することになりますが，悪意の受益者は，正当な理由がないことを知っていながら利益を得たことになるため，受け取ったすべての利益に加え，その利息も返還し，さらに損害を与えている際には，損害も賠償しなければなりません。

基本ナビ 一度支払った借金を間違えて二重払いした場合，二重の支払いを受けた方は，正当な理由がないのに利得を受け，二重の支払いをした方は損をしてしまいます。これが不当利得なのです。

二重払いの他に代表的なものとしては，錯誤等による代金の返還請求があります。

「たとえば，カメラを５万円で買う契約を結び，買主は代金と引換えに売主からカメラを受け取ったが，後になって買主が錯誤による契約の無効を主張した場合には?」

「買主は売主に対して代金の返還を請求でき，売主は買主に対してカメラを返還するように請求できます」

この場合，売主は契約という法律上の原因なしに代金を所持していることになり，買主は支払った代金分の損失を被っていることになります。一方，買主も原因なしにカメラを所持していることとなり，売主の方も引き渡したカメラの分の損失を被っていることになります。

この損失を取り戻す根拠を不当利得といい，売主と買主はそれぞれの返還をそれぞれに請求できるわけです。

○×ドリル Ａ所有の不動産の登記がＢ所有名義となっているため，固定資産税がＢに課税され，Ｂが自己に納税義務がないことを知らずに税金を納付した場合，Ｂは，Ａに対し不当利得としてその金額を請求することはできない。

語句の意味をチェックする

利得…得た利益　**損失者**…損失を受けた者　**受益者**…利益を受ける者

関係する条文 第 703 条〔善意の受益者の返還義務〕，第 704 条〔悪意の受益者の返還義務〕

学習のポイントは?

相続では，民法には珍しく計算も含まれます。まずはしっかり計算できるよう基本を押さえたうえで相続の承認等の方法，遺留分について重点的に学習しましょう。

ここで学ぶのはどんなこと?

古い家族制度の元では，家長が死亡したときに残された家族がその財産で生活していました。これが相続の制度を生んだのです。共に生活してきた家族が受け継ぐことを前提にして学習に入りましょう。

15 相続

15-1 相続とは

暗記ナビ

相続は，被相続人が死亡したときから始まる

解説ナビ 被相続人（ひそうぞくにん）が死亡することにより，財産上の権利義務が特定の者（相続人（そうぞくにん））に包括（ほうかつ）的に承継されます。

基本ナビ 財産には動産，不動産の所有権，地上権等の物権，借地権，借家権等の債権，そして借金等の債務があります。財産を持っている者が死亡するとそれを必要とする者に引き継がれます。このように死亡者の財産を引き継ぐことを相続といいます。そして，死亡者を被相続人，財産を引き継ぐ者を相続人といいます。

相続は被相続人の死亡によってはじめて可能になるため「どうせ俺が相続するんだから」と生前に家の名義変更をした場合（[13-4] 参照）等は相続ではありません。

また，すべての権利を引き継ぐといっても，被相続人自身の信頼や能力によって得た委任契約や資格等と，債務者（被相続人）自身が行為を行うのでなければ目的を達成できない債務については相続できません。

〇×ドリル 相続は，死亡によって開始する。

語句の意味をチェックする

包括的…一括して，ひっくるめて

関係する条文 第 882 条〔相続開始原因〕，第 896 条〔相続の一般的効力〕

出題頻度 ★★☆☆☆

15-2 相続できる順序

暗記ナビ

相続人は
1 常に相続……配偶者
2 第1順位……被相続人の子供，孫
3 第2順位……被相続人の父母，祖父母
4 第3順位……被相続人の兄弟姉妹，姪甥

解説ナビ 相続人の範囲と相続の順位を図示します。

このように，被相続人に最も近い，常に相続人となる配偶者には順位がなく，配偶者と子供，配偶者と父母という形で相続されます。このように，被相続人に近い者から順に相続できるのです。

図中に，代襲(だいしゅう)相続という言葉が出てきますが，これは，相続人が死亡している場合に，その子供（被相続人の孫等にあたる）が親の代わりに相続することをいいます。

したがって，代襲相続は，本来の相続人の順位と同様のそれぞれ第1順位，第3順位となります。

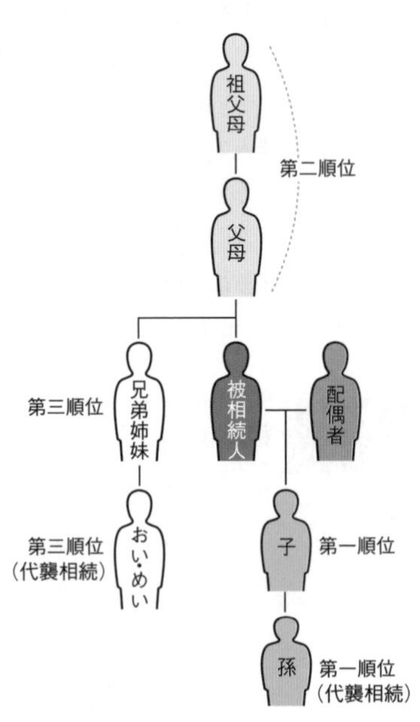

基本ナビ では，実際にどのように相続されるのかをみてみましょう。

「Xが，妻A，Aとの子供B，C，Xの父D，弟Eを残して死亡した場合は?」

「相続人は，常に相続人となる配偶者Aと，その子供B，Cの3人ということになります」

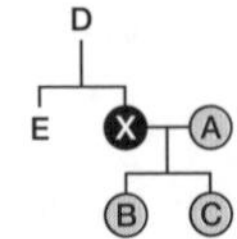

しかし，もし仮にBが，自己の子b（被相続人の孫）を残して，被相続よりも先に死亡した場合には，孫であるbが代襲相続します。

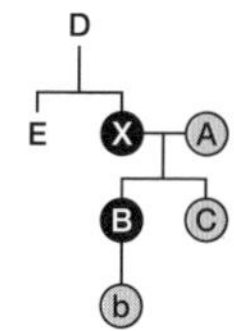

また，B，Cに子供がなく，被相続人より先に死亡していた場合には，配偶者Aと，父Dが相続人となります。この場合で，Dが死亡しているときには，Xの祖父母つまりDの父母が相続人となります。

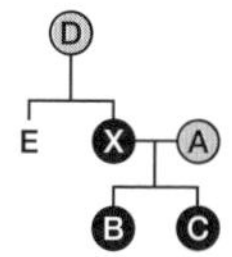

さらに，父Dも祖父母も被相続人より先に死亡している場合には，配偶者Aと，弟Eが相続人となります。さらに，弟Eが自己の子e（被相続人の姪，甥）を残して，被相続人よりも先に死亡した場合には，姪もしくは甥であるeが代襲相続します。

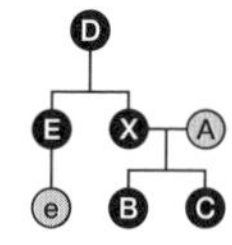

このように，A，B，Cとたくさん出てきたら，図示して考えると整理できます。

ひっかけ注意!!

内縁の夫婦は相続人になりえるのか？

答はノー。婚姻によってはじめて配偶者と認められるため，内縁の夫婦は互いに配偶者とはいえず，相続人になれません。また，内縁の夫婦の間に子供がいたとしても，認知されていない場合には，やはり相続人にはなれません（実際には内縁であっても，あるいは認知されていなくても相続人になる方法はありますが，あくまでも例外で宅建では学習しません）

○×ドリル 被相続人の甥は，常に相続人となることはない。

語句の意味をチェックする

代襲相続…相続人になるであろう者が，相続開始以前に死亡したとき，相続欠格者（[15-3] 参照），廃除（[15-3] 参照）により相続する権利を失ったとき，その者の子が代わって相続すること
代襲相続人…本来の相続人に代わって相続する者のこと
配偶者…夫婦の一方からみた他方のこと（夫からみた妻，妻からみた夫）

関係する条文 第887条〔子，代襲相続〕，第889条〔直系尊属，兄弟姉妹〕，第890条〔配偶者〕

15-3 相続人になれないとき

暗記ナビ

相続人が相続を放棄したときは，代襲相続は発生しない

解説ナビ 相続するか否かは，相続人になるであろう者の自由です。したがって，相続を拒否，つまり相続を放棄することも可能です。そして，相続を放棄したときには，初めから相続人ではなかったことになり，代襲相続が発生することはありません。

基本ナビ 相続の放棄以外で，本来ならば相続人であるはずの者が，相続人になれない場合があります。

1 被相続人，または相続人となる者を，故意に殺した，殺そうとした，遺言書を偽造，破棄した等の行為で，相続欠格者になった

2 遺言等によって相続人から廃除（はいじょ）された

しかし，12は自ら望んだのではなく，本来の相続人の素行の悪さが原因であるため，相続を放棄した場合とは異なり，その子供が代襲相続することは認められています。

○×ドリル

Aが，5,000万円相当の土地と5,500万円の負債を残して死亡した。Aには，弟B，母C，配偶者D及びDとの間の子ＥＦＧ並びにＥの子Ｈがいる。この場合，ＥＦ及びＧが相続放棄をしたときは，Ｂ及びＣが，Ｄとともに相続人となる。

語句の意味をチェックする

遺言書…［15-9］参照

相続欠格者…本来ならば相続人となるであろう者が，不正行為により相続の権利を失った者

廃除…本来ならば相続人となるであろう者が，著しい非行により，その地位から除外すること

関係する条文 第939条〔放棄の効力〕

15-4 法定相続分とは

暗記ナビ

配偶者がいる場合の法定相続分は
1 第1順位……配偶者：子供＝1/2：1/2
2 第2順位……配偶者：父母＝2/3：1/3
3 第3順位……配偶者：兄弟姉妹＝3/4：1/4

解説ナビ 下表は法律で定められている相続の割合を示しており，遺言がない場合はこれらの割合で相続することになります。

順位		
第１順位	子 1／2	配偶者 1／2
第２順位	親 1／3	配偶者 2／3
第３順位	兄弟姉妹 1／4	配偶者 3／4

この場合の子とは，嫡出子(ちゃくしゅつし)（胎児を含む）または養子に限られ，非嫡出子の相続の割合は嫡出子と同等となります。また，配偶者がいない場合には，相続順位に従って相続人となった者が100％相続することになります。

基本ナビ 相続で一番問題になるのが誰がどれだけ相続するかです。被相続人の遺言によって相続の内容が決められていれば，その意思を尊重してそのまま実行されますが，遺言がない場合はトラブルの原因にもなりかねません。

そこで，生計を共にしていた家族の生活を守るために，相続の割合が法律（民法）で決められています。これを法定相続分といいます。

「遺産総額6,000万円を有するXは，妻A，Aとの子供B，C，Xの父母ＤＥ，弟Ｆ，Ｇ，そして，妻でない女との間にH（認知されている子）を残して死亡した。この場合は？」

「相続人は，配偶者Aと，その子供B，Cと，非嫡出子Hの４人です」

したがって，相続の割合はA：B＋C＋H＝1/2:1/2となり，Aの相続額は3,000万円です。さらに，B，C，Hの相続額は同等になるので，それぞれの相続額はBが1,000万円，Cが1,000万円，Hが1,000万円です。

しかし，仮にB，C，Hが，自己の子を持たず，被相続人より先に死亡していた場合には，配偶者Aと，父母ＤＥが相続人となります。この場合，相続の割合はA：D＋E＝2/3：1/3，それぞれの相続額はAが4,000万円，Dが1,000万円，Eが1,000万円となります。

さらに，父母ＤＥも祖父母も被相続人より先に死亡している場合には，配偶者Aと，弟F，Gが相続人となります。この場合，相続の割合はA：F＋G＝3/4：1/4，それぞれの相続額は，Aが4,500万円，Fが750万円，Gが750万円です。

以上が，相続人が複数いる場合の計算の原則ですが，相続人の中に，婚姻や養子縁組のため，あるいは生計の資本として，被相続人から生前に贈与を受けた者等，特別の利益を受けた特別受益者がいる場合には，遺産配分にあたって，その事実を考慮しなければ不公平となります。

そこで相続人に特別受益者が含まれる場合には，被相続人が相続開始時に有していた財産の額に，その贈与等の価額を加えたものを遺産とみなし，それを相続分に従って分割します。

特別受益者は，その額から贈与等の額を差し引いたものを，実際に承継する相続分とします。

「被相続人から生前 1,000 万円の贈与を受けた娘Ａが，さらに被相続人の死亡により遺産 4,000 万円を，その配偶者Ｂと相続した場合は？」

「被相続人の遺産に贈与分の 1,000 万円を加えた 5,000 万円を遺産とみなし，計算します」

相続の割合はＡ：Ｂ＝ 1/2：1/2 となり，それぞれの相続額は 2,500 万円となりますが，Ａは贈与額を加えて 2,500 万円となるように相続するため，Ａの実際の相続額は 1,500 万円となります。

○×ドリル 居住用建物を所有するＡが死亡した。Ａに，配偶者Ｂ，Ｂとの婚姻前に縁組した養子Ｃ，Ｂとの間の実子Ｄ（Ａの死亡より前に死亡），Ｄの実子Ｅ及びＦがいる場合，ＢとＣとＥとＦが相続人となり，ＥとＦの法定相続分はいずれも１/８となる。

語句の意味をチェックする

相続分…各相続人が，相続財産について相続することのできる割合・相続で財産額のこと
法定相続分…法律で決められた相続分
遺言…被相続人の死後の財産処分を定めた遺書（相続権のない者に相続させたい等の場合に使われることが多い）で，遺言による相続を遺贈という
嫡出子…法律上の婚姻関係にある夫婦から生まれた子で，実子ともいう
非嫡出子…婚姻関係にない男女間において生まれた子で，認知されている子
認知…嫡出子でない子について，親子関係を発生させる制度
特別受益者…特別の利益を受けた者

関係する条文 第 900 条〔法定相続分〕，第 903 条〔特別受益者の相続分〕

15-5 共同相続するとき

暗記ナビ

分割前の遺産は，共同相続人の共有に属する

解説ナビ 相続人が複数いる場合，遺産はそれらの相続分に応じて分割することになりますが，分割されるまでの遺産は，共同相続人の共有に属します。そのうえで遺言があればそれに従って遺産は分割されますが，遺言がなければ協議によって分割することとなり，その際には法定相続分を目安に行う方法が通常となります。

ただし，遺産のうち，金銭その他の可分債権は，いったん相続人全員の共有に属することなく，各相続人がその相続分に応じて当然にそれらの債権を承継します。

基本ナビ 複数の相続人で相続することを共同相続といい，相続すべき財産はこれら複数の相続人が分割することとなりますが，遺産のうち誰が何を承継するかについて，遺言があればそれに従い，遺言がなければ話合いによって決めます。

遺産の分割の効力は相続開始時から発生しますが，遺産はいったん相続人全員の共有に属します。なぜなら，遺言を探し出したり，何を承継するかについて話し合ったり等に時間が掛かるからです。

また，分割前は何を相続するかが決まっていないので，具体的な財産の処分はできませんが，ただ単に自分の相続財産に対する持分ならば処分できます。

さらに，〔解説ナビ〕の可分債権の取扱いは，回収できない危険性を含む債権ばかりを負う等，不平等な分割を未然に防ぐための措置です。

○×ドリル 相続開始の時において相続人が数人あるとき，遺産としての不動産は，相続人全員の共有に属する。

語句の意味をチェックする

遺産…相続財産

可分債権…分割して実現することができる給付を目的とする債権

関係する条文 第898条，第899条〔共同相続の効力〕

15-6 相続を承認, 放棄する時期

暗記ナビ

相続の承認，放棄は
相続人になったことを知ったときから３ヶ月以内にする

解説ナビ 相続人は，自己のために相続があったことを知った日から３ヶ月以内に，相続する（承認），相続しない（放棄）を決めなければなりません。

そのうえで，相続を放棄しようとする場合は，その旨を家庭裁判所に申述しなければなりません。この放棄は相続開始前，自分が相続人になるか否かもわからないうちからはできないうえ，一度放棄したら，たとえ３ヶ月以内であっても撤回できません。

基本ナビ 相続財産には不動産等の資産だけでなく，借金等の債務も含まれています。資産より債務の方が大きい場合，相続人は，自分の財産から弁済しなければならなくなります。この場合，相続人は，相続を放棄した方がいいと考えるのは当然です。

そこで，相続財産の内容を知り，相続の承認（相続する）か放棄（相続しない）かを考える必要があるのです。その期間が，相続人になったことを知った日から３ヶ月なのです。

○×ドリル Ａが，5,000 万円相当の土地と 5,500 万円の負債を残して死亡した。Ａには，弟Ｂ，母Ｃ，配偶者Ｄ及びＤとの間の子ＥＦＧ並びにＥの子Ｈがいる。この場合，ＥＦ及びＧが相続放棄をしたときは，Ｃは，相続開始のときから３ヶ月以内に単純若しくは限定の承認または放棄をしなければならない。

関係する条文 第 915 条〔承認，放棄の期間〕

15-7 相続を承認する方法

暗記ナビ

相続を承認する方法は
1 単純承認
2 限定承認

解説ナビ 相続の承認には，単純承認（たんじゅんしょうにん），限定承認（げんていしょうにん）の２つの方法がありますが，次の事実があれば，単純承認したものとして取り扱います。

1 相続人が相続開始を知ってから３ヶ月以内に，限定承認も放棄もしなかった場合

2 相続人が相続財産の一部または全部を処分した場合　等

これに対し，限定承認の場合は，家庭裁判所に申し出なくてはならず，相続人が複数いる場合は，必ず，相続人全員で行います。１人は単純承認，残りは限定承認というわけにはいきません。

また，一度限定承認をしたら，相続人全員の同意があっても，撤回できません。

基本ナビ 資産，債務にかかわりなく，被相続人の権利義務を無制限に受け継ぐことを単純承認といい，資産よりも債務の方が大きいときには，相続人自身の財産から返済することになります。

これに対して「相続した財産の範囲で債務を返済する」という条件でする相続を限定承認といいます。

被相続人の財産がプラスなのかマイナスなのかが３ヶ月以内にわからなかった場合には，相続人は，限定承認をしておけば，相続財産を全部処分しても返済できなかった債務については一切責任を負わなくて済むのです。

○×ドリル Aが，5,000万円相当の土地と5,500万円の負債を残して死亡した。Aには，弟B，母C，配偶者D及びDとの間の子ＥＦＧ並びにEの子Hがいる。この場合，限定承認をするときは，ＤＥＦ及びGが，共同してしなければならない。

関係する条文 第920条〔単純承認の効果〕，第921条〔法定単純承認〕，第922条〔限定承認の効果〕

15-8 遺留分を請求するとき

暗記ナビ

遺留分は
相続人が父母，祖父母のみ……1/ 3
それ以外の場合……………………1/ 2

解説ナビ 相続人が，遺産の贈与や遺贈(いぞう)から最低限確保できる割合，つまり遺留分(いりゅうぶん)は次の通りになります。

1 **相続人が父母，祖父母のみの場合は，被相続人の財産の 1/3**

2 **1以外の場合は，被相続人の財産の 1/2**

相続人はこれらの割合の財産を，さらに自らの法定相続分の割合で相続することになります。

遺留分を請求できる者は，第２順位までの相続人や代襲相続人であり，被相続人の兄弟姉妹あるいは甥や姪は主張できません。

また，相続同様に遺留分も放棄できますが，相続とは異なり，相続が発生する前でも，家庭裁判所の許可さえあれば放棄できます。遺留分を前もって放棄しても，他の相続人の遺留分が増えるわけではないためです。

基本ナビ 被相続人の財産が法定相続によって相続される場合は，割合が決まっているので問題はありません（[15-4］参照）。

しかし，遺贈といい，遺言によって財産が相続される場合には，被相続人が遺言によって財産を自由に処分できるとすると，法定相続人の相続分がゼロになってしまうこともありえます。そうなると被相続人と共にその財産で生活してきた者の生活保障という相続の目的が損なわれることになります。

そこで，被相続人の財産で生活してきた者の生活を保障するため，一定の相続人が受け取れる最低額を法律で定め，相続分がゼロという状況を生まないようにしました。この最低額が遺留分というわけです。一定の相続人とは配偶者，子，孫，両親，祖父母を指します。

また，贈与や遺贈した分が多すぎて相続人の遺留分に食い込んでしまったときに，そこから取り戻すことを遺留分侵害額の請求といいます。

具体的にみてみましょう。

「遺産総額 6,000 万円を有するＸが，妻Ａ，Ａとの子供Ｂ，Ｃ，Ｘの父母ＤＥを残して死亡した場合は?」

「相続人は，配偶者Ａと，その子供Ｂ，Ｃの３人ということになります」

したがって，遺留分の割合は相続財産の 1/2 である 3,000 万円。これをＡ：Ｂ＋Ｃ＝ 1/2：1/2 の割合で相続することになります。つまりそれぞれの遺留分の額はＡが 1,500 万円，Ｂが 750 万円，Ｃが 750 万円となります。

もし仮にＢが遺留分を放棄しても，他の相続人の遺留分が増えるわけではなく，遺留分の額に変わりはありません。Ａが 1,500 万円，Ｃが 750 万円となります。

さらに，Ｂ，Ｃが自己の子を持たずに被相続人より先に死亡していた場合には，配偶者Ａと，父母ＤＥが相続人となります。この場合，遺留分の割合は相続財産の 1/2 である 3,000 万円。これをＡ：Ｄ＋Ｅ＝ 2/3：1/3 の割合で相続することになります。つまりそれぞれの遺留分の額は，Ａが 2,000 万円，Ｄが 500 万円，Ｅが 500 万円となります。

もし仮にＤＥが遺留分を放棄したとしても，他の相続人の遺留分が増えるわけではなく，遺留分の額に変わりはありません。相続人は，配偶者Ａと，父母ＤＥに変わりありませんので，Ａの遺留分の額は 2,000 万円ということになります。

また，配偶者Ａが被相続人よりも先に死亡していた場合には，父母ＤＥが相続人となります。この場合，遺留分の割合は相続財産の 1/3 である 2,000 万円，それぞれの遺留分の額は，Ｄが 1,000 万円，Ｅが 1,000 万円となります。

〇×ドリル Ａが死亡し，相続人として，妻Ｂと嫡出子ＣＤＥがいる。この場合，Ｅの遺留分は，被相続人Ａの財産の 1/12 の額である。

語句の意味をチェックする

遺贈…遺言により遺言者の財産の全部または一部を無償で他に譲与すること

関係する条文　第 1028 条〔遺留分権利者とその遺留分〕

15-9 遺言とは

暗記ナビ

遺言は何度でも書き直せるうえ，最新のものが優先される。

解説ナビ 遺言（いごん）は，何度でも書き直すことができ，内容が相違する部分については最新のものが優先されるうえ，その際には方式の別は問われません。

基本ナビ ［解説ナビ］の遺言には次の３つの方式があります。

1 **自筆証書による遺言**

遺言をしようとする者が，日付，氏名を含め，その全文を自らの手で書いた遺言で，ワープロ等で作成したものは無効となります。民法改正により，高齢者にも利用しやすいよう，一部（相続財産の目録）について手書き以外の自筆証書遺言が認められるようになりました。（通帳のコピーや目録のパソコン作成など）

ただし，財産目録の各ページには署名押印が必要です。

2 **公正証書による遺言**

遺言者の口述に従って公証人（こうしょうにん）が作成した遺言で，公証人による記録が正確である証明として，２人以上の立会人が必要です。

3 **秘密証書による遺言**

遺言書（自筆，代筆ともに可）を作成し，これを封印し公証人に差し出す遺言で，遺言者が本人である証明として，２人以上の立会人が必要です。

2 3の立会人には公正等が求められるため，次の者はなれません。

- 未成年者
- 相続人となるはずの者，遺贈を受ける者，これらの配偶者，親，子，孫
- 公証人の配偶者
- 四親等内の親類

「私の死後，この絵はあの人に譲りたい」等，法定相続分とは別の割合で相続させたい，あるいは，家族以外に相続させたい場合に，これらの遺言によって財産を与えることができます。

つまり遺言は，遺言者（被相続人）の死亡によって，その者の最後の意思を実現させることを目的とする意思表示であり，相続では，遺言があればそれが優先されます。

意思表示であるがゆえに，未成年者であっても，ある程度の判断能力は備わっていると考えられる満 15 歳に達していれば遺言ができます。成年被後見人や被保佐人も，正常に判断ができるときであれば，単独で行えます。

ただし，複数の者ではできません。たとえ夫婦であっても，死亡する日や所有する財産がまったく同じということは通常ありえないため，同一の証書に連名で遺言できません。

語句の意味をチェックする

公証人…当事者その他の関係人の嘱託により，法律行為その他私権に関する事実について公正証書を作成し，株式会社等の定款に認証を与える等の権限を有する者

公正証書…公証人が公証人法等に基づき，権利義務に関する事実について作成した証書

関係する条文 第 961 条〔遺言能力〕，第 967 条〔普通方式の種類〕

15-10 遺言の効力が発生するとき

暗記ナビ

遺言の効力は，遺言者の死亡時に発生する

解説ナビ 遺言は，遺言した者が死亡してはじめてその効力が発生し，受遺者（じゅいしゃ）は目的物について権限を持つことになります。

遺言の効力が発生すると，自筆遺言証書，秘密遺言証書を保管している者は，家庭裁判所にそれを提出し，後日偽造されないよう検認（けんにん）を受けなければなりません。

ただし，公正証書については，公の場で作成するものですから検認を受ける必要はありません。

基本ナビ 遺言者が生きている間は，受遺者には何の権限もありません。

しかし，遺言者が，必ずしも受遺者よりも先に死亡するとは限らず，受け取る側が遺言者より先に死亡する場合もあります。

この場合，権限を取得する者がいなくなります。

なぜなら，遺言は遺言者と受遺者の信頼関係の表れであることから，受遺者の相続人に相続されるのではなく，遺言の効力そのものが発生しないことになるのです。

○×ドリル 遺言は，家庭裁判所の検認の手続を経なければ，効力を生じない。

語句の意味をチェックする

受遺者…遺言によって権利を受ける者，と指定された者
検認…遺言証書として正しく作成されているのかを見るのではなく，遺言の状態を確証し，後日偽造または変造を防止するための国その他の公の機関の検査のこと

関係する条文 第985条〔遺言の効力発生時期〕，第994条〔遺言の効力発生以前の受遺者の死亡〕

学習のポイントは?

民法の賃貸借からは独立した形になっている借地権ですが，借地借家法の基本は民法の賃貸借にあることを忘れないでください。

ここで学ぶのはどんなこと?

［17 章］の建物賃貸借契約とは異なり，司法の介入がある点［16-8］［16-9］に注意しましょう。

16 借地借家法〔借地権〕

最初に知っておこう

借地借家法は，民法の賃貸借のうち，宅地建物の賃貸借を対象に法律化したものです。

「借りる」という行為は，今でこそ珍しくありませんが，昔はここまで「借りる」契約があふれてはいませんでした。当時は民法の賃貸借で充分足りていたのです。

しかし，今では「借りる」契約はレンタルビデオといった数百円程度のものから，レンタカーといった数千円，マンション，宅地といった何十万，さらに高ければ何百万というものまで及んでいます。当然，これらすべての賃貸借契約を民法の賃貸借で管理することには無理が生じるようになってきました。

特に，生活の拠点となる宅地，建物については民法の賃貸借だけでは借主に大変不利なものとなり，不安定な生活を強いるものとなります。

また，民法の賃貸借は「契約は当事者が自由に締結できる」（[1章 - 最初に知っておこう] 参照）という民法の原則に基づいているため，経済的に優位な立場にある貸主が，自己に有利な条件で契約を締結するよう借主に強要し，借主の方もそれをのまざるをえない状況に陥る可能性も高いのです。

誰もが，マイホームを購入できればこのような問題は生じませんが，地価の高騰等により，宅地や建物を借りる人は希ではありません。

そこで，人間にとって重要な衣，食，住のうちの「住」を確実に供給できるよう，平成３年10月に借地借家法が制定されました。したがって，借地借家法の規定が適用される契約は平成３年10月以降に新規に締結されたものに限られます。

「住」の供給方法のひとつである建物の賃貸借では，借地借家法の建物賃貸借（[17章] 参照）が適用されることになります。この建物賃貸借はかなり民法の賃貸借と近い規定であり，さらには，民法の賃貸借で補わなければならないことも多々あります。

これに対し，もうひとつの「住」の供給方法である宅地の賃貸借には借地借家法の借地権（しゃくちけん）が適用されます。これは，土地は借りても自ら高額を払って建物を建てなければならないことから，民法の賃貸借とはかなり異なった規定になっています。

ここでは借地人の権利が優先されることを念頭に学習を進めていくようにしましょう。

語句の意味をチェックする

宅地…建物の敷地

16-1 借地権とは

暗記ナビ

借地権の存続期間は
当初………30 年以上
更新時……最初は 20 年以上，2回目以降は 10 年以上

解説ナビ 借地権は，当初の契約では，存続期間を 30 年以上と定めなければなりません。したがって，30 年より短い期間とした場合や，期間を定めなかった場合には，存続期間は 30 年となり，逆に，当事者が 30 年より長く定めたときにはその期間となります。

また，当初存続期間満了後，契約を更新する場合は，最低でも，第 1 回目の更新が 20 年，第 2 回目以降の更新が 10 年でなければなりません。契約でこれよりも長い期間を定めた場合には，当然，それが存続期間となります。

基本ナビ 通常，土地の占有は所有権，賃借権，地上権の 3 つのいずれかの権利に基づいて行われます。

このうち，建物の所有を目的として他人の土地を利用するため契約によって発生した賃借権，地上権を合わせて借地権といいます。

そして，借地権には「30 年先まで使わせてくれ」と存続期間を設定する場合と「気が済むまで使っていいよ」と存続期間を定めない場合がありますが，いずれも，他人の土地に自らの建物を建てる以上，それを十分に使いたいのは当然です。したがって，最も短い存続期間で 30 年となります。期間を定めなくても 30 年です。

この場合，土地を貸してくれる者を借地権設定者，土地を借りて建物を建てる者を借地権者といいます。

○×ドリル 令和 4 年 10 月 A が B のために新たに借地権を設定した場合，借地権の存続期間は，契約で 25 年と定めようと，35 年と定めようと，いずれの場合も 30 年となる。

語句の意味をチェックする

借地権設定者…地主
借地権者…借地人

関係する条文 第 3 条〔借地権の存続期間〕，第 4 条〔借地権の更新後の期間〕

16-2 借地権者が契約を更新したいとき

暗記ナビ

借地権者が契約を更新できる要件
1 土地を継続使用している
2 建物あり

解説ナビ 借地権の存続期間の満了時に，借地権者が契約の更新を請求したとき，あるいは，借地権の存続期間の満了後，借地権者が土地の使用を継続している場合には，建物がある場合に限って法定更新したものとみなされます。

これは，転借地権が設定されている場合においても同様です。

基本ナビ 大枚をはたいて建てた家がまだ十分使える状態なら，当初存続期間が満了してもそのまま住んでいたいと思うのは当然です。そこで，建物が残っている場合に限り，借地人はこの存続期間を更新できます。

契約の更新は，借地人が「更新して」と直接意思表示をする以外に，態度でも示せます。それが継続使用です。借地人あるいは転借地人が継続使用し，それについて地主が異議を述べなければ，存続期間以外は，前の契約と同一条件で自動的に更新されるのです。これを法定更新といいます。

「法定更新されると，借地権の存続期間は何年になるの？」

「法定更新の場合の存続期間は 1 回目の更新が 20 年，2 回目以降は 10 年となります」

○×ドリル Aは，Bの所有する土地を賃借し，その上に居住用建物を所有している。借地権の存続期間満了後，Aが土地使用を継続している場合において，Bが異議を述べなかったときは，建物がある場合に限り，前の契約と同一の条件で契約を更新したものとみなされる。

語句の意味をチェックする

法定更新…契約終了の際に，当事者の意思かかわりなく，一定の事情があれば，前の契約と同一条件で新契約が締結されたものとすること
転借地権…借地権（賃借権）をさらに別の者に貸したこと
転借地人…借地人から借地権をさらに借りた者

関係する条文 第 5 条〔借地契約の更新請求等〕

16-3 借地権設定者が契約更新を拒絶したいとき

暗記ナビ

借地権設定者が更新を拒絶できる要件
1 正当な事由あり
2 遅滞なく異議を述べた

解説ナビ 借地権者が更新を申し出た，あるいは，存続期間満了後も土地を継続使用している場合でも，借地権設定者が次の事項を考慮した「正当な事由」をもって遅滞なく異議を述べたときは，更新されません。

① 土地利用を必要とする事情
② 借地に関する従前の経過（土地を貸すことになった事情）
③ 土地の利用状況（借地権者が土地をどのように利用しているか）
④ 借地権設定者の財産上の給付（きゅうふ）（立ち退き料）の申し出

基本ナビ 借地人からは借地契約の解除を申し込めても，地主からは原則としてできません。

というのも，貸している土地は元々貸すために地主が所有しているとみなされるからです。ただし，地主が，自分で使いたいと思う場合等で，正当な事由があり，かつ借地人に対して遅滞なく異議を述べれば，借地権が消滅することになります。

ここで，上の①～④は，正当な事由ではないことに気を付けましょう。これらは，地主が一方的に更新を拒絶しないよう，また，借地人が不法に居座ることがないよう，双方の言い分を考慮するための，あくまで判断材料なのです。

そこで，少なくとも借地人に不利となるような判断材料を少なくする等の特約は，たとえ契約に盛り込んでも無効となります。

○×ドリル AがBのために新たに借地権を設定した場合において，「期間満了の際，AがBに対し相当の一定額の交付を行えば，Aは更新を拒絶できる」と特約しても，その特約は無効である。

関係する条文　第6条〔借地契約の更新拒絶の要件〕

16-4 借地権者が当初存続期間中に建物を再築したとき

暗記ナビ

当初存続期間中に建物を再築した場合は
借地権設定者の承諾なし……契約期間満了後に契約は終了する
借地権設定者の承諾あり……存続期間が延長される

解説ナビ 当初の契約期間中に建物が滅失した場合でも，借地権は存続期間満了まで存続するため，借地権者は建物を再築できることになります。

当初の契約期間中に建物を再築する場合，借地権設定者の承諾は必ずしも必要ありませんが，承諾の有無によって再築後の存続期間が違ってきます。

借地権設定者の承諾がなかった場合には，当初の契約期間が満了すれば契約は終了します。

これに対し，再築について借地権設定者の承諾があった場合には，借地権は，次のうち，最も長い期間で存続期間が延長されます。

1. **承諾があった日，または建物が築造された日のいずれか早い方の日から 20 年間**
2. **当初の契約の残存期間**
3. **当事者が定めた期間**

また，借地権設定者の承諾がなくても，借地権者が借地権設定者に対し「建物を新たに築造した」旨を通知したときには，借地権設定者が，その通知を受けた後２ヶ月以内に異議を述べなければ，その建物の築造について，借地権設定者の承諾があったものとみなされるのです。

逆に考えれば，この通知により，再築したことを借地権設定者に知らせ，再築に対する異議申立ての機会を与えていることにもなります。ただし，借地権設定者の異議には，当然，正当な事由が必要となります。

この再築の手続きは，借地権が転貸されていても，借地権者が再築したものとして同様に行われなくてはなりません。

基本ナビ 借地権の存続期間中，借地人の建物が滅失しないという保証はありません。火事，地震等によって建物が崩壊したり，新しく建て直すために建物を取り壊すこともあります。

このように，借地権を設定する理由となる建物がなくなった場合，借地権も消滅するように思えますが，借地権自体は当初存続期間が満了するまでは存在します。

逆にいえば，借地人は当初存続期間が満了するまでは地代等を支払って借り続けなければなりませんが，地代を支払う以上は，建物が滅失すれば再築したいと思うのも当然です。さらに，残った存続期間だけでなく，建物を建て直した以上新しい建物に合わせたできるだけ長い存続期間を望むのも自然な欲求といえます。

しかし，建物を再築したというだけでは存続期間は延長されません。存続期間を延長してもらうには，それなりの手続きが必要です。その手続きが地主の承諾，もしくは地主への通知です。この手続きをしない借地人は，存続期間の延長を望んでいないと判断され，当初定めた存続期間が満了すると借地権が消滅することになります（更新するかどうかは別の問題です）

また，地主が，承諾を求められたり，再築の通知を受けたときに「存続期間が満了したら自分で使おう」等と思っていた場合には，遅滞なく，異議を述べることで，存続期間の延長を阻止することができます。

○×ドリル Aは，木造の建物の所有を目的として，Bが所有する土地を期間 30 年の約定で賃借している。この場合，建物が滅失したとしても，借地権は残存期間中消滅しない。

語句の意味をチェックする

築造…建築すること
残存期間…契約期間満了までの残された期間

関係する条文 第 7 条〔建物の再築による借地権の期間の延長〕

16-5 借地権者が契約更新後に建物を再築したとき

暗記ナビ

借地契約更新後に建物を再築した場合は
借地権設定者の承諾なし……借地権設定者は契約を解除できる
借地権設定者の承諾あり……存続期間が延長される

解説ナビ 更新後に建物が滅失した場合に，借地権者が選択する行為は次の２通りです。

1 借地契約の解約

2 建物の再築

借地権者が1を選んだ場合には，解約の申入れの日から３ヶ月経つと借地権が消滅し，2を選んだ場合には，借地権設定者の承諾が必ず必要となり，この承諾によって，存続期間が延長されることになります。

残存期間は，当初契約期間中に建物が滅失したとき（[16-4] 参照）同様「承諾，または再築された日のいずれか早い日から20年間」「更新による存続期間の残存期間」「当事者で定めた期間」のうち，最も長い期間となります。

しかし，借地権者が借地権設定者の承諾を得ずに建物を再築してしまった場合には，借地権設定者は正当な事由なく借地契約を解除でき，この申入れの日から３ヶ月経つと借地権が消滅します。

この更新後の建物滅失による再築の手続きは，借地権が転貸されていても借地権者が再築した場合と同様に行われなければなりません。

基本ナビ 借地権を更新すると，借地人は少なくとも30年は土地を使用していたことになります。そのため，更新後に建物が滅失してしまい，「これを機会に別のところへ引っ越そう」と思っても，建物がなくても借地権は期間満了まで消滅しません。

そこで，期間満了まで待たなくてもいいように，更新後に建物が滅失すると，借地人に契約の解除権が生じます。この解除権を行使することによって，解約の申入れの日から３ヶ月で借地権が消滅することになります。

これとは逆に「住み慣れた場所にいたい」と思い再築する者もいるでしょう。先に学習したように，当初契約期間中に建物が滅失したときには，地主の承諾の有無に関係なく，とりあえず建物を再築することができました（[16-4] 参照）。しかし，更新後に建物が滅失したときには，地主の承諾が例外なく必要です。

「地主の承諾を得ずに，勝手に建物を再築した場合にはどうなりますか？」

「地主に契約の解除権が発生します」

これは，本当なら承諾を得なければならないのに，それを怠った，つまり借地人が債務不履行を起こした結果，発生する解除権と考えられ，地主は，借地契約解除のための正当な事由を必要としません。

「しかし，更新後に建物が滅失した借地人は，地主の承諾が得られなければ，どうしても建物を再築することができないのですか？」

「方法はあります」

建物の再築にやむを得ない事由があるにもかかわらず，地主が承諾しない場合には，借地人の申立てにより，裁判所が地主の承諾に代わる許可を与えることができるのです。

○×ドリル 建物の所有を目的とする土地の賃貸借において，当該建物が借地人の失火により滅失したときは，賃貸人は，解約の申入れをすることができる。

関係する条文 第８条〔借地契約の更新後の建物の滅失による解約等〕

16-6 地代等の交渉

暗記ナビ

地代等の増減請求を受けた者が，裁判確定までの地代等を決められる

解説ナビ 借地権が地上権であれば地代，賃借権であれば土地の借賃については，借地権者の使用・収益開始後に，以下の事由により不相当になったとき，当事者は増額あるいは減額を請求できます。

1 **土地に対する租税その他の公課(こうか)が増減した**

2 **土地の価格の上昇もしくは低下，その他経済事情が変動した**

3 **近傍類似(きんぼうるいじ)の土地の地代等との比較**

ただし，増額請求について当事者間で協議が調わない場合には，その裁判が確定するまでは，請求を受けた者が自ら相当と認める額の地代等を支払えばよく，裁判が確定したときに，すでに支払った額に不足があれば，その不足額に年１割の利息を付して支払うことになります。

減額請求についても同様に，裁判が確定するまでは，請求を受けた者が相当と認める額の地代等の支払いを請求でき，裁判が確定したときにすでに支払いを受けた額が正当とされた地代等の額を超えるときは，その超過額に受領の時からの年１割の利息を付して返還することになります。

また，前金でもらう，あるいは一定の期間増額しない旨の特約がある場合は，当事者は，その期間内については地代等を増額できません。

基本ナビ 借地権の地代等については，原則として契約当初に定めた額は，期間終了まで変わりません。しかし，地代等で生計を立てている地主にとって，物価が年々上昇しているのに，地代等が 30 年以上同額であると，生計を立てることができなくなる恐れがあります。

逆に，周辺の地代等を含め物価等が年々低下しているのに，地代等が 30 年以上同額であると，借地人がいなくなってしまったり，借地人が地代に対して不満を抱く場合もあります。

そこで，増額しない旨の特約がない場合には，この地代等の増額あるいは減額を申し入れることができ，この申入れについて，当事者の話し合いで解決できなかった場合は，裁判所で決着することになります。判決が出るまでは，時間がかかりますので，その間の措置として，増額あるいは減額を請求された方が賃料を決めることになります。

たとえば，借地人が地主から増額の請求を受けたときには，借地人が相当と思う賃料を支払えばよく，逆に，地主が借地人から減額の請求を受けたときには，地主が相当と認める額を賃料として借地人に請求できます。この場合，借地人は，地主が決める賃料を支払わなければ債務不履行の責任に問われてしまいます。

一定の期間地代等を据え置く旨の特約がある場合，地代等の減額を請求できない？

答えはノー。特約は借地人に不利となってはいけません。一定期間据え置く＝一定期間増額しないということでもあり，この点については，経済事情等の変動があっても，地代等の値上げがなされないということであり，借地人に有利です。しかしこれは増額しないという点のみが有効なのです。一定期間据え置く，あるいは減額をしない旨の特約は，経済事情等の変動で地代等が相場よりも高くなった場合，明らかに借地人に不利な特約となります。このような場合には，たとえ特約があったとしても，借地人保護により減額請求権の発生を阻止することはできません。

○×ドリル Aは，Bの所有する土地を賃借し，その上に木造の居住用建物を所有している。ＡＢ間で借賃の増額について協議が調わない場合，Aは，増額を正当とする裁判が確定するまでは，相当と認める借賃を支払えばよい。

語句の意味をチェックする

土地に対する租税…固定資産税，都市計画税，地価税，特別土地保有税，不動産取得にかかわる所得税，住民税，事業所税，消費税等
公課…公の目的のために課せられる租税以外の金銭負担で，町会費，分担金，手数料，公共組合の組合費等
近傍類似の土地…その土地の近くにあり，規模，使用目的が同じ土地
その他の経済事情…物価の変動等

関係する条文 第616条〔使用貸借の規定の準用〕

16-7 契約終了後の建物

暗記ナビ

借地権者は，借地契約満了時に建物を買い取るよう請求できる

解説ナビ 契約当初「買い取らない」旨の特約を結んでいても，借地契約満了時，借地権者は，借地権設定者に対して，建物を買い取るよう請求でき，その場合の建物の引渡しと，代金の支払いは同時履行の関係となります。

しかし，当初の契約期間中に，借地権設定者の承諾を得ずに，借地権者が建物を再築していたことにより買取価格が高額になってしまったときには，借地権設定者は，裁判所に対して，代金の全部または一部の支払いについて，相当の期限を許与してもらえるよう申し立てられます。

基本ナビ 借地契約の期間が満了し，契約を更新しない場合には，原則として，借地人は土地を更地にして地主に返却しなければなりませんが（［12-3］参照），十分使用に耐える建物を壊してしまうのも得策ではありません。そこで，借地人は借地契約の期間満了時に，地主に建物を買い取るよう請求できます。

とはいえ，地主からしてみると借地人が建てた建物を気に入って買い取るならばともかく，なるべく安く買い取りたいはずです。「何年使えば○○円になる」と胸算用もあるところへ「期間中に建物を再築したので高く買い取って」と請求されては，予想外の高額な出費になる事態も考えられます。

そうなると，すぐにお金を用意できなくなるおそれも生じるため，地主は裁判所に対して「支払いを少し待って欲しい」という許可を請求できるのです。

ここで借地人が買取請求できるのは，法律にのっとって建てられた建物に限られるということに注意してください。

当初の契約期間中に建物を再築するときには，地主の承諾は無関係でした（［16-4］参照）が，更新後に再築した場合には，地主の承諾が必ず必要となります（［16-5］参照）。つまり，更新後に地主の承諾を受けずに再築した建物は違法ということになり，借地人は建物の買取りを請求できないのです。

○×ドリル Ｂの所有地を賃借して木造家屋を所有しているＡは，借地権が消滅した場合において，家屋があるときは，自らが債務不履行のときでも，Ｂに対し家屋の買取りを請求することができる。

語句の意味をチェックする

相当の期限を許与する…期限の猶予を与える許可をする

関係する条文 第13条〔建物買取請求権〕

16-8 借地権者が第三者に建物を譲渡するとき

暗記ナビ

賃借権を譲渡，転貸するときに借地権設定者の承諾が得られない場合は
借地権者……裁判所へ申立てできる
第三者………借地権設定者に建物の買取りを請求できる

解説ナビ 借地権が賃借権に基づいて設定されている借地権の譲渡もしくは転貸について，借地権設定者が，自らの不利となる恐れがないにもかかわらず，借地権の譲渡，転貸を承諾しない場合には，裁判所へ申し立てることによって借地権設定者の承諾に代わる許可を受ける方法と，建物の買取請求によって解決する方法があります。

前者の申立ては借地権者，後者の建物買取請求は建物を取得した第三者の権利となります。

基本ナビ 借地権によって建てた建物とはいえ，建物の所有権は借地人にあり，建物の処分も自由にできます。しかし，この行為は，借地に対する権利も第三者に譲渡したり貸したりすることに他なりません。

借地権が地上権に基づいて設定されている場合には，地上権が物権であることから，地主の承諾がなくても，自由に譲渡，賃貸できますが，賃借権に基づいて設定されている場合には，民法の賃貸借契約（[12-4] 参照）でも学習したように，貸主，つまり地主の承諾が必要となります。

第三者が建物を譲り受けた場合，建物の使用方法は，借地人（この場合，譲渡人あるいは転貸人）とさほど相違ないことが予想されるうえ，土地の使用者が第三者に代わったからといっても，土地が損なわれるとは考え難いでしょう。

そこで，借地権設定者が不利になるおそれがないのに，借地権の譲渡あるいは転貸を承諾しない場合には，裁判所に解決してもらったり，建物の買取りを請求できるのです。この場合「借地人が申立て」「第三者が買取」と覚えればいいでしょう。なお，買取請求の際の建物の価格は，時価となります。

○×ドリル Aが，Bの所有地を賃借して木造の家屋を所有し，これに居住している場合，Aが家屋をDに譲渡してもBに不利となるおそれがないときには，DはAから家屋を譲り受ける契約をした後，裁判所に対して，土地の賃借権の譲渡についてのBの承諾に代わる許可を申し立てることができる。

語句の意味をチェックする

時価…その時点において，一般にその物が取り引きされている実際の価格と与えられる価格

関係する条文 民法第612条〔賃借権の譲渡及び転貸の制限〕，第19条〔土地の賃借権の譲渡または転貸の許可〕

16-9 第三者が建物を競売で取得したとき

暗記ナビ

賃借権の付いた土地上の建物を競落した第三者は
借地権設定者の承諾が得られない場合に裁判所へ申立てできる

解説ナビ 第三者が建物を取得する事由には，売買等の他に抵当権の実行による競売があります。この場合，建物を競落した第三者は，建物の存する土地に賃借権に基づく借地権が設定されている場合には，併せて借地権も取得しなければ不法占拠者になってしまうため，借地権設定者の承諾を得なければなりません。

借地権設定者の承諾が得られないときには，建物の代金を支払った後２ヶ月以内に，第三者は裁判所に対して借地権設定者の承諾にかわる許可を申し立てられます。

基本ナビ ［16-8］のように，第三者の借地上の建物の取得事由が譲渡で，かつ，借地権設定者の承諾がないときには，借地権は借地権者，建物は第三者が所有していることになります。

しかし，競売の場合には，裁判所は競落者に渡すために，強制的に借地権も建物もいったん取りあげてしまうために，借地権者は無権利者となり［16-8］の裁判所への申立てができなくなります。そのため，その裁判所の申立てについても，例外的に第三者が行えることになります。

○×ドリル ＡがＢの土地を賃借して建てた建物の所有権が，Ｃに移転した。Ｂは，Ｃが使用しても何ら支障がないにかかわらず，賃借権の譲渡を承諾しない。この場合，Ｃの建物の取得が競買によるものであるときは，Ｃは，競買代金支払後2月以内に限り，裁判所に対して，Ｂの承諾に代わる許可の申立てをすることができる。

関係する条文 民法第612条〔賃借権の譲渡及び転貸の制限〕，
第20条〔建物競売等の場合における土地の賃借権の譲渡の許可〕

16-10 借地権設定者が第三者に土地を譲渡するとき

暗記ナビ

借地権の第三者対抗要件は
1 土地の借地権についての登記
2 建物の所有権についての借地権者名義の登記

解説ナビ 借地契約が締結された場合には，地上権，賃借権ともに第三者に対抗するには登記が必要ですが，登記しなくても，借地権者の名義で建物を保存登記すれば，第三者に借地権を主張できます。

また，存続期間中に，借地権者名義の登記を行った建物が滅失しても，借地権者に建物を新築する意思がある場合は，次の事項を記載したものを借地上に掲示すれば，借地権の登記がなくても，建物の滅失の日から２年間は，第三者に対抗できます。

① 建物を特定するための事項（登記簿に記載されていた家屋番号等）
② 滅失があった日
③ 新たに築造する旨

基本ナビ 借地人が，借地契約の事実を第三者に主張するには登記が必要ですが，抵当権（[7-7] 参照）でも触れたように，地主は借地権の登記をいやがります。しかし，主張の手だてがなければ，土地の譲渡によって代わった新地主の退去宣告に従わなければならないため，借地権の登記がなくても，主張できる方法ができました。それが［暗記ナビ］の2なのです。

ひっかけ注意!!

建物の登記名義が借地人ではなく，その同居人の場合，第三者に借地権を主張できる?

答はノー。借地権は，借地人の権利であり，借地人でない，たとえば，借地人の父の名義で建物を建てた場合は，第三者に借地権を主張できません。

○×ドリル 借地権の登記がなければ，その所有権を取得した第三者に対しては，対抗できない。

語句の意味をチェックする

保存登記…未登記の所有権をはじめてする登記。[19-8] 参照
家屋番号…登記官が定める，地番地区ごとの，建物の敷地の地番と同一の番号
滅失…地震，火災や朽廃，自発的に取り壊したり等して建物が消滅してしまうこと

関係する条文 民法第 177 条〔不動産物権の対抗要件〕，民法第 605 条〔不動産賃貸借の対抗要件〕，第 10 条〔借地権の対抗力等〕

16-11 一般定期借地権とは

暗記ナビ

一般定期借地権の要件とは
1 存続期間が50年以上である
2「契約を更新しない」特約あり
3「建物築造時も存続期間を延長しない」特約あり
4「賃借人は建物買取請求権なし」特約あり
5 2〜4の特約を公正証書による等書面でする

解説ナビ 存続期間が50年以上の借地契約の場合には，借地権設定者は，契約満了時に借地権者の建物が存在していたとしても，契約の更新，建物築造による存続期間の延長，及び借地権者の建物買取請求権を，自らに正当な事由がなくても「認めない」とする特約を定めることができます。

ただし，これらの特約は，公正証書等の書面によらなければなりません。

このような借地権を一般定期借地権といいます。

基本ナビ 通常の借地契約は，地主に不利な点が多いといえます。

建物が存在し，かつ，正当な事由がない以上，地主は，半永久的に土地を使用できません。また，正当な事由があって，かつ，新しい建物を建てたいと思っても，期間満了時に借地人の建物が存在すれば，それを買い取らなければなりません。

そこで，借地人が十分に土地を利用でき，かつ，地主の利益も守るために，定期借地権が存在します。定期借地権は，存続期間を50年以上とする一般定期借地権と，事業用定期借地権，建物譲渡付（じょうとつき）借地権の3つの総称ですが，このうち，本試験では，一般定期借地権を「借地借家法第22条の規定による定期借地権」といっています。

一般定期借地権の特徴は，正当な事由がなくても契約は終了し，また，建物を買い取る必要もない点です。存続期間の満了時には，原則として，借地人は建物を取り壊したうえで明け渡さなければなりません。

ただし，50年以上という長い期間ゆえ，これらを必ず書面に残す必要があります。

○×ドリル 借地借家法第22条の借地権を設定する場合，存続期間を50年以上としなければならない。

語句の意味をチェックする

公正証書…公証人が公証人法等に基づき，権利義務に関する事実について作成した証書

関係する条文 第22条〔定期借地権〕

16-12 事業用定期借地権とは

暗記ナビ

事業用定期借地権の存続期間は
1 30年以上50年未満
2 10年以上30年未満

解説ナビ 借地権者が事業用の建物を建てる目的で設定する事業用定期借地権は，次のいずれかの存続期間に分けられます。

1 30年以上50年未満

正当な事由がなくても更新（[16-3] 参照），建物築造による存続期間の延長（[16-4] 参照），借地権者の建物買取請求権（[16-7] 参照）を認めない特約ができます。

2 10年以上30年未満

更新，建物築造による存続期間の延長，建物買取請求権の各規定は適用されません。

基本ナビ 一般定期借地権の存続期間は50年以上ですが，量販店，レストラン等の事業用建物は頻繁に移転するうえ，建物自体にも清潔さや目新しさが要求されるため，50年以上は長すぎます。

そこで，事業用建物に限っては10年以上50年未満でも定期借地権を設定できるよう規定されており，これを事業用定期借地権といいます。事業用定期借地権は公正証書で契約します。

また，事業用定期借地権で建てられる建物はあくまでも事業用であり，賃貸マンションや社宅等，居住を目的とする事業には設定できません。本試験では居住用がひっかけとして出題されるので注意が必要です。

存続期間については，［解説ナビ］のようにその長さで12の２つに分かれています。存続期間が比較的長い1では更新なし，存続期間延長なし，建物買取請求なしの特約がされたうえでの契約となりますが，存続期間が短い2では特約をするまでもなく更新，存続期間延長，建物買取請求がすべてできません。

12いずれの場合も，存続期間満了時に借地権は消滅し，借地権者は土地を更地にして借地権設定者に返却しなければなりません。

また，事業用であっても一般定期借地権（[16-11] 参照）によれば50年以上の存続期間で契約できます。事業内容に合わせた期間を様々に設定できる仕組みになっているといえるでしょう。

○×ドリル 事業用定期借地権は，住宅を建てるために設定することはできないが，住宅賃貸の事業者が賃貸マンションを建てる場合には，設定することができる。

関係する条文 第23条〔事業用定期借地権〕

16-13 建物譲渡特約付借地権とは

暗記ナビ

建物譲渡特約付借地権の要件とは
1 存続期間が 30 年以上
2 建物譲渡とその譲渡時期を特約で定める
3 2の特約を借地権設定時に定める

解説ナビ 借地権の目的である土地の上に借地権者が建てた建物を，借地権を消滅させる目的で，借地権設定後30 年以上経過した後に，相当の対価で，借地権設定者に譲渡する旨の特約を定めた借地権を，建物譲渡特約付借地権といいます。

建物を譲渡する時期は30 年以上であればいつでもよく，借地権設定者の意思に任せることもできますが，建物が借地権設定者に譲渡された時点で借地権は消滅することになります。この際，借地権設定者には正当な事由は必要とされません。

しかし，建物が譲渡された後も，元借地権者が建物の継続使用を請求した場合は，期間の定めのない建物賃貸借契約や借地権の残存期間があるときには，その残存期間を存続期間とする建物賃貸借契約が新たに締結されたものとみなされます。また，当事者の契約により定期建物賃貸借（[17-9]参照）も締結できます。

基本ナビ 一般定期借地権は，地主の「建物を買い取りたくない」「更新したくない」という声が反映された結果ですが，建物譲渡特約付借地権には「建物を買い取ってもらっても，住む・営業する場所がなくなるのは困る」という声が反映されています。

通常，建物が買い取られると，借地人はその建物を明け渡さなければなりません。

しかし，この特約によると，元借地人が，借地権消滅後も，買い取られた建物に住んでいるのであれば，改めて借家人となれるのです。

○×ドリル AがBのために新たに借地権を設定した際，「借地権の設定から 30 年経過後に，AがBの建物を時価で買い取り，契約は更新しない」と特約しても，その特約は無効である。

語句の意味をチェックする

定期建物賃貸借…定期借家ともいい建物賃貸借契約のひとつ。［17-9］参照

関係する条文 第 24 条〔建物譲渡特約付借地権〕

学習のポイントは?

借地借家法の建物賃貸借と民法の賃貸借は，お互いの足りない部分を補い合う関係にあります。本試験では，借地借家法の規定になくても民法の賃貸借の範囲で解答する出題も多く見受けられます。

ここで学ぶのはどんなこと?

借地借家法と民法のどちらの規定で正解を導き出すのかを見極めるテクニックが必要となります。

17 借地借家法〔建物賃貸借〕

17-1 建物賃貸借契約とは

暗記ナビ

建物賃貸借契約では，期間を定めるときは1年以上

解説ナビ 建物賃貸借契約には，期間の定めのあるものとないものがあります。

期間に定めのある契約では，その存続期間を1年以上に設定しなければならず，存続期間を1年未満に設定した場合は，期間の定めのない契約（［17-3］参照）として取り扱われます。

また，一時的に建物を利用する場合であれば，借地借家法ではなく，民法の賃貸借契約が適用されることになります。

基本ナビ 建物賃貸借（建物賃貸借契約と略していいます）において，期間に定めがあるとないとでは，契約終了の経緯が大きく異なります。しかし，その他の規則は一緒です。

ここで注意したいのは，一時的に建物を利用する場合の取扱いです。

これは，夏の間だけ借りる別荘や選挙事務所等のように，短期間だけ建物を借りることが明らかな場合が該当しますが，これら一時使用の時でも借地借家法が適用されるとなると，貸す方にとっても，借りる方にとっても不利な点が多いのです。

正当な事由の有無（［17-2］参照），終了に必要な期間（［17-3］参照）をこれから学習しますが，これらが一時使用の建物賃貸借には不釣り合いであることに着目してみましょう。

○×ドリル AがBの所有する建物を賃借しており，借家契約上，賃貸借の期間を10ヶ月と定めている場合には，期間の定めがないものとみなされる。

関係する条文 第29条〔建物賃貸借の期間〕

17-2 期間を定めた建物賃貸借が終了するとき

暗記ナビ

期間を定めた建物賃貸借の終了の申入れは
賃貸人から
賃借人から……存続期間満了１年前から６ヶ月前の間

解説ナビ 存続期間の定めがある建物賃貸借契約について，更新を拒絶する場合には期間満了の１年前から６ヶ月前までに相手方に通知しなければなりません。

その際，賃貸人から更新を拒絶する場合には，借地権同様，正当な事由が必要であり，正当な事由をもって更新拒絶を通知したにもかかわらず，建物賃貸借契約の期間満了後も賃借人あるいは転借人が建物の使用を継続するときは，これに対して遅滞なく異議を述べなければ，従前の契約と同一の条件で期間の定めのない建物賃貸借契約（[17-3]参照）として法定更新されてしまいます。

また，相手方に対して更新拒絶を通知しなかったり，１年前から６ヶ月前までに通知できなかったときにも，法定更新として扱われます。

基本ナビ 期間を定めて建物を貸借するときは期間満了時が契約終了時となりますが，賃借人のなかには愛着があったり引っ越しが面倒だったりで契約満了後も住み続けたいと思う者もいるでしょう。また，賃貸人も新規賃借人を探す手間を考えて引き続き借りてくれたら好都合と考えるでしょう。

このように，通常は契約の更新を望むであろうという考えを原則に置くと，更新を望まない場合には，その旨を相手方に通知する必要があります。引っ越し先を探したり，新しい賃借人を募集するために要する時間を考慮し，１年前から６ヶ月前までに通知しなければなりません。

また，建物賃貸借では，原則として，その建物は賃貸借を目的として建てられていると考えられるため，借地権同様，賃貸人が更新を拒絶する場合には，必ず，正当な事由が必要となります。

ただし，正当な事由の有無は，次の事柄を考慮して判断されます。

1. **賃貸人が建物を必要とする事情**
2. **建物に関する従前の経過（建物をどういう理由で借りるに至ったか，という事情）**
3. **建物の利用状況（賃借人がどの程度建物を利用しているか）**
4. **賃貸人が財産上の給付（立退き料）をすると申し出た場合の申し出**

さらに，更新拒絶のときのみならず家賃値上げ等，条件を変更しようとするときも通知します。

語句の意味をチェックする

転借人…賃借人が賃借物（本法の場合は建物）を第三者に使用・収益させる，つまり又貸しする契約における第三者

従前…以前

関係する条文　第 26 条〔建物賃貸借契約の更新等〕

17-3 期間を定めない建物賃貸借が終了するとき

暗記ナビ

期間を定めない建物賃貸借の終了の申入れは
賃貸人から……解約したい日の６ヶ月前
賃借人から……解約したい日の３ヶ月前

解説ナビ 建物賃貸借契約では，存続期間を定めない場合もありますが，その場合，貸し続けることができなくなった賃貸人や，借りている必要がなくなった賃借人は，当然に「解約したい」と申し入れることになります。

賃貸人が申し入れる場合は，申入れの日から６ヶ月後に賃貸借が終了しますが，期間を定めた場合（[17-2] 参照）同様に，正当な事由が必要です。

一方，賃借人が申し入れる場合は，申入れの日から３ヶ月後に賃貸借が終了し，加えて，正当な事由も不要です。

基本ナビ 期間を定めない建物賃貸借には，当然のことながら存続期間満了時が存在せず，賃貸人，賃借人ともに，契約の終了を好きなときに申し入れられますが，どちらが申し入れるかによって，申入れから契約の終了までに要す日数は異なります。

賃借人からの解約申入れについては民法の規定が適用されています（[12-7] 参照）。賃借人にその後の計画（予定）がある場合がほとんどなので，猶予を必要としないからです。

しかし，賃貸人からの解約申入れでは，賃借人がその後の計画を立てられる十分な時間が必要です。そこで，民法の規定ではなく，借地借家法で一定の期間が設けられています。

このように，借地借家法に規定がなくても，民法の規定が適用される場合も，またはその逆もあることに注意しましょう。

また，[17-2] を含め，借地権に基づいて建築されている建物の賃貸借において，借地権の存続期間の満了によって当該建物の賃借人が土地を明け渡すべきときは，建物の賃借人が借地権の存続期間が満了することをその１年前までに知らなかった場合に限り，建物の賃借人は，裁判所に対して，この事実を知った日から１年を超えない範囲内で，土地の明渡しにつき相当の期限を許与してもらえるよう申し立てることができます。

そして，それに対して裁判所が期限の許与をしたときには，建物の賃貸借は，その期限が到来することによって終了します。

○×ドリル Ａがその所有する住宅を，期間を 10 月と定めてＢに新たに賃貸した場合において，その賃貸借が一時使用によるものでないときは，Ａが解約の申入れをしても，その申入れの日から６月を経過しないと，契約は終了しない。

関係する条文 民法第 617 条〔解約の申入〕，第 27 条〔解約による建物賃貸借の終了〕

17-4 賃借人が第三者に建物賃借権を譲渡，転貸したとき

暗記ナビ

転貸借は，通知の日から６ヶ月後に終了する

解説ナビ 存続期間が定められているいないにかかわらず，賃貸人の承諾を得て，建物が転貸されている場合において，賃貸人が賃貸借を終了させようとするときには，転借人に対してその旨を通知しなければ，その終了を転借人に対抗できません。ただし，通知すれば，その日から６ヶ月後に賃貸借は終了します。

基本ナビ 転貸借（転貸借契約を略していいます）は，建物賃貸借が存在するからこそ締結できる契約です。建物賃貸借が終了すれば，転貸借も終了するように感じますが，そうではありません。転借人といえども，借りている以上はその建物で生活を営んでいることがほとんどです。それなのに，突然「賃貸借が終了したから，転貸借も終えてくれ」というのでは，賃貸人に承諾をもらった意味がありません。そこで６ヶ月の猶予期間が設けられているのです。

「転貸借終了時には必ず６ヶ月の猶予期間がもらえるの？」

「建物賃貸借を終了あるいは解除する場合には，次の３通りが考えられます」

1 存続期間満了や解約申入れによるもの
2 賃貸人と賃借人の合意によるもの
3 賃借人の債務不履行によるもの

このうち，賃借人が６ヶ月の猶予をもらえるのは12の２つです。3は転貸借のもととなる賃貸借において信頼関係が喪失している，つまり転借人への信頼関係も喪失していると考えられ，６ヶ月の猶予をもらうことはできません。賃貸借が解除されれば転貸借も終了してしまうのです。

○×ドリル 賃貸人の承諾を得て，賃借人から建物を転借している場合，賃貸借契約が合意解除されても，転借人の権利は，特別の事由がある場合を除き，消滅しない。

関係する条文 第34条〔転借人の保護〕

17-5 賃貸人が第三者に建物を譲渡したとき

暗記ナビ

建物賃貸借の第三者対抗要件は
1 登記
2 建物の引渡し

解説ナビ 建物賃貸借契約が締結された場合に，賃借人が第三者にそれを対抗するには登記が必要となります。

しかし，たとえ登記がなくても，建物賃貸借契約を締結した際の相手方である賃貸人から建物の引渡しを受ければ，第三者に対して自らの権利を主張できます。

基本ナビ 賃貸人が第三者に建物を譲渡した場合，賃借人が，譲渡された新賃貸人等に対して自らの権利を主張するためには登記が必要です。

しかし，借地権同様，建物賃借権について，登記を行う者は滅多にいません。そこで，登記がなくても第三者に対抗できる方法が生まれたのです。それが［暗記ナビ］の2です。

具体的には，カギを賃借人に引き渡している状態等で賃借人が使用できる，あるいは現に使用している状態をいいます。

○×ドリル

Aは，BからB所有の建物を賃借して，居住しているが，Bがその建物をCに売却し，登記も移転した。この場合，Aは，建物の引渡しを受けているから，Cに借家権を対抗することができるが，建物の引渡しを受けていないときは，常にCに対抗することができない。

関係する条文 民法第605条〔不動産賃貸借の対抗要件〕，第31条〔建物賃貸借の対抗力等〕

17-6 賃料の交渉

暗記ナビ

賃料の増減請求を受けた者が，裁判確定時までの賃料を決める

解説ナビ 賃料については，前払い，あるいは一定期間増額しない旨の特約を付けることができますが，その期間中は賃料を増額できません。

しかし，特約に抵触しない限り，以下の事由により現行賃料が不相当になった場合には，賃貸人や賃借人は，相手方に対し増額や減額を請求できます。

1 土地や建物に対する租税，その他の公課が増額・減額した
2 土地や建物の価格の上昇・低下，その他の経済事情が変動した
3 近傍同種の建物の借賃と比較した結果，格差が認められた

ただし，賃料の増額請求について当事者間で協議が調わない場合には，賃料を請求された者は，裁判が確定するまでの間は，自ら相当と認める額を支払えばよいことになります。そして，裁判確定時において，支払済み額に不足があるときは，その不足額に年1割の利息を付して支払うことになります。

同様にして，賃料の減額請求について当事者間で協議が調わない場合には，裁判時に，支払済み額が，正当とされた賃料等の額を超えるとき，その超過額に受領時からの年1割の利息を付して返還することになります。

基本ナビ 賃貸人や賃借人にとって，賃貸借契約における家賃の額は，最も重大な関心事のひとつです。

そこで，すでに契約に基づいて建物の使用収益を開始している場合は，増額しない旨の特約がある場合を除き，増額あるいは減額を申し入れられます。しかし，それについて当事者の話し合いで解決できなかった場合には，裁判で決着することになります。判決が下るまでには時間を要すため，その間の措置として，増額あるいは減額を請求された方が賃料を決めることができます。たとえば，賃借人が賃貸人から増額請求を受けたときには，賃借人が思う相当額を支払えばよく，逆に，賃貸人が賃借人から減額請求を受けたときには，賃貸人が思う相当額を賃料として賃借人に請求できるのです。

ただし，減額請求の場合，判決が確定するまでの期間について，賃借人は，賃貸人の請求額を支払わなければ債務不履行の責任に問われてしまいます。

○×ドリル 建物の賃貸借契約の更新の際，家賃の増額について賃貸人の請求があったときは，賃借人は，これを拒むことはできない。

関係する条文 第32条〔借賃増減請求権〕

17-7 契約終了後の造作

暗記ナビ

賃貸人は「造作は買い取らない」特約を付けられる

解説ナビ 畳，建具等の造作(ぞうさく)を，賃貸人の同意を得て建物に付加した場合や，賃貸人から買い受けた場合には，建物の賃借人は，建物賃貸借契約が期間満了，または解約の申入れによって終了するときに，賃貸人に対し，その造作を時価で買い取るよう請求できます。

ただし，契約時に「買い取らない」旨の特約を付けることもできます。

以上は，転借人が付加した造作についても同様です。

基本ナビ 建物をより快適に使用するため，賃借人は様々なものを建物に取り付けることができますが，それらのものを大きく分けると次のようになります。

1 **小型で，取り外しても建物が損傷を受けないもの……家具と同視される**
2 **取り外しができないもの（トイレの改造等）……必要費，有益費**
3 **取り外すと価値が下がってしまうもの（エアコン等）……造作**

賃貸借終了の際，賃借人は，1については持ち出せばいいのですが，2 3については，なるべく賃貸人に買い取ってもらいたいものです。

しかし，エアコンもぐっと安価になった最近では，未だ使えるからといって，経済的価値の低いものを買い取るのは，賃貸人にとっては得な話ではありません。

そこで「買い取らなければいけないのなら取り付けないで欲しい」と造作の取り付けに同意しない賃貸人が増えてしまいました。しかし「買い取らなくてもいい」となると話は別です。賃借人も快適に過ごせ，賃貸人の出費も減ります。そのため「造作を買い取らない」旨の特約が付けられるようになったのです。

2については，民法の賃貸借契約（［12-2］参照）を参照してください。

○×ドリル Aを賃貸人，Bを賃借人とするA所有の居住用建物の賃貸借に関し，AB間で「Bが自己の費用で造作することは自由であるが，賃貸借が終了する場合，Bはその造作の買取請求をすることはできない」と定める特約は，有効である。

語句の意味をチェックする

造作…建物の内部の仕上げ材や取り付けた物。床板や畳等

関係する条文 第33条〔造作買取請求権〕

17-8 賃借人が死亡したとき

暗記ナビ

建物賃貸借の相続は
相続人あり……相続人
相続人なし……夫婦，養親子同然の関係にあった同居人

解説ナビ 建物賃借権契約も，被相続人の財産として相続人に承継され，相続人がいなければ賃借権は消滅することになります。

しかし，賃借人である被相続人に事実上の夫婦，養親子の関係にあった同居人がいたときには，その者が賃借権を承継することになります。当然，同居人は承継を拒否することもできますが，その場合は「相続人なくして死亡した」という事実を知った日から1ヶ月以内に，賃貸人に対して，その旨の意思表示をしなければなりません。

基本ナビ 同居人が賃借権を承継できるのは，住居用建物に限られています。事業用建物の場合には，承継できません。

また，賃借人の相続人が賃借権を承継した後も，同居人が引き続き居住する場合があります。

この場合には，賃借権の権利義務をすべて相続人が承継することから，賃料についても，同居人ではなく相続人が支払うことになります。

詳しい内容は，相続（［15章］参照）と併せて学習してください。

〇×ドリル 住居の用に供する建物の賃借人が死亡した場合において，その相続人が存在しないときは，常に賃借人の権利義務は消滅する。

語句の意味をチェックする
事実上…社会慣習上認められる事実関係

関係する条文 第36条〔居住用建物の賃貸借の承継〕

17-9 定期建物賃貸借契約を締結するとき

暗記ナビ

賃貸人は「更新しない」特約を付けられる

解説ナビ 期間を定める建物賃貸借契約に限っては，賃貸人は「更新をしない」旨の特約を付けられ，これにより賃貸人は正当な事由を有さずに，建物賃貸借契約を終了させられます。

ただし，この特約を有効なものにするためには，公正証書による等書面によらなければならず，さらに，賃貸人は，賃借人に対して，その書面を交付して特約についての説明を行わなければなりません。

契約の終了方法は［17-2］とほぼ同様で，賃貸人が賃借人に対し期間満了の１年前から６ヶ月前までに終了する旨を通知する必要があります。

また，一定期日内に終了する旨を通知できなかったときでも，その後きちんと通知すれば，その日から６ヶ月後に建物賃貸借契約は終了します。

基本ナビ 「家を借りて住みたい」「店舗を借りて営業したい」という多くのニーズに対して，賃貸物件の数には限りがありますが，実際のところ，様々な事情で広く借主を募れずに空き家となっている建物が多いのも事実です。

その背景には，賃貸人からの解約申入れに際しては正当な事由が必要なために，一度でも賃貸してしまうと自分の思うように建物を使用・収益できなくなるという賃貸人の思惑があり，それを解決するために定期建物賃貸借が制度化されています。

正当な事由がなくても自動的に更新せず，さらに，その契約期間を１年未満にも設定できるため，賃貸人が気軽に空き家を貸し出せ，現在空き家となっている建物が有効利用されるという大きなメリットがあります。

賃借人にとっても多種多様な物件からニーズに合ったものを選べるため好都合です。

ただし，定期建物賃貸借はあくまでも正当な事由なく契約を終了させるものであり，造作（［17-7］参照）等の規定は適用されます。

○×ドリル その目的が事業用ではなく居住の用に供するときには，契約期間が２年で，更新がないこととする旨を定める建物賃貸借契約を締結することはできない。

関係する条文 第38条〔定期建物賃貸借〕

出題頻度 ★☆☆☆☆

17-10 定期建物賃貸借契約を解除するとき

暗記ナビ

定期建物賃貸借の中途解約は，賃借人の申入れの日から
1ヶ月後に終了

解説ナビ 床面積が200㎡未満の居住用建物の定期建物賃貸借契約を締結している賃借人に限って，転勤，療養，親族の介護その他のやむを得ない事情により賃借人が建物を自己の生活の本拠として使用することが困難となったとき，賃借人は，期間が満了していなくても解約を申し入れられます。この場合は，申入れの日から1ヶ月後に契約は終了します。

基本ナビ 定期建物賃貸借は，普通の建物賃貸借とは異なり，賃貸人にとってかなり有利な内容となっています。その最たるものが，更新がない，つまり賃貸期間を確定できることです。

逆に，賃借人からすると，更新がない，つまり時限的なニーズをもって賃借する場合に好都合です。しかし，納期が特定しているプロジェクト用のオフィス等，やがては消滅するニーズ理由に合わせて，賃貸人との間で期間を確定させて賃借を始めても，そのニーズの消滅が予想外に早く到来してしまう場合も考えられます。

そこで，賃借人には一定の事由に限って中途解約の機会が与えられており，その中途解約できる一定の事由には，転勤，療養，親族の介護等やむを得ない事由が該当します。どの事由も通常時よりも多大な金銭的負担を強いられる状況を意味しており，中途解約によって少しでも早くその負担を軽減させることを目論んでいるわけです。

○×ドリル 定期建物賃貸借契約は契約期間中は賃借人から中途解約を申し入れることはできない。

関係する条文 第38条〔定期建物賃貸借〕

17-11 取壊し予定の建物を賃貸するとき

暗記ナビ

取壊し予定の建物を賃貸借する要件は
1 法令または契約により建物を取壊すべきことが明らか
2 建物を取壊すべき事由を書面に記載する

解説ナビ 法令または契約により，一定期間の経過後に取り壊すべきことが明らかな建物を賃貸する場合には，賃貸人は，賃借人の不利になるにもかかわらず「建物の取壊し時に賃貸借が終了する」旨を定めることができます。

ただし，この場合には，建物を取り壊すべき事由を記載した書面が必要となります。

基本ナビ この規定も，取り壊すまで建物が空いているなら，空き家にするよりも有効に使用した方が世のため，という理由から登場した建物賃貸借です。

この場合の期限については「建物の取壊し時に賃貸借が終了する」と漠然と設定されているため，通常の建物賃貸借の取扱いになります（［17-1］参照）。

したがって，1年未満の期間を設定した場合には，期間の定めのない契約として取り扱われますが，取り壊すとなれば，正当な事由の有無にかかわらず，更新の必要もなく，当然，1年未満で契約は終了することになります。

取り壊す理由については土地収用法の規定や，定期借地権の終了等，法令または契約に基づいている必要があります。

○×ドリル 借地人が定期借地権に基づき建てた家屋を賃貸する場合は，賃借人との間で「賃貸借は，定期借地権の期間満了に伴い家屋を取り壊すこととなる時に終了し，更新はしない」とする契約を締結することができる。

語句の意味をチェックする

法令…都市計画法に基づく区画整理事業の対象となっている等，法令の規定によって建物を取壊さなければならない場合のこと
契約…一定期間経過後には期間が満了する定期借地権，事業用借地権等，一定の期間後，建物を取壊さなければならない場合のこと
土地収用法…公共事業に必要な土地等の収用や使用に関する法律

関係する条文 第39条〔取壊し予定の建物の賃貸借〕

学習のポイントは?

前に学習した共有と混同しないよう気をつけながらも，しっかりと比較しつつ学習を進めましょう。

ここで学ぶのはどんなこと?

区分所有法は，正式には「建物の区分所有等に関する法律」といい，簡単にいえば，区分所有建物の共用部分に関する法律です。

18 区分所有法

最初に知っておこう

マンション等のように，一棟の建物の中に構造上区分されたものが数個ある場合は，それぞれの部分は独立したものとして居住，店舗等に利用できるうえ，別々の者が所有できます。このような建物を区分所有建物といい，各部分を対象とする所有権を区分所有権，区分所有権を所有する者を区分所有者，区分所有権の対象となる部分を専有部分といいます。

現在はどの地域にも必ずあるこのようなマンションも，実はその歴史はまだまだ浅いのです。

昔は，長屋という１つの建物を垂直に区分した建物が数多く建てられていました。

長屋は物権の掟である一物一権主義に反し，一棟の建物の一部であっても独立した建物として物権の対象になることが認められていました。そのため「区切っている壁は共有である（民法第 208 条，現在は削除）」と法律で定められていたのです。

しかし，戦後はビルやマンションが増え，一棟の建物が垂直，かつ，水平に区分され，それぞれが所有権の対象となっていったのです。この水平区分によって，エレベーターや階段といった，所有者が所有部分に入るまでの「道」ができたのです。

こうして共有する部分が複雑になるに伴い，民法第 208 条に代わって区分所有法が施行されました。昭和 37 年のことです。

そして，区分所有者全員が共有するエレベーターや階段，廊下等を共用部分とよび，区分所有法に基づいて，共用部分をはじめとする区分所有者全員で共有する部分の管理等を行っています。

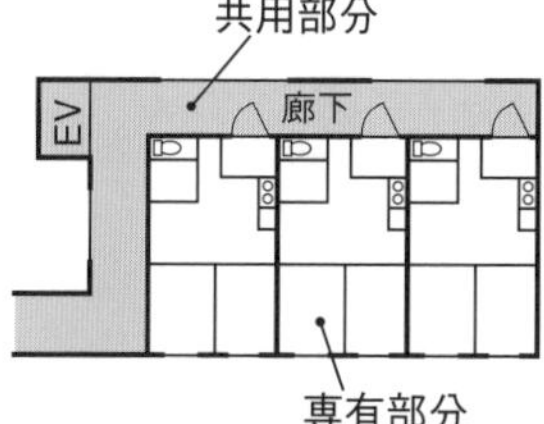

管理等を行うには不公平があってはいけません。区分所有者全員が意見を出し合い実行していくのが一番です。しかし，中には「自分さえよければ…」という考えから勝手に行動する者もいるでしょう。そこで，区分所有法では基準を設けています。この基準により共用部分等については勝手気ままを許さなくしているのです。

「基準とはなんですか？」

「多数決で決めるということです」

共用部分等について何か行うには，原則として区分所有者及び議決権（ぎけつけん）の各過半数の賛成を得なければならないのです。

この「区分所有者及び議決権の各過半数」について具体的にみてみましょう。

「区分所有建物に６つの専有部分（床面積はすべて一緒）があり，このうちの４つをＡさん，残りの２つをＢさんとＣさんが所有している場合は？」

「区分所有者の過半数とは，区分所有者の定数の過半数を意味します」

この場合，区分所有者は３人です。

議決権は，原則として各区分所有者の専有部分の床面積に応じて配分されますので，Ａさんは議決権４，ＢさんとＣさんはそれぞれ議決権１となります。ちなみにＣさんがＤさんと専有部分を共有しているときには，議決権はＣもしくはＤのいずれかの代表者１人が議決権１を行使することになります。

ここで，議決権だけで決定するとなると，議決権４のＡさんだけで過半数になってしまい，ＢさんとＣさんの意見に関係なく，Ａさん１人の考えがそのまま通ってしまうことになります。

そこで登場するのが，区分所有者の人数です。これにより，専有部分を多く所有するＡさんだけでなく，他の区分所有者の意見も反映されます。また，この各過半数の賛成は，特別な定めがない場合においては，集会での決議の原則となります。

しかし，当然ではありますが原則があれば例外もあります。それは過半数ではなく3/4以上であったり，4/5以上であったりですが，どんな議題のときに登場するかはこれからの学習で学んでください。

また，決議によらないで議題を解決する方法もあります。それは書面による全員の合意です。書面で全員が賛成したことであれば決議によらなくてもよく，たとえば回覧板を回すといった方法がそれにあたります。

語句の意味をチェックする

一物一権主義…物には様々な種類の物権を重複して設定できるが，１つの物には１つの所有権といった具合に，同一内容の物権は１回しか設定できないとする原則のこと

定数…ある定まった員数。ここでは，区分所有建物を所有しているすべての人数

関係する条文　第１条〔建物の区分所有〕

18-1 敷地利用権とは

暗記ナビ

敷地利用権の持分は，各専有部分の床面積の割合による

解説ナビ　区分所有建物に使用される土地は，建物が建っている法定敷地と，建物が建っていない規約（きやく）敷地に分けられます。

区分所有建物のために，これらの敷地を利用する権利を敷地利用権といい，具体的には，所有権，地上権，賃借権の３つがあります。

この敷地利用権は，区分所有者が共有して使用するものであり，規約で別段の定めがない限り，各専有部分の床面積の割合によって，持分が算定されます。

また，敷地利用権は，原則として，専有部分と分離できませんが，規約によって定められていれば，分離して処分できます。

基本ナビ　区分所有とは，建物と，それが建つ敷地，その敷地を使う権利（敷地利用権）の３つが揃ってはじめて成立し，専有部分以外のすべてを，各区分所有者が共有します。

しかし，建物の共用部分（[18-3] 参照）と敷地の共有は少し異なります。というのも，建物の共用部分は，専有部分と分離して処分できないのに対し，敷地は，規約に定めがあれば，分離して処分できるとされているからです。

「なぜ敷地利用権は分離して処分できないのですか？」

「敷地と建物は，別々に独立した不動産であるため，所有者は同一人でなくても構いませんが，敷地利用権なしでは，そこに建つ建物も単なる不法占拠物となってしまいます。そこで，建物と敷地利用権を分離して処分することを禁止しています」

よって，区分所有者が専有部分を処分すれば，敷地利用権も処分されます。しかし，分離して処分できない敷地は法定敷地に限られています。

規約敷地は，公園，駐車場等，法定敷地と一緒に管理，使用する土地をいい，建物と一体化していないことから，区分所有建物の再築を目的に処分等できます。

ただし，その場合は区分所有者全員の同意が必要です。

○×ドリル	専有部分であっても，規約の定めで，敷地利用権と分離して処分することができる。

語句の意味をチェックする

規約…関係者間で相談，協議して決めたこと
持分…共有関係において，各所有者が有する権利または共有物に占める各共有者の権利の割合

関係する条文　第５条〔規約による建物の敷地〕，第22条〔分離処分の禁止〕

18-2 共用部分とは

暗記ナビ

共用部分の種類は
1 法定共用部分
2 規約共用部分

解説ナビ 区分所有建物の専有部分は，規約に従い，区分所有者個人が自由に使用・収益できます。一方，共用部分は，その用法に従って，区分所有者全員が共有して使用します。

この共用部分は，区分所有者全員の使用を最初から想定している法定共用部分と，専有部分のうちの１つを後から共用部分として区分所有者全員で使用することとした規約共用部分に分けられます。

後者の規約共用部分については，登記が済んでいなければ第三者に対して主張できません。

基本ナビ 法定共用部分と規約共用部分の具体例をみてみましょう。

法定共用部分には，専有部分に通ずる廊下，階段，エレベーター等が該当します。

一方，規約共用部分は，本来専有部分であるはずの建物の部分を，規約によって集会場にしたり，また，配管，配線スペースといった，本来専有部分の付属である建物の部分を，規約によって共用部分とした箇所が該当します。

ただし，集会場等の規約共用部分は，第三者から見て専有部分となんら変わらないことから「そこを売ってくれ」といわれかねません。そこで，第三者に対しては，対抗要件を備えていなければならないのです。

○×ドリル 共用部分は，区分所有者全員の共有の登記を行わなければ，第三者に対抗することができない。

関係する条文 第４条〔共用部分〕，第 13 条〔共用部分の使用〕

18-3 共用部分の持分

暗記ナビ

共用部分の持分は，原則として専有部分の床面積の割合による

解説ナビ 共用部分は，区分所有者全員の共有物であると考えると，当然，各区分所有者それぞれの持分があるはずです。

この持分は，原則として，専有部分の床面積の割合によって算定します。ただし，規約に別の算定方法の定めがあるときは，それに従います。

また，共用部分は，専有部分があってはじめて存在することから，区分所有者が専有部分を売却すれば，それに伴って，共用部分の持分も買主に移転します。よって，専有部分と分離して処分できません。

基本ナビ マンション等でわかるように，区分所有建物において，共用部分を使用・利用しないで専有部分だけで生活することは不可能です。そのため，共用部分の持分を有しない区分所有者の存在はありえません。逆にいうと，専有部分を持たない者は共用部分を持つこともできないことになります。

「共用部分の持分は『専有部分の床面積の割合』とありますが，専有部分の床面積はどうやって算出するのですか？」

「専有部分は壁その他の区画の内側線で囲まれた部分の水平投影面積によります。下図のように，上から見て壁等で囲まれた内側の面積を計算してから，専有部分の床面積を算出します」

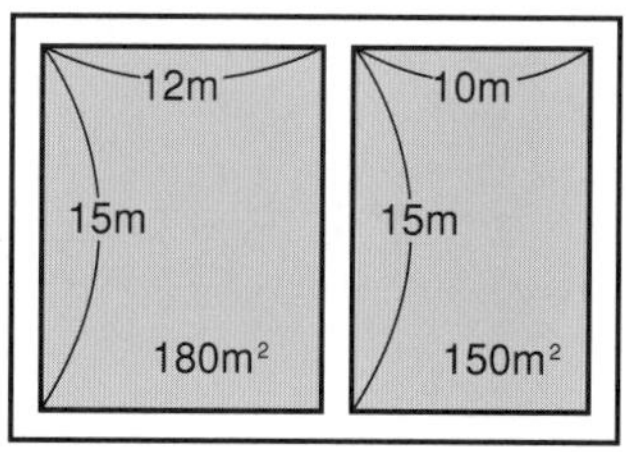

〇×ドリル 共用部分に関する各共有者の持分は，その有する専有部分の床面積の割合によることとされており，規約で別段の定めをすることはできない。

関係する条文 第11条〔共用部分の共有関係〕，第14条〔共用部分の持分の割合〕，第15条〔共用部分の持分の処分〕

18-4 管理者を選任，解任するとき

暗記ナビ

管理者の選任・解任には，区分所有者及び議決権の各過半数の賛成が必要

解説ナビ 区分所有者は，全員で管理組合を組織構成し，建物と敷地，ならびに付属施設等の管理を行います。

したがって，区分所有者になった者は自動的にこの団体の構成員となります。

管理組合は，管理者を置くことができますが，管理者の選任・解任については，規約に別段の定めがないときは，区分所有者及び議決権の各過半数の賛成が必要です。

基本ナビ 区分所有者が数百人もいる大規模マンションの場合，全員が共同して管理行為を行うことは現実的に困難です。必ずしも全員が積極的に努めてくれるとは限らず，模範的な者がいる反面，自分の専有部分以外は知らんぷりという者がいることも考えられます。

このような足並みの揃わない状態を回避し，管理行為の速やかな遂行を期待する目的で，管理組合は，管理者を選任することができます。

そして，この選任に必要な数は原則，つまり区分所有者及び議決権の各過半数です。

○×ドリル 区分所有者は，規約に別段の定めがない限り，集会の決議によって，管理者を選任することができるが，この管理者は，区分所有者以外の者からも選任することができる。

語句の意味をチェックする

管理組合…本法では建物やその敷地，付属施設の管理を行うための団体をいう

管理者…本法では区分所有者等から選任されて建物の保存，管理を行う者をいい，いわゆる管理人とは異なる

規約…［18-7］参照

関係する条文 第25条〔選任及び解任〕

18-5 管理者の持つ権限

暗記ナビ

管理者の権限は
1 保存行為
2 区分所有者の集会を招集，実行
3 区分所有者全員の代理
4 訴訟
5 規約の保管

解説ナビ 管理者には，次の権限が与えられています。

1 共用部分，建物の敷地，付属施設等についての保存行為を，区分所有者同様，単独で行います。

2 集会を招集し，議事進行役として決議事項を実行します。少なくとも年１回は招集し，管理者として事務報告を行います。

3 区分所有者が制限した範囲内での，共用部分の火災保険金や損害賠償等の請求・受領といった区分所有者全員の代理行為を行います。ただし，この制限は善意の第三者には対抗できません。

4 使用停止や競売といった訴訟を行います。区分所有者のために，裁判の原告や被告になれます。

5 規約を保管します。保管するだけでなく，利害関係者から請求されれば，それを拒むべき正当な理由（病気等）がない限り，規約を閲覧させたり，規約の保管場所を建物内の見やすい場所に掲示します。

基本ナビ ここで一番理解しにくいのは，3区分所有者全員の代理ではないでしょうか。

「管理者は，マンション再築のために，規約敷地の 1/4 を売買する権限を区分所有者から得たが，敷地の全部を売却する契約を，誤って締結した場合は?」

「『無権代理行為』（[2-10] 参照）ですね。権限の範囲を超えて行った無権代理行為は表見代理として本人，つまり区分所有者自身が責任をとらなければなりません。『善意の第三者には対抗できない』とはこのことなのです」

○×ドリル 管理者は，規約の定め等があっても，区分所有者のために原告又は被告となれない。

関係する条文 第 26 条〔権限〕，第 33 条〔規約の保管及び閲覧〕，第 34 条〔集会の招集〕

18-6 管理組合法人を成立させるとき

暗記ナビ

管理組合法人の成立には
区分所有者及び議決権の各 3/4 以上の賛成が必要

別表現では …各 3/4 以上の多数による集会の決議で決する

解説ナビ 区分所有者は，全員で管理組合を組織構成できました（[18-4] 参照）が，管理組合を構成する区分所有者及び議決権の各 3/4 以上の賛成があれば，その管理組合を法人化できます。

管理組合が法人になった場合は「○○マンション管理組合法人」等と名乗り，事務所を構え，理事及び監事という役職者を置かなければなりません。

基本ナビ 管理組合は，登記によって法人となります。決議において，法人となる旨，及びその名称や事務所を定めることとなっても，決議された時点で法人と認められるわけではないことに注意してください。

決議では，この他にも，法人の登記に関する必要事項等が決められますが，これらについても，登記がなければ，第三者に対抗できません。

この管理組合法人には［18-5］の③④といった管理人の権限が与えられ，区分所有者のために存在していくことになります。

○×ドリル 区分所有法第 3 条に規定する団体は，区分所有者及び議決権の各 3/4 以上の多数による集会の決議で法人となる旨定めることができる。

語句の意味をチェックする

法人…自然人以外で，法律上の権利義務の主体となることを認められているもののことで，簡単にいうと，契約の当事者となれる団体のことで，例えば会社

自然人…生きている人間のことで法人に対する概念

理事…法人を代表し，法人の事務を執行する機関で，任期は 2 年

監事…法人の財産状況を監査し，理事の業務執行を監視する機関で，理事や管理組合の使用人と兼任することができない

関係する条文 第 47 条〔成立等〕，第 50 条〔監事〕

18-7 規約を設定，変更，廃止するとき

暗記ナビ

規約の設定・変更・廃止には
区分所有者及び議決権の各 3/4 以上の賛成が必要

解説ナビ 規約の設定・変更・廃止は必ず集会の決議によらなければならず，その際，区分所有者及び議決権の各 3/4 以上の賛成が必要で，この数は規約によっても変更できません。

また，規約の設定・変更・廃止が一部の区分所有者の権利に影響を与える場合には，その区分所有者の承諾を得なければなりません。

設定された規約は，管理者が保管します（[18-5] 参照）が，管理者を置かない場合は，規約や集会で決めた人が保管します。

基本ナビ 規約は，管理組合の最高規範であり，その設定・変更・廃止には，厳格な手続きを必要とします。

また，本章の諸項目で「別段の定めができる」「減じることができる」等の表現が出てきますが，これは，区分所有法の中に，建物，その敷地，その付属施設の管理，使用に関する定め（条文）があるにもかかわらず，区分所有の個々の現場において，区分所有者が作る規約で別に定められることをいい，規約の最高規範らしさを表しているといえます。

ひっかけ注意!!

規約で定められた管理者の変更は，区分所有者及び議決権の各過半数の賛成が必要？

答えはノー。これは「管理者の選任・解任については，区分所有者及び議決権の各過半数の賛成が必要」という規定に引っかけています。つまり規約で決めた管理者を変更するという行為は，規約の変更に該当するのです。

したがって，区分所有者及び議決権の各 3/4 以上の賛成が必要となります。要するに，規約で定めた管理者か否かが焦点となるわけです。

○×ドリル 規約の変更が一部の区分所有者の権利に特別の影響を及ぼす場合で，その区分所有者の承諾を得られないときは，区分所有者及び議決権の各 3/4 以上の多数による集会の決議によってなされる。

関係する条文 第 30 条〔規約事項〕，第 31 条〔規約の設定，変更及び廃止〕

18-8 単独で規約を設定するとき

暗記ナビ

最初に建物の全専有部分を所有する者は
専有部分を一切譲渡等していないときのみ規約を設定できる

解説ナビ 最初に，建物の専有部分の全部を所有する者は，専有部分を誰にも譲渡等していないときに限って，公正証書による規約を設定できます。

ただし，この場合の規約は，次の事項に関するものに限られます。

1 **規約共用部分に関する定め**
2 **規約敷地の定め**
3 **専有部分と敷地利用権の分離処分を可能にする定め**
4 **敷地利用権の共有持分の割合に関する定め**

基本ナビ 規約は，区分所有者の最高規範です。ですから，本来は全専有部分の買主が確定し，区分所有者全員が揃ってから，決議するのが望ましいといえます。

しかし，新築の分譲マンション等のように，購入時に規約が設定されていた方が安心して購入できる場合もあります。

たとえば，規約共用部分や規約敷地の定めがないと，共有持分が確定せず，購入を決定できない要因となりえます。また，たとえ購入したとしても，その後トラブルが発生する要因にもなりかねません。

そこで，1～4に関しては，最初に建物の専有部分の全部を所有する者が，公正証書により，規約を設定できることになっています。

最初に建物の専有部分の全部を所有する者とは，分譲マンションの場合，分譲業者等の売主や分譲主です。

ただし，1人でも専有部分を分譲すれば，分譲業者等は，勝手に規約を設定できなくなります。

○×ドリル 最初に建物の専有部分の全部を有する者が，単独で，付属の建物を共用部分とする規約を定める場合は，公正証書により行われなければならない。

関係する条文 第32条〔公正証書による規約の設定〕

18-9 共用部分を保存するとき

暗記ナビ

共用部分の保存は，各区分所有者が単独でできる

解説ナビ 区分所有建物の共用部分の管理を行うにあたり，保存行為は各区分所有者が単独で行えます。

基本ナビ 専有部分の管理は当然，各区分所有者の責任に任されていますが，各区分所有者が共有する共用部分にはおのずとルールが必要です。

保存行為とは建物の現状を維持する行為，すなわち廊下や階段の清掃，損傷や滅失の防止等をいいます。通常，専有部分でなくても玄関先や庭先等は日常的に清掃しています。

一方，保存行為とはいっても，月１回全員で建物の大掃除のように規約に定める場合もあります。

このように共用部分であっても誰に遠慮することなく単独で行える行為と規約で定めて行う行為とを区別しましょう。

○×ドリル 共用部分の保存行為を行うためには，規約で別段の定めのない場合は，区分所有者及び議決権の各過半数による集会の決議が必要である。

関係する条文 第 18 条〔共用部分の管理〕

出題頻度 ★★★★★

18-10 共用部分を利用，改良するとき

暗記ナビ

共用部分の利用・改良は，区分所有者及び議決権の各過半数の賛成が必要

解説ナビ 共用部分については，その形状や効用を著しく変更しない軽微な変更を含め，利用・改良行為を行う場合，区分所有者及び議決権の各過半数の賛成が必要となります。

ただし，規約で別の定めをすることができます。

基本ナビ 通常の大規模修繕工事をはじめ，廊下や階段での夜間灯の設置，共用部分である車庫を賃貸しての賃料の取得等が，利用・改良行為に該当します。

これらの行為は，物の性質に従っており，物の性質をかえていません。そこで，原則である過半数の賛成で行うことができるのです。

○×ドリル その形状や効用の著しい変更を伴わない共用部分の変更については，規約に別段の定めがない場合は，区分所有者及び議決権の各過半数による集会の決議で決することができる。

関係する条文 第18条〔共用部分の管理〕

18-11 共用部分を変更するとき

暗記ナビ

共用部分の変更は，区分所有者及び議決権の各3/4以上の賛成が必要

別表現では その形状や効用の著しい変更を伴わないものを除く変更は…

解説ナビ 改良を目的としながらも，その形状や効用を著しく変更する重大な変更については，区分所有者及び議決権の各 3/4 以上の賛成が必要となります。

ただし，重大な変更の場合，規約により，区分所有者の定数に限って過半数まで減らせます。したがって，減じた場合には，区分所有者の過半数，かつ，議決権の 3/4 以上の賛成が必要となります。

基本ナビ 区分所有法において，過半数の次に多く登場するのが「3/4 以上」です。本試験ではいずれも重要な数字です。また，3/4 以上で注意することは，規約で別の定めができるか否かです。規約で別の定めをすることができないものがほとんどなので，しっかり覚えてください。

大まかに「過半数以下と重大な変更の他は，別の定めはダメ」と覚えていいでしょう。

重大な変更には急を要す場合もありますが，マンションの総会等においては，欠席者もいます。「定数と議決権の共に 3/4 の賛成が必要」という条件では，決議が思うように進まない場合があるのです。そこで，定数については，規約によって過半数まで減らせます。

○×ドリル 共用部分の変更（その形状や効用の著しい変更を伴わないものを除く）を行うためには，区分所有者及び議決権の各 3/4 以上の多数による集会の決議が必要であるが，議決権については規約で過半数まで減ずることができる。

語句の意味をチェックする

重大な変更…階段を取り壊して，エレベーターにする等の行為

関係する条文 第 17 条〔共用部分の変更〕

18-12 一部滅失した建物を復旧するとき

暗記ナビ

建物価格の 1/2 を超える部分が滅失した場合の復旧は
区分所有者及び議決権の各 3/4 以上の賛成が必要

解説ナビ 一部滅失した建物の復旧決議は，建物価格の 1/2 を境に分かれます。

滅失部分が建物価格の 1/2 以下に相当する場合は，単独でも復旧できるうえ，集会の決議に必要な賛成の数も，原則である区分所有者及び議決権の各過半数です。また，規約で別の定めもできます。

しかし，滅失部分が建物価格の 1/2 超に相当する場合は，必ず，集会の決議によらなくてはならず，賛成の数も，区分所有者及び議決権の各 3/4 以上となります。

基本ナビ 区分所有建物の一部が滅失した場合，復旧には費用がかかるため大問題となります。

専有部分については，単独で，かつ，自己の費用で復旧しますが，共用部分については，他の共有者にも負担を請求することになるからです。しかも，滅失の影響を受けない専有部分に住む区分所有者が，復旧に反対する場合もあります。

そこで，建物価格の半額以下に相当する部分が滅失した場合には，個人が単独で復旧してから他の共有者に費用を請求する方法をとることもあれば，集会で復旧決議を行うこともあります。後者の場合は区分所有者及び議決権の各過半数の賛成が必要となり，いったん採択されれば，単独での復旧作業はできません。

建物価格の半額を超える額に相当する部分が滅失した場合には，復旧に費用がかかるため，単独の復旧作業はできません。また。議決の要件も過半数から 3/4 以上と厳しくなります。これは滅失部分が多く復旧費用もかかるため，建替え（［18-13］参照）も視野に入れて慎重に検討しなければならないからです。

また，復旧が決議されても反対者は当然います。その区分所有者は 2 週間以内に賛成者に対して建物や敷地の権利を時価で買い取るよう請求できます。その請求を受けた賛成者は，2 週間以内に賛成者それぞれの専有部分の割合に応じて買い取るよう提案していくことになります。

○×ドリル

区分所有建物の一部が滅失し，その滅失した部分が建物の価格の 1/2 を超える場合，滅失した共用部分の復旧を集会で決議するためには，区分所有者及び議決権の各 3/4 以上の多数が必要であり，規約で別段の定めをすることはできない。

関係する条文 第 61 条〔建物の一部が滅失した場合の復旧等〕

18-13 建て替えるとき

暗記ナビ

建替えは，区分所有者及び議決権の各 4/5 以上の賛成が必要

解説ナビ 区分所有建物は，区分所有者及び議決権の各 4/5 以上の賛成によって建て替えられます。建替え決議が採択された場合には，次の事項を定めなければなりません。

1 再築する建物（以下「再築建物」と略す）の設計の概要
2 建物の取壊し及び再築建物の建築に要する費用の概算額
3 2の費用の分担に関する事項
4 再築建物の区分所有権の帰属に関する事項

建替えに反対する者に対しては「建替えに参加するか否か」を回答するよう，再度書面で催告しますが，催告より 2 ヶ月以内に参加の有無を回答しない者は，建替えに参加しない者とみなされ，所有する区分所有権と敷地利用権を時価で売り渡すよう，参加者より請求されることになります。

基本ナビ 建替えとは，建物を取り壊して再築することですから，建替え時点で，必ず，建物が存在していなければなりません。つまり一部滅失した建物の復旧（［18-12］参照）の延長上にあり，万一，滅失により建物が 1 %も残っていない場合には，建替えには該当せず，新築となるため，全員の同意が必要となります。

○×ドリル 建物の区分所有等に関する法律第 62 条の老朽による建替えは，集会において区分所有者及び議決権の各 4/5 以上の多数による決議で行うことができることとされており，規約で別段の定めをすることはできない。

語句の意味をチェックする
主たる使用目的を同一とする…主な使用目的が同じ

関係する条文 第 62 条〔建替え決議〕

18-14 集会を招集するとき

暗記ナビ

集会を招集できる者とは
区分所有者の 1/5 以上，かつ，議決権の 1/5 以上を有する者

解説ナビ 区分所有者の定数の 1/5 以上, かつ, 議決権の 1/5 以上を有する人達は, 集会の目的である議題や議案を示したうえで, 管理者に対し, 集会の招集を請求できます。この区分所有者の定数については，規約で減じることができます。

また，管理者がいない場合は，区分所有者の定数の 1/5 以上で，議決権の 1/5 以上を有する者が集まれば，その者達は，集会を招集できます。この場合も，区分所有者の定数を，規約で減じることができます。

基本ナビ 管理組合が存在する場合は，管理者が招集して，少なくとも年 1 回以上，集会を開くことになっていますが，この年 1 回の集会においては，管理者による事務の報告が主目的となります（［18-5］参照）。

したがって，組合員，つまり区分所有者は集会で話し合いたい議題等がある場合には，集会を招集する必要があるのです。

○×ドリル 区分所有者の 1/5 以上で議決権の 1/5 以上を有するものは，管理者に対し，会議の目的たる事項を示して，集会の招集を請求することができる。

関係する条文　第 34 条〔集会の招集〕

18-15 占有者の権利，義務

暗記ナビ

占有者の
権利……利害関係のある集会に出席し意見を述べる
義務……規約等，区分所有者と同一の義務を負う

解説ナビ 専有部分を賃借等している占有者は，建物，敷地等の使用方法に関する規定について，区分所有者と同一の義務を負います。

これらの規定は，規約で設定されたり，集会の決議で設定・変更・廃止されますが，占有者は，これらの集会における議題に利害関係を有する場合には，集会に出席し，意見を述べることができます。ただし，賛成や反対を示す議決権は持っていません。

また，区分所有者が専有・共用各部分の保存・改良を行う際は，そのために必要な範囲内において，他の区分所有者の専有部分や，一部共用部分の使用を請求できますが，占有者が行う際は，請求できません。

基本ナビ 占有者も，区分所有建物やその敷地等を使用している点では，区分所有者となんら変わりません。したがって，ペットを飼ってはいけない等，建物の使用方法等について，区分所有者と同一の義務を負います。

一方，権利については，区分所有者と同一とはいきません。管理組合は区分所有者だけで構成される（[18-4] 参照）ものであり，占有者は，原則として集会の決議にも参加できません。

しかし，集会では，占有者の行為についての差止請求等も決議されます。それに対して占有者が反論する機会があってもいいはずです。そこで，占有者の利害関係を有する議題を扱う集会には，参加して意見を述べる権利を持つのです。

○×ドリル 区分所有建物の占有者は，建物またはその敷地若しくは付属施設の使用方法につき，区分所有者が規約又は集会の決議に基づいて負う義務と同一の義務を負う。

語句の意味をチェックする

占有者…専有部分の賃借人等
一部共用部分…本来は全員の共用部分について，一部の区分所有者で共有する部分

関係する条文 第44条〔占有者の意見陳述権〕

出題頻度 ★★★★★

18-16 迷惑行為に対して訴訟するとき

暗記ナビ

専有部分の使用禁止・引渡し・競売等の請求の訴訟には
区分所有者及び議決権の各 3/4 以上の賛成が必要

解説ナビ 区分所有者は，建物の保存・管理・使用に関して，有害な行為をする等，区分所有者の共同の利益に反する行為をしてはいけません。

区分所有者がこの義務に違反した場合には，他の区分所有者は，その者に対して，次のような法的措置をとることができます。

1 行為の差止請求（各区分所有者が単独でできる）
2 訴訟による行為の停止請求（区分所有者及び議決権の各過半数の賛成が必要）
3 訴訟による専有部分の使用禁止請求
4 訴訟による区分所有権及び敷地利用権の競売請求
（3 4ともに，区分所有者及び議決権の各 3/4 以上の賛成が必要）

専有部分を賃借等している占有者も，区分所有者同様，区分所有者の「共同の利益」に反する行為をしてはなりません。この義務に違反した場合，他の区分所有者は，次のような法的措置をとることができます。

5 行為の差止請求（各区分所有者が単独でできる）
6 訴訟による契約解除及び専有部分の引渡し請求
（区分所有者及び議決権の各 3/4 以上の賛成が必要）

基本ナビ 区分所有建物においては，一戸建て建物においては許される行為，たとえば，壁や柱を取り壊して室内を改造するような行為も，建物の強度を弱め，他の専有部分に影響を及ぼしてしまう可能性があります。

したがって，各区分所有者は，区分所有者の共同の利益に反する行為をしてはならず，一戸建て建物の所有者よりも多くの制限を受けることになるのです。

共同の利益に反する行為を行う区分所有者に対して，他の区分所有者は様々な措置を講じることができますが，その場合は，いきなり競売を請求するのではなく，行為の差止め→使用禁止→競売の請求といった具合に，段階を経て請求しなければなりません。

語句の意味をチェックする

差止…他人の違法な行為により，自己の利益が侵害されるおそれのある場合，これを防止するために，禁止すること

関係する条文 第 6 条〔区分所有者の権利義務等〕，
第 57 条〔共同の利益に反する行為の停止等の請求〕，
第 58 条〔使用禁止の請求〕，第 59 条〔区分所有権の競売の請求〕

18-17 議事決定の要件一覧

基本ナビ 区分所有法における議事決定の要件を一覧表にしました。各要件の数字は間違えやすいところですが，本試験の頻出項目でもあります。詳しい内容はについては，表中の「参照項目」に従って各項目に戻って復習し，しっかり覚えましょう。

決議要件	決議事項	例外	参照項目
単独	共用部分の保存行為		18−9
	建物の価格の1／2以下が滅失した場合の復旧	復旧・建替えの決議があった場合を除く（復旧決議の場合は「過半数」を参照）	18−12
1／5以上	集会の召集	区分所有者の定数は規約で減じることができる	18−14
過半数	共用部分の利用・改良行為	規約で別段の定めができる	18−10
	管理者の選任・解任	規約で別段の定めができる	18−4
	建物の価格の1／2以下が滅失した場合の復旧決議	規約で別段の定めができる	18−12
	行為の停止等の請求訴訟		18−16
	その他の決議		18−序
3／4以上	管理組合法人の設立・解散		18−6
	規約の設定・変更・廃止		18−7
	共用部分の重大な変更	区分所有者の定数は規約で過半数まで減じることができる	18−11
	建物の価格の1／2超が滅失した場合の復旧決議		18−12
	専有部分の使用禁止請求訴訟		18−16
	専有部分の競売請求訴訟		18−16
	占有者に対する引渡訴訟		18−16
4／5以上	建替え		18−13

権利関係 

学習のポイントは?

ここでは，どのような内容の登記が「権利に関する登記」であり，また「表示に関する登記」であるのかを，きちんと区別できるようになることが目標です。

ここで学ぶのはどんなこと?

どのような内容の登記か区別できれば，決して難しくないと感じられるでしょう。

19 不動産登記法

最初に知っておこう

不動産登記とは，不動産の現況及び権利関係を広く一般に示すための制度です。

通常，登記といえば不動産の権利に関する登記を指しますが，登記とは，一定の事項を広く社会に公示する目的で記録，表示することであり，またその内容を意味します。

簡単にいえば「この土地や建物は私のものだ」と誰が見てもわかる状態にするということです。したがって，登記を行うことによって，第三者に対して一定の事項を主張し得る効力を持つことになります。

不動産登記では，登記があれば必ず権利が存在し，また，実質的な権利の所有者でなくても，登記簿に権利者として記録されていれば，その者との取引を有効とすることを本来の目的としていますが，実際のところは，書面等の申請によって形式的な審査を受けるだけの制度となっており，前述のように不動産の現況と権利関係を公示する目的に留まっています。

「不動産登記がただの形式的なものであると，何か不備が生じますか？」

「たとえば，借地借家法では，第三者対抗要件が登記以外にもありましたよね（[16-10][17-5] **参照）。借地権の登記がないことを確かめて土地を買っても，すでに他人の家が建っていてその土地を使えないということもあるのです」**

実際のところ，特に賃借権において登記を怠る者が少なくありません。法律が現実に対応できていないのです。ですから，不動産取引においては登記簿謄本を的確に読み取り，さらに実際に現地を確認することが必要です。

「つまり不動産に対する権利の登記は，義務ではないということですか？」

「義務ではありませんが，登記がなければ第三者に対抗できません（[5-1] **参照）」**

語句の意味をチェックする

登記簿謄本…登記簿に記載された事項をもれなく謄写し，登記官が登記簿の記載と同一であることを認証したもの

19-1 登記の申請手続き

暗記ナビ

登記の申請方法は出頭，郵送，オンラインの３つ

解説ナビ 登記の申請手続きは，次のように行われます。

1 登記所へ申請書を提出し，申請情報を提供する（[19-6] ～ [19-8] 参照）

申請方法には書面による申請（郵送可）とインターネットによる申請があります。

申請情報とは，不動産を識別するための必要事項，申請者の氏名や名称，登記の目的等です。

2 添付情報を提供する（[19-9] 参照）

3 〈登記官が〉申請を受け付ける

同一の不動産に関して２以上の申請が行われた場合で，その前後が明らかでないときには，これらの申請は同時に行われたとみなし，同一の受付番号が付されます。

4 〈登記官が〉本人を確認する

登記官は，申請者となるべき者以外の者が申請していると認めるときは，申請者等に出頭，質問，必要な情報の提供を求める等の方法により，当該申請者の申請の権原の有無を調査しなくてはなりません。

5 〈登記官が〉登記を完了する

申請により申請者が登記名義人となる場合は，その者に対して速やかに登記識別情報を通知します。ただし，あらかじめ登記識別情報の通知を希望しない旨の申し出を受けたときには，通知は不要です。

申請を却下する場合には，理由を付した決定をもって行います。

また，申請の不備が補正できる場合で，申請者が定められた期間内に補正できた場合には，登記できたものとします。

基本ナビ 改正された本法での登記の申請は，インターネットを使ったオンライン申請を前提としているため「情報の提供」「登記登録」等，データ処理を連想させる言葉を使って条文が構成されています。

登記官はオンライン申請，郵送や出頭での書面による申請の両方を管理しなければならないため，登記の申請を受け付けたときに受付日，時間，受付番号を付けて順番を特定します。

また，オンライン申請の導入により本人確認が難しくなったため，登記官は申請書類が整っているかを確認して登記を受け付けるだけの存在から，新たに4の権限を持つことになりました。

関係する条文 第 18 条〔申請の方法〕，第 19 条〔受付〕，第 21 条〔登記識別情報の通知〕，第 24 条〔登記官による本人確認〕

19-2 登記所とは

暗記ナビ

登記所は，不動産の所在地によって管轄があらかじめ決まっている

解説ナビ 不動産の所在地を管轄する法務局，地方法務局，これらの支局や出張所は，登記所として登記簿等に関する手続きを行い，その情報を保管します。

不動産が複数の登記所の管轄地域にまたがる場合は，法務局，地方法務局の長，または法務大臣が管轄登記所を指定します。

したがって，建物と土地の管轄登記所が異なる場合もあります。

また，不動産が複数の登記所の管轄地域にまたがり，かつ，管轄登記所の指定が行われていない場合には，申請者はそれら複数の登記所のうちいずれか１つの登記所へ登記の申請を行います。

基本ナビ 登記は直轄登記所において行われます。その登記事務を行う，つまり申請された登記を完了させる者を登記官といいます。申請者が登記官自身，その配偶者，四親等内の親族の場合には，その登記官はその登記の事務を行えません。

ひっかけ注意!!

不動産が複数の登記所の管轄にまたがっている場合，不動産の面積が一番広い地域を管轄する登記所が，その不動産について取り扱う?

答えはノー。面積にかかわりなく法務局，地方法務局の長，または法務大臣が管轄登記所を指定します。

○×ドリル ２つの登記所の管轄区域にまたがっている１個の不動産の登記簿は，どちらの登記所においても備えられている。

語句の意味をチェックする

管轄…国または公共団体が取り扱う事務について，地域，事項，人的に限定された範囲

登記官…登記所内の登記事務を取り扱う者で，法務局等に勤務する法務次官で法務局，地方法務局の長が指定する

関係する条文 第６条〔登記所〕

19-3 登記の対象

暗記ナビ

登記できる不動産は，土地＋土地の定着物

解説ナビ 不動産登記では登記できる対象が決まっており，土地及び土地の定着物がその対象となります。

登記できる権利については，これらの不動産に関する所有権，地上権，永小作権，地役権，先取特権，質権，抵当権，賃借権，採石権の計９つについて行えます。

また，登記の種類については，不動産の表示や権利の設定，保存，移転，変更，処分の制限，消滅について行えます。

基本ナビ 登記の内容は登記の対象，登記の権利，登記の種類と３つの基軸で捉えますが，ちょっと読んだだけでは区別が難しいでしょう。

不動産についての登記は土地と建物について行い，第三者対抗要件を備えられます。

ただし，どんな状態の土地と建物であっても登記できるとは限りません。

土地であれば所有権の対象となる状態の土地（たとえば海面下にある土地は対象外となります）でなければ登記できず，建物も屋根や周壁またはこれに類する物を備え，土地に定着し，さらには目的に合わせて使用できる建物でなければ登記できないのです。

そのうえで対象となる不動産についてのどんな権利を登記するか，さらにはその権利をどうしたいかという種類が問われます。たとえば，所有権を保存したければ所有権の保存登記を，所有権を移転したければ所有権の移転登記を行うことになります。

○×ドリル 建物は，必ずしも土地に定着していることを要しないので，容易に運搬することができる切符売場，入場券売場も，建物の表示の登記をすることができる。

語句の意味をチェックする

採石権…他人の土地で岩石や砂利を採取する権利
保存登記…未登記の所有権をはじめて行う登記

関係する条文 第３条〔登記することができる権利等〕

19-4 登記記録とは

暗記ナビ

登記記録は，表題部と権利部に区分される

解説ナビ 登記記録は１筆の土地，または１個の建物ごとに表題部，権利部に区分して作成されます。この登記記録を綴った帳簿を登記簿といいます。

表題部には，表示に関する事項として次の登記事項が登記されます。

1 土地……所在（地番，地目，地積等），所有者の氏名・住所等

2 建物……所在，地番，家屋番号，種類，構造，床面積，所有者の氏名・住所等

権利部には，権利に関する事項として次の登記事項が登記されます。

3 甲区……所有権に関する事項（買戻しの特約等）

4 乙区……所有権以外の権利に関する事項（抵当権，先取特権，賃借権等）

基本ナビ 登記記録は登記簿の写しとして，また登記事項証明書として，誰でも手数料を納付すれば交付を請求できます。登記簿は一部を除いて磁気ディスクで調製（コンピュータで作成されたものをブック型で保管）されており，手数料を納付すれば誰でも閲覧が可能です。

ちなみに甲区，乙区について登記事項がなければ，登記簿は表題部のみとなります。登記簿からは次の情報が得られます。

≫表題部……目的物件の現況を知ると共に，物件を特定できる

≫甲区……物件の現在の所有者がわかる

≫乙区……物件が抵当権等の権利の目的とされているか等がわかる

登記事項証明書は住民票のような紙状のもので交付されます。

登記所にはその他にも地図（地図が備えられるまでは地図に準ずる図面）や建物所在図等が保管されており，手数料を納付すれば誰でも閲覧，交付を請求できます。

語句の意味をチェックする

１筆の土地…土地の単位で，土地登記簿上で，１個の土地とされているもの

地目，地積…地目とは主用途を表すために付く田，畑，宅地等の名称。地積とは土地の面積

登記記録…表示または権利に関する登記についての磁気的記録

登記事項…登記記録として登記すべき事項

地図，建物所在図…地図とは土地の位置や区画を現地通りに明確に表示した図面，建物所在図とは建物の現在地を表示した図面で，共に１筆または２筆以上の土地ごとに作成される

関係する条文　第 12 条〔登記記録の作成〕，第 27,34,44 条〔表示に関する登記の登記事項〕，第 109,120 条〔登記事項証明書の交付等〕

19-5 登記の順位

暗記ナビ

権利の順位は，その登記の前後による

解説ナビ 同一の不動産について登記した権利の順位は，原則として登記の前後によります。

また，同一の主登記についての付記登記の順位はその前後によります。

基本ナビ 甲区，乙区にかかわりなく，登記所で何番目に受け付けられたかの表示を受付番号といいます。

登記官は，申請された登記に受付番号を付して，原則としてその番号順に手続きを行いますが，作業上の理由によってその優先順位が入れ替わることもあります。

ただし，同一の不動産について，同一の区分への申請が2以上あったときは，登記官は必ず受付番号に従って登記を完了させなければなりません。同一の区分といっても表題部への複数の申請はありえません（[19-6] 参照）ので，問題となるのは権利部への申請，つまり権利登記（[19-7] 参照）が複数申請された場合です。

「登記の前後によるとは?」

「抵当権（[7-4] 参照）の先順位や後順位の『先』『後』に該当します。登記簿では順位番号として公示され，原則として同一区内の権利についての順位を意味します」

人から人へと移動する権利の記録は，登記の申請の都度，権利部に追録されていきますが，どの登記が有効かが判別できなければ意味を成しません。先に登記した方や後に登記した方が優先されるよう登記の順位が設けられているのです。

「先に登記した方が優先される場合とは? 後が優先される場合とは?」

「先が抵当権等で，後が所有権です」

登記は主登記と付記登記で構成され，実際にはこの2つによって様々な登記が行われています。

たとえば，抵当権の設定は主登記で行われますが，その抵当権にかかわる債務を保証人が弁済したときの代位の登記は付記登記で行われます。付記登記は独立の順位を持たず，すでに登記されている主登記の順位を用いて「当該主登記の順位番号の付記○○号」という順位で登記されます。

○×ドリル

登記がされた数個の抵当権の順位は，それらの登記の順位番号による。

語句の意味をチェックする

主登記…甲区・乙区に登記され，すでに行われている登記のうちの一番最後の登記の順位に続き，独立の番号を付して行われた登記

付記登記…既存の特定の主登記に付記して，その一部を変更する登記

関係する条文 第4条〔権利の順位〕，第20条〔登記の順序〕

19-6 表示登記を申請するとき

暗記ナビ

表示登記の申請は，１ヶ月以内に行う

解説ナビ 表示登記の申請は，１ヶ月以内に，原則として表題部に記載された所有者または所有権の登記名義人もしくはその相続人が，単独で行わなければなりません。

ただし，次の者またはその代理人（司法書士等）が行わなければならない場合もあります。

１ 表題登記……所有者またはその相続人
２ 表題登記の変更の登記……表題部に記載された所有者または所有権の登記名義人

また，申請者が申請を忘れている場合には，登記官は，その職務権限で登記できます。

基本ナビ 表示に関する登記（表示登記といいます）は，建物を新築，合体した等，あるいは土地を合筆，分筆した等の場合に行う表題部に関する登記をいいます。

そして，不動産について初めて表題部を作成する登記を表題登記といい，新築あるいは表題部のない物件を取得したときは，１ヶ月以内に［解説ナビ］１の者が単独で申請しなければなりません。

この表題登記で行われた登記記録のうち，土地であれば地目や地積，建物であれば地番，種類や構造等，公示すべき物件の内容に変更が生じた場合は変更の登記を要し，さらに，建物が滅失した等の場合は滅失の登記を要しますが，それぞれ１ヶ月以内に申請しなければなりません。

また，土地の合筆・分筆については，所有者からの申請がなくても，一筆の土地の一部が別の地目となった場合や，地図を作製するために必要があると認め，所有者等の異議がない場合には登記官が職務権限，つまり職務の遂行上与えられた権限として登記できます。

これら表示登記は固定資産税の基礎としても義務づけられ，登録免許税は課されません。

語句の意味をチェックする

合体…２つ以上の建物を１つにするという不動産登記法上の意味
合筆，分筆…合筆とは２筆以上の土地を１筆に，分筆とは１筆の土地を分割して数筆にすること
変更の登記（変更登記）…所有者の改姓，抵当権の債権額の変更等，登記された事項について，後で変更が生じた場合，その変更をする登記
固定資産税，登録免許税…［法令上の制限 10-2］［法令上の制限 10-9］参照

関係する条文 第 28 条〔職権による登記〕，第 30 条〔一般承継人による申請〕，第 36,37,47,51 条〔表示の登記の申請〕

19-7 権利登記を申請するとき

暗記ナビ

権利登記の申請は，共同主義

解説ナビ 権利登記の申請は，登記権利者及び登記義務者，またはそれらの代理人やそれらの相続人が行えますが，その際は共同で行わなければなりません。

ただし，次の場合には，たとえ権利の移転の登記であっても登記権利者が単独で申請できます。

1 相続の登記

2 判決による登記

基本ナビ 本試験でも頻出ですが，相続，仮登記（［19-11］参照）等の語句を付けて権利登記であるかのように見せた“ひっかけ問題”の対処法は，その登記が表題部に登記される内容か，それとも権利部に登記される内容か見定めることです。

権利部の内容，つまり権利に関する登記（権利登記といいます）であれば，どんな内容であれ登記義務者，登記権利者による共同での申請が原則となります（共同主義といいます）

しかし，1のように相続で権利登記を申請する場合には，登記義務者となる者は死亡しているので出頭したくてもできません。したがって，相続人である登記権利者が単独で申請します。

また，2のように裁判所によって登記の手続きをすべき旨を命じた確定判決による登記であれば，公のお墨付きをもらったことになり，登記権利者のみで申請できます。

権利登記は登記所へ出頭，郵送，オンラインいずれの方法でも申請できます。申請の結果として登記が完了すると，登記所は登記名義人に対して速やかに登記職別情報と登記完了を通知します。

〇×ドリル 不動産の権利に関する登記の申請は，登記権利者及び登記義務者またはその代理人が共同して行わなければならない。

語句の意味をチェックする

登記権利者…登記をすることによって権利を得たりして得をする人
登記義務者…登記をすることによって，権利を失ったり，義務を負うことになって損をする人
移転の登記…権利を登記義務者から登記権利者へ移転させる登記
確定判決…通常の不服申立方法によっては取消しや変更等ができない状態に達した判決
登記職別情報…［19-9］参照

関係する条文 第 18 条〔申請の方法〕，第 60 条〔共同申請〕，第 62 条〔一般承継人による申請〕，第 63 条〔判決による登記等〕

19-8 保存登記を申請するとき

暗記ナビ

所有権の保存登記の申請は，単独で行う

解説ナビ 所有権の保存登記の申請は，たとえ権利登記であっても，次のいずれかに該当する者が，単独で行えます。

1. 表題部に自己または被相続人が所有者として記載されている者
2. 確定判決により，自己の所有権を確認された者
3. 収用により，所有権を取得した者
4. 区分所有建物の表題部に記載されている者から所有権を取得したことを証明できる者

基本ナビ 権利登記の申請は，登記権利者及び登記義務者，またはそれらの代理人やそれらの相続人が行えますが，その際は共同で行わなければなりません。

ただし，不動産について初めて行う所有権に関する登記（保存登記といいます）は，登記権利者が単独で申請できます。これは登記権利者と登記義務者の関係を考え，登記権利者＝登記義務者と理解できればすぐに納得できるはずです。

2については，［19-7］の2と似ているので注意しましょう。

［19-7］の2は，移転登記等が前提であり，保存登記の場合とは異なって，確実に登記権利者と登記義務者が存在します。

そのため，登記手続きをすべき旨を命じた確定判決や給付判決の必要性は，本項2よりも高いといえますが，逆に，本項2では，所有権が認められた判決であればＯＫです。

なお，1〜4は頻出なので必ず覚えてください。

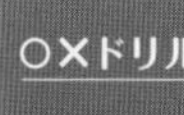

所有権の登記がされていない建物について，その所有権が自己にあることを確定判決によって証明できる者は，当該建物の所有権保存の登記を申請することができる。

語句の意味をチェックする

保存登記…登記されていない不動産について，初めて行う登記

収用…公共事業のために，本人の意思にかかわりなく，財産権を取得させる行為。取得する者は，国や公共団体

関係する条文 第74条〔所有権の保存の登記〕

19-9 権利登記の申請時の添付情報

暗記ナビ

権利登記の申請に必要な情報とは
1 登記原因証明情報
2 登記識別情報
3 第三者の許可，同意，承諾を証する書面
4 代理権限証書

解説ナビ 権利登記の申請には，登記申請書に加えて，次の情報を必要に応じて添付し提供しなければなりません。

1 登記原因証明情報

売買による所有権移転の場合には，売買契約書または売渡（うりわたし）証書，抵当権設定の場合にはローンの抵当権設定契約書等，権利移動等の成立を証明する書面を，別段の定めがある場合を除いて提供します。

2 登記識別情報

登記義務者の権利に関する証書（法律改正前は俗称「権利証」）を提供します。また，所有権の登記がある土地の合筆の登記の際にも提供します。

3 第三者の許可，同意，承諾を証する書面

農地法の許可，登記上利害関係のある第三者の承諾書，登記の原因について第三者の許可，同意，承諾を必要とするときには，その証明書を提供します。

4 代理権限証書

簡単にいえば，委任状です。

以上の他に，添付すべき情報として印鑑証明書，相続証明書等があります。

基本ナビ 添付情報は登記の申請の手続きにおける情報提供のために必要となります。そのため，登記記録の付属情報として登記所が保管するものもあります。

1については，利害関係を持つ者に限って閲覧できます。

2については，登記完了後に次回の登記の申請時に，登記義務者として申請者であることの証明です。しかし，当該情報を喪失等している場合もあり，その場合は次のいずれかの方法で本人の確認手続きを行わなければなりません。

① 登記官が登記義務者に対して申請があった旨，及び申請の内容が真実であると思料するときには，一定の期間内にその旨の申し出をすべき旨を事前に通知する
② 司法書士等の作成する「本人（登記義務者）確認証明書」の提供を受ける
③ 公証人による登記義務者であることの認証

つまり，登記が完了した際に行われる登記識別情報の通知は 1 回のみということです。

また，4の代理権限証書は，代理人が本人に代わって登記を申請する際に必要となります。ただし，代理人の行為が単なる手続きに過ぎないため，たとえ本人の死亡等の事由が発生しても，代理権が消滅することはありません。

権利登記の申請に必要な情報には1～4だけでなく，印鑑証明書，相続証明書等も含まれますが，頻出事項として1～4をクローズアップしています。

ちなみに，印鑑証明書は所有権の登記名義人が登記義務者のときに提供しますが，オンライン申請の場合はこれに代えて電子署名と電子証明書になります。

また，法律改正でオンライン申請が基調とされているため，改正前の「添付書類」という文言は情報等の呼称に変わっていますので注意してください。

○×ドリル 抹消登記を申請する場合において，当該抹消される登記について登記上の利害関係を有する第三者があるときは，申請書には，当該第三者の承諾書を添付しなければならない。

語句の意味をチェックする

思料…考えること

関係する条文 第 22 条〔登記識別情報の提供〕，第 23 条〔事前通知等〕，
第 61 条〔登記原因証明情報の提供〕

19-10 区分所有建物を登記するとき

暗記ナビ

区分所有建物の表題登記は，一括申請する

解説ナビ 区分所有建物については，一棟全体については表題部のみを設け，それとは別に，専有部分ごとに表題部，権利部（甲区，乙区）が設けられています。

各区分所有者は，自らの専有部分だけの登記簿を持つことになりますが，これらの表題登記は，分譲業者が最初に一括して行います。

また，区分所有建物の表題登記を行う場合には，その建物の敷地権（［18-1］参照）も登記事項になり，登記は土地ではなく建物の情報として記録されます。

基本ナビ 1つの建物に多くの所有権が存在する区分所有建物は，通常の様式では管理できません。

区分所有建物が完成してから1ヶ月以内に全戸が完売すれば登記のトラブルも起こりません（［19-8］参照）が，売れ残った専有部分についての登記や，購入者が個別に申請した場合の膨大な量の処理等の問題を回避するために，表題登記は分譲業者等，最初の所有者が一括して申請することになっています。

また，土地については，区分所有建物が完成するまでは所有権等（他に地上権や賃借権）の登記記録が登記されており，所有者は自由に売買等できます。

しかし，区分所有建物が完成し表題登記，つまり区分所有建物である旨が登記されると，区分所有法により区分所有権と敷地利用権（敷地権といいます）を分離できなくなり，自由な売買等も不可能となります。

そこでその旨，つまり売買等できない所有権等であると誰もが認識できるよう，敷地権の登記が行われますが，登記は土地ではなく建物の情報として記録されます。

たとえば，敷地権が所有権に基づく場合には，次のようになります。

まず申請により建物の登記記録として表題部に敷地権の登記が行われ，次に登記官の職権により土地の登記記録として甲区に敷地権である旨を付して登記されます。その後は，その敷地権の移転や設定に関する登記は土地ではなく，建物の甲区，乙区にその都度記録，表示されていくわけです。

○×ドリル 表示の登記がされていない区分建物を建築者から取得した者は，当該区分建物の表示の登記を申請する義務はない。

関係する条文 第46条〔借地権である旨の登記〕

19-11 仮登記を申請するとき

暗記ナビ

仮登記の申請は，仮登記義務者の承諾書または仮処分命令の正本を提出すれば仮登記権利者が単独で行える

解説ナビ 仮登記は権利登記なので，原則として共同申請となります。

ただし，仮登記権利者は，仮登記義務者の承諾書または仮処分命令の正本を提出すれば，単独で申請できます。

基本ナビ 仮登記とは，本登記を行う際に手続法（てつづきほう）的，または実体法的要件が整っていないために手続きを済ませられず，後日改めて行う本登記の順位をあらかじめ確保するために行う登記です。

手続法的要件が整っていないときには，必要書類が整っていない場合等が該当し，実体法的要件が整っていないときには，ＡがＢから不動産を購入したにもかかわらず登記簿上の所有者がＣであった場合等が該当し，それぞれ「今登記しておかないと，別の者に先に登記されてしまうおそれがある」として仮登記することになります。

仮登記を済ませておけば，本登記が仮登記の順位通りに行えます。

そこで問題となるのが，仮登記から本登記までの間に，別の者が権利について本登記を行った場合です。

仮登記に続いて本登記を済ませた時点で甲区，つまり所有権においては，別の者の本登記は登記官の職権で抹消されてしまいます。

一方，乙区では，たとえば抵当権は後順位になるものの，その効力は失われません。

ただし，仮登記はあくまでも“仮”に過ぎず，順位を確保する効力以外に登記の効力は皆無なので，仮登記しか持たない者は本登記の効力に対抗できません。

〇×ドリル 仮登記は，登記の申請に必要な手続上の条件が具備しない場合に限り，仮登記権利者が単独で申請することができる。

語句の意味をチェックする

手続法…権利，義務等の実現のためにとるべき手続きや方法を規律する法
実体法…権利，義務の発生，変更，消滅の要件等の法律関係について規律する法

関係する条文 第105条〔仮登記〕，第106条〔仮登記に基づく本登記の順位〕，第107条〔仮登記の申請方法〕，第109条〔仮登記に基づく本登記〕

COLUMN

「時短、かなりいいです」、「自分には合っていました」、「がんばってみます、ありがとうございます」などご購入いただいた方から直接お礼のご連絡をいただく機会があります。また、その逆もありますが。
「ありがとうございます」と直接、感謝の言葉を聞くと、自分のした仕事が、少しでも人様の役に立っているのかなと思えるありがたい瞬間でもあります。

「宅建の勉強の進め方がわかりません」とよくお問い合わせを受けるのですが、人によってやり方が違います。まず計画を立てて、その計画通りに進めていく人「1時間で5ページ」「30分やったら休む」「1週間で過去問10年分やる」など短い目標を立てて進めていく人、1人は孤独でできないから、友達と教え合いながら一緒に勉強する人、勉強の後のご褒美や楽しいことを想像しながら、モチベーションを維持して勉強する人、1人マイペースに勉強する人、様々です。
いろいろなやり方はご提案できるので、早めに自分の性格に合った勉強の進め方がみつかるとよいと思います。

私自身は、おだやかにのんびりとすることが好きで、平和な日常が続いてくれればいいと思っているような性格なので、計画通りや、テキパキと物事をこなすことは苦手です。また、物事を先延ばしにする傾向があるので、始めるのに時間がかかります。ただ、やると決めたことに対しては継続して力を発揮します。1つのことをじっくり時間をかけて行い、同じことの繰り返しも苦ではないので、勉強法も1人でマイペースに継続するタイプです。

同じような「のんびり屋さん」の性格の人にはいいアドバイスができるかもしれません。
急かしたり、押し付けたり、怒ったりもしないので
質問があればメールしてください。

Mail：info@toriishobo.co.jp

法令上の制限

1　国土利用計画法
2　都市計画法〔都市計画〕
3　都市計画法〔開発許可〕
4　都市計画法〔行為制限〕
5　土地区画整理法
6　建築基準法
7　農地法
8　その他の不動産法令
9　地価公示法と不動産の鑑定評価
10　税金
11　景品表示法
12　独立行政法人住宅金融支援機構
13　土地・建物に関する一般常識

法令上の制限を攻略する３つのコツ

1 法令上の制限は，単体でなく“群”と捉える

ひとつひとつの法律が有機的につながっていることを理解せよ

宅建試験では，土地建物にかかわる様々な法律を「法令上の制限」と総称しています。

それら法令上の制限を構成するひとつひとつの法律は時代の要請に応えるためにつくられ，社会動向や社会風潮の変化に大きくかかわり，やがてはその影響力ゆえに次の法律の誕生を促すという重要な役割を果たしてきました。

敗戦後に，小作農を地主から解放することを目的として『農地法』が作られました。その後，自然発生的な都市空間が産業や交通の発達により劣悪な環境になったため，その弊害を是正・防止するために数々の法律が作られていきます。

都市部では狭い道路のある住宅密集地に住む多くの人々の健康と生命，財産を守るため『建築基準法』が急きょ作られました。産業の発達を契機に，健全な市街地の造成を図り，公共の福祉に役立てることを目的とした『土地区画整理法』が作られ，次に『宅地造成等規制法』（2023 年に宅地造成及び特定盛土等規制法に改正）が作られました。また，都市が大規模になるにつれ，区画整理だけでは太刀打ちできなくなり，集大成的な法律である『都市計画法』が作られました。

このように，一見バラバラに見える「法令上の制限」は戦後を生きた人達と共に“健康で文化的な生活”へ一歩ずつ近づこうとした法律達の集合体です。換言すれば，法令上の制限の法律を求め続けてきた歴史，すなわち，ひとつひとつの法律が互いに協力し合いながら築いてきた歴史が日本の戦後の歴史ともいえます。

まず，数多い法律群が１本の糸でつながっているということを頭に置いて学習を始めてください。「法令上の制限」が苦手な受験生も，今度はきっと学習の視界が大きく開けることでしょう。

2 理解だけもダメ，覚えるところは覚える

法律の理念を知る学習が暗記を助ける

［暗記ナビ］は絶対に暗記してほしい部分です。これにプラスして覚えてもらいたいのが例外事項ですが，法令上の制限は特に例外が多い分野なのですべてを丸暗記しようと思えば倍近い労力が必要になります。「そこまでは覚えられない」と思う人も多いでしょう。

まず，丸暗記をしようと思ってはいけません。法律の理念を知るための学習をすることです。こう書くと何やら難しい感じがしますが，要は法律の目的だけを覚えてそこから常識で判断できるようにするということなのです。

たとえば，都市計画法の開発許可の出題があったときに，この法の目的が「公共の福祉の増進」だと知っていれば「学校は公共の福祉のために必要な建物だから，開発許可がいらないだろう」と想像できるはずです。

この方法ならば丸暗記より効率よく記憶でき，学習に費やす時間と労力がはるかに少ない量ですむはずです。そのうえ，「ど忘れ」しない覚え方ですから，本試験で間違いなく実力を発揮できるのです。

3 知らないことは切り捨てる

知っている肢に注目して正答を絞り込む

本試験で，法令上の制限ほどテキストに載っていないことが出題される分野もありません。しかし，肢の 1 つはテキストに載っていることが出題されます。こんなときには知っていること，知っている数字を選んでいけばいいのです。知らないことが出題されたらバッサリ切り捨てましょう。逆にいえば，テキストに載っていることが求める答なのです。

法令上の制限は範囲が膨大で，すべてをテキストに載せることは不可能です。その点をしっかり納得して，知らなくてもあわてないようにすることが大切です。

法令上の制限の学習は業法と同様，遅めに取りかかるのがいいでしょう。7 月から始めると，いくら学習時間が短くても，ちょうど本試験の 1 週間前ぐらいには終了するはずです。

学習のポイントは?

土地の高騰を招かないようにするには…を常に考えて読み進めましょう。そうすれば，なぜ国土利用計画法がつくられたのか，そしてその手続きについても理解できるはずです。

ここで学ぶのはどんなこと?

ここで覚えるべき点は次の２つです。
①届出はいつ必要か（契約の前，それとも契約の後）
②届出が必要なのはどんな契約のときか

1 国土利用計画法

最初に知っておこう

本法は，投機的な土地取引やそれが引き起こす地価高騰が，国民生活に悪影響を与えないよう，乱開発の未然防止と，遊休土地の有効利用の促進を通して，総合的な国土利用を図ることを目的とした法律です。簡単にいうと，誰もが適正に土地を購入しマイホームが持てるよう，土地取引を監視し，さらには空き地を有効利用するよう対策を練ることを役割としています。

昭和 30 年～ 40 年代になると，マイホーム云々を通り越して，土地を投機目的で売買する，つまり土地を商品へと変えてしまう動きが高まり，土地は急速に値上がりしていきました。一時は「1 年前に 5,000 万円の土地が，今では 1 億円」といった話がざらにあり，そのため，環境や土壌の悪い土地でも法外な値段で取引されていました。そんななか，地価の高騰を押さえるために本法が制定されました。

しかし，高騰は止まらず，さらにいくつもの政策がとられるに至りました。

そのひとつが，注視区域（ちゅうし），監視区域（かんし）の指定による土地取引の管理です。

土地取引を管理する者は都道府県知事（以下「知事」と略す）となります。知事は土地を管理し，さらに地価の高騰を予防する策として，一定期間内に平均的な物価の変動以上に地価が上昇し，または上昇する恐れがあり，やがては適正で合理的な土地利用を困難にさせるおそれのある区域を注視区域に，地価が急激に上昇しまたは上昇するおそれがあり，適正で合理的な土地利用ができなくなる恐れのある区域を監視区域に，それぞれ指定して土地取引の管理を強化します。

注視区域，監視区域の他に，土地の投機的取引が相当範囲にわたり集中して行われた，または行われるおそれがあり，地価が急激に上昇し，あるいは上昇するおそれのある区域や，これらの事態を緊急に除去しなければ適正で合理的な土地利用の確保が著しく困難となる区域については規制区域として管理しますが，現在のところ，規制区域の指定を受けた区域は皆無でこれについては覚える必要はありません。

語句の意味をチェックする

遊休土地…使わずに，遊ばせてある土地のこと

1-1 土地取引で届出が必要なとき

暗記ナビ

土地の売買等で届出が必要なのは
1 市街化区域内………2,000㎡以上
2 市街化区域以外……5,000㎡以上
3 都市計画区域外……10,000㎡以上

別表現では 1市街化区域内で 2,000㎡未満の土地の売買等には届出不要
2市街化区域以外で 5,000㎡未満の土地の売買等には届出不要
3都市計画区域外で 10,000㎡未満の土地の売買等には届出不要

解説ナビ 知事に対して，土地の売買等についての届出が必要な場合は，次の通りです。

1 **市街化区域内の土地で，2,000㎡以上の土地の売買等**
2 **都市計画区域内の市街化区域以外（市街化調整区域と非線引区域）の土地で，5,000㎡以上の土地の売買等**
3 **都市計画区域外の土地で，10,000㎡（1 ha）以上の土地の売買等**

ただし，監視区域については，知事が都道府県の規則で別に面積を定めることができるため，その場合には1～3の面積にかかわらず，知事が定めた面積を超える土地の売買等について届け出なければなりません。

1～3の土地の売買等が行われた場合，原則として，買主あるいは借主（借地権者等）が届け出なければなりませんが，注視区域や監視区域については，売主・買主，あるいは貸主・借主等の当事者双方が届け出ることになります。

基本ナビ 日本全国どこでも，一定の面積以上の土地の売買等の取引を行う際には，知事への届出が必要です。

ここでの「売買等」とは，売買，売買予約，停止条件付売買契約，交換，賃貸借，地上権設定，代物弁済等対価が生じるものをいいます。

ただし，相続，贈与等，土地が単に移動するのみ（対価が生じない）か，もしくは競売，裁判上の和解等，国の機関による監視を受けて土地の価格が決まる場合には，届け出る必要がありません。

また土地取引の当事者の一方あるいは双方が，国や地方公共団体等の場合にも，届け出る必要がありません。

「一定の土地面積」について，このような語呂あわせはどうでしょうか。

「 2 × 5 ＝ 10 」
（2,000㎡）（5,000㎡）（10,000㎡）

「売主が複数で，各々が規定の規模未満であっても，届出は必要ですか？」

「買主が，分譲地，マンション建設用地等，一団の土地として利用する目的で土地取引を行う場合には，売主の各々の規模が規定の規模未満であっても，買主側から見たときに一団の土地として規定規模以上であれば，届出が必要です」

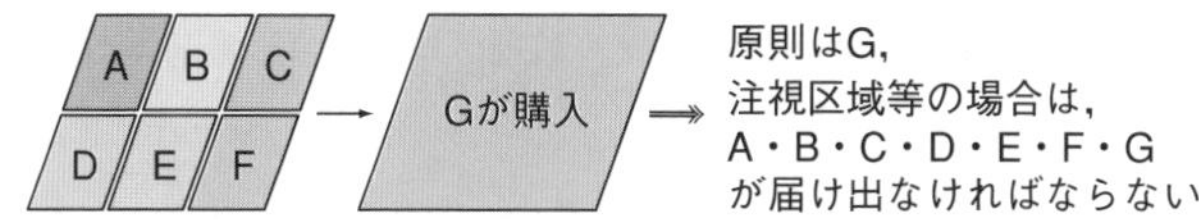

「買主が複数で，各々が規定の規模未満であっても，届出は必要ですか？」

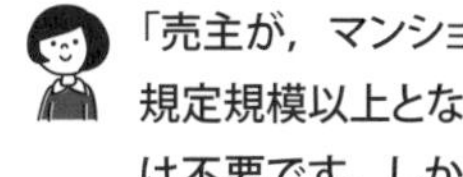
「売主が，マンションや一団の土地を区画ごとに分譲する場合には，売主側から見たときに規定規模以上となっても，買主の各々の規模が規定の規模未満であれば，原則として届出は不要です。しかし，注視区域等に指定されている区域での土地取引では，売主側が規定規模以上となるので，両当事者が届け出なければなりません」

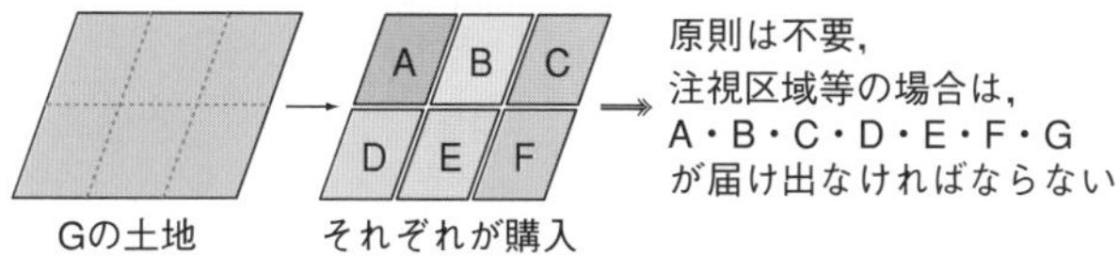

「『監視区域では別に面積を定める』とはどういうことですか？」

「通常，市街化区域内では 2,000㎡以上，市街化区域以外では 5,000㎡以上，都市計画区域外では 10,000㎡以上の土地取引を行う場合に届出が必要ですが，知事が『この規模では広すぎる』と判断したときに，監視区域に指定され，その区域内では，知事が決めた規模（500㎡以上等）以上の土地取引には，届け出なければならないのです」

ひっかけ注意!!

金銭の授受がない交換の場合，知事への届出は不要？

答えはノー。金銭の授受がない交換とは，同じ価値のものを単に交換しただけということです。土地に価格を付けて取引する以上は，土地売買等に該当します。

〇×ドリル 土地の賃借権設定契約は，対価として権利金等の一時金の授受があれば，届出が必要である。

語句の意味をチェックする

対価…物に対する価格　**都市計画区域，市街化区域，市街化調整区域，非線引区域**…都市計画法（［2-1］～［2-3］）参照　**地方公共団体**…都道府県，市町村等

関係する条文　第 23 条〔土地売買等の届出〕，第 27 条の 4〔注視区域，監視区域における土地売買等の届出〕

1-2 届出の時期

暗記ナビ

土地の売買等の届出の時期は
〔原則〕取引後2週間以内
〔注視区域，監視区域の場合〕取引の前
別表現では〔原則〕事後届出，〔注視区域，監視区域の場合〕事前届出

解説ナビ 土地に関する売買契約等を締結したとき，あるいは，しようとするときは，次の事項を記入した申請書を，土地のある市町村長を経由して知事に届け出なければなりません。

1 **当事者双方の氏名と住所（法人の場合は，名称と所在地，代表者の氏名）**
2 **取引の対象である土地の所在と面積**
3 **移転する権利の種別（所有権，地上権，賃借権の３つ）と内容**
4 **対価の額（売買代金の額等），あるいは予定対価**
5 **土地の利用目的**
6 **〔原則〕のときのみ，契約締結年月日**

届出期日については，各区域によって異なりますが，どの区域にも属さない場合には，締結後２週間以内に届け出なければなりません。

注視区域等に属する場合は，締結前に届け出なければならず，その届出に対し，知事からなんら通知もなく届出後６週間を経過した後は，契約を締結できます。

また，義務づけられた届出を行わない者は，６ヶ月以下の懲役または 100 万円以下の罰金に処せられます。

基本ナビ 注視区域等に属する土地取引については，届出後に取引相手に変更があったり，予定対価の額が高くなった等の理由で届出の内容を変更したときには，再度，届け出る必要があります。ただし，予定対価を減額する際には，地価の高騰を招くことがないので届出の必要はありません。

〇×ドリル 土地売買等の契約を締結した場合には，当事者双方は，その契約を締結した日から起算して２週間以内に，事後届出を行わなければならない。

関係する条文 第 23 条〔土地売買等の届出〕，
第 27 条の 4〔注視区域における土地売買等の届出〕，
第 27 条の 7〔監視区域における土地売買等の届出〕

1-3 勧告するとき

暗記ナビ

届出に対する知事の勧告の時期は
〔原則〕届出後３週間以内
〔注視区域，監視区域の場合〕届出後６週間以内

解説ナビ 土地取引について届出があると，知事は勧告するか否かを審査し，どの区域にも属さない場合は，原則として勧告する場合のみ，届出後３週間以内に通知します。

注視区域等に属する場合は，勧告の有無に関わらず６週間以内に通知しなければなりません。

いずれも届出について勧告を受けたときには，その者は，勧告に従わなければならず，もしも勧告に従わないときには，知事は，勧告に従わない旨や勧告の内容について公表することができます。

基本ナビ 知事は土地取引に関する届出について様々な面から審査を行いますが，土地の高騰を招かないようにするためには，まずは利用目的に重点を置いた審査がなされるのが最善です。

したがって，原則として利用目的が勧告の対象となりますが，注視区域等に属する場合には，さらに投機的な取引であるか否か等を含め，予定対価の額も勧告の対象となります。

勧告を受けた当事者は，当然必要な措置を講じなければなりません。

勧告というと悪いイメージがあるかも知れませんが，届出自体が「この取引で良いですか?何かあれば勧告してください」という目的で行われるため，勧告されることも，ある意味想定内のことなのです。勧告されればもちろんそれに従わなければなりません。

○×ドリル 事後届出に係る土地の利用目的について，都道府県知事が当該土地を含む周辺の地域の適正かつ合理的な土地利用を図るために必要な助言をした場合において，届出をした者がその助言に従わなかったときは，その旨を公表される。

語句の意味をチェックする

勧告…ある事柄を申し出て，その申し出に沿う行動をとるよう勧めまたは促す行為

関係する条文 第24条〔勧告〕，第27条の5〔勧告〕，第26条〔公表〕

学習のポイントは?

様々な名称の「都市計画の内容」が登場しますが，それぞれが独立し並列した個別の都市計画です。最低限の決まり事はありますが，各々の都市計画を関連づけて覚える必要はありません。

ここで学ぶのはどんなこと?

都市計画の種類自体が数多いので，すべてを覚えることは難しいですが，少なくとも［2-3］［2-5］［2-6］はしっかりと覚えてください。

2 都市計画法〔都市計画〕

最初に知っておこう

［本章］から［4 章］にかけては都市計画法を学習します。

本法攻略には，本法の全体像を把握することと学習の流れを事前に頭に入れておくことが不可欠です。一見わかりにくい印象を与える法律だけに，すでに苦手意識を抱いている受験生も多いことでしょう。まずは本項をじっくり読みスッキリとした気持ちで具体的な項目に進んでください。

本法の基本理念は「農林漁業との健全な調和を図りつつ，健康で文化的な私生活及び機能的な都市活動を確保すべきであり，これを達成するために土地の合理的利用が図られること（第２条から引用）」です。つまり「住みやすい良い街を作り，農林漁業を営む人達とも仲良くやっていきましょう」ということなのです。

私たちが現在住んでいる街も，むやみに家が建てられ，道が作られているわけではありません。綿密な計画，計画に沿った工事によって整備され，発展しているのです。

本法における街作りの最終目的は，日本国土の均衡ある発展と，公共の福祉の増進に寄与することで，それを達成するために，次のようなステップで計画が立案されます。

（図）都市計画法の流れと本書の関係

段階・項目	内容	本書での学習項目
第 1 段階「都市計画区域等の指定」		
①都市計画区域等を指定する者		[2-1]
②都市計画区域等の指定手続き		[2-2]
第 2 段階「都市計画の内容を絞り込む行程」		
①区域区分	土地利用にかかわる内容	[2-3]
②都市再開発方針等	土地利用にかかわる内容	[2-4]
③地域地区	土地利用にかかわる内容	[2-5]
④都市施設	施設にかかわる内容	[2-6]
⑤市街地開発事業	事業にかかわる内容	[2-7]
⑥市街地開発事業等予定区域	事業にかかわる内容	[2-8]
⑦地区計画等	その他の内容	[2-9]
第 3 段階「都市計画の決定」		[2-10,11]
第 4 段階「都市計画指定後の制限」		
①都市計画が決定されている土地で個人や法人他が行う開発行為	土地利用にかかわる内容に関する制限	[3章]
②開発許可を受けた土地の制限	土地利用にかかわる内容に関する制限	[4-1]
③開発許可を受けていない土地の制限	施設・事業にかかわる内容に関する制限	[4-2]
④都市計画施設等の区域内での行為制限	施設・事業にかかわる内容に関する制限	[4-3,4]
⑤都市計画事業地内での行為制限	施設・事業にかかわる内容に関する制限	[4-5]
⑥地区計画の区域内の行為制限	その他の内容に関する制限	[4-6]

とても単純化していえば，都市計画とは都市計画図のこと（都市計画＝都市計画図）であり，第１段階から第４段階において，それぞれ①②③…の各ステップを経て最終的に１枚の都市計画図を完成させる作業についての決め事が本法となります。各々のステップは単体で都市計画とはいわず，都市計画を完成させるためのパーツでしかありません。

都市計画図を設計図と見立て，第１～４段階で学習する内容を整理してみましょう。各段階の学習意図とその流れを理解することは，本法全体を理解するための最善策です。

第１段階「どこを設計図にするか」［本章］

人間が利用すべき土地をピックアップし，都市計画区域等として指定する

第２段階「設計図になにを盛り込むか」［本章］

第１段階で指定された都市計画区域等について，都市の健全な発展と秩序ある整備を図るために，方針（マスタープラン）を定め，その方針に即して次の「都市計画の内容」というパーツから必要なものを選択する

- **土地利用にかかわる内容（街として利用する土地と街以外として利用する土地とに分けるための計画，綿密で有効な土地利用を行うための計画，等）**
- **施設にかかわる内容（必要な施設を都市のどこに設置すべきかについての計画）**
- **事業にかかわる内容（市街地を開発する事業についての計画，等）**
- **その他の内容（都市の一部を整備する計画）**

第３段階「設計図にどうやってお墨付きを与えるか」［本章］

第２段階で選択した都市計画の内容をまとめ，都市計画として決定する

第４段階「設計図をどうやって実現するか（現実に近づけるか）」［３章］［４章］

第３段階で決定した都市計画をスムースに実行するため，都市計画決定後の区域についての制限を適用する

このなかで最も混乱しやすいのは第２段階です。「都市計画の内容」というパーツとして様々な計画を盛り込んでいるからです。この「都市計画の内容」は端的にいって「こういう建築物を建てるから，土地を整理しよう」という趣旨で選ばれるため，予想される建築物の種類分だけ計画数も存在すると考えていいでしょう。

例えていうなら，パーティーに招待され「今日は何を着て行こうかな」とタンスからすべての洋服を引っぱり出して「あーでもない，こーでもない」と迷っている状態と同じで，数ある都市計画の内容のなかから「この土地には，この計画がいいかな?それともこの計画かな?」と絞り込んで決定していく段階であるということです。本書では数多い都市計画の内容のなかで，特に重要な計画をとりあげています（[P299 図] 第２段階①〜⑦参照）。

そうはいっても本法は時代の要請に従って都市計画の内容を次々に付け加え，当初の法律に多くのつぎはぎを施し現在の形に至っています。そのため本法はわかり難く，全体像がつかめずに不得意科目になってしまったり，完璧に理解しようと深入りしすぎて膨大な時間を費やしてしまいやすい分野になっているのです。

本書も試験頻出の都市計画の内容のみを解説しているため，学習の途中で「この計画はどの計画と同列か」「この計画はどの地域内のものか」等，法律の全体像があやふやになることがあるかも知れませんが，そのときは前ページの流れに立ち戻り，本法の全体像と自分が今どこを学んでいるかを確認してください。

図のように，本書では［本章］から［４章］にかけて第１段階から順を追って学習しますが，現在学習している箇所が全体のどこに位置するのか迷いはじめたときは，図に立ち戻って再スタートしてください。

関係する条文　第１条〔目的〕

2-1 都市計画区域等を指定する者

暗記ナビ

都市計画区域を指定する者は
1 1つの都道府県内に指定……………………都道府県
2 2つ以上の都府県にまたがって指定……大臣
準都市計画区域を指定する者は……………都道府県

解説ナビ 第1には，より良い都市づくりのために，日常生活に利用する土地として整備の必要な区域をピックアップしなくてはなりません。それが都市計画区域の指定です。都市計画区域を指定する者（指定権者）は，次の通りです。

1 1つの都道府県内に指定する場合は，都道府県

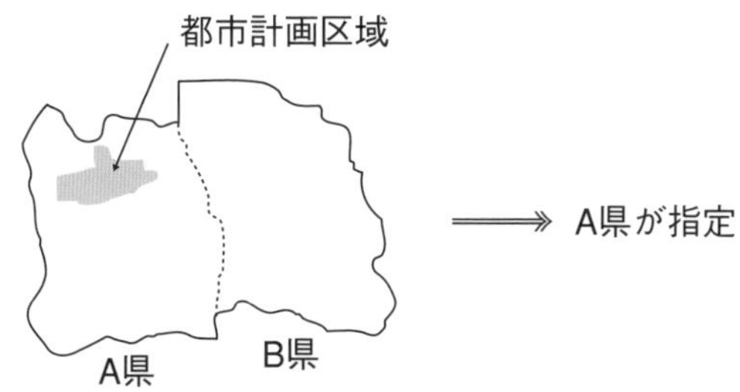

2 2つ以上の都府県（北海道は，隣接する都道府県がないため省く）にまたがって指定する場合は，国土交通大臣（以下「大臣」と略す）

ただし，現時点で大臣が指定した例は皆無です。

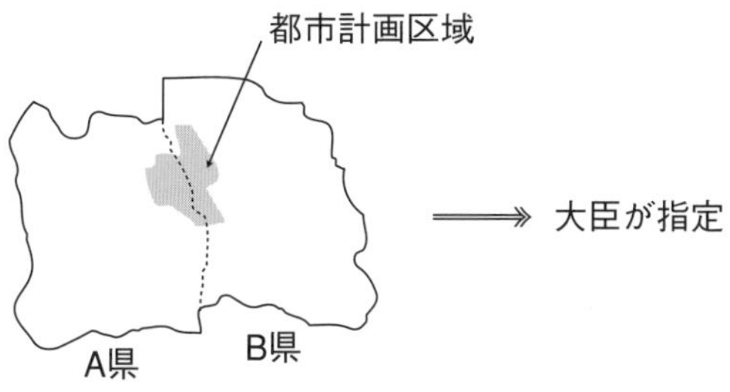

また，都市計画区域外となってしまった区域であっても，土地利用の整序と環境の保全を行うために準都市計画区域を指定する場合は，都道府県が指定権者となります。

基本ナビ 国土を人間の生活のための土地とそうでない土地に分ける際には，自然との調和を大切にし，人間が生活しやすい環境づくりを心掛けなければなりません。都市についても，どの地域に街を作るべきかを決めないまま街作りを進めても，無秩序に家が建ち並ぶことになってしまいます。そこで必要となるのが都市計画区域です。

「整備の必要な区域に都市計画区域が指定されますが，その指定基準は?」

「都市計画区域の指定基準は次の２つです」

1. **市や，それに準ずる大型の町・村について，その中心部である市街地を含んで，それと一体の都市として総合的に整備，開発，保全する必要のある区域（必要な場合には，その市町村の区域外にわたっても，都市計画区域として指定できる）**
2. **三大都市圏を含み新たに都市として（住居都市，工業都市その他）開発し保全する必要のある区域**

以上の区域に都市計画区域が指定されると，都道府県はおおむね５年ごとに当該区域について人口規模，市街地の面積，土地利用，交通量等の現況や将来の見通しについて調査し，都市計画の基礎とします。

「では，準都市計画区域の指定基準は?」

「相当数の建築物その他の工作物の建築もしくは建設，またはこれらの敷地の造成が現に行われ，または行われると見込まれ，土地利用を整序または環境を保全することなく，そのまま放置すれば将来における都市としての整備，開発，保全に支障を来すおそれがあると認められる一定の区域に指定できます」

「整序とは?」

「順序立てて整理，整備することです。計画的な施策が必要ということです」

○×ドリル

都市計画区域の指定は，原則として，国土交通大臣が行う。

語句の意味をチェックする

三大都市圏…首都圏整備法（東京が中心となる区域に関する法律），近畿圏整備法（大阪が中心となる区域に関する法律），中部圏開発整備法（名古屋が中心となる区域に関する法律）のなかで「都市開発区域」として定められた区域

住居都市…住宅地を中心とした都市

関係する条文 第５条〔都市計画区域〕，第５条の２〔準都市計画区域〕

2-2 都市計画区域等の指定の手続き

暗記ナビ

都市計画区域等の指定は，公告する

別表現では 都市計画区域等の指定は公告により行う

解説ナビ 都市計画区域や準都市計画区域の指定権者は，以下の手続きに従って指定します。

都道府県が都市計画区域を指定する場合

1. **都市計画区域の原案につき，関係市町村や都道府県都市計画審議会の意見を聴く**
2. **国土交通大臣に協議し，同意を得る**
3. **都市計画区域を指定し，その旨を公告する**

大臣が都市計画区域を指定する場合

1. **関係する都府県の意見を聴く（この場合，関係する都府県が意見を述べるには，あらかじめ関係市町村や都道府県都市計画審議会の意見を聴いておく必要がある）**
2. **都市計画区域を指定し，その旨を公告する**

都道府県が準都市計画区域を指定する場合

1. **あらかじめ関係市町村及び都道府県都市計画審議会の意見を聴く**
2. **準都市計画区域を指定し，その旨を公告する**

都市計画区域や準都市計画区域を変更，廃止する場合も，以上の手続きに従って行わなければなりません。

基本ナビ 都市計画区域等は，都道府県等の原案を基にしたトップダウン方式（上層部の意志決定の実行を部下に指示する管理方式）のように感じますが，実際は市町村等から原案を汲み上げ，取りまとめて決定しています。汲み上げる過程までは条文化されていないため，法律だけを捉えると上意下達であろうと思いがちですが，現場では，かなり住民に近い人達で都市づくりが考えられているのです。

○×ドリル 市町村は，都市計画区域を指定しようとするときは，あらかじめ，関係市町村の意見を聴くとともに，都道府県知事に協議し，その同意を得なければならない。

語句の意味をチェックする

都道府県都市計画審議会…各都道府県におかれる審議会で，都道府県知事の問に応じて都市計画の決定その他の都市計画に関する事項の調査審議等を行う。都議会議員といった議員や行政関係者等で構成される

関係する条文 第５条〔都市計画区域〕，第５条の２〔準都市計画区域〕

2-3 区域区分とは

暗記ナビ

都市計画区域は，市街化区域と市街化調整区域に分けられる

別表現では 都市計画区域は区域区分に分けられる

解説ナビ 都市計画区域の指定後には，まず無秩序な市街化を防止し計画的な市街化をはかるため，必要があるときにはその区域を市街化区域と市街化調整区域の２区域（以下「区域区分（くいきくぶん）」と略す）に分けます。この作業を線引きといいます。

これに対し，区域区分に分けられていない，すなわち，線引きが行われていない都市計画区域を，非線引区域（ひせんびき）（あるいは未線引区域（みせんびき））といいます。

基本ナビ 区域区分は，「都市計画の内容」のうち「土地利用にかかわる内容」のひとつです（［本章 - 最初に知っておこう］参照）。

物資を求めて人が集まり自然発生的に形成された街も人口集中が進んで無秩序化し，それを取り囲む田園地帯等と区分けしなければ，食糧生産の場としての田園地帯等を浸食しかねない状況になりました。

そのため都市計画区域が指定されると，まず区域区分に線引きし，街として利用する土地と食糧生産の場として利用する田園地帯等に分ける必要があるのです。

実際は，大型の都市ほど線引きが行われ，地方のほとんどでは線引きが行われていません。

「区域区分とは?」

「都市計画の内容のひとつで，市街化区域と市街化調整区域に分けることです」

市街化区域とは，すでに市街地を形成している区域や，今後約 10 年以内に優先的，計画的に市街化した方がよい区域です。積極的に建物の建設を進める区域であり，街として利用します。

市街化調整区域とは，市街化を抑制すべき区域，つまり０m（ゼロ）地帯等危険な地域での開発を抑止するため，または食糧生産の場を守るために，なるべく建築物を建てさせないための区域です。

そして，これら市街化区域と市街化調整区域は，都市計画区域での産業活動の利便と，住宅環境の保全の調和を図りつつ，国土の合理的な利用と，効率的な公共投資を行えるよう定めます。そのため，三大都市圏には必ず定めなければなりません。

〇×ドリル 市街化区域は，既に市街地を形成している区域及びおおむね 10 年以内に優先的かつ計画的に市街化を図るべき区域であり，市街化調整区域は，市街化を抑制すべき区域である。

語句の意味をチェックする

都市計画区域…都市として発展させることを適当または必要とする区域のこと

開発…［3 章 - 最初に知っておこう］参照

関係する条文 第７条〔市街化区域及び市街化調整区域〕

2-4 都市再開発方針等とは

暗記ナビ

都市再開発方針等は，都市計画区域内に定める

解説ナビ 線引き後の作業として，都市計画区域内において，さらに細かな街作りのための方向性を定める目的で，都市再開発方針等を定められます。

1 **都市再開発の方針**

市街化区域内において，計画的な再開発が必要な市街地に定める

2 **住宅市街地の開発整備の方針**

大都市地域における住宅及び住宅市街地の供給の促進を進める都市計画区域について，良好な住宅市街地の開発整備が図られるよう定める

3 **拠点業務市街地の開発整備の方針**

地方拠点都市地域の整備及び産業業務施設の再配置の促進を進める市街化区域について，計画が達成に資するよう定める

4 **防災街区整備方針**

市街化区域内において，密集市街地における防災街区の整備が図られるように定める

基本ナビ 都市再開発方針等は，「都市計画の内容」のうち「土地利用にかかわる内容」のひとつです（[本章 - 最初に知っておこう] 参照）。

都市計画区域について，線引きが行われると，よりよい街作りのために一層細かな計画が立てられることになります。そうした計画が無秩序に立てられてはせっかくの街作りも台無しです。

そこで，街作りの進むべき一定の方向，つまり街の設計図を定めるための都市計画の内容として，都市再開発方針等を定めることができるのです。たとえば，商業の街として整備していくのか，工業の街として整備していくのか等の設計図を描き，その完成のために具体的な計画を立てていきます。

土地区画整理事業（[2-7] 参照）を具体化するために土地区画整理法がありますが，この1～4の都市再開発方針等についても，その方針を確実に実現させる法律が個別に存在しています（1の都市再開発法，等）。

しかし，詳細な内容が本試験で問われることはありませんので軽く読み流す程度で十分です。

語句の意味をチェックする

土地区画整理事業…都市計画区域内の土地について，公共施設の整備及び宅地利用の増進を図るため，土地区画整理法に基づいて行われる土地の区画形質の変更及び公共施設の新規，変更の事業

関係する条文 第 7 条の 2〔都市再開発方針等〕，第 13 条〔都市計画基準〕

2-5 地域地区とは

暗記ナビ

用途地域を
1 市街化区域には，必ず定める
2 市街化調整区域には，原則として定めない
3 非線引区域，準都市計画区域には，定められる
4 都市計画区域外，準都市計画区域外には，定められない

解説ナビ 有効な土地利用のため，市街化区域と市街化調整区域内に，より細かい計画を立てる目的で，地域地区を定められます。地域地区には以下の①～㉓があり，①～⑬を用途地域，⑭～㉓を補助的用途地域と総称します。

そして，市街化区域には，少なくとも用途地域を定めなければなりません。

逆に，市街化調整区域は建築物を建てないようにする区域であるため，必要なとき以外は用途地域を定めません。

用途地域をその特性から便宜上，住居系，商業系，工業系の３つに分けてみます。

住居系

① **第一種低層住居専用地域……低層住宅に係る良好な住居環境を保護する**
② **第二種低層住居専用地域……主として低層住宅に係る良好な住居環境を保護する**
③ **第一種中高層住居専用地域……中高層住宅に係る良好な住居環境を保護する**
④ **第二種中高層住居専用地域……主として中高層住宅に係る良好な住居環境を保護する**
⑤ **第一種住居地域……住居の環境を保護する**
⑥ **第二種住居地域……主として住居の環境を保護する**
⑦ **準住居地域……道路の沿道としての地域の特性にふさわしい業務の利便の増進を図りつつ，これと調和した住居の環境を保護する**
⑧ **田園住居地域……農業の利便の増進を図りつつ、これと調和した低層住宅にかかる良好な住居の環境を保護する**

商業系

⑨ **近隣商業地域……近隣の住宅地の住民に対する日用品の供給を行うことを主たる内容とする商業その他の業務の利便を増進する**
⑩ **商業地域……主として商業その他の業務の利便を増進する**

工業系

⑪ **準工業地域……主として環境の悪化をもたらすおそれのない工業の利便を増進する**
⑫ **工業地域……主として工業の利便を増進する**

⑬工業専用地域……工業の利便を増進する

用途地域だけではきめ細かい街作りができない場合，以下の補助的地域地区を定める場合があります。

⑭ 特別用途地区……用途地域内の一定の地区における当該地域の特性にふさわしい土地利用の増進，環境の保護等の特別の目的の実現を図るため当該用途地域の指定を補完して定める

⑮ 特定用途制限地域……市街化調整区域外で用途地域が定められていない区域内（つまり非線引区域や準都市計画区域）において，その良好な環境の形成または保持のため，地域の特性に応じて合理的な土地利用が行われるよう制限すべき特定の建築物等の用途の概要を定める

⑯ 特例容積率適用地区…第一種・第二種中高層住居専用地域，第一種・第二種住居地域，準住居地域，田園住居地域，近隣商業地域，商業地域，準工業地域，工業地域内の適正な配置及び規模の公共施設を備えた土地の区域において，建築基準法［6章］の容積率の限度からみて未利用となっている建築物の容積の活用を促進して土地の高度利用を図るため定める

⑰ 高層住居誘導地区……住居と住居以外の用途とを適正に配分し，利便性の高い高層住宅の建設を誘導するため，第一種・第二種住居地域，準住居地域，近隣商業地域，準工業地域で容積率が40/10または50/10と定められたもののうちにおいて，建築物の容積率の最高限度，建築物の建蔽率の最高限度及び建築物の敷地面積の最低限度を定める

⑱ 高度地区……用途地域内において市街地の環境を維持し，または土地利用の増進を図るため，建築物の高さの最高限度や最低限度（準都市計画区域においては建築物の高さの最高限度）を定める

⑲ 高度利用地区……用途地域内の市街地における土地の合理的かつ健全な高度利用と都市機能の更新とを図るため，建築物の容積率の最高限度及び最低限度，建蔽率の最高限度，建築物の建築面積の最低限度，壁面の位置の制限を定める

⑳ 特定街区（とくていがいく）……市街地の整備改善を図るため街区の整備または造成が行われる地区について，その街区内における建築物の容積率，建築物の高さの最高限度及び壁面の位置の制限を定める

㉑防火地域または準防火地域……市街地における火災の危険を防除するため定める

㉒風致地区……市街地の風致を維持するため定める

㉓臨港地区…港湾を管理運営するため定める　等

このうち，⑭⑯～⑲は用途地域内にのみ，逆に⑮は用途地域外にのみ定められ，⑳～㉓は，都市計画区域内であれば，用途地域内・外において定められます。

基本ナビ ↘ 地域地区は，「都市計画の内容」のうち「土地利用にかかわる内容」のひとつであり（[本章 - 最初に知っておこう] 参照），それが都市計画に定められると，建築物の用途等に関して建築基準法等に基づく制限を受けることになります。

都市計画区域を市街化区域と市街化調整区域に分けても，その区域内で建築物が乱雑化しては元も子もありません。そこで土地の自然条件や土地利用を勘案して住居，商業，工業等の用途を適正に配分し，都市機能の維持増進，住居環境の保護，商工業の利便増進，良好な景観や風致の維持，公害防止等により良好な都市環境が保持できるよう定める必要があります。

このように，建築物の用途についてまで指定する都市計画の内容を用途地域といい，たとえば，第一種低層住居専用地域に指定された地域では，一般的には３階建ての個人住宅等しか建てられず，４階以上の中高層マンションは建てられません。

また，準都市計画区域内においても，土地の自然的条件及び土地利用の動向を勘案して，住居の環境を保護し，良好な景観や風致を維持し，公害を防止する等，地域の環境を適性に保持するために用途地域，⑭⑮⑱㉒の地域地区を定められます。

①～⑬の用途地域は重要なので必ず覚えましょう。その際，第一種，第二種に分かれているものについては，第二種の方に「主として」という語句が付く，と覚えるのがいいでしょう。

ここで，土地の有効利用のために都市計画が定められていく過程を，再度整理しておきます。

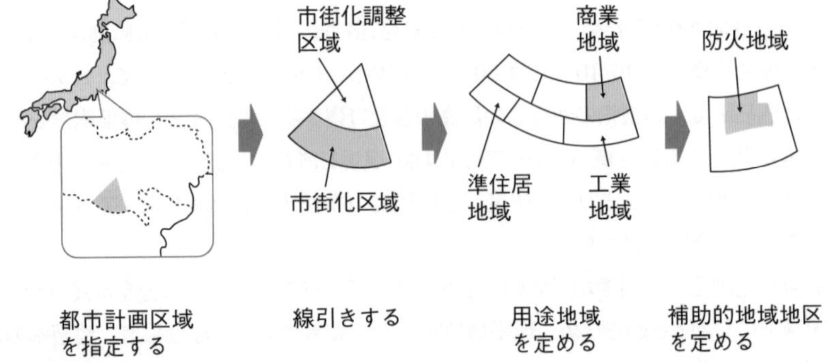

〇×ドリル 特別用途地区とは，特別の目的からする土地利用の増進，環境の保護等を図るため定める地区であり，用途地域が定められていない区域において定められるものである。

語句の意味をチェックする

主として…特に中心となるものとして
容積率…［6-5］参照
建蔽率…［6-3］参照
壁面の位置…建築物の外壁（あるいは柱の面）から道路および敷地の境界線までの距離

関係する条文　第８条〔地域地区〕，第13条〔都市計画基準〕

2-6 都市施設とは

暗記ナビ

都市施設のうち
1 市街化区域，非線引区域には，必ず道路，公園，下水道を定める
2 住居系用途地域には，必ず義務教育施設を定める

解説ナビ 都市施設とは，都市を形成するうえで骨格となる施設のことをいい，道路，公園，病院，水道，下水道，市場，火葬場，図書館等の施設です。

広範囲な都市という地域が，秩序正しく繁栄していくためにはどのような施設が必要なのかを考えて計画します。

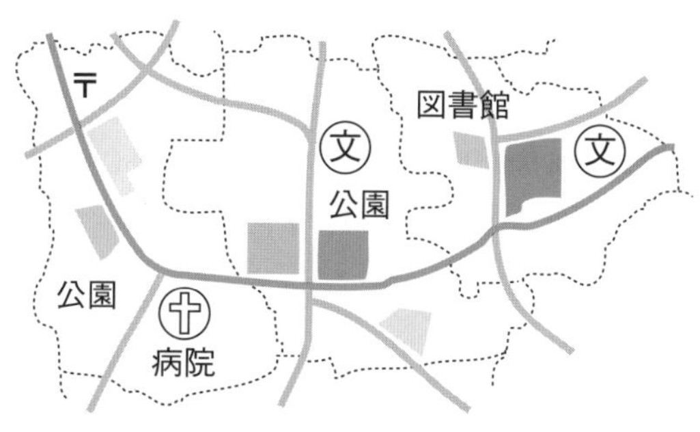

これらの都市施設は，次の３つに分類できます。

① 道路，公園，下水道
② 義務教育施設（小学校，中学校）
③ その他の施設

都市施設が他の都市計画の内容と大きく異なるのは，これらの施設を都市計画区域外にも配置できるという点です。

都市計画区域外にも住む人がいる以上，街に向かう道路が必要となります。つまり道路という都市施設が都市計画区域外に必要となります。

この他にも，その生活の場となる市街化区域や非線引区域には，必ず道路，公園，下水道を定めなければなりません。さらに，住居系用途地域（[2-5] 参照）には，子供達のために義務教育施設を必ず定めなければなりません。

基本ナビ 都市施設は，「都市計画の内容」のうち「施設にかかわる内容」です（[本章-最初に知っておこう] 参照)。

土地利用の次は施設の番です。皆さんが日常的に利用している道路や公園等は，やみくもな公共事業で造られた施設ではありません。

人がたくさん集まる場所，特にオフィス街等で活動する人達の「通勤時の混雑が困る」という声を耳にした都道府県は「道路を作れば…，鉄道を引けば混雑，渋滞が解消できるのでは…」と考えます。

それが「どこに道路を作るか，鉄道を引くか」という問題提起を通して「ここに土地が余っているから道路を造ろう，ここの土地を買って鉄道を造ろう」という計画に発展していきます。

都市施設は，このように，土地利用や交通等の現状，将来の見通しを考え，適切な規模で，必要な位置に配置することによって，円滑な都市活動を確保し，良好な都市環境を保持するよう定められるのです。

そして都市計画に具体的に定められた都市施設を都市計画施設といいます。

○×ドリル 都市施設は，適切な規模で必要な位置に配置することにより，円滑な都市活動を確保し，良好な都市環境を保持するよう定めることとされており，市街化調整区域には定めることができない。

2-7 市街地開発事業とは

暗記ナビ

市街地開発事業は，市街化区域内，非線引区域内に定める

解説ナビ 市街地開発事業は，一定の地域について，公共団体等が公共施設の整備と宅地の開発とを同時に行う，つまり市街地全体を一体的に開発・整備するための事業をいいます。

開発のための事業なので，市街化が望まれる市街化区域内や非線引区域内について，次の７種類の事業から定められます。

1. **新住宅市街地開発法による**新住宅市街地開発事業
2. **首都圏の近郊整備地帯・都市開発区域の整備に関する法律による**工業団地造成事業
3. **新都市基盤整備法による**新都市基盤整備事業
4. **土地区画整理法による**土地区画整理事業
5. **都市再開発法による**市街地再開発事業
6. **大都市地域の住宅・住宅地の供給促進に関する特別措置法による**住宅街区整備事業
7. **密集市街地整備法による**防災街区整備事業

これらのうち，1～3は事業の規模が大きく，大規模な土地を確保しなければならないことから，事業を行う前にその予定区域（〔2-8〕参照）を定められます。

また，4～6は事業の規模が小さいため予定区域を定めませんが，その代わりその地域の土地の所有者，借地権者に自主的に開発を促す促進区域を定められます。

基本ナビ 市街地開発事業は，「都市計画の内容」のうち「事業にかかわる内容」のひとつです（〔本章 - 最初に知っておこう〕参照）。

簡単にいうと，住宅と都市施設を設置するために土地の形質変更を行うことであり，今話題の公共事業といわれているものです。国等がお金を出して民間が工事することになります。

語句の意味をチェックする

新住宅市街地開発事業…健全な住宅市街地の開発及び住宅に困窮する国民のための居住環境の良好な住宅地の大規模な供給を目的とする事業
工業団地造成事業…製造工業の敷地造成等を目的とする事業
新都市基盤整備事業…大都市圏における健全な新都市の基盤の整備を図ることを目的とする事業
土地区画整理事業…都市計画区域内の土地について，公共施設の整備及び宅地利用の増進を図るために行われる土地の区画形質の変更や公共施設の新設，変更の事業
市街地再開発事業…市街地の土地の合理的かつ健全な高度利用と都市機能の更新を図ることを目的とする事業
住宅街区整備事業…宅地造成，公共施設の整備，共同住宅の建設を目的とする事業
防災街区整備事業…密集市街地における災害避難や災害時の被害低減の目的とする事業

関係する条文 第 12 条〔市街地開発事業〕，第 13 条〔都市計画基準〕

2-8 市街地開発事業等予定区域とは

暗記ナビ

市街地開発事業等予定区域には，必ず施行予定者を定める

解説ナビ ［2-7］の３つの市街地開発事業（1新住宅市街地開発事業，2工業団地造成事業，3新都市基盤整理事業）については予定区域を定められますが，宅地造成等ばかりでなく，都市施設についても，以下の4～6の３つの大規模な都市施設に限って予定区域を定められます。

4 20ha 以上の一団地の住宅施設

5 一団地の官公庁施設

6 流通業務団地

1～3の場合，4～6の場合ともに市街地開発事業等予定区域といい，どの事業も規模が大きく，事業に長い期間を必要とすることから，乱開発を避ける目的で様々な制限（［4-4］参照）を設けています。

市街地開発事業等予定区域を指定した場合には，「場所は確保したが人はなし」とならないよう，併せて施行予定者も定めなければなりません。

基本ナビ 市街地開発事業予定区域は，「都市計画の内容」のうち「事業にかかわる内容」のひとつです（［本章 - 最初に知っておこう］参照）。

市街地開発事業や都市施設についての詳細な計画が決定する前の段階において，将来を見越して定められ，市街地開発事業を円滑に進めることを目的としています。

「なぜ予定区域が定められるのですか？」

「1～6は国等による用地買収を伴います。そのため市街地開発事業等が行われることが広く伝わると『土地ころがし』が暗躍したり，自分本位に建築物を建てたり宅地を造成する者が現れて，事業に支障を来すことがあります。そこで，このような乱開発を未然に防ぐため，早々と予定区域を定め，建築物を建てたり宅地を造成する者は，許可を得なければならないという制限を設けているのです（［4-4］参照）」

○×ドリル 都市計画に市街地開発事業等予定区域を定めるときには，その種類，名称，区域，施行予定者を定めるものとする。

語句の意味をチェックする

都市計画事業…市街地開発事業や都市施設に関する事業の総称

関係する条文 第 12 条の 2〔市街地開発事業等予定区域〕

2-9 地区計画等とは

暗記ナビ

地区計画等は，都市計画区域内に定める

解説ナビ 地区計画等は，都市の中の一部の地区を対象に，その地区独自の実状に合わせた，よりきめ細かい計画を立てるための内容をいいます。

地区計画等には，次の5種類があります。

1 地区計画……用途地域内や用途地域が定められていない区域内の都市計画区域の一部の地区をとりあげ，その区域内の建築物の建築形態，公共施設の配置等からみて，その区域の特性にふさわしい態様を備えた良好な環境の各街区を整備，開発，保全する必要があるとされる区域での開発行為や建築または各施設の整備，保全を行う

2 防災街区整備地区計画……火事または地震が発生した場合の延焼防止，及び避難上確保されるべき機能を備えるため，市街地の整備を行う

3 歴史的風致維持向上地区計画……地域におけるその固有の歴史・伝統を反映した人々の活動とその活動が行われる歴史上価値の高い建造物とその周辺の市街地とが一体となって形成してきた良好な市街地の環境の維持，向上及び土地の合理的かつ健全な利用ができるように定める

4 沿道（えんどう）地区計画……幹線道路の沿道を整備し，騒音対策，植樹，その他，道路及びその沿道の整備計画のことで，道路交通の騒音により生ずる障害を防止するとともに，適正かつ合理的な土地利用ができるように定める

5 集落地区計画……農業経営者と住宅との調和を規定する

基本ナビ 地区計画等は，「都市計画の内容」のうち「その他の内容」です（［本章 - 最初に知っておこう］参照）。ここまでに学んだ，土地利用，施設，事業にかかわる内容は，都市全体を眺めつつ定められていきましたが，地区計画等は一部の特定地区を対象にしています。

本試験で出題される地区計画等は，主に1地区計画です。地区計画の区域内の制限（［4-6］参照）と併せて学習しましょう。2〜5は軽く読み流す程度で十分です。

〇×ドリル 地区計画等は，一定のまとまりのある地区を対象にその地区の実情にあったきめ細かい規制等を行うことを内容とするもので，地区計画，沿道地区計画，防災街区整備地区計画及び集落地区計画をいう。

関係する条文 第12条の4〔地区計画等〕

2-10 都市計画を決定する者

暗記ナビ

都市計画を決定する者は
大規模……都道府県
小規模……市町村

解説ナビ ［2-3］～［2-9］で学んだ様々な都市計画の内容は誰が定めるのか整理しましょう。

1 区域区分……都道府県

2 都市再開発方針等……都道府県

3 地域地区……三大都市圏等の用途地域（［2-5］の1～12）と10ha以上の風致地区は都道府県，小規模な用途地域，特別用途地区，特別用途制限地域，高層住居誘導地区，高度地区，高度利用地区，特定街区，防火地域，準防火地域等は市町村

4 都市施設……空港，県道といった大規模な都市施設は都道府県，小規模な都市施設は市町村

5 市街地開発事業……大規模な事業（［2-7］の1～7）は都道府県，小規模な事業（［2-7］の4～7）は市町村

6 市街地開発事業等予定区域……都道府県

7 地区計画等……市町村

8 都市計画区域内の用途地域、特例容積率適用地区……市町村

基本ナビ 都市計画という設計図にどんな内容を盛り込むかの案ができたら，実際に設計図を作成します。その作成は［2-11］の手続きを踏まえたうえで行います。

また，設計図は一度作成し終えたから完成とはならず，必要に応じて変更を加えていきます。本法では，その内容の決定を「都市計画の決定」と呼びますが，それは内容が決定した時点で設計図，つまり都市計画が決定するからです。本試験でもその前提で出題されます。

また，頻出ではありませんが，どんな都市計画の内容を誰が決定するかの目安は，人口密度の高い都市や大規模な事業を伴う都市計画の内容は都道府県（国土交通大臣が定めた都市計画区域では国土交通大臣），それ以外の規模の小さなものを市町村と覚えておきましょう。

○×ドリル 市街地開発事業に関する都市計画は，すべて都道府県が定めることとされており，市町村は定めることができない。

関係する条文 第15条〔都市計画の決定権者〕1項

2-11 都市計画の決定の手続き

暗記ナビ

都市計画を決定するには，都道府県都市計画審議会の議を経る

解説ナビ ［2-3］～［2-9］で学んだ計画を決定する段階となりました。都市計画は，原則として都道府県及び市町村が決定します。それぞれの決定過程をみてみましょう。

都道府県が決定する場合

1. **公告のうえ，都市計画案を2週間，理由を記載した書面を添えて公衆へ縦覧させる**
2. **関係市町村の意見を聴く**
3. **都道府県都市計画審議会の議を経る**
4. **国の利害に大きく関わる都市計画は，国土交通大臣に協議し，同意を得る**
5. **告示（この日から効力が生じる）**

市町村が決定する場合

1. **公告のうえ，都市計画案を2週間，理由を記載した書面を添えて公衆へ縦覧させる**
2. **市町村都市計画審議会（未設置の場合は都道府県都市計画審議会）の議を経る**
3. **知事に協議する（市町村すべてあらかじめ知事に協議することで足りる）**
4. **告示（この日から効力が生じる）**

基本ナビ 都市計画も都市計画区域等（［2-2］参照）同様，一見トップダウンのようですが，実際は住民の声を市議会議員が市議会に諮（はか）ることから始まります。必要があると認められるときは，公聴会の開催等が行われる場合もあり，市の行政レベルから県のレベルに委ねられ，県が作案し公衆へ縦覧されることとなります。縦覧期間中であれば住民や利害関係者は縦覧案に対して意見書を提出できます。この意見書は都道府県都市計画審議会へ持ち込まれ，有識者の意見を聴くことになります。

また，注意することは［解説ナビ］の決定過程において，市町村が定める都市計画は，当該市町村の「建設に関する基本構想」に即し，かつ，都道府県が定めた都市計画に適合していなければなりません。そして，都道府県が定めた都市計画に抵触するときは，その限りにおいて都道府県が定めた都市計画が優先します。

語句の意味をチェックする

公告，公衆へ縦覧する…広く一般の人々に知らせること，及び自由に閲覧させること
議を経る…相談する
告示…公の機関が公示を必要とする事項，その他一定の事項を公式に広く一般に知らせる行為

関係する条文 第17条〔都市計画の案の縦覧等〕，第18条〔都道府県の都市計画の決定〕，第19条〔市町村の都市計画の決定〕，第20条〔都市計画の告示等〕

2-12 都市計画を提案するとき

暗記ナビ

都市計画を提案できる条件は
土地所有者等の 2/3 以上の同意，かつ，
同意者の地積合計が 2/3 以上

解説ナビ 都市計画区域または準都市計画区域のうち，一体として整備し，開発，保全すべき区域としてふさわしい一団の土地について，当該土地の所有者や借地権を有する者は，1 人でまたは数人共同して都市計画決定権者に対し，都市計画の決定または変更を行うよう素案（そあん）を添えて提案することができます。

ただし，提案は次の定めに従って行わなければなりません。

1 **提案した都市計画の素案が，法律の規定に基づく都市計画の基準に適合していること**
2 **提案した都市計画の素案の対象の土地の所有権や借地権者の 2/3 以上の同意を得ている，かつ，同意した者の土地の総地積の合計が 2/3 以上となること**

基本ナビ 都市計画は国や地方公共団体等が中心になって決定していきます。しかし，必ずしも住民の意見が反映されているとはいえません。長崎県の諫早湾（いさはやわん）の干拓事業や高速道路建設等のように一度決定した計画であることを理由に，住民の声を無理矢理押し込めようとする場合もあります。

そこで登場したのが住民からの提案です。この規定によって国民参加の街づくりが多少なりとも実現していくと考えられます。

○×ドリル 都市計画の決定又は変更の提案は，当該提案に係る都市計画の素案の対象となる土地の区域内の土地所有者の全員の同意を得て行うこととされている。

語句の意味をチェックする

素案…検討のための素材としてつくられた案，考え
地積…土地の面積

関係する条文 第 21 条の 2〔都市計画の決定等の提案〕

2-13 計画提案に対する判断手続き

暗記ナビ

計画提案の都市計画を決定しないときは，遅滞なく，
提案者に通知する

解説ナビ 計画提案（[2-12] 参照）を受けた知事あるいは市町村は，計画提案を踏まえた都市計画の決定や変更の必要があるか否かを判断しなければなりません。

判断の結果，都市計画の決定や変更の場合には，改めて［2-11］の手続きを行います。

逆に，都市計画の決定や変更の必要がないと判断した場合は，あらかじめ都道府県都市計画審議会あるいは市町村都市計画審議会に素案を提出し，その意見を聴いたうえで遅滞なく，その旨及び理由を提案者に通知しなければなりません。

基本ナビ 住民がせっかく都市計画を提案しても放ったらかしでは意味がありません。

また，何十年も前に立てた計画を見直さないでいる怠慢も，時代の流れに沿わない過去の遺物をそのまま生き長らえさせてしまっています。

住民からの提案は現在の都市計画を見直す格好の機会でもあり，良いものはどんどん取り入れて，時代のニーズに見合った魅力的な街づくりが進められるよう［解説ナビ］の手続きが重要なのです。

○×ドリル 都道府県又は市町村は，都市計画の決定又は変更の提案を踏まえた都市計画の決定又は変更をする必要がないと判断したときは，その旨及びその理由を，当該提案した者の求めがあった場合に限り通知しなければならない。

関係する条文　第 21 条の 3〔計画提案に対する決定権者の判断〕，
第 21 条の 4〔計画提案を踏まえた都市計画の案の審議会への付議〕，
第 21 条の 5〔計画提案を踏まえた都市計画を決定しない場合の措置〕

学習のポイントは?

都市計画，つまり土地の利用方法が決まっている場合に，建物を建てるために土地に手を加えるにはどうすればいいのかを学習する章です。簡単にいうと，民間業者が事業を行うときの手続きです。

ここで学ぶのはどんなこと?

公共事業は都市計画の決定手続きによってその事業が決まり，民間事業は開発許可によって事業が決まることを念頭に，開発許可の有無［3-1］［3-2］をしっかり覚えてください。

3 都市計画法〔開発許可〕

最初に知っておこう

本章は，［2 章 - 最初に知っておこう］で説明した第 4 段階「都市計画指定後の制限」に該当します。

地域地区（［2-5］参照）によって土地の利用が決められてしまうと，個人や法人はその土地を勝手に開発，利用できなくなってしまうと思われがちですが，決してそうではありません。

現在も至る所で土地の区画・形質の変更が行われ，マンションが建ち，建て売り住宅が建ち…といった具合に開発が行われています。つまり「地域地区の用途に沿った建物を建てるよう開発を行いなさい」ということです。

一般にいう「開発」は，正確には開発行為といい，民間企業をはじめ，国や地方公共団体等が行う場合があります。その目的は建築物や特定工作物を建てることであり，本法でいう開発行為は，そのための土地造成を指します。つまり開発行為とは，土地に手を加えるということです。

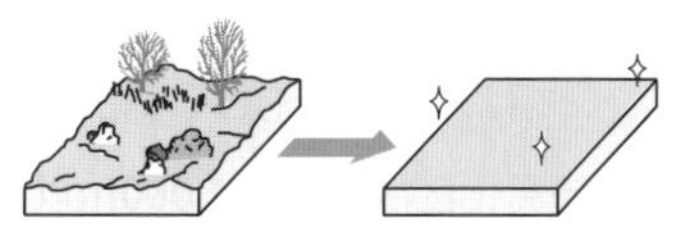

都市計画が決定すると，多くの制限が適用されることになります。［3-1］から，それらの制限について学びますが，この項では語句の定義をしっかり頭に入れましょう。

「開発行為とは，具体的にどのようなものでしょうか？」

「開発行為とは，建築物の建築または特定工作物の建設のために行う土地の造成等のことです」

特定工作物には，第一種と第二種があり，次のようなものをいいます。

1 **第一種特定工作物…周辺地域の環境が悪化するおそれのある工作物のこと**
　≫例：コンクリートプラント，アスファルトプラント，クラッシャープラント

2 **第二種特定工作物…大規模な工作物のこと**
　≫例：ゴルフコース（規模を問わない），1 ha 以上の野球場，墓園，遊園地等のスポーツ・レジャー施設

したがって，ゴルフコースを除く第二種特定工作物については，1 ha 以上のレジャー施設等を開発行為といい，たとえば 7,000㎡の野球場の建設のために行う土地の造成等のように，1 ha 未満は開発行為とはいいません。

語句の意味をチェックする

プラント…工場（コンクリートプラント＝コンクリート工場）

区画・形質の変更…区画変更と形質変更のことで，区画変更とは，一団の土地を分割したり，統合したりすることをいい，形質変更とは，切土（地面の高いところを削って平らな土地にする）や盛土（地面にさらに土を盛って，平らな土地にする）を行って土地を造成することをいう

関係する条文　第 4 条〔定義〕

3-1 開発許可が必要なとき

暗記ナビ

開発許可が必要な開発行為は
1 市街化区域内での1,000㎡以上
2 市街化調整区域内
3 非線引区域内，準都市計画区域内での3,000㎡以上
4 都市計画区域外，準都市計画区域外での1ha 以上

別表現では 1市街化区域内で行う1,000㎡未満の土地の開発行為は知事の許可が不要（234も同様）

解説ナビ 都市計画の内容が決定（[2-11] 参照）した区域等で行われる次の行為については，知事（もしくは指定都市等の長）の開発許可が必要となります。

1 市街化区域内での 1,000㎡以上の開発行為
ただし，三大都市圏では 500㎡以上の開発行為に許可が必要です。

2 市街化調整区域内での開発行為
開発面積に関係なく，すべての開発行為について知事の許可が必要です。

3 非線引区域や準都市計画区域での 3,000㎡以上の開発行為

4 都市計画区域外で準都市計画区域外の区域での 1 ha 以上の開発行為

基本ナビ 開発行為には知事の許可を要するものと，要しないものがあります。要するものとしては1が頻出です。「1,000㎡以上」をしっかり覚えましょう。

また，3の非線引区域は試験では「区域区分が定められていない区域」と出題されますので注意が必要です。

○×ドリル 市街化区域内において行う規模 1,000㎡以上の開発行為で，農業者の居住用住宅の建築の用に供する目的で行うものについては開発許可が不要である。

語句の意味をチェックする

指定都市等…指定都市，中核市をいう。指定都市とは人口 50 万人超で，地方自治法によって県と同格の扱いを受ける大型な「市」。政令指定都市ともいい，北は札幌から南は福岡まで現在十数都市を数える。中核市とは人口 30 万人以上，面積 100k㎡以上等の要件を備えた政令で指定する都市。

三大都市圏…［2-1］参照

関係する条文 第 29 条〔開発行為の許可〕

3-2 開発許可が不要なとき

暗記ナビ

開発許可が不要な開発行為は
1 市街化区域外で農林業を営む者の居住用建物
2 公益上必要な建築物　等

解説ナビ 開発許可が必要とされる面積（［3-1］参照）未満の開発行為であれば，開発許可は不要ですが，その他にも許可が不要な開発行為があります。

1 市街化調整区域，非線引区域，準都市計画区域，都市計画区域外，準都市計画区域外（以上，つまり市街化区域外を指す）での農林業の用に供する建築物，あるいは農林業を営む者の居住用建築物のための開発行為
2 環境保全等に支障がない，公益上必要な建築物の建築を目的とする開発行為
3 都市計画事業，土地区画整理事業等（［2-7］の4～7）として行う開発行為
4 非常災害のため必要な応急措置として行う開発行為
5 通常の管理行為，軽易な行為

また，国や都道府県等が行う開発行為については，知事との協議が成立することで，許可があったものとみなされます。

基本ナビ

「1の農林業の用に供する建築物，営む者の居住用建築物のための開発行為とは?」

「農林業を営むうえで必要な納屋や温室といった建築物や，業務上市街化調整区域で生活しなければならない者が自分の土地に自分の住まいを建てる等の目的で行う開発行為をいいます」

「環境保全等に支障がない，公益上必要な建築物の建築を目的とする開発行為って，具体的には?」

「鉄道の駅舎，その他鉄道施設（プラットホームや線路），図書館，公民館，変電所等を造るための開発行為をいいます」

3の都市計画事業は，都市施設の事業も含むため，都市計画区域外や準都市計画区域外でも都市計画として指定されますが，［2-7］の4～7（土地区画整理事業，市街地再開発事業，住宅街区整備事業，防災街区整備事業）は都市計画区域外や準都市計画区域外には都市計画として指定されず，当然そのための開発行為も都市計画区域外等では行われません。

ひっかけ注意!!

市街化調整区域内に1,500㎡のゴルフコースを造るための開発行為は許可が不要?

答えはノー。第二種特定工作物の開発行為は「ゴルフコース（規模を問わない），1 ha以上の野球場，墓園，遊園地等のスポーツ・レジャー施設」が該当し，ゴルフコースは，その面積にかかわりなく開発行為に該当するのです。開発行為であれば許可は必要となります。

関係する条文　第29条〔開発行為の許可〕

3-3 開発許可の手続き

暗記ナビ

工事完了後は，知事の検査を受けなければならない

解説ナビ 知事が与える開発許可（［3-1］参照）について，その大まかな手続きを時系列でみてみましょう。

1. 〔公共施設を設置する場合〕〈開発行為を行う者は〉旧公共施設管理者と協議し同意を得て（既存施設を壊して新設する場合），新公共施設管理者と協議する
2. 〈開発行為を行う者は〉許可の申請をする
3. 〈知事は〉第 33 条，第 34 条に適合しているか審査する
4. 〈知事は〉遅滞なく，許可または不許可の処分をし，文書をもって，それを申請者に通知するが，処分について不服のある者は，開発審査会に対して審査請求を行える
5. 〈開発行為を行う者は〉許可があった場合には，工事を着工する
6. 〈開発行為を行う者は〉工事完了時に，知事へ工事完了を届け出る
7. 〈知事は〉工事完了の検査を行う
8. 〈知事は〉開発許可の内容に適合している場合には，検査済証を交付し，かつ，工事完了の旨の公告をする
9. 〔公共施設を設置する場合〕新たに設置された公共施設が市町村に帰属する

基本ナビ ［3-1］で学習した開発許可について，それに関わる知事や開発行為を行う者のやりとりを時間を追って整理しておきましょう。②については［3-4］，③については［3-5］，①と⑨については［3-6］で詳しく学びます。この流れを常に念頭に置くことが大切です。

○×ドリル 開発許可の申請をした場合には，遅滞なく，許可又は不許可の処分が行われるが，許可の処分の場合に限り，文書で申請者に通知される。

語句の意味をチェックする

開発審査会…法律・経済・都市計画・建築・公衆衛生や行政に関しての有識者等，公共の福祉に関し公正な判断を下せる 7 人の委員から成る知事や市町村等の諮問機関

公告…ある事項を広く一般の人に知らせること

関係する条文　第 35 条〔許可または不許可の通知〕，第 36 条〔工事完了の検査〕

3-4 開発許可を申請するとき

暗記ナビ

開発許可の申請書は，知事（もしくは指定都市の長）に提出する

解説ナビ 都市計画区域等で，開発行為を行う者は，次の事項を記載した申請書を，知事（もしくは指定都市の長）に提出し，許可を受けなければなりません。

1 **開発する予定区域の位置（場所・所在），区域，規模**
2 **開発区域内に建てる予定建築物あるいは特定工作物の用途**
3 **開発行為に関する設計**
4 **工事施行者**
5 **その他建設省令で定める事項**

基本ナビ 開発行為の最終目的は建物を建てることです。したがって，申請書に予定建築物等の用途を記載するのは，当然といえば当然なのですが，決して，予定建築物の実際の構造や設備等を記載するわけではありませんので注意しましょう。

そしてこの申請に基づき審査の結果，知事が開発許可を与えたときには，知事は登録簿を作成し，許可した日，予定建築物等の用途，公共施設の種類等を登載しなければなりません。また，作成された登録簿は，常に公衆が閲覧できるように保管されます。

審査の内容については［3-5］で詳しく学習します。

○×ドリル 開発許可を受けようとする者が都道府県知事に提出しなければならない申請書には，開発行為に関する設計，工事施行者等を記載しなければならない。

語句の意味をチェックする

権原…その行為をすることを正当化する，法律上の原因
登載…一定の資格を有する者等を行政官庁等の備える名簿等に記し載せること

関係する条文 第30条〔許可申請の手続〕

3-5 開発許可を審査するとき

暗記ナビ

知事（もしくは指定都市等の長）は，申請書の内容が基準に適合しているときには開発許可を与えなければならない

解説ナビ 知事（もしくは指定都市等の長）は，開発許可の申請があった場合，申請書の内容が第 33 条の基準に適合しているか審査し，適合しているときは，開発許可を与えなければなりません。

さらに，市街化調整区域内における建築物または第一種特定工作物の建設のための開発行為については，第 33 条だけでなく，第 34 条の基準にも適合しているか審査しなければなりません。

ただし，適合を認め開発許可を与える場合でも，許可に条件を付けたり，知事が建築物の大きさを制限するために必要と認めるときには，用途地域が定められていない区域については建蔽率，高さ，壁面の位置，建築物の敷地，構造，設備を制限できます。

基本ナビ [3-4] で学んだ開発許可の申請を受けた知事の責務をここで詳しくみてみましょう。

都市計画の内容が決定した区域内では，勝手に開発行為ができません。たとえば，家を建てようと思っている場所が，実は都市計画の道路用地である場合，当然，道路の設置が優先され，家は建てられません。都市計画区域内等では，原則として，すべての土地の利用方法が決まっているともいえるのです。

しかし，自分の土地なのに，都市計画区域内等にあるというだけで自由に使用できないのもおかしな話です。そこで「都市計画の内容を盛り込んだ開発行為ならば，その開発行為を認めましょう」とされており，「建築物を建てるために土地の造成をするなら，道路や公共施設も盛り込みなさい」として，その適合性が第 33 条，第 34 条の基準に従って審査されます。

「それでは，第 33 条の基準とはどのようなものですか？」

「開発行為は人が生活できる場所を用意するために行われるものであり，人が生活できるか否かが基準となります」

33 条の基準

1 開発区域内の土地について，用途地域，特別用途地区，特別用途制限地域等の区分が定められているときには，予定建築物の用途が，当該用途地域等に適合していること
2 自宅用（居住用）以外の建築を目的とする開発行為では，道路，公園，広場，その他の公共用の空地が配置，設計されていること
3 排水路その他の排水施設が，きちんと配置，設計等されていること
4 自宅用（居住用）以外の開発行為では，水道その他の給水施設が，想定される需要に支障を来さないように配置，設計されていること
5 地区計画等が定められているときには，予定建築物の用途，設計が，当該地区計画等の内容に即して定められていること

⑥ 当該開発行為の目的に合わせて，開発区域での利便の増進と，開発区域，及びその周辺の地域における環境の保全とが図られるように，公共施設，学校，その他の公益的施設及び開発区域内に予定される建築物の用途の配分が定められていること
⑦ 自宅用（居住用）以外の開発行為では，開発の申請者に，その開発をするために必要な資力，信用があること
⑧ 自宅用（居住用）以外の開発行為では，工事施行者に，その工事を完成するために必要な能力があること
⑨ 開発区域内の土地，建築物，その他の工作物の権利を有する人の相当数（2／3 以上）の同意を得ていること

このように，審査は，自己の居住用住宅以外の建築を目的とするときに行われることがほとんどです。

「次に，第 34 条の基準とはどのようなものですか？」

「市街化調整区域には，主に市街化を抑制する必要がある農村地帯等が該当するため，農村地帯等に必要か否かが基準となります」

34 条の基準

⑩ 当該開発区域の周辺の地域において居住する人達の日常生活のため必要な物品の販売，加工，修理等の業務を営む店舗，事業場，あるいはこれらに類する建築物の建築が目的の開発行為であること
⑪ 農業，林業，漁業のための建築物で，開発許可なく建てられるもの以外の建築物，または市街化調整区域内で生産される農産物，林産物，水産物の処理，貯蔵・加工に必要な建築物，第一種特定工作物の建築が目的の開発行為であること
⑫ 開発区域の周辺の地域において居住している者の利用の用に供する，一定の公益上必要な建築物の建築が目的の開発行為であること
⑬ 都道府県知事が開発審査会の議を経て，開発区域の周辺における市街化を促進するおそれがなく，かつ市街化区域内において行うことが困難，著しく不適当と認める開発行為

第 33 条，第 34 条には，この他にも細かい基準がありますが，すべてを暗記しようとする必要はありません。極端にいえば，次のことさえ覚えておけばいいのです。

開発行為を行う場合，第 33 条での審査後に開発許可が下りますが，市街化調整区域の場合には農林業に関係する貯蔵や加工等の建築物を建てるための開発行為であるか等について，さらに第 34 条の審査も受けるということです。

○×ドリル 開発許可の申請書には，開発区域内の土地又は建築物の権利者全員の同意書を添付する。

語句の意味をチェックする

壁面の位置…家並を揃えたり環境を整備するために指定され，建築物の壁や柱はその位置を超えて建築できない

関係する条文 第 33 条，第 34 条〔開発許可の基準〕，
第 41 条〔建築物の敷地面積に対する建築面積の割合等の指定〕

3-6 公共施設の取扱い

暗記ナビ

新設公共施設は市町村が管理し，公共施設の敷地は市町村に帰属する

解説ナビ 開発行為を行おうとする者が，開発行為によって道路や公園等の公共施設を設置等する場合は，開発許可申請前に，関係する公共施設の管理者と協議し同意を得，設置する予定の公共施設の管理者と協議しなければなりません。

そして，開発行為によって新設された公共施設は，原則として，開発許可による工事の完了公告の翌日から市町村の管理に属することになり，その公共施設の敷地の所有権は，市町村に帰属します。

基本ナビ 第33条の開発許可の基準にある「②主として自己の居住用住宅用以外の建築を目的とする開発行為では，道路，公園，広場，その他の公共用の空地が配置，設計されていること」（[3-5] 参照）について詳しく学習します。

簡単にいえば開発行為が自宅用以外であれば「公共施設を設置しなさい」という基準で，実際に畑を潰して分譲住宅にするために造成して，公共施設である道路を設置した風景もよく見かけます。

公共施設の代表である道路を作るには，新設の他に，すでにあるものを壊して新たに作り替える方法があります。この場合，道路の管理者に対し「開発行為のために道路を取り壊すことに同意してください」と求め，その同意書を受け取ります。

次に，新たな道路の管理者と「開発行為で道路を造るのですが管理してもらえませんか?」等の協議を行い，協議の経過を書いた書面を作成します。

そして，この同意書と協議の書面が開発許可申請のための添付書類となります。

「古い公共施設とその土地はどうなるのですか?」

「公共施設は取り壊され，その土地は，開発許可を受けた者の所有となります」

「新しい公共施設とその土地はどうなるのですか?」

「施設の管理は原則として市町村が行い，土地も市町村のものになります。つまり自分の土地に造った道路の用地を市町村に取り上げられてしまうのです（ただし補償金はもらえます）」

また，ここでは公共施設の管理者を市町村として学習しましたが，ガス，水道，電気等のように市町村以外の管理者もいるということを頭の隅に入れておいてください。

○×ドリル 開発許可を申請しようとする者は，あらかじめ，開発行為に関係がある公共施設の管理者と協議し，その同意を得なければならない。

関係する条文 第30条〔許可申請の手続〕，第32条〔公共施設の管理者の同意等〕

3-7 開発許可を変更するとき

暗記ナビ

開発許可の
1 変更……………知事の許可
2 軽微な変更……遅滞なく，知事へ届出
3 廃止は…………遅滞なく，知事へ届出
開発行為者の
4 一般承継による変更……手続き不要
5 特定承継による変更……知事の承認

解説ナビ 開発許可を受けた者が，開発許可の申請書の内容を変更する場合には，再び知事の許可を受けなければなりません。ただし，変更が軽微な場合には，遅滞なく，知事に届け出るだけで済みます。

また，開発行為の途中で行為者が交代したり変更になったりすることも考えられます。

その場合，相続，会社の合併等の一般承継によって，開発許可に基づく地位を承継した場合は，手続きなしでそのまま開発行為を継続できますが，譲渡等の特定承継によって，開発行為に関する権原（けんげん）を取得した場合には，知事の承認を受けなければなりません。

さらに，開発行為を廃止した場合には，遅滞なく，知事へ届け出る必要があります。

基本ナビ 開発には「申請通りに工事するならばＯＫ」と許可が与えられます。

申請通りにしないのであれば，当然それなりの手続きを踏まえなければなりません。それなりの手続きが1～5です。

許可，届出，承認の３ケースを混同しないこと。

また，軽微な変更とは，工事の着手予定日や完了予定日，工事施工者等の変更に該当します。

○×ドリル 開発許可を受けた者の相続人その他の一般承継人は，被承継人が有していた開発許可に基づく地位を承継する。

語句の意味をチェックする

権原…その行為をすることを正当化する，法律上の原因
合併…複数の会社が契約により合体して１つの会社になること

関係する条文 第 35 条の 2〔変更の許可等〕，第 44,45 条〔許可に基づく地位の承継〕

学習のポイントは？

開発許可を受けた土地，施設の設置や事業が行われることが決まっている土地，つまり個人的には自由にできない土地について行えることをしっかり学んでください。

ここで学ぶのはどんなこと？

事業の進み具合によっては行為の内容が変わってきます。その点もしっかり区別し，特に［4-3］～［4-5］をしっかり区別しましょう。

4 都市計画法〔行為制限〕

最初に知っておこう

本章は［3章］に引き続き，［2章 - 最初に知っておこう］で説明した第4段階「都市計画指定後の制限」に該当します。

［3章］で学習した開発許可を受けた土地について，実際に事業を行う者を含めてすべての者に対して設けられる制限について学習します。

都市計画が決定すれば，多くの制限が適用され，決定した計画以外の行為がほとんど不可能になります。つまり勝手に土地を整理できなくなるのです。その他に「建築物を建ててはならない」という制限も登場します。

しかし，それらは当然です。都市計画の内容の中に必要な建築物の建築計画も含まれているからです。それに，やみくもに建築物が建ってしまった後からでは，土地を整理するのがやっかいになってしまいます。

このように，本当は当たり前で至極当然のことを，あたかも特別なことのように条文としてあげてしまうため，［3章］～［本章］の内容は受験生にとって最難関のひとつになっています。

そこで，次にあげる3つのポイントを忘れないでください。

1 土地を勝手に整理してはダメ

2 建てようと思う建築物があるから，勝手に建築物を建ててはダメ

3 土地の整理のじゃまになるから，勝手に建築物を建ててはダメ

［2章 - 最初に知っておこう］であげた例で考えてみましょう。パーティーに和服で行くと決めたからは，それに合う髪型にしなくてはなりません。また，パーティーの席上でも，激しい運動はムリ，帯をきつく締めていれば思う存分食べるのもムリと，数々の制限を受けますが，これも考えてみれば当然のことと納得できます。

3つのポイントさえ覚えておけば，受験生の多くが苦手としている本章も，実はパーティーの服選びと同じくらい単純な構成で成立していると実感できるはずです。

語句の意味をチェックする

行為制限…行為の限界や範囲を定めること。またその限界，範囲

4-1 開発許可を受けた土地の制限

暗記ナビ

開発許可を受けた土地には
工事完了公告前……原則として建築物等を建てられない
工事完了公告後……原則として予定建築物以外は建てられない
別表現では 建てるには知事の許可を受けなければならない

解説ナビ 開発許可を受けた土地において，開発許可を受けた工事が完了していない場合（完了公告の前）は，知事が支障がないと認めた建築物や特定工作物以外の建築物等は，原則としてその区域内に建てられません。

ただし，次の建築物等に限って建てられます。

1 **工事用の仮設建築物等**
2 **開発区域内で，その開発工事に同意していない者の建築物等**

土地の造成も終わり，開発工事の完了公告が行われた後は，建築物等を建てられるようになりますが，どんな建築物等でも可能というわけではありません。

次の建築物等に限って新築，改築，用途の変更を行えます。

3 **開発許可の申請書にその用途を記載してある予定建築物等**
4 **知事が開発区域やその周辺での利便増進上，保全上，支障なしと許可した建築物等**
5 **用途地域が指定された区域では，申請書に記載した予定建築物等以外であっても，その用途が合致している建築物等**
6 **国が行う行為で，国の機関と知事との間の協議が成立したもの**

基本ナビ 開発行為は「こういう建築物を建てるから，土地を造成してもいいですか」という申請に対して「いいです」という許可があって初めて着手できました。開発許可を受けた土地では，土地造成を始める都合上，その土地に建築物等が建っていては，工事に支障を来します。そのため，原則として，建築物等を建てられないのです。

開発行為とはいえ，許可が下りた後は一種の事業に違いありません。事業がスムースに行われるにはやはり制限が必要となります。

「土地造成の工事が終了すれば，勝手に建築物等を建てられる?」

「工事が終わると［3-3］にもあるように工事の検査が行われ，工事がきちんと行われていれば公告されることになります。建築物等はこの公告後に建てられるようになるのです」

「それでは，公告後ならば，勝手に建築物等を建てられる?」

「前述のように，開発行為には『こういう建築物を建てるから，土地を造成してもいいですか』という申請が不可欠でした。そのため，開発許可の時点で，予定建築物については，すでに知事から許可をもらっていることになります。したがって，原則として，予定建築物以外のものは建てられません。ただし，市街化区域内には『この地域には，この種類の建築物であればどんどん建てなさい』という用途地域等が指定されています。そこで，それらの用途に反しない建築物であれば建てられるのです」

「これらの制限については，市街化区域，市街化調整区域，非線引区域等の区別がありますか?」

「この規定は『開発許可を受けた開発区域内』であれば，市街化区域，市街化調整区域，非線引区域等にかかわりなく適用されます」

開発許可を受けた開発区域内で用途地域が定められている土地において，工事完了の公告後に，当該開発許可に係る予定建築物以外の建築物を新築しようとするときは，都道府県知事の許可を受けなければならない。

語句の意味をチェックする

建築物等…［本章］においては建築物と特定工作物のこと

工事用の仮設建築物…ここでは，工事事務所，工事人宿舎，資材置場等，土地の造成を行ううえで必要なものをいう

用途の変更…建築物等の使い道の変更。たとえば住宅を料理店に変える等

関係する条文 第37条〔建築制限等〕，第42条〔開発許可を受けた土地における建築等の制限〕

4-2 開発許可を受けていない土地の制限

暗記ナビ

開発許可を受けていない土地で，市街化調整区域内ならば原則として建築物等を建てられない

（別表現では）建てるには知事の許可を受けなければならない

解説ナビ 開発許可を受けていない土地，かつ，市街化調整区域内では，知事の許可を受けなければ，原則として建築物等を建てられません。

ただし，次の場合は許可なく建築物等の新築，改築及び用途の変更を行えます。

1 農林漁業者の業務用建築物，及びその人達の自宅
2 環境保全等に支障がない，公益上必要な建築物
3 都市計画事業による建築物
4 非常災害のために必要な応急措置として行う建築物等
5 仮設の建築物
6 通常の管理行為や軽易な行為

また，国や都道府県等が行う一定の建築物の新築等については，知事との協議を成立させていれば，それをもって許可があったものとみなされます。

基本ナビ ［4-1］とは逆に，未許可の土地についての制限を学びます。

市街化区域は「建築物をどんどん建てなさい」という地域です。そのため，小規模の開発行為であれば自由に行うことができ，かつ建築物を建てられるよう「この地域には，この種類の建築物であればどんどん建てなさい」という用途地域等の指定がなされています。

逆に，市街化調整区域は「建築物を建ててはいけません」という地域です。

したがって，どんなに小規模の開発行為であっても許可が必要で，建築物を建てる場合であっても，原則として都道府県知事の許可がなければできません。

しかし，例外として，知事の許可なく土地の形質変更つまり開発行為を行える場合もありましたよね（［3-2］参照）。この場合，当然そのうえに設置する建築物もＯＫです。それが1～5なのです。

〇✕ドリル 市街化調整区域のうち，開発許可を受けた開発区域以外の区域内において行う建築物の新築については，非常災害のため必要な応急措置として行うものであっても，都道府県知事の許可を受けなければならない。

関係する条文 第43条〔開発許可を受けた土地以外の土地における建築等の制限〕

4-3 都市計画施設等区域内の制限

暗記ナビ

都市計画施設等区域内で知事の許可が必要な行為とは
建築物の建築

解説ナビ 都市計画施設等区域では，事業がすぐに始まらないことも多く，建築物の建築には知事の許可が必要となります。

ただし，次のいずれかに該当するときには建築が必ず許可されます。

1. **都市施設もしくは市街地開発事業に関する都市計画で定める建築物に適合するもの**
2. **都市計画施設の区域で当該都市計画施設を整備するうえで著しい支障を及ぼすおそれがないと認められるもの**
3. **安易に移転もしくは除去できるもの**

基本ナビ ［3章］［4-1］［4-2］は土地利用にかかわる制限でしたが，ここでは施設・事業にかかわる都市計画の内容が定められた区域の制限について学習します（［2章 - 最初に知っておこう］参照）。

都市計画施設等区域とは，都市施設が定められた，つまり都市計画施設の位置が定められている地域（［2-6］参照）及び市街地開発事業を行う地域（［2-7］参照）の総称です。

そして，これらの施設や事業に関する都市計画は，決定後，即実行というわけではありません。

公共事業ですから市町村等で予算が付き，市町村の場合には知事の認可，都道府県の場合には大臣の認可を受けて初めて施行できます。したがって，事業の着手までに何十年もかかることもあります。

よって，本項目では図にもあるような都市施設や市街地開発事業の都市計画の内容が定められた以降，施行の認可を受けるまでの制限になります。

しかし，施行できる時点になると都市施設等は都市計画事業という名称に変わり，その区域内における制限も［4-3］から［4-5］に変わってきます。

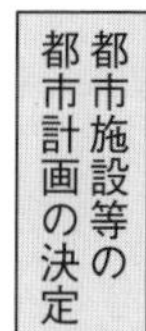

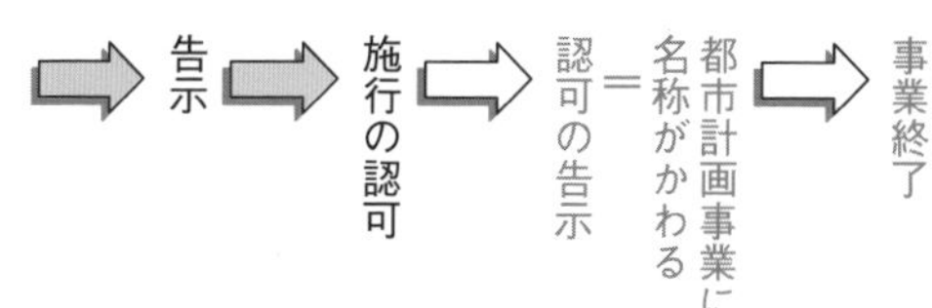

さて，都市施設等の都市計画の内容の決定には，次の２つの場合があります。

≫はじめから施行予定者が決まっている

≫事業のみを決め，しばらくしてから施行予定者を決める

都市施設や市街地開発事業は，その規模によって市町村が施行者になったり都道府県が施行者になったりします。つまりいずれかがお金を出すということですが，いずれにしても誰が出資するかが決まらなければ事業を進められません。

しかし住民レベルでは出資者が誰かは問題ではないので，事業を求める住民の声を優先して事業案のみを先行させる場合，つまり計画の当初施行者が決定していない場合がほとんどです。

施行者が決まっていなければいつ事業が具体化されるかもわからないため土地利用の制限もさほど厳しくありません。

本試験問題も「施行者が決まっていない」ことを前提に作成されていますので心配ありません。

都市計画施設等区域は，その指定を受けた土地の所有者は私たち一般人です。したがって，区域の指定を受けているというだけで，自らの土地なのに自由に活用できないのでは所有者に多大な迷惑が掛かります。そのために制限を厳しくできないのです。

「『安易に移転もしくは除去できるもの』とありますが，これはどういうものですか？」

「階数が２階以下で地階がなく，主要構造部が木造，鉄骨造，コンクリートブロック造，その他これらに類する構造であり，かつ，安易に移転もしくは除去できる建築物のことで，知事は許可を与えなければなりません」

ただし，次の場合には，知事の許可を得る必要はありません。

① 都市計画事業の施行として行う行為
② 非常災害のための応急措置として行う行為
③ 軽易な行為

市街地開発事業の施行区域または都市計画施設の区域内において建築物の建築をしようとする者は，非常災害のため必要な応急措置として行う行為についても，都道府県知事の許可を受けなければならない。

語句の意味をチェックする

公示…公の機関が広く一般に周知する必要がある事項等を公式に周知する行為やその行為の形式の一種

認可…行政行為のひとつで第三者の行為を補充して，その法律上の効力を完成させる行為

関係する条文　第 52 条の 2〔建築等の制限〕，第 53 条〔建築の許可〕

4-4 市街地開発事業等予定区域内の制限

暗記ナビ

知事の許可が必要な行為は
〔前提〕施行予定者が定められているとき
1 土地の形質の変更
2 建築物の建築
3 工作物の建設

解説ナビ 市街地開発事業等予定区域（[2-8] 参照）には，必ず，施行予定者を定めます。施行予定者が決まっているということは，事業をすぐに開始できる状態であり，施行予定者以外の者が区域内の土地に手を出すことを避けるため，次の1～3の行為には，知事の許可が必要となります。

1 土地の形質の変更
2 建築物の建築
3 工作物の建設

基本ナビ [4-3] に引き続き，施設・事業にかかわる都市計画の内容が定められた区域の制限であり，市街地開発事業等予定区域での都市計画決定以降，施行の認可を受けるまでの制限について学習します。

市街地開発事業等予定区域においては，必ず，施行予定者が決まっていることが，行為制限を厳しいものにしています。

[2-8] で学んだように，この区域は事業の規模が大きいため，工事用敷地を確保したまま長期間放っておくと経済的負担も大きくなります。そのため事業をすぐに開始できるよう施行者が決まっているのです。

もしも，[4-3] においても施行予定者が決まっている場合には，[4-4] と同様に厳しい制限を受けることを頭の隅に入れておいてください。

また，次の場合には，[4-3] 同様知事の許可を得る必要はありません。

① 都市計画事業の施行として行う行為
② 非常災害のための応急措置として行う行為
③ 通常の管理行為や軽易な行為

○×ドリル 市街地開発事業予定区域に関する都市計画において定められた区域内において建築物の建築をしようとする者は，原則として都道府県知事の許可を受けなければならない。

関係する条文 第 52 条の 2〔建築等の制限〕，第 53 条〔建築の許可〕

4-5 都市計画事業地内の制限

暗記ナビ

都市計画事業地内において，知事の許可が必要な行為とは
1 土地の形質変更
2 建築物の建築
3 工作物の建設
4 重量５トンを超える物件の設置または堆積

解説ナビ ここでは都市計画事業という名称に変わってからの行為制限について学習します。事業が進んでいる分，［4-3］［4-4］より厳しい制限になります。

顕著なのが4の制限で，重量５トンを超える物を置いたり，積んだりするなというものです。

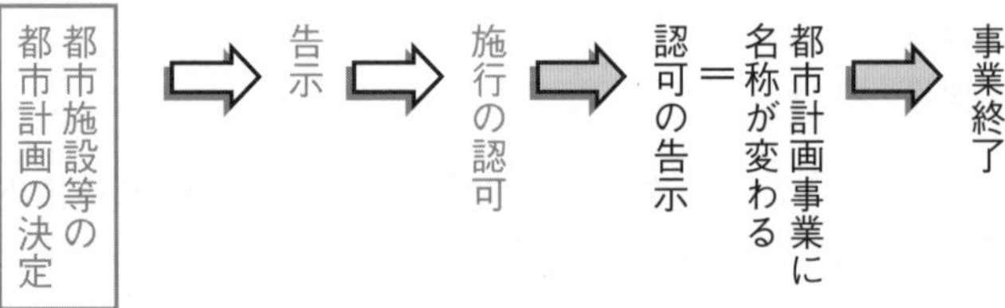

基本ナビ 今度は，都市計画施設等区域や市街地開発事業等予定区域よりも計画が進んで，実際に，事業に突入してからの行為制限となります。つまり事業認可の告示から事業終了までの制限です。

事業地内に資材等が運び込まれるこの期間は，施行関係者以外の立入りは大変危険です。よって，［4-3］や［4-4］のような例外的な行為は設けられていません。

○×ドリル 都市計画事業の認可または承認の告示があった土地においては，当該事業地内において建築物の建築をしようとする者は，当該都市計画事業の施行者の許可を受けなければならない。

関係する条文 第65条〔建築等の制限〕

4-6 地区計画の区域内の制限

暗記ナビ

地区計画の区域内においては
行為に着手する日の30日前までに，市町村長に届け出る

解説ナビ 地区計画の区域内で，地区整備計画や再開発等促進区，もしくは開発整備促進区が定められている区域について，土地の区画形質の変更や，建築物の建築，工作物の建設，その他法令で定める行為を行う場合には，着手する日の30日前までに，一定の事項を市町村長に届け出なければなりません。

基本ナビ 市街化区域内，市街化調整区域内の行為制限（［3章］［4-1］［4-2］参照），都市施設や市街地開発事業地内の行為制限（［4-3］［4-4］参照）のように，都市計画の内容が決定すると様々な制限を受けますが，地区計画の指定区域内も同様で，届出が必要になります。

地区計画は，簡単にいうと「小さな街作り計画」です。たとえ小規模であっても「この街をどんな街にするか」という目標や方針なしでは立案できないため，目標や方針をまず定めます。

さらに，それを達成するための具体的な手段である地区整備計画について，次のことを定めます。地区整備計画とは，地区計画区域内に定める，土地利用や施設等に関するより細かな計画です。

1 道路，公園等の地区施設の配置及び規模
2 建築物の制限（建蔽率の最高限度，容積率の最高限度・最低限度，建築物の高さの最高限度・最低限度，建築面積の最低限度，壁面の位置等）

本試験では「地区計画の区域（地区整備計画が定められている区域に限る）…」のように出題されるため，地区計画の区域内で地区整備計画が定められていない地区について考慮する必要はありません。

市街化調整区域は建築物を建ててはいけない区域であることから，地区計画の区域の周辺の市街化を促進しないよう配慮しなければならず，そのため，建築物の容積率，建蔽率，高さの最低限度を定められません（最低限度を定めることは，小さな建築物を排除することにつながり，市街化を促進してしまうからです）。

また，より緻密な街作りのために，土地の合理的かつ高度利用と都市機能の増進を図るための再開発等促進区や，商業その他の業務の利便の増進を図るための開発整備促進区を，地区計画の区域内に定めることができ，これらの区域も制限を受けることになります。

これらの地区計画は市町村が決定するため，知事ではなく，市町村長へ届け出る点に注意しましょう。その際，市町村長は不適当な建築物に「やめろ」と勧告できます。

ただし，次の行為については，届け出る必要はありません。

① 通常の管理行為，軽易な行為
② 非常災害のため必要な応急措置として行う行為
③ 都市計画事業の施行として行う行為　等

関係する条文 第58条の2〔建築等の届出等〕

学習のポイントは?

都市計画法で「土地区画整理事業」として，街作りのための事業を学びましたが，この土地区画整理法は，その事業を滞りなく行うための方法を定めています。

ここで学ぶのはどんなこと?

都市計画法と重なる規定や応用できる規定が見つけられれば，あなたの実力もたいしたものです。

5 土地区画整理法

最初に知っておこう

たとえば，路地が狭く，車も入れないような昔ながらの街に住んでいれば「きちんとした道路を通して，整然とした街にしたい」と誰もが思うでしょう。

そこで，整然とした街を作るための方法として区画整理があります。区画整理を行うと，区画整理前の複雑に入り組んだ土地が，図のような整然とした土地に生まれ変わります。

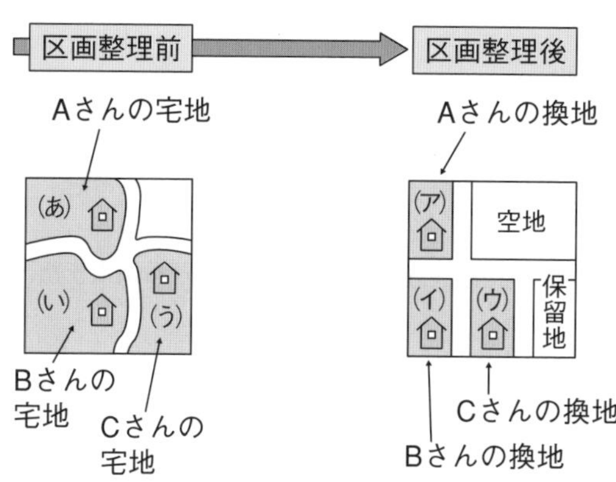

このように区画整理する事業を土地区画整理事業といいます。

「土地区画整理事業は，都市計画法でも登場しましたが？」

「そうです，あの土地区画整理事業を具体化したのが，本法なのです」

そもそも，本法が先に制定され，本法では補えなくなるほど都市化が進み，巨大化していったため本法に代わり都市計画法が作られたという経緯があります。したがって，本法は都市計画法とその内容が重なる部分が多くあります。

その代表的なものが，公共施設の取扱い（[3-6] 参照）と行為制限（[4-5] 参照）です。どのように重なっているかはこれから学習しましょう。

語句の意味をチェックする

区画整理…土地の境界を整理すること

土地区画整理事業…都市計画区域内の土地について，公共施設の整備改善及び宅地の利用の増進を図るための，土地の区画形質の変更及び公共施設の新設または変更に関する事業のこと

≫例：公共施設の整備改善→道路，公園，広場，河川の整備

≫例：宅地の利用増進→袋路の解消，不整形な宅地を形の良い宅地にする

都市計画区域内の土地…公共施設の用に供されている国，地方公共団体が所有する土地以外はすべてをいう

保留地（ほりゅうち）…区画整理事業の施行費用に充てるため，あるいは，規約や定款で定める目的のため，換地として定めない土地のこと

換地（かんち）…土地区画整理事業によって土地の区画形質の変更等が行われ，施行地区内の土地についての権利関係を再編する必要がある場合に，従前の土地に代えて交付される土地

5-1 土地区画整理事業を行う者

暗記ナビ

土地区画整理事業を行う者は
1 個人（個人施行）
2 地区画整理組合
3 区画整理会社
4 地方公共団体
5 行政庁
6 機構，公社

解説ナビ 土地区画整理事業の施行者は，次にあげる個人または団体に限られます。

1 個人施行

宅地の所有者，借地権者またはこれらの者から同意を得た者で，施行者が1人の場合を一人施行，複数の場合を共同施行といいます。

それぞれ施行する場合には，一人施行では規準と事業計画，共同施行では規約と事業計画を定めなくてはなりません。

2 土地区画整理組合

宅地の所有者や借地権者が7人以上共同で設立したもので，施行区域内の宅地の所有者や借地権者のすべてが組合員となり，所有権者，借地権者の各2/3以上の同意を得て，定款（ていかん）（組合の規約）や事業計画を定めなくてはなりません。

この場合，未登記の借地権者は，市町村長へ申告しない限り，その後，当該権利は存在しないものとして取り扱われてしまいます。

3 区画整理会社

宅地の所有者や借地権者を株主とする株式会社や有限会社を指し，規準と事業計画を定めなければなりません。

4 地方公共団体（都道府県，市町村）

5 行政庁（国土交通大臣）

6 独立行政法人都市再生機構，地方住宅供給公社

基本ナビ 区画整理の必要性があるからといって，誰もがすぐに，区画整理を行えるわけではありません。区画整理には多額な費用を必要とするため，施行者は相当の資力，信用，技術力を持ち，さらに「私たちが施行者となって土地区画整理事業を進めますから認めてください」と申請し，知事の認可を受けてからでなければ事業を行えないのです。

ここで，都市計画法でも学んだ図をもう一度みてみましょう。

都市計画の決定／都市施設等の → 告示 → 施行の認可 → 都市計画事業に名称がかわる＝認可の告示 → 事業終了

図中の「施行の認可」が「知事の認可（都道府県の施行については国土交通大臣の認可）」です。施行認可の告示があると，土地区画整理事業は都市計画事業と名称が変わり，換地処分の公告の日までは，都市計画事業地内での行為制限（［4-5］参照）を受けることになります。

本法は土地区画整理事業としての都市計画事業の施行をスムースに行うための定め，つまり，施行の認可から事業終了までを定めた法律ともいえます。都市計画事業の施行のために，新たに都市計画法に規定するよりは，既に規定されている土地区画整理法を流用した方が効率的，かつミスも少なくて済むからです。

○×ドリル 土地区画整理組合が施行する土地区画整理事業において，施行地区内の宅地について所有者または借地権を有する者は，すべてその土地区画整理組合の組合員とされるが，未登記の借地権については，申告または届出が必要である。

語句の意味をチェックする

規約，規準…規範となる標準であり，関係者間では相談，協議して決めた事項で，本法では『土地区画整理事業の名称，施行地区の名称，事業の範囲等を決める』を指す
事業計画…本法では『土地区画整理事業にかかわる設計の概要，施行期間，資金計画等』の計画を指す
定款…社団法人等の目的等に関する根本規則で，本法では『土地区画整理事業の名称，施行地区の名称，事業の範囲等を決める』を指す
株式会社…社員が会社に対して各々の株式の引受価額を限度に出資義務を負う会社
有限会社…社員が会社に対して出資義務と有限責任を負う会社。株式会社を簡略化した小規模の会社
地方公共団体…都道府県，市町村等
独立行政法人都市再生機構…旧・都市基盤整備公団。市街地の整備・改善，賃貸住宅の供給の支援及び管理に関する業務を行う

関係する条文　第3条〔土地区画整理事業の施行〕，第25条〔組合員〕，第4条〔施行の許可〕抜粋，第14条〔設立の認可〕

5-2 換地計画とは

暗記ナビ

換地計画は，知事の認可を受けなければならない

解説ナビ 区画整理についての知事の認可の後，施行者は換地処分を行うために換地計画を定めます。個人，組合，区画整理会社，市町村，公社等が施行者の場合には，この換地計画についても知事の認可を受けなければなりません。

また，個人施行者，つまり一人施行，共同施行，区画整理会社が換地計画を定めようとする場合には，換地計画にかかる区域内の宅地の所有者または借地権者の同意を得なければなりません。

基本ナビ 区画整理事業の認可を受けた後に，区画整理が行われていく過程で施行者がまずしなければならないことのひとつが，換地計画を定めることです。

「換地計画には，どんなことが定められるのですか?」

「これは，［5章-最初に知っておこう］**にでてきた図ですが，もう一度みてください」**

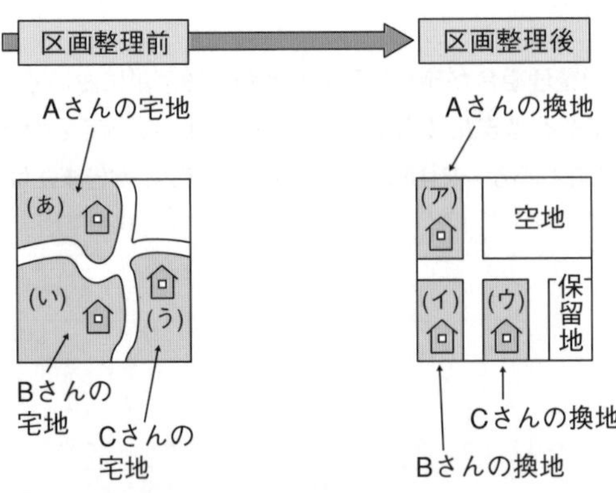

換地計画には，このように区画整理前を区画整理後にする計画，つまり換地設計等「どの様に換地するか」が定められます。

この他に保留地や清算金（せいさんきん）の額が定められます。それ以外にも換地計画で定めるものはありますが，本試験においてはあまり重要でないためここでは省きます。

「保留地とは何ですか？」

「土地区画整理事業の施行費用に充てるため，あるいは，規約や定款で定める目的のため，換地として定めない土地のことをいいます」

「規約や定款で定める目的」とは，たとえば，公園を造る，学校を造る…といったことを規約や定款で定めることです。

「清算金とは何ですか？」

「たとえば，前ページの図で，区画整理前の（い）と（う）を比べると，（い）の方がずっと広いのに，区画整理後の（イ）と（ウ）を比べると，面積が同じです。これでは，Bさんが損をしてしまっていることになりますよね。そこで，得をした者からお金を徴収して，損をした者に交付すれば，円満解決となるわけです。このように，換地について不均衡が生じると認められるときの清算のための金銭をいいます」

これら換地計画については個人施行の場合を除き，２週間公衆の縦覧に供したうえで定められます。

○×ドリル 土地区画整理組合は，土地区画整理事業の施行の費用に充てるためのみならず，その定款で定める目的のため，換地計画に保留地を定めることができる。

語句の意味をチェックする

換地処分…土地区画整理事業において，工事が完了した後，従前の土地の権利者に換地を割り当てて，これを終局的に帰属させる形成的な行政処分

公衆の縦覧（に供する）… [2-11] 参照

関係する条文 第 86 条〔換地計画の決定及び認可〕，第 94 条〔清算金〕，第 96 条〔保留地〕

5-3 仮換地とは

暗記ナビ

仮換地指定後は，仮換地について使用・収益できる

解説ナビ 施行者は，換地処分を行う前に，必要な場合には仮換地(かりかんち)を指定できます。

仮換地が指定されると，従前(じゅうぜん)の土地を権原に基づいて使用・収益できる人，すなわち，従前の宅地の所有者や借地権者は，仮換地の指定を受けた新しい土地について，仮換地の指定の効力発生日から換地処分の公告の日まで，従前の土地と同様に使用・収益できます。なお，この使用・収益を開始する日は，事情があれば仮換地の指定の効力発生の日と別に定められます

こうして従前の宅地については使用・収益できなくなりますが，所有権はそのまま残ることになります。

また，仮換地に指定されなかった宅地は，換地処分の公告がある日まで，区画整理の施行者が管理することとなり，指定されなかった宅地上の建築物を移転，除去する際には，施行者が行うことになります。

基本ナビ 区画整理の工事では，従前の宅地，すなわち，区画整理前の土地をつぶして道路を通す場合があります。

しかし，従前の宅地が使用されたままでは，工事に支障を来してしまいますから，必要に応じて，工事のじゃまにならない場所へとりあえず引っ越してもらうことになります。その引っ越し先の土地を仮換地といいます。

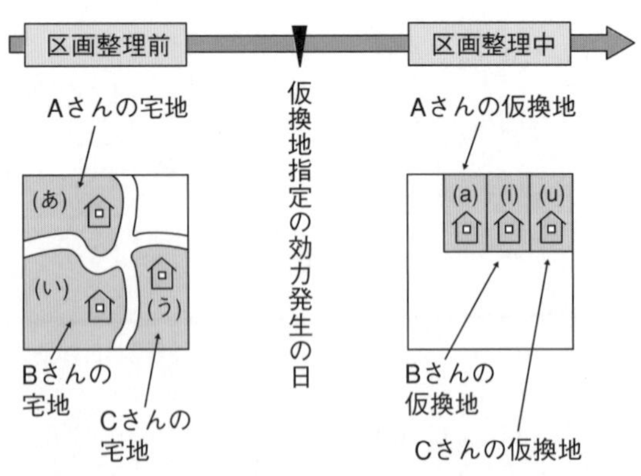

権利関係 法令上の制限 宅建業法
法令上の制限

土地区画整理法⬇タグ仮換地

たとえば，Ａさんに仮換地（ａ）が指定されると，Ａさんは，仮換地指定の効力発生の日から換地処分公告の日まで，（あ）地の代わりに（ａ）地を使用・収益できるようになります。

ただし，Ａさんが所有している土地は，あくまでも（あ）地であり，（ａ）地の所有者はＡさんではありません。

これら仮換地の指定は，施行者が土地区画整理組合であれば総会や総代会等の同意，国や都道府県等の地方公共団体等（［5-1］④⑤⑥参照）であれば土地区画整理審議会の意見を聴いて行われます。

ここで問題となるのが仮換地指定の効力発生日と仮換地の使用・収益を開始する日が必ずしも同じではないということです。

たとえば，Ａさんの（ａ）地上に建物等があり，その除去のためにＡさんが（ａ）地の使用・収益開始を何日間も待たなければならない場合もあります。

このようなとき施行者は，効力発生日とは別に使用・収益開始日を定められます。当然Ａさんは効力発生日より使用・収益開始日までは従前の（あ）地も（ａ）地も使用・収益できないため，そのために生じる損失（借家の賃料等）を施行者から補償してもらえます。

ひっかけ注意!!

甲地の所有者であるＡさんが，区画整理事業のため，乙地を仮換地として指定された場合，Ａさんは，乙地を売買できる?

答えはノー。Ａさんが持っているのは，乙地ではなく甲地の所有権ですから，区画整理の工事中に売買契約を締結できるのは，甲地のみになります。当然，移転登記も甲地について行うことになります。同様に，抵当権設定等についても，甲地についてのみ設定できます。

○×ドリル
土地区画整理事業の施行地区において仮換地の指定がされた場合，従前の宅地の所有者は，仮換地の指定により従前の宅地に抵当権を設定することはできなくなり，当該仮換地について抵当権を設定することができる。

語句の意味をチェックする

仮換地…換地処分前に施行地区内の従前の宅地に代わって使用・収益できるものとして指定された土地

従前…以前

総会…団体の構成員全体の会合

総代会…団体の構成員の数が多数である団体の場合，総会に代わるものとして，これらの構成員のうちから総代が選出されるが，その総代による会合

総代…団体を代表する者で，本法では原則として土地区画整理組合の組合員が100人を超える場合に設けられる

土地区画整理審議会…施行地区内の権利者の意見が事業に反映され，公正に執行されるのを確保するために各々の土地区画整理事業ごとに設けられる審議会で，施行地区内の宅地の所有者，借地権者，土地区画整理事業について学識経験を有する者で構成される。

関係する条文　第98条〔仮換地の指定〕，第99条〔仮換地の指定の効果〕

5-4 換地処分とは

暗記ナビ

換地処分の公告があった日が終了したときから
1 仮換地指定の効力が消滅する
2 不要になった地役権が消滅する
換地処分の公告があった日の翌日から
3 換地が従前の宅地とみなされる
4 清算金が確定する
5 施行者が保留地を取得する

解説ナビ 土地区画整理事業の工事がすべて完了すると，施行者は，その区画整理事業に関係ある権利者に対して，換地計画に定められた事項を通知して，換地処分を行います。

その後，施行者は，換地処分を行った旨を，遅滞なく知事に届け出なければなりません。届出を受けた知事は，その旨を公告することになり，換地処分の公告によって，様々な効果が生じることになります。

1 仮換地指定の効力が消滅する

換地を与えられたことにより，公告があった翌日からは，仮換地を使用・収益できなくなります。逆にいえば，換地の公告があった日の24時（午前0時）までは，仮換地を使用・収益できます。

2 不要になった地役権が消滅する

たとえば，宅地が道路に面していなかったため，隣地に地役権を設定して通行していたところ，区画整理によって宅地が道路に面するようになった場合，この地役権は不要になるので消滅します。

それ以外の地役権は，従前の宅地上に存することになります。（地役権は，土地に付くものということを思い出してください）

3 換地が従前の宅地とみなされる

4 清算金が確定する

結果的に得をした者から徴収し，損をした者に交付されます。

5 施行者が保留地を取得する

たとえば，土地区画整理組合が施行した場合は，土地区画整理組合自体が保留地を取得します。

基本ナビ 換地とは，区画整理の工事が終わった後の土地をいいます。

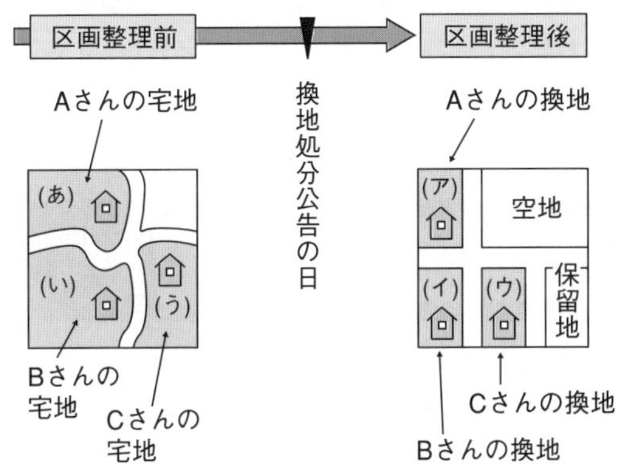

たとえば，Aさんの従前の宅地（あ）は，区画整理の結果，（ア）に生まれ変わったことになります。この（ア）を換地といいます。

換地が指定されると，施行者は，知事に対して「このように換地処分が終了しました」と届け出ます。

その後，今度は知事が「こういう換地が行われました」と公告するのです。この翌日から，（ア）地を（あ）地とみなすことになります。

ここで，都市計画法の公共施設の取扱い（［3-6］参照）を思い出してください。土地区画整理事業は，都市計画の一部です（［2-7］参照）から，公共施設の取扱いは都市計画法と同様になります。つまり新設した公共施設は，換地処分公告の日の翌日において，原則として，その公共施設の所在する市町村の管理に属することになるのです。

また，換地処分の公告があった場合，施行者は直ちに当該区域を管轄する登記所へ通知し，土地区画整理事業の施行により変動が生じた土地・建物について，申請しなければならず，登記が終了するまでは，原則として，他の登記を行えません。

最後に「換地処分の公告があった日が終了したとき」の「終了した」は実際には日付が変わることを意味し「換地処分の公告があった日の翌日」と同じ意味合いになりますが，法律の規定上はあくまでも異なっていることに注意してください。

○×ドリル 土地区画整理事業の施行により設置された公共施設は，換地処分の公告があった日の翌日において，原則として施行者の管理に属する。

関係する条文 第103条〔換地処分〕，第104条〔換地処分の効果〕

学習のポイントは？

常に「安全・快適に過ごすにはどうすればいいか」を念頭に，イメージを膨らませながら学習しましょう。

ここで学ぶのはどんなこと？

「この土地には，どんな種類の，どのくらいの大きさの建築物が建てられるのか」について規定しているのが建築基準法です。

6 建築基準法

最初に知っておこう

建築基準法は国民の生命，健康及び財産を保護することを目的とし，この目的を達成させるために，建築基準法では建築物について様々な最低限の基準を定めています。

この基準は，単体規定と集団規定と呼ばれる２つの基準に分けることができます。

単体規定（［6-4］参照）

建築物を実際に使用する所有者等の生命・健康・財産を保護するために，建築物自体の安全・快適さを恒久的に維持機能しつづけていくために必要な最低限度の構造が規定されており，日本国内すべての地域に適用される基準です。

集団規定（［6-1］～［6-13］参照）

狭い国土において，影を作り，風通しを悪くする建築物は他人から見るとじゃまな存在ですが，建築物がなければ仕事や生活は成り立ちません。そこで皆が良好に生活するために所有者等が互いに制限し合う取決め，つまり集団としての秩序を保つための建築物の相互間の規定をいい，良好な街作りが必要な都市計画区域や準都市計画区域に適用される基準です。

建築士等の設計者は集団規定，単体規定を順守して設計し，建築確認（［6-15］［6-16］参照）を受ける必要がありますが，両者の違いを理解するうえで例をあげておきましょう。単体規定に違反する建築物が設計者によって設計されている場合，生命・健康・財産等が危険に脅かされ，被害を被るのはその建築物を利用する所有者等に限られます。その被害が設計上の違反に起因するならば，所有者等は設計者の責任を追及します。

一方，集団規定に違反する建築物が設計者によって設計されている場合，被害を被るのは設計を依頼した所有者等だけでなく，近隣住民等にも及びます。その被害が設計上の違反に起因するならば，近隣住民等は集団訴訟等の方法で管理者を含む所有者等の責任を追及します。そしてその追及は設計者，さらに建築物の利用者等に対しても及ぶ場合があります。

「業者は集団規定，単体規定にどう関わる?」

「業者は建築物を設計するわけではありません。業者が設計や施工を兼業する場合もありますが，宅建業として行っているわけではないので，宅建試験においては，ほとんどの単体規定は対象外といえます」

ただし，集団規定は宅建業に大きく関わってくるため，しっかり学習する必要があります。建築物は街を構成する大事なアイテムであり，その建築物が集団規定に違反する場合には，建築物の所有者等，つまり業者の顧客が近隣住民等から訴訟を起こされかねないからです。

語句の意味をチェックする

建築確認…建築主事が建築物の建築等に関する計画が建築物の敷地，構造等に関する法令に適合することを確認すること。［6-15］参照

集団訴訟…ある行為や事件から同じような被害を受けた者が多数いるとき，一部の被害者が全体を代表して訴訟を提起することを認める制度

6-1 用途地域における建築物の用途制限

暗記ナビ

1 低層住居……子供や老人，明るい家庭生活を守る
2 田園住居……低層住居＋農地と調和した住環境を守る
3 中高層住居…低層，田園住居＋青年と衣食住を守る
4 第一種住居…中高層住居＋スポーツができる健康的庶民生活へ
5 第二種住居…第一種＋中型娯楽
6 準住居………危険な工場・夜の商売・大型集客施設を排除する
7 近隣商業……危険な工場・夜の商売を排除する
8 商業…………危険な工場を排除する
9 準工業………個室付浴場を排除する
10 工業…………準工業＋夜の商売・子供の集団・大型集客施設を排除する
11 工業専用……工業＋日常生活と遊び場を排除する

解説ナビ 用途地域とは「この地域にはこの建築物しか建ててはいけません」という建築可能な建築物が制限されている地域のことです。

住居・商業系

住居・商業系では1から8まで徐々に規制が緩やかになり，建築できる種類が次第に増えていく様子をしっかり捉えてください。

1 低層住居専用地域に建築できる建築物

① 第一種低層住居専用地域に建築できる建築物

この地域は人が住むための地域で，キーワード「子供や老人，明るい家庭生活を守る」場所です。文字通り，子供や老人が当然生活しており，交通量も少ない方が家庭生活を守ることになります。

〔キーワード **子供**〕には教育の場を提供しなければなりません。具体的には保育園，幼稚園，小学校，中学校，高等学校等です。それに伴い図書館も建築できます。また学校周辺には子供達の集う駄菓子屋が見受けられるように，50㎡以下の店舗や事務所等との兼用住宅ならば建築できます。

〔キーワード **老人**〕には住居としての老人ホームを提供します。

〔キーワード **明るい家庭生活**〕のために住宅，共同住宅，下宿，診療所，公衆浴場，派出所，公衆電話，神社，教会等や，身体障害者の住居として身体障害者福祉ホーム，さらに共稼ぎ夫婦のために老人や子供を預かる場所として600㎡以下の老人福祉センター，児童厚生施設等が建築できます。

しかし，あくまでも〔キーワード **家庭生活**〕の範疇であるため飲食店，専用店舗，病院等は建てられません。

② 第二種低層住居専用地域に建築できる建築物

1－①に掲げるもの，プラス，150㎡以下の飲食店，専用店舗ならば建築できます。これはアパート等，狭い敷地に何人もの人が生活する場合に食糧等の確保が確実に可能な規模の店のことです。

2 田園住居地域に建築できる建築物

1－②に掲げるもの，プラス，農産物の生産，集荷，貯蔵に供するもの。
2階以下で500㎡以下の地域で生産された農産物の販売を主たる目的とする店舗，その他農業の利便を増進するのに必要な店舗，飲食店。

3 中高層住居専用地域に建築できる建築物

①第一種中高層住居専用地域に建築できる建築物

キーワードは「青年と衣食住を守る」場所ですが，まずはキーワードが「子供」から「青年」に変わった点に注意しましょう。

〔キーワード **青年**〕には大学，高等専門学校，専修学校等を提供し，必要最低限の車利用ができるよう2階以下で300㎡以下の小規模の自動車車庫が建築できます。

〔キーワード **衣食住を守る**〕場所については，中高層という名称の通り，この地域には階数の多いアパート，マンション等が建築されます。

そのため，狭い敷地にさらに多人数が生活するすることになり，食糧等の確保が確実に可能で車利用が制限される等，衣食住を守れる規模の店として500㎡以下の中規模の飲食店，専用店舗ならば建築でき，多くの共稼ぎ夫婦のために老人福祉センターや児童厚生施設からは『600㎡』という面積要件が外れます。また，多人数の健康を守るため病院も建築できるのです。

② 第二種中高層住居専用地域に建築できる建築物

3－①に掲げるもの，プラス，2階以下で1,500㎡以下の事務所，飲食店，専用店舗が建てられます。規制が次第に緩やかになっていきます。

4 第一種住居地域に建築できる建築物

3－②に掲げるもの，プラス，キーワード「スポーツができる健康的庶民生活へ」移行していきます。

〔キーワード **庶民生活**〕は前出の「家庭生活」を拡大したものと考えてください。ですから1低層住居，～3中高層住居で生活する人が通えるよう自動車教習所も建築できます。また，居住に関係する大部分の建築物が建築できるようになります。具体的にはホテル，旅館といったものです。

また，危険性や環境悪化のおそれが少なければ，50㎡以下の工場でも建築できるようになります。

〔キーワード **スポーツ施設**〕としてボウリング場，スケート場，水泳場等も建築できます。

〔キーワード **健康的**〕の都合上，事務所，ホテル，旅館，自動車教習所，スポーツ施設等には3,000㎡以下という条件が付き，娯楽施設（カラオケ等）は建築できません。

5 第二種住居地域に建築できる建築物

4に掲げたもの，プラス，キーワード「中型娯楽」施設が建築できます。つまり

4のキーワード「健康的」が外れることで「3,000㎡以下」の面積条件も外れます。
〔キーワード 娯楽〕としてはカラオケボックスや射的(しゃてき)場・マージャン屋・パチンコ店等の遊技場，店舗，飲食店，勝馬投票券発売所，場外車券場等のうち，〔キーワード 中型〕として10,000㎡以下が建築できます。

6 準住居地域に建築できる建築物

随分と規制が緩やかになりキーワード「危険な工場」「夜の商売」「大型集客施設」が建築できない建築物として排除され，それ以外は建築できます。

〔キーワード **危険な工場**〕とは50㎡を超える工場，150㎡を超える自動車修理工場のことです。

〔キーワード **夜の商売**〕とはキャバレー，料理店，ナイトクラブ，個室付浴場等のことです。

〔キーワード **大型集客施設**〕とは10,000㎡を超える店舗，飲食店，展示場，遊技場，勝馬投票券発売所，場外車券場等，さらには客席面積が200㎡以上の劇場，映画館，演芸場等のことです。

7 近隣商業地域に建築できる建築物

キーワード「危険な工場」「夜の商売」は排除され，それ以外は建築できます。

〔キーワード **夜の商売**〕とは6と同様です。

〔キーワード **危険な工場**〕とは150㎡を超える工場，300㎡を超える自動車修理工場のことです。6より若干緩和されています。

8 商業地域に建築できる建築物

キーワード「危険な工場」は排除され，それ以外は建築できます。

〔キーワード **危険な工場**〕とは7と同様です。

工業系

工業系は緩やかな共存地域である準工業，工業地域と，工業及び工員の事情を純粋に追求した工業専用地域の，性格の異なる3地域に分かれます。

9 準工業地域に建築できる建築物

個室付浴場は排除され，それ以外は建築できます。

10 工業地域に建築できる建築物

9に掲げたもの，プラス，キーワード「夜の商売」「子供が多勢集まる場所」「大型集客施設」が排除され，それ以外は建築できます。

〔キーワード **夜の商売**〕とは6と同様です。

〔キーワード **子供が多勢集まる場所**〕は客席面積が200㎡以下の劇場等，病院，ホテル，旅館。さらに子供が集まる幼稚園から大学までのすべての学校のことです。

〔キーワード **大型集客施設**〕とは6と同様です。

11 工業専用地域に建築できる建築物

ほとんど工場しかない地域ですから，工員が仕事に専念できる環境でなければなりません。そこで⑩に掲げるもの，プラス，キーワード「日常生活」「遊び場」が排除され，それ以外は建築できます。

〔キーワード **日常生活**〕とは住宅，下宿や共同住宅，図書館，飲食店，専用店舗，老人ホーム，身体障害者福祉ホーム等のことです。

〔キーワード **遊び場**〕とはボーリング場，スケート場，水泳場等のスポーツ施設，マージャン屋，パチンコ店，勝馬投票券発売所，場外車券場，射的場等の娯楽施設です。

ただし，この地域では特殊な構造や広い敷地を必要とする一定の建築物は建築できます。具体的には広い敷地が必要な老人福祉センター，児童厚生施設や一般に住宅地では歓迎されない10,000㎡以下のカラオケボックスです。

基本ナビ 建築物には多種ありますが，雑然と立地すれば騒音等の環境悪化を招くため，建築基準法では都市計画法の用途地域の定義に則り，建築物の用途制限を定めています。都市計画法の都市計画を実現するために機能する役目を担う法律のひとつが建築基準法というわけです。

たとえば，第一種低層住居専用地域は「低層住宅に係る良好な住居の環境を保護するため定める地域」と都市計画法で定義され，住居環境を保護すべき低層の建築物として住宅等のみ建築できるように，建築基準法で用途制限を定めています。

「用途地域が定められていない区域では，建築物の用途制限はないの？」

「用途地域が定められていない区域では，原則として大型集客施設は建築不可ですが，特定行政庁が建築審査会の同意を得て許可した場合は，例外的に建築できます」

建築不可を制限されている用途の建築物について，このように例外的に取り扱われる場合があるのは用途地域でも同様です。

「敷地が第二種住居地域と準住居地域にまたがっている場合は？」

「敷地が２地域にまたがっている場合は，敷地の過半を占める地域の規定が敷地全部について適用されます」

たとえば，第二種住居地域よりも準住居地域の部分の方が広い敷地は，準住居地域の建築物の用途制限の適用を受け，150㎡以下の自動車修理工場等まで建築できます。

「情報量が多くて暗記に苦労しそうですが？」

「そこで［解説ナビ］では出題頻度の高いものを選んで，かつキーワードを設け，イメージから連想しやすく構成してあります。キーワードでなく表形式で学習する場合は［P354］を活用してください」

たとえば，人が居住するための地域では，生活しやすいよう工場やホテルを排除し，物を生産する地域では，仕事がしやすいよう住居や娯楽施設，夜の商売等を排除するといったようにイメージを整理して，住居系～商業系では建築できるもの，工業系は建築できないものから覚えていくと暗記もスムースに進みます。

建築物の用途制限一覧

用途地域＼建築物		神社、寺院、教会等	派出所、公衆電話等	保育所等、公衆浴場、診療所	児童厚生施設	老人福祉センター	老人ホーム、身体障害者福祉ホーム	図書館等	住宅、共同住宅、寄宿舎、下宿、店舗兼用住宅(小)	幼稚園、小学校、中学校、高等学校	専用店舗、飲食店	自動車車庫	農産物の生産貯蔵
住居系	第一種低層住居専用地域				600㎡	600㎡							
	第二種低層住居専用地域				600㎡	600㎡					2階 150㎡		
	田園住居地域										2階 150㎡		
	第一種中高層住居専用地域										500㎡	2階 300㎡	
	第二種中高層住居専用地域										2階 1,500㎡	2階 300㎡	
	第一種住居地域										3,00㎡	2階 300㎡	
	第二種住居地域										10,000㎡	2階 300㎡	
	準住居地域										10,000㎡		
商業系	近隣商業地域												
	商業地域												
工業系	準工業地域												
	工業地域										10,000㎡		
	工業専用地域										一部を除く		

建築できる　建築できない

500㎡以内の農産物の店舗や飲食店	大学、高等専門学校、専修学校等	病院	事務所	自動車教習所	工場	ボーリング場、スケート場、水泳場等	ホテル、旅館	カラオケボックス	マージャン屋、パチンコ店、射的場、勝馬投票券発売所等	営業用倉庫	自動車修理工場	劇場、映画館、演芸場、観覧場	キャバレー、料理店、ナイトクラブ等	個室付浴場	火薬類、石油類、ガス等の危険物の貯蔵、処理施設
2階															
			2階 1,500㎡												
			3,00㎡	3,00㎡	50㎡	3,00㎡	3,00㎡								
					50㎡			10,000㎡	10,000㎡						極少量
					50㎡			10,000㎡	10,000㎡		150㎡	200㎡ 未満			極少量
					150㎡						300㎡				少量
					150㎡						300㎡				少量
															やや 多量
								10,000㎡	10,000㎡						多量
								10,000㎡							多量

凡例①表中の面積で特に記載のないものは「床面積」②表中の数字で特に記載のないものは「以下」

卸売市場，火葬場，と畜場，汚物処理場，ゴミ焼却場等の施設も建築物の用途制限として区分されている?

これらの施設は都市施設として都市計画に定められるものであり，都市計画においてその敷地の位置が決定しているものでなければ，原則として建築できません。その後は一定の手続きを経て都市計画事業として施行されていきます。

○×ドリル 第二種中高層住居専用地域内においては，カラオケボックスは建築することができないが，水泳場を建築することができる。

語句の意味をチェックする

老人ホーム…高齢者が入居する施設
診療所…患者の収容施設が 19 人分以下
身体障害者福祉ホーム…身体的障害があるものの、介護は必要としない 18 歳以上の障害者で，家庭環境や住宅事情などによって家庭での生活が困難な人に居室（個室）を提供する施設
老人福祉センター…老人に対して，各種の相談，健康増進，教養，レクリエーションのためのサービスを，総合的に提供するための施設
児童厚生施設…児童遊園，児童館等
飲食店…食堂，喫茶店等
専用店舗…銀行の支店等
場外車券場…競輪場以外の場所で売り出す車券売場
料理店…料亭等
個室付浴場業…風俗営業にかかわる浴場
特定行政庁…行政主体の意思を決定し，これを表示する権限を有する行政機関で市町村の長や知事のこと

関係する条文 第 12 条〔市街地開発事業〕，第 13 条〔都市計画基準〕

6-2 道路とは

暗記ナビ

道路とは，都市計画区域内，準都市計画区域内の幅員４ｍ以上の道

解説ナビ 高速道路，農道等，道路には様々なものがありますが，本法では，都市計画区域内及び準都市計画区域内に存在する，次にあげる道を道路と規定しています。

1 幅員（ふくいん）４ｍ（特定行政庁が，その地方の特性により必要と認め，都市計画地方審議会の議を経て指定する区域内では６ｍ）以上の道のうち，次にあげるもの

① 道路法による道路（自動車専用道路を除く一般の交通用道路）

② 本法制定時，すでにあった一般道路

③ 都市計画法，土地区画整理法その他の法律によって作られた道路

④ 都市計画法，土地区画整理法その他の法律によって，新しくこれから作られる道路で，２年以内にその事業が施行される予定の道路

⑤ 特定行政庁に申請して，新設予定の道路として指定を受けた私道

2 本法制定時，幅員が４ｍ未満（６ｍ指定の場合は６ｍ未満）の道路であっても，特定行政庁が指定したもの

基本ナビ 本法で規定する道路は６種類（［解説ナビ］参照）ありますが，これらの道路は人や車が通行するという役割以外に，火災等が発生した場合に消火，救助活動をしやすくするという大切な役割もあります。そのためには４ｍあるいは６ｍといった幅員が必要です。

さらに，火災時に避難しやすいように，建築物の敷地が道路と接している必要があります。道路に接している土地でなければ建築物を建築できません。

「建築物の敷地と道路はどのくらい接地していなければならないのですか？」

「２メートル以上です」

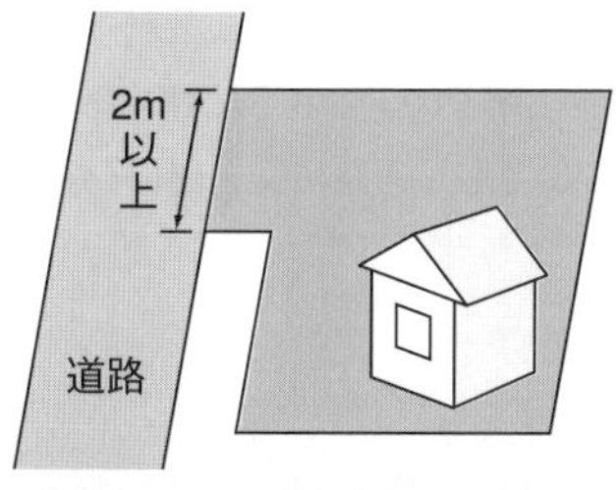

しかし，周囲に広い空地があれば，火災時の消火活動や避難に支障を来すおそれが少ないことから，例外として，将来宅地化される可能性のない広い空地があって，安全上問題がなければ，道路に２ｍ以上接していない土地にも建築物を建てられます。

逆に，地方公共団体は，映画館，百貨店等の建築物について，敷地が道路に接する部分の長さの制限を３m以上にする等，条例でさらに強化できます。

さて，６種類の道路のうち，幅員４m未満の道路については，取り扱いが少し複雑です。

これらの道路は，常に４mあるいは６mの道路を造れる状態にしておかなければなりません。

つまり道路の中心線から水平距離で２m（特定行政庁指定区域内では３m）後退した線（一方にがけや水路等があり両側に水平距離で２m後退できない場合は，がけや水路等と道路との境界線から道路側に水平距離で一律４m後退した線）が道路の境界線とみなされ，建替え等の際には，この境界線より内側（道路とみなされる部分）には，原則として，建築物を建てたり，敷地を造成するための擁壁を築造してはなりません。所有者は自らの土地であっても，いざというときに救助活動に土地を提供できる状態を常に保っておかなければならないということです。

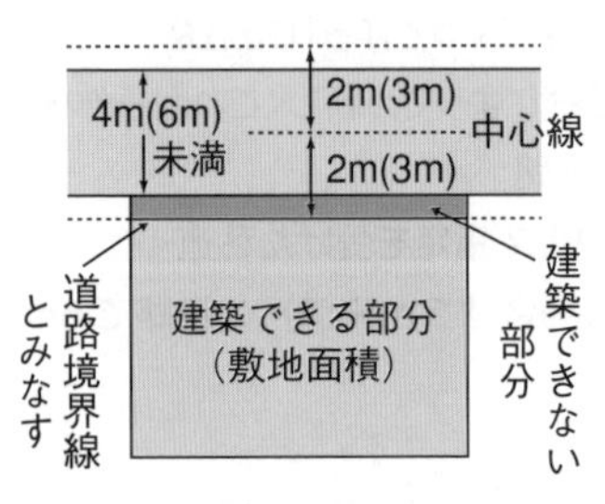

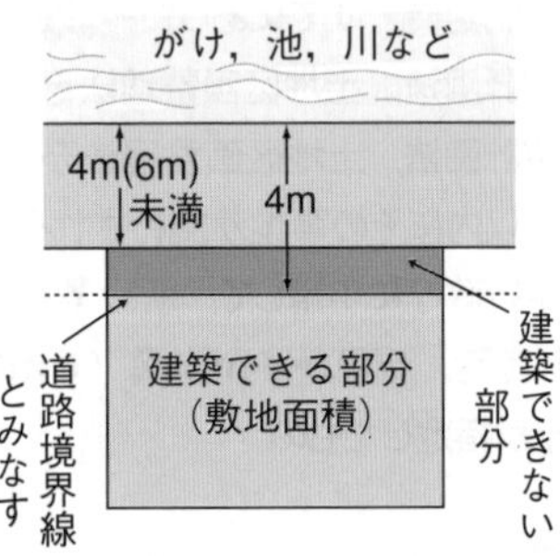

最後に，道路内における建築制限をみてみましょう。

原則として，道路内には，建築物を建てたり，敷地を造成するための擁壁を築造できませんが，以下については道路内であっても，例外的に建築または建設できます。

(1) 地下に設ける建築物

(2) 公衆便所や巡査派出所等の公益上必要な建築物で，通行上支障がなく，建築審査会の同意を得て特定行政庁が許可したもの

(3) 公共用歩廊等，安全上，防災上，衛生上周囲の環境を害することがなく，建築審査会の同意を得て特定行政庁が許可したもの

○×ドリル 公衆便所，巡査派出所その他これらに類する公益上必要な建築物で通行上支障がないものについても，道路に突き出して建築してはならない。

語句の意味をチェックする

地方公共団体…都道府県，市町村等

建築審査会…建築主事を置く市町村や都道府県に設置され，建築主事等の処分等の不服申立てに対する裁決等を行うために専門家で構成される機関

公共用歩廊…一般の人に開放されている，二列の柱の間に設けた通路

関係する条文　第42条〔道路の定義〕

6-3 建築物の建蔽率

暗記ナビ

建築物の建蔽率＝建築面積÷敷地面積

解説ナビ 建蔽率とは，建築面積の敷地面積に対する割合をいいます。

つまり敷地に建築物を建てる場合，その敷地面積に対して建築物を建てることのできる面積の割合は最高でどのくらいかということです。

この建蔽率は各用途地域によって都市計画のなかで定められます。

建蔽率の異なる２つの地域にまたがった敷地に建築物を建築する場合には，２つについて「いったん別々に計算したうえで合計」した面積を基準にしなければなりません。

基本ナビ 都市計画区域や準都市計画区域は人口が多く，建築物も密集しています。それぞれが好き勝手に，自分の敷地いっぱいに家を建てるわけにはいきません。建築物が密集すると，火災の際に延焼しやすく，また，消火活動の妨げにもなってしまうからです。

そこで，敷地に建築物を建てる場合，それぞれの用途地域に合わせて決められた建蔽率に基づいて，建築物を建てるときの最大面積を算出します。

商業地域以外の用途地域では，次のような本法で規定された建蔽率の範囲から，都市計画によってあらかじめひとつが選び出されています。

1 低層・中高層住居専用地域，工業専用地域

3/10，4/10，5/10，6/10

2 住居地域，準住居地域，田園住居地域，工業地域

5/10，6/10，8/10

3 近隣商業地域

6/10，8/10

4 商業地域

8/10

5 工業地域

5/10，6/10

用途地域の指定のない区域

3/10，4/10，5/10，6/10，7/10

8/10は80％のことで，敷地の80％までは建築物を建てられ，81％では違法になることを意味しています。

このように，本法は街づくりのための法律として，都市計画法と大きく関わっているのです。

「下図のように敷地面積 100㎡，建蔽率 5/10 の場合，建築物を建てられる面積は?」

「それでは，下の公式を用いて実際に計算してみましょう」

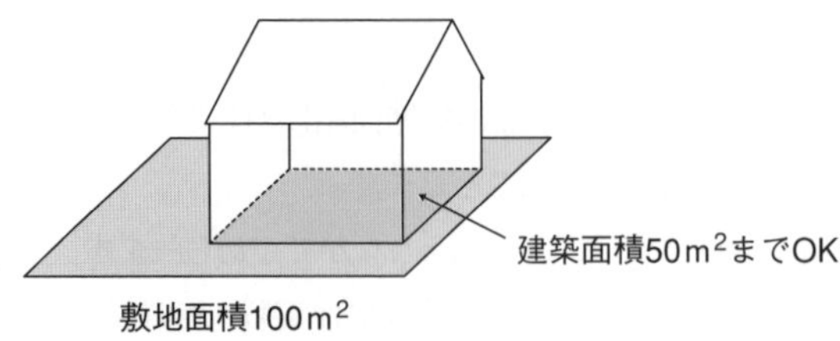

〔公式〕建蔽率＝建築面積÷敷地面積

≫建築面積を算出する場合は，公式を応用して，建築面積＝敷地面積×建蔽率で計算できます。

100㎡× 5/10 ＝ 50㎡

よって 100㎡のうち 50㎡まで建築物を建てられます。

「では，下図のように敷地が準住居地域（200㎡），商業地域（300㎡）にまたがる場合の建蔽率は?」

「それでは，下の公式を用いて実際に計算してみましょう」

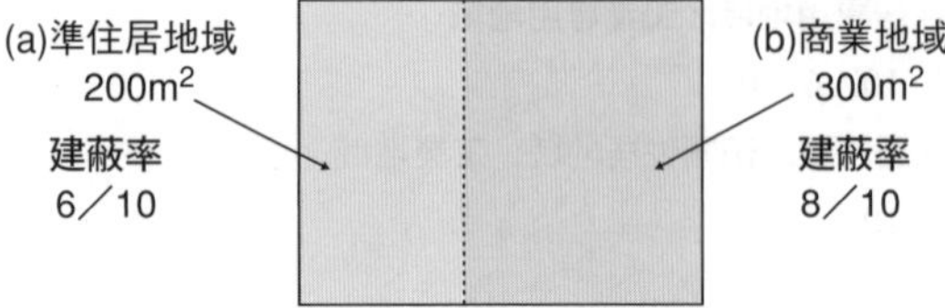

〔公式〕建蔽率＝建築面積÷敷地面積

≫公式を応用して，それぞれの地域について建築面積を算出します。

a …200㎡× 6/10 ＝ 120㎡

b …300㎡× 8/10 ＝ 240㎡

≫実際の建蔽率は，公式にあてはめて計算します。

（120㎡＋ 240㎡）÷ 500㎡＝ 72 ／ 100

よって敷地全体の建蔽率は 72%となります。

○×ドリル 第一種低層住居専用地域内の建築物については，建蔽率は，2 ／ 10 以下としなければならない。

関係する条文 第 53 条〔建築面積の敷地面積に対する割合〕

6-4 建蔽率が緩和されるとき

暗記ナビ

建蔽率が 1/10 アップ
1 ①建蔽率が 8/10 以外
②防火地域内耐火建築物
③準防火地域内耐火・準耐火建築物
2 角地

（別表現では）アップする ＝ 緩和される

建蔽率が 10/10 にアップ
3 ①建蔽率が 8/10
②防火地域
③耐火建築物
4 公園，広場，道路，川

解説ナビ 次の場合には，建蔽率が 1 /10（10%）アップします。

1 **都市計画で定められた建蔽率が 8/10 以外で，防火地域の指定がされている地域内に耐火建築物を建てるとき**

2 **街区の角地，もしくは特定行政庁が指定した敷地に建築物を建てるとき**

また，12両方が揃えば，建蔽率は 2 /10（20%）アップします。

さらに，次の場合には建蔽率が 10/10（100%）にアップします。

3 **都市計画で定められた建蔽率が 8/10 で，防火地域に指定されている地域内で耐火建築物を建てるとき**

4 **巡査派出所，公衆便所，公共用歩廊等，または公園，広場，道路，川の中にある建築物で，安全，防火，衛生上支障のないものを建てるとき**

これらの規定では，敷地の一部が防火地域になくても，建築物が耐火建築物であれば，その敷地はすべて防火地域にあるとされます。

基本ナビ 建蔽率がアップするとは，たとえば 8/10 と定められている建蔽率に 10%を加えれば 9/10（90%）となります。つまり建蔽率が緩和され（建蔽率がアップし），耐火建築物を建てられる面積が広くなるのです。

また，建蔽率が 10/10（100%）にアップするとは，敷地いっぱいに建築物が建てられる，つまり建蔽率の制限がなくなることを意味します。

「建蔽率を都市計画で定めるとは?」

「都市計画法で学習した通り，都市計画の内容は都道府県等が定めます。つまり建蔽率等も都道府県等が定め，その定めに基づいて私たち一般人等が建築物を建てているのです」

語句の意味をチェックする

角地… 2 つの道路が交差する角に面した土地のこと

関係する条文 第 53 条〔建築面積の敷地面積に対する割合〕

6-5 建築物の容積率

暗記ナビ

建築物の容積率＝延べ面積÷敷地面積

解説ナビ 容積率とは，延べ面積の敷地面積に対する割合をいいます。

延べ面積は延べ床面積ともいい，建築物の（各階の）床面積の総計を意味します。

つまり容積率とは，その敷地に何階建ての家を建てられるかを表しているのです。

この容積率は，各用途地域によって都市計画のなかで定められます。

ただし，建築物を建てる敷地の周辺に広い公園，広場，道路，その他空地がある場合で，特定行政庁が，交通上，安全上，防火上，衛生上支障がないと認めて許可した場合には，その範囲内で容積率は緩和されます。

基本ナビ 都市計画区域や準都市計画区域は人口が多く，建築物も密集しています。そこでは購入した敷地を目一杯使って家を建てることはできませんでした（［6-3］参照）。

建築物の高さについても，同じことがいえます。それぞれが好き勝手に，高い家を建ててしまうと，近隣の家の日照を妨げる場合があります。

そこで，それぞれの用途地域に合わせて容積率が決まっており，敷地に建築物を建てる場合には，その容積率に基づいて，何階建ての建築物を建てられるか算定されます。

建蔽率同様，次のような本法で規定された容積率の範囲から，都市計画によってあらかじめひとつが選び出されています。

1 低層住居専用地域，田園住居地域

5/10，6/10，8/10，10/10，15/10，20/10

2 工業地域，工業専用地域

10/10，15/10，20/10，30/10，40/10

3 商業地域

20/10，30/10，40/10，50/10，60/10，70/10，80/10，90/10，100/10，110/10，120/10，130/10

4 中高層住居専用地域，住居地域，準住居地域，近隣商業地域，準工業地域

10/10，15/10，20/10，30/10，40/10，50/10

5 用途地域が定められていない区域

5/10，8/10，10/10，20/10，30/10，40/10

本試験では，以上の容積率のすべてを問うような出題はされず，ひとつの容積率を提示しそれが本法の規定に含まれているか否かを問う出題も最近は見かけなくなっています。

また，建築物が住宅の場合，その住宅に設けられた地下室については，一定の条件を満たすものであれば，住宅用部分（共同住宅については共用廊下や階段部分を除く）の床面積のうち，その 1/3 相当までの地下部分は延べ床面積に含まれません。

「敷地面積 100㎡，建築面積 50㎡，容積率 10/10 の場合，延べ面積がいくらの建築物を建てられる?」

「それでは，下の公式を用いて実際に計算してみましょう」

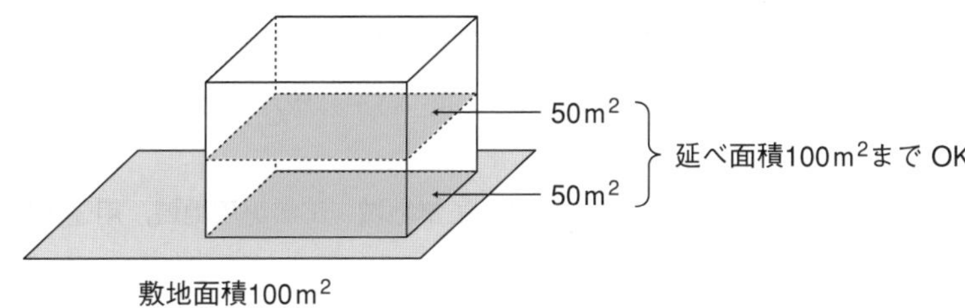

〔公式〕容積率＝延べ面積÷敷地面積

≫延べ面積を算出する場合は，公式を応用して，延べ面積＝容積率×敷地面積で算出できます。

10/10 × 100㎡＝ 100㎡

よって，上記の条件のみで考えると，延べ面積，つまり各階の床面積の合計が 100㎡まででであれば，１階建てでも２階建てでも，さらには３階建てでもＯＫということになります。

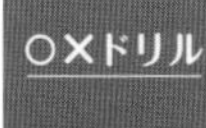

第一種低層住居専用地域内における建築物の容積率の最高限度は，250 パーセントである。

関係する条文　第 52 条〔延べ面積の敷地面積に対する割合〕

6-6 12m未満の前面道路がある建築物の容積率

暗記ナビ

前面道路を使った容積率算出の公式は
住居系……………前面道路の幅員× 4/10 ＝容積率
商業・工業系……前面道路の幅員× 6/10 ＝容積率

解説ナビ 建築物は，都市計画で指定された容積率を超えて建築できません。ただし，敷地の前面道路の幅員が 12 m未満のときは，その道路のm数（幅員）に対して，次の数字をかけた（乗じた）ものが，容積率の限度となることがあります。

1. **第一種・第二種低層住居専用地域，田園住居地域，第一種・第二種中高層住居専用地域，第一種・第二種住居地域，準住居地域の場合…4/10**

   ただし，低層住居専用地域以外の地域は，特定行政庁が都道府県都市計画審議会の議を経て 6/10 に指定できます。

2. **近隣商業地域，商業地域，準工業地域，工業地域，工業専用地域，用途地域の指定のない区域の場合…6/10**

   ただし，特定行政庁が都道府県都市計画審議会の議を経て 4/10 もしくは 8/10 に指定できます。

12を使って算出した容積率が，都市計画で定めた容積率より小さい場合は，算出された方の容積率を用いて，建築物を建てなければなりません。

また，容積率の異なる２つの地域にまたがった敷地に建築物を建築する場合は，２つの地域の容積率をそれぞれ別々に計算して合計したものを基準としなければなりません。

基本ナビ 実際に［暗記ナビ］の原則を使って計算してみましょう。

「第二種住居地域，都市計画で定められた容積率が 20/10，幅員４m道路に接している敷地の容積率は?」

「それでは，下の公式を用いて実際に計算してみましょう」

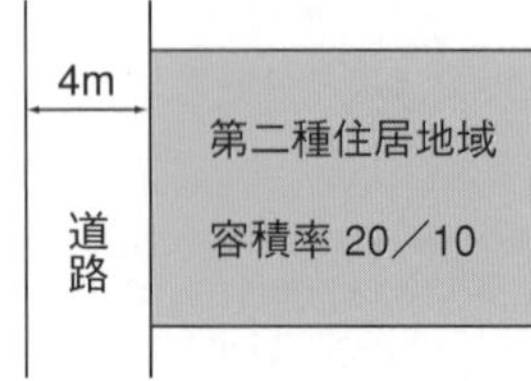

〔公式〕容積率＝前面道路の幅員× 4 /10

≫公式にあてはめると，

4 m× 4 /10 ＝ 16/10

これは，都市計画で定めた容積率よりも小さいので，16/10 が敷地の容積率となります。

「それじゃあ，次は下のような敷地の容積率は？」

「それでは，下の公式を用いて実際に計算してみましょう」

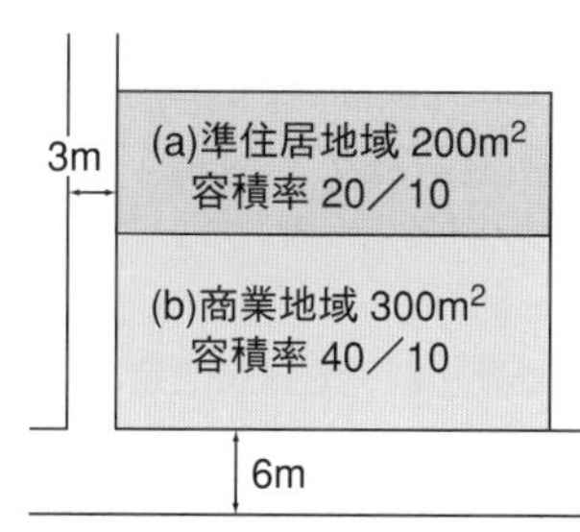

〔公式〕容積率＝延べ床面積÷敷地面積

≫前面道路は 6 m（大きい方）として，先の公式で容積率を計算します。

a … 6 m× 4/10 ＝ 24/10

b … 6 m× 6/10 ＝ 36/10

≫都市計画で定められた容積率と比較して，値の小さいほうを選びます。

a の容積率は 20/10（24/10 ≧ 20/10）

b の容積率は 36/10（36/10 ≦ 40/10）

≫次に公式を応用して，それぞれの地域について延べ床面積を算出します。

a …20/10 × 200㎡＝ 400㎡

b …36/10 × 300㎡＝ 1,080㎡

≫実際の容積率は公式にあてはめて算出します。

（400㎡＋ 1,080㎡）÷ 500㎡＝ 29600/100

＝ 296％

よって，敷地全体の容積率は 296％となります。

○×ドリル　建築物の敷地が第二種中高層住居専用地域と第一種住居地域にわたり，かつ，当該敷地の過半が第二種中高層住居専用地域内にある場合は，当該敷地が第二種中高層住居専用地域内にあるものとみなして，容積率に係わる制限及び建蔽率に係わる制限が適用される。

関係する条文　第 52 条〔延べ面積の敷地面積に対する割合〕

出題頻度 ★★★★★

6-7 建築物の敷地面積

暗記ナビ

敷地の最低限度は 200㎡を超えられない

解説ナビ 用途地域内において，都市計画によって敷地面積の最低限度を定めるときは，敷地の面積を指定された最低限度以上にしなければなりません。

ただし，この最低限度は 200㎡を超えて定めることはできません。

基本ナビ 用途地域内の土地は，建築物を建て人が生活する，あるいは仕事のために使われるべきであり，そのためにはある程度の広さが当然必要です。そこで，需要が高いからといって，この区域内の敷地を細切れに切り売りする者が現れないよう，用途地域では敷地の最低限度を定められます。

たとえば，敷地面積の最低限度を都市計画で 30㎡と定めた場合には，30㎡未満の土地を敷地にしてはならないということです。

しかし，「広大な土地でなければ建築物を建てるための敷地にしてはならない」という規定ができてしまうと，庶民にとっては入手困難になってしまいます。

そのため，「最低限度は決めてもいいが，200㎡を超えてはいけない」とされているのです。

もちろんこの制限は都市計画に盛り込まれるべき事項です。よってこの制限は都道府県等が決定することになります。

［6-3］［6-5］についても都市計画に盛り込まれる事項ですから，同じく都道府県等が決定します。「都市計画に定める」という表現はそれを意味しています。

○×ドリル 第一種低層住居専用地域内において，建築物の敷地面積の最低限度に関する制限を都市計画で定める場合，200㎡を超えない範囲で，定めなければならない。

関係する条文 第 53 条の 2〔建築物の敷地面積〕

6-8 斜線制限とは

暗記ナビ

斜線制限を受ける地域
1 道路斜線制限……都市計画区域，準都市計画区域
2 隣地斜線制限……低層住居専用，田園住居地域を除く地域
3 北側斜線制限……低層住居専用地域，田園住居地域，中高層住居専用地域

解説ナビ

1 道路斜線制限

道路の日照等を確保するために，道路に面している建築物の壁の高さを制限しているのが，道路斜線制限です。

都市計画区域内及び準都市計画区域内であれば，道路がある限り，第一種低層住居専用地域から工業専用地域まで，すべてこの制限を受けます。

2 隣地（りんち）斜線制限

建築物の北側以外が隣地に面している場合，その隣地の日照等を確保するため，建築物の隣地に面している部分の高さ，すなわち，北側及び道路側以外の建築物の壁の高さを制限しているのが，隣地斜線制限です。

第一種・第二種低層住居専用地域，田園住居地域を除いて，すべてこの制限を受けます。第一種・第二種低層住居専用地域，田園住居地域は，より厳しい制限（［6-10］参照）を受けるため，隣地斜線制限は適用されません。

3 北側斜線制限

隣地の南側の敷地の日照，採光，風通し等を保護するため，建築物の北側の壁の高さを制限しているのが，北側斜線制限です。

より快適な生活のための重要な制限であることから，第一種・第二種低層住居専用地域，田園住居地域，第一種・第二種中高層住居専用地域に適用され，ある程度高さのある建築物の建築が認められているその他の地域には適用されません。

ただし，第一種・第二種中高層住居専用地域のうち，日影規制（［6-9］参照）を受けている区域では，そちらが優先され，北側斜線制限は適用されません。

これらの制限は，建築物が，制限が異なる２つの地域・地区にまたがる場合でも，いずれか一方に引きずられるのではなく，それぞれの地域・地区に該当する建築物の部分ごとに，それぞれ当てはまる制限を受けることになります。

基本ナビ 建築物には図のような影ができます。

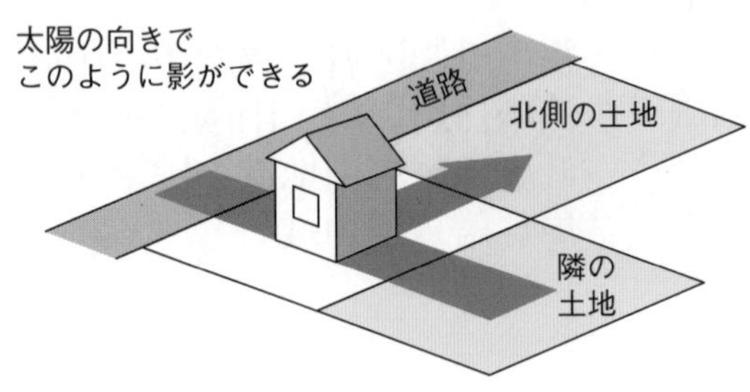

このような影が隣地や道路等にかからないよう，建築物の各部分，境界線までの距離や建築物の高さを制限することを，斜線制限といいます。

この制限が適用される地域では，地面から一定の基準で引いた斜線の中に収まるように，建築物を建てなければなりません。

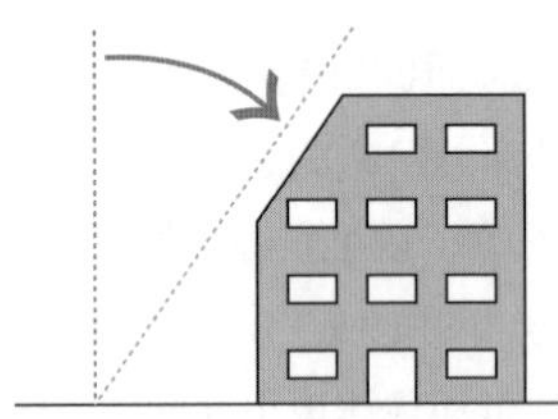

その際，北側，隣家がある場合，道路側では，それぞれ斜線の角度が異なります。

なお，この角度は，建築物の外壁とそれぞれの境界線との水平距離から算出しますが，その計算方法等は宅建試験の範囲を超えていますので，ここでは割愛します。

斜線制限は，どの地域にどの制限が適用されるのかをしっかり覚えておきましょう。

特に，第一種・第二種低層住居専用地域，田園住居地域については，要チェックです。

○×ドリル 道路斜線制限は，用途地域の指定のない区域内については，適用されない。

関係する条文　第56条〔建築物の各部分の高さ〕

6-9 日影規制とは

暗記ナビ

日影規制を受ける建築物は
低層住居専用地域，田園住居地域……軒の高さ 7 m超，または
地階を除く階数 3 以上
その他の地域…………高さ 10 m超

解説ナビ 地方公共団体が，条例で日影(にちえい)制限を定めたときは，それに適合する建築物を建てなければなりません。

ただし，規制の対象となるのは，第一種・第二種低層住居専用地域，田園住居地域では，軒(のき)の高さが 7 mを超えるもの，または地階(ちかい)を除く階数が 3 以上の建築物，その他の地域では高さが 10 mを超える建築物に限られます。

逆に，商業地域，工業地域，工業専用地域では，一般的に日影規制を受けることがありません。

基本ナビ 冬至（昼が一番短い日）の日の午前 8 時から午後 4 時の間にできる建築物の影について，その時間を制限したものを，日影規制といいます。

これは，都市計画区域内の建築物すべてではなく，地方公共団体の条例で定められた区域にのみ適用されます。

この規定によって制限を受ける建築物は，次のような語呂あわせで覚えましょう。

「みナミは低層だが，太陽トめるは中高層以上の建築物」
（軒の高さ 7 m）（階数が 3）（低層住居専用地域）（10 m）（中高層住居専用地域以上）

また，次の２点には特に注意してください。

1 **同一敷地内に２以上の建築物がある場合には，これらの建築物を１つの建築物とみなして，日影規制の適用を受ける**

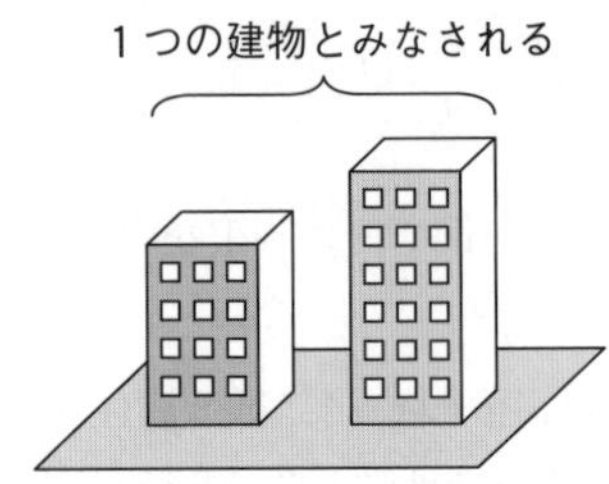

2 **対象区域外にある建築物であっても，高さが 10 mを超える建築物で，冬至日において対象区域内の土地に日影を生じさせるものは，当該対象区域内にあるものとみなして，日影規制の適用を受ける。**

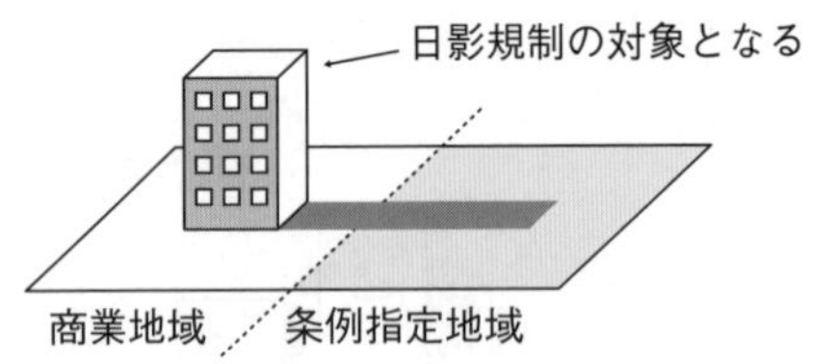

○×ドリル 第一種中高層住居専用地域または第二種中高層住居専用地域において，日影による中高層の建築物の高さの制限の対象となるのは，軒の高さが７ｍまたは高さが 10 mを超える建築物である。

関係する条文　第 56 条の２〔日影による中高層の建築物の高さの制限〕

6-10 低層住居専用地域内の制限

暗記ナビ

低層住居専用地域，田園住居地域内の
外壁の後退距離……1.5 mまたは1 m
建築物の高さ………10 mまたは12 m

解説ナビ 通常，一定の安全基準（[6-14] 参照）や容積率，建蔽率等に適合している建築物であれば，原則として建築できますが，第一種低層住居専用地域や第二種低層住居専用地域，田園住居地域では，隣家のプライバシーや日照等を守るために，次の1 2のように制限されています。

1 外壁の後退距離

民法の規定では，通常，建築物を建てる場合，道路境界線もしくは隣地境界線から50cm以上離さなければならないとされています。しかし，第一種低層住居専用地域，または第二種低層住居専用地域，田園住居地域内では，道路境界線もしくは隣地境界線から，建築物の外壁（壁の外側）までの距離を1.5 mまたは1 m以上確保できるよう，都市計画で定められるようになっています。

この距離を後退距離といい，1.5 mか1 mかは都市計画の指定によって異なります。

例：後退距離が1mと定められた場合

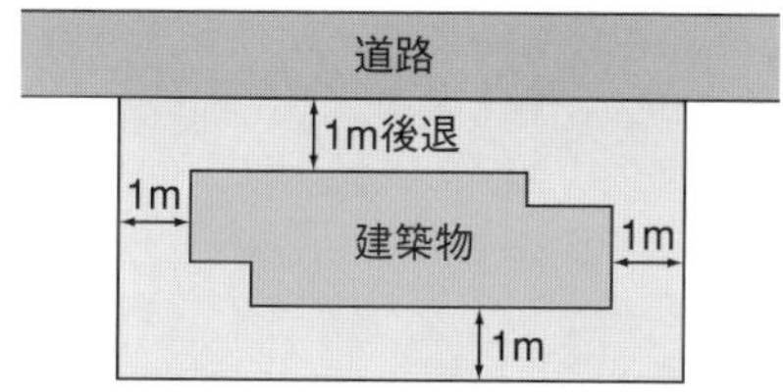

2 建築物の高さ

建築物の高さが10 mまたは12 mを超える場合は建築できません。10 mか12 mかは都市計画で定められます。

しかし，都市計画によって「建築物の高さが10 mを超えて定めてはいけない」とされている地域であっても，特定行政庁が認める建築物であれば，12 mを上限に規制が緩和されます。

さらに，敷地の周辺に，広い公園，広場，道路等があり，周辺の低層住宅（2階建以下）の環境を害さないときや，建築する建築物が学校その他であり，特定行政庁が許可した場合には，高さの制限は適用されません。

基本ナビ 外壁の後退距離の制限は隣家のプライバシー保護のため，高さの制限は隣家の日照を保護するためのものです。高さの制限での例外についての取り扱いですが，とにかく「特定行政庁が許可したものであればＯＫだ」と覚えればいいでしょう。

○×ドリル 第一種低層住居専用地域内の都市計画について外壁の後退距離の限度を定める場合においては，２mを超えない範囲で，定めなければならない。

関係する条文 第54条〔第一種低住専または第二種低住専内における外壁の後退距離〕，
民法第234条〔境界線近傍の建築〕，
第55条〔第一種低住専または第二種低住専内における建築物の高さ限度〕

6-11 防火地域内の規制

暗記ナビ

防火地域内の建築物は
3階以上または延べ面積 100㎡超 … 耐火
その他 …………………………………… 準耐火，耐火

解説ナビ 防火地域内は建築物が密集している場合が多いため，火災時に延焼しないよう，次の条件を満たすいずれかの建築物を建築しなければなりません。

1. **3階以上または延べ面積 100㎡を超える建築物は耐火建築物にする**
2. **3階以上または延べ面積 100㎡を超える建築物以外は，準耐火建築物，あるいは耐火建築物のいずれかにする**

ただし，次の条件の1つにでも当てはまる場合は，準耐火建築物，あるいは耐火建築物にする必要はありません。

3. **物置等，大きな建築物に付属しており，延べ面積が 50 以下の平屋建で，かつ外壁と軒裏（のきうら）が防火構造の建築物**
4. **卸売市場，機械製作工場で，主要構造部が不燃材料で造られた建築物**
5. **高さ2m以下の門，または塀**

基本ナビ 防火地域内は建築物が密集していますが，元々建築物が密集していたから防火地域とされたのです。

ここで登場する数字については，［6-12］で語呂あわせをしています。

○×ドリル 防火地域内において，階数が2で延べ面積が 200㎡の住宅は，必ず耐火建築物としなければならない。

語句の意味をチェックする

平屋建…1階建ての家
軒裏…屋根の端の，建築物の外部に張り出した部分の裏
主要構造部…建築物の壁，柱，床，はり，屋根または階段をいう。［13-2］参照
不燃材料…燃えない材料のことで，コンクリート，れんが，瓦，ガラス，鉄鋼等をいう

関係する条文 第61条〔防火地域内の建築物〕

6-12 準防火地域内の規制

暗記ナビ

準防火地域内の建築物は
地上4階以上または延べ面積 1,500㎡超……………耐火
地上3階または延べ面積 500㎡超～1,500㎡以下…準耐火，耐火
別表現では 地階を除く4階建は耐火建築物にしなければならない

解説ナビ 防火地域の場合と同様，火災時に延焼しないよう，準防火地域内においても，一定以上の建築物を建てようとするときには，次の条件を満たさなければなりません。

1. **地上（地階を含まない）4階建以上の建築物，あるいは延べ面積 1,500㎡超の建築物は耐火建築物にする（耐火建築物と同等以上の延焼防止性能を有する一定の建築物，延焼防止建築物でもよい）**
2. **地上3階建のもの，あるいは延べ面積が 500㎡超～1,500㎡以下の建築物は準耐火建築物，あるいは耐火建築物のいずれかにする（耐火建築物と同等以上の延焼防止性能を有する一定の建築物，準延焼防止建築物でもよい。）**

木造建築物等の場合は、外壁及び軒裏を防火構造とし延焼の恐れのある部分の外壁開口部に片面防火設備を設けた建築物（防火構造等）又はそれと同等以上の延焼防止性能を有する建築物としなければならない。

基本ナビ 防火地域と準防火地域内に建てる建築物の構造は，一緒に覚えてしまえば楽です。
耐火建築物としなければならない場合は，このように覚えましょう。

「ボウサイ訓練はジュん番に，ヨイコがします」
（防火地域）（3階以上）（100㎡超）（準防火地域）（4階以上）（1,500㎡）

準耐火建築物については，こんな語呂あわせがあります。

「ジュう滞で遅刻，ミンなゴめんね，イゴしません」
（準防火地域）（3階）（500㎡超）（1,500㎡以下）

○×ドリル 準防火地域内において，地階を除く階数が3で延べ面積が 1,000㎡の事務所は，必ず耐火建築物としなければならない。

関係する条文 第62条〔準防火地域内の建築物〕

6-13 防火・準防火地域にまたがる建築物の規制

暗記ナビ

防火地域にまたがる場合
　その建築物の全部が，防火地域の規制を受ける
準防火地域と未指定区域にまたがる場合
　その建築物の全部が，準防火地域の規制を受ける

解説ナビ 建築物を，防火地域や準防火地域等，１つの地域内に建てる場合は，その地域の規定に従えばいいのですが，建築物が防火地域，準防火地域の内外にわたる場合は，規制の厳しい方に従って建築物を建てなければなりません。

基本ナビ 建築予定地が準住居地域と近隣商業地域にまたがっていたり等，２つの異なった用途地域にまたがっている場合，建築物の種類は過半を占める土地の用途，容積率，建蔽率はそれぞれの敷地から割り出しました（［6-3］［6-6］参照）。

しかし，建築物の耐火性についてはそうもいきません。防火地域や準防火地域の指定を受けていない土地に建てる場合は，ある一定の基準を満たしていればいいのですが，指定を受けている場合には，建築物の耐火性を強めなければなりません。

そこで，次のように規定されています。

1 防火地域とその他の区域にまたがる場合

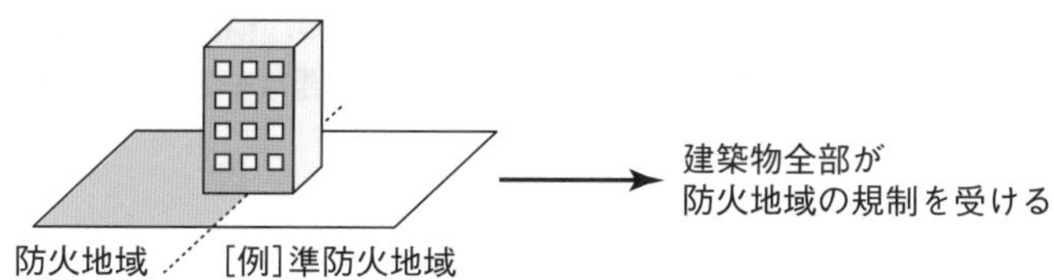

2 準防火地域とその他の区域にまたがる場合

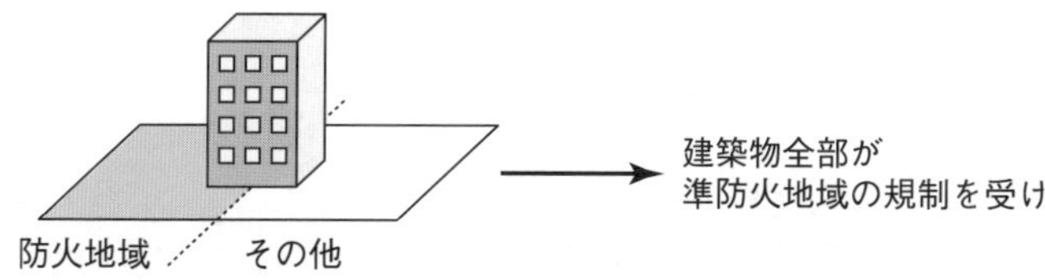

関係する条文　第67条〔建築物が防火地域または準防火地域の内外にわたる場合の措置〕

6-14 安全・快適な建築物の基準

暗記ナビ

構造計算が必要なとき
大規模建築物　等

解説ナビ 建築物を建てる場合には，住む人の安全，住み心地等を考える必要があります。特に，建築物の安全等については次のような注意が必要です。

建築物の安全性を考えた場合

自重（じじゅう），積載荷重（せきさいかじゅう），積雪，風圧，水圧，土圧，地震等に対して安全な構造でなければならず，次の建築物については，構造計算を行い安全性を確かめてから設計図書を作成しなければなりません。

1 高さが 60 m超の建築物

2 高さが 60 m以下の建築物で大規模建築物（［6-15］②③参照）

3 高さが 13 m超，または軒の高さが 9 m超で，主要構造部のうち壁，柱，はりを石造，れんが造，コンクリートブロック造，無筋（むきん）コンクリート造，その他これに類する構造とした建築物

建築物の安全性 ＋ 防火を考えた場合

次の建築物については，主要構造部を耐火構造にするか，または，一定の技術的基準に適合しなくてはなりません。

4 高さ 13 m超もしくは軒の高さ 9 m超の建築物（ただし，構造方法，主要構造部の防火の措置その他の事項について安全性及び防火上必要な一定の技術的基準に適合する建築物を除く）

5 延べ面積が 3,000㎡超の建築物

基本ナビ 建築物を建てる場合には，近隣の環境だけでなく利用者の安全性，快適性も考慮すべきであり，利用者を守ることは近隣の環境を守ることにも繋がります。たとえば主要構造部を強固にすれば，傾いて隣接建築物を破壊することはなく，そのため建築物には多くの基準が設けられています。特に1～4は重要ですからしっかり覚えてください。

語句の意味をチェックする

構造計算…ひとつひとつの材料を組み立てて建築物にするための計算
設計図書…建築工事等の製作の計画や図面を具体化した図面
主要構造部…壁，柱，床，はり，屋根，階段。［13-2］参照
コンクリートブロック…コンクリートでできた四角い石材
無筋コンクリート…内部に鉄筋の入っていないコンクリート

関係する条文　建築基準法施行令

6-15 建築確認が必要なとき

暗記ナビ

建築確認が必要なとき
1 都市計画区域，準都市計画区域，防火・準防火地域……新築
2 都市計画区域，準都市計画区域……10㎡超の増改築や移転
3 防火・準防火地域……増改築や移転
大規模建築物で建築確認が必要なとき
4 新築，大規模な修繕，模様替え，10㎡超の増改築や移転
延べ面積 200㎡超の特殊建築物で建築確認が必要なとき
5 新築，大規模な修繕，模様替え，用途変更，10㎡超の増改築や移転

解説ナビ 建築物の新築，増築，改築，移転，もしくは，特殊建築物等の大型建築物の大規模な修繕，模様替えをする場合，建築主は，工事着手前に建築内容や用途が法律，命令，条例の各規定に適合しているか否かを建築主事（もしくは指定確認検査機関）に確認してもらわなければなりません。

これを建築確認といい，申請（確認申請書を提出）して確認を受けることになります。

建築確認が必要な場合を新築，増築，改築，移転の場合でみてみましょう。

都市計画区域等にかかわりなく全国を対象とした場合には，全国どこでも，次の建築物を新築，あるいは，増築，改築，移転する部分が 10㎡超の場合に，建築確認を受けなければなりません。

1 延べ面積が 200㎡超の特殊建築物

2 木造建築物で 3 階以上，延べ面積が 500㎡超，高さが 13 m超，軒の高さが 9 m超のうちのどれかに該当する建築物

3 木造以外の建築物で 2 階以上，または，延べ面積が 200㎡超の建築物

そして，このうちの②③を大規模建築物といいます。

次に，都市計画区域内や準都市計画区域内を対象とした場合ですが，この場合は，前述の都市計画区域等にかかわりなく全国を対象とした場合の他に，次の建築物が加わることになります。

4 新築するすべての建築物

5 増築，改築部分が 10 超のすべての建築物

さらに，防火地域，準防火地域内を対象とした場合には，次のようになります。

6 新築するすべての建築物

7 増築，改築するすべての建築物

今度は，大規模な修繕，模様替えをする場合において，建築確認が必要となるものをみてみましょう。

この場合，都市計画区域等にかかわりなく，全国どこでも①②③の建築物について大規模な修繕，模様替えをする場合に建築確認が必要となります。

最後に，建築物の用途変更の場合において，建築確認が必要となる場合ですが，これは，都市計画区域等にかかわりなく，全国どこでも，延べ面積が100㎡を超える特殊建築物の用途を変更するか，もしくは特殊建築物以外の建築物を延べ面積が100㎡超の特殊建築物に変更する場合に建築確認が必要となります。

基本ナビ 建築確認は［6-1］～［6-14］の基準に合った建築物の計画か否かを確認するためのもので，建築物を建てる前に建築確認を受ける必要があります。しかし，すべての建築物について建築確認が必要なわけではなく［解説ナビ］で解説した建築物についてのみ必要です。都市計画区域，準都市計画区域，防火地域，準防火地域について先に覚えてしまうのがいいでしょう。

最後に，用途変更についてみてみましょう。

特殊建築物は，その建築物の使用目的によって，以下のように分類されていますが，完備すべき設備等がほぼ同様なもので分けられています。

(1) 劇場，映画館，演芸場
(2) 病院，診療所，旅館，ホテル，下宿，共同住宅
(3) 学校，体育館
(4) 百貨店，マーケット，キャバレー，ナイトクラブ

用途変更とは，一般の建築物を(1)～(4)のどれかに変更したり，劇場を病院に変更する等，(1)の建築物を(2)に変更することをいい，(1)の劇場を(1)の映画館に変更する等は，完備すべき建築物の設備がほとんど一緒であることから建築確認の必要はありません。

○×ドリル 木造3階建て，延べ面積が300㎡の建築物の建築をしようとする場合は，建築主事の確認を受ける必要がある。

語句の意味をチェックする

建築主…建築物の工事の請負契約の注文者，または請負契約によらずに自らその工事をする者
建築主事…建築確認の資格を持った公務員で人口25万人以上の市には設置義務がある
指定確認検査機関…国土交通大臣や知事の指定を受け建築確認申請，検査業務を行う民間機関
大規模な修繕，模様替え…建築物の主要構造部（壁，柱，床，梁，屋根，階段）の1種以上について行う過半の修繕，模様替えのこと
特殊建築物…劇場，映画館，公会堂，病院，旅館，共同住宅，学校，百貨店等「多数の人々が出入する建築物」と理解すればOK

関係する条文　第6条〔建築物の建築等に関する申請及び確認〕

6-16 建築確認の手続き

暗記ナビ

建築確認の申請後は
通知（建築主事→建築主）……35日または7日以内
届出（建築主→建築主事）……工事完了後4日以内
検査（建築主事→建築主）……工事完了の届出受理後7日以内

解説ナビ 建築確認の申請書が提出された場合は，次の行程で手続きを行います。

1 **建築主事（けんちくしゅじ）は，申請された建築計画が法律の規定に違反していないか審査する**

違反している場合には，その申請書は受理されません。

2 **審査の結果，規定に適合する場合は，**建築主事は，**その旨を35日以内もしくは7日以内に，申請者へ通知する**

延べ面積が100㎡を超える特殊建築物，大規模建築物に該当する建築物に関しては35日以内，それ以外の建築物については7日以内に，建築主事は，その建築物の内容が法律，命令，条例に適合するかどうかを審査し，これらの規定に適合することを確認した後，その旨を文書で申請者に通知しなければなりません。

逆に，規定に適合しない場合は，その旨を，理由を付けて，申請者である建築主に文書で通知します。

この結果に不服な者は，建築審査会に対して，不服申立を行えます。

3 **建築確認の許可の通知を受けた建築主は，工事に着手でき，工事完了後4日以内に建築主事に対し，工事完了の届出を行う**

4 **建築主事は，届出を受理した日から7日以内に検査を行い，規定に適合する場合は，検査済証（けんさずみしょう）を交付する**

もし，7日以内に検査済証が交付されない場合には，建築主は，検査済証が交付されていなくても，建築物を仮使用できます。

また，検査の結果，規定に適合しない場合には，建築主事は，建築主に対して，規定に適合する建築物に改める必要な措置を講じるよう命令したり，使用禁止等を命令できます。

基本ナビ 全国どこでも，延べ面積が100㎡を超える特殊建築物，大規模建築物には建築確認が必要ですが，もちろん，これ以外の建築物も日々新築されたり，増改築がされています。

そこで，効率よく確認を進めるために，建築主事は，審査に時間のかかる大型の建築物と，それほど時間がかからない小型の建築物に分けて確認を行います。

建築主事は，大型の建築物は35日以内，小型の建築物は7日以内に消防長等の同意を得て建築確認を行い，建築主へ通知しなければなりません。

この消防長等の同意は防火区域及び準防火地域以外の住宅（長屋，共同住宅等を除く）の場合は不要となります。

建築主は「建築してよろしい」という通知があって初めて施工に着手できるのです。

通常，施工着手後は完成へ向けて工事の全行程を順次停滞なく進めますが，一定の工程を含む建築物についてはそうもいきません。

建築主は，以下の特定工程を含む建築物について，その特定工程に係る工事を終えたときは，その都度，建築主事の中間検査を受けるため申請しなければなりません。

1. **床・はりに鉄筋を配置する工事に一定の工程を含む階数が３以上である共同住宅**
2. **特定行政庁が，その地方の建築物の建築の動向又は工事に関する状況その他の事情を勘案して，区域，期間又は建築物の構造，用途若しくは規模を限って指定する工程を含む建築物**

建築主事等は，検査の結果，工事中の建築物等が一定の基準に適合することを認めたときは，当該建築主に対して当該特定工程に係る中間検査合格証を交付し，建築主は，この中間検査合格証を交付を受けた後に特定工程後の工程へ進めます。

さらに，工事が完了しても，すぐに建築物を使用できるわけではありません。許可した設計通りに建築物が建築されているか等の完了検査を受けるため申請しなければなりません。

そして，この完了検査を受け「使用してよろしい」という許可（検査済証の交付）を受けてはじめて建築物は使用できます。

○×ドリル 木造３階建て（延べ面積 300㎡）の住宅について，新築工事が完了した場合，建築主は，その旨を工事が完了した日から４日以内に到達するように，建築主事に文書をもって届け出なければならない。

関係する条文 第６条〔建築物の建築等に関する申請及び確認〕，第７条〔建築物に関する検査〕，第９条〔違反建築物に対する措置〕

6-17 建築協定とは

暗記ナビ

建築協定の締結には，土地の所有者等の全員の合意が必要

解説ナビ ある一定の区域内の土地の所有者，及び建築物の所有を目的とする地上権または賃借権を有する者（以下「土地の所有者等」と総称する）が，建築協定を締結しようとする場合の手続きは次のようになります。

1 土地の所有者等の全員の合意を得る

ただし，その区域内の土地が借地権の目的となっている場合には，実際にその土地を使用している借地人の合意があれば足ります。

2 建築物に関する基準，協定の有効期間及び協定違反があった場合の措置を定めた建築協定書を作成する

3 代表者が，これを特定行政庁に提出し，認可を受ける

4 特定行政庁は，認可の旨の公告を行う

この公告によって建築協定の効力が発生し，その後は，新たにこの協定区域内の土地の所有者等になった者に対しても，その効力が及びます。

建築協定書の内容を変更する場合は，土地所有者等全員の合意，建築協定を廃止する場合には，土地所有者等の過半数の合意が必要となります。

基本ナビ デザインが一貫したきれいな街並や違和感のある建築物のない環境等は，住民が建築物の用途や外観を統一するルールを作りそれに沿って町を造っている結果です。このルールを建築協定といいますが，住民が建築協定を作れるのは，市町村が「建築協定を締結してもいいよ」という区域内に限られます。市町村はある一定の区域について建築物の敷地，位置，構造，用途，形態，意匠，建築設備に関する基準についての協定を締結できるよう，その範囲を条例で決められるのです。

「建築協定は，具体的には誰が結ぶのですか？」

「その区域内の土地の所有者，建築物の所有を目的とする地上権または賃借権を有する借地権者ですが，その区域内の土地の所有者が１人の場合には，１人でも建築協定を締結できます。ただし，この場合には，土地所有者等が，建築協定を締結したときから３年以内に２名以上に増やさなければなりません」

語句の意味をチェックする

意匠…建築物等の形，色等について工夫を凝らすこと。またそのデザイン

関係する条文　第70条〔建築協定の認可の申請〕，第75条〔建築協定の効力〕

学習のポイントは?

農地法は「食料供給の確保」を守るためには，大切な法律です。「農地が減る」とは，どういう取引のことをいうのかをしっかりつかみ取ってください。

ここで学ぶのはどんなこと?

3 条，4 条，5 条は，条文の番号とその内容を組み合わせて，しっかり覚えましょう。特に 3 条，5 条は出題頻度が高いので重要です。

7 農地法

最初に知っておこう

本法に規定された農地とは，登記簿上の地目や，所有者の主観的な使用目的には関係なく，現況が「労費を加え，肥培（たいばい）管理を行って，作物を栽培する土地」であれば，農地といいます。

つまり地目が田や畑でも，現況が山林であれば農地とはならないし，地目が山林でも，現況が田や畑であれば農地ということになります。

本法は「食料生産の確保」と「耕作者の監視」を目的に作られました。

よって，農地が減ってしまうときと，農地利用者が代わるときに本法の制限を受けることになります。具体的にみてみましょう。

1 農地が宅地になるとき ………… 4条
2 農地の所有者等が代わるとき ………… 3条
3 採草放牧地（さいそうほうぼくち）の所有者等が代わるとき ………… 3条
4 採草放牧地が農地になり，かつ，所有者等が代わるとき ………… 3条
5 農地が宅地になり，かつ，所有者等が代わるとき ………… 5条
6 採草放牧地が宅地になり，かつ，所有者等が代わるとき ………… 5条

本法の「食料生産の確保」の主旨は，農地または，農地になりえる土地（採草放牧地）を乱開発から守ることにあります。それは，私たちが生きていくうえで必要不可欠な衣食住の「食」を守ることに他なりません。

また「地主の監視」とは，農耕を営む者のなかに不当に利益を得る者がいないよう監視することです。利益のほとんどを搾取されていた，かつての地主と小作人の関係を二度と繰り返さないよう，誰が農耕を営むかを管理するのです。

そして，この２つの目的を達成するために1～6の行為について制限を受けます。

「『採草放牧地が農地になるとき』だけでは，なぜ規制されないのですか?」

「採草放牧地が農地になるということは，食糧確保の場が増えることになりますよね。採草放牧地は荒地に近い状態なので，それが耕され農地となることは，本法の主旨からすれば，歓迎すべきことなのです」

「それでは『採草放牧地が宅地になるとき』だけではどうですか?」

「これもやはり，食糧確保の場が減ったとはいえません。なぜなら，採草放牧地は荒地に近い状態のため，直接には食料生産を行っていないからです」

語句の意味をチェックする

地目…田，畑，宅地といった，土地の主たる用途を表すために，土地に付される名称
肥培管理…特別にこやしをやって作物を育てること
採草放牧地…農地以外の土地で，主として耕作または養畜の事業のための採草または家畜の放牧の目的に供されるもの

7-1 農地の権利を移動するとき

暗記ナビ

第３条に基づく取引においては
農業委員会の許可が事前に必要

解説ナビ 農地，もしくは採草放牧地を，使用目的を変更せず，すなわち，農地や採草放牧地として，所有権，地上権，永小作権，賃借権等，各種の権利を他人に移転（売買他）したり，設定（地上権等を新しくつける等）する場合には，当事者双方が，農業委員会の許可を受けなければなりません。

買主は，自分の住所のある市町村の区域内外にある農地を買う場合には，農業委員会の許可が必要になります。

もしも，事前に許可を受けずに売買契約等を締結した場合には，その行為は無効となるうえ，３年以下の懲役または 300 万円以下の罰金，法人に至っては１億円以下の罰金に処せられる場合もあります。

基本ナビ この３条の規定は［7 章 - 最初に知っておこう］であげた６つの規制対象のうち，次の３つに該当します。

2 農地の所有者等が代わるとき
3 採草放牧地の所有者等が代わるとき
4 採草放牧地が農地になり，かつ，所有者等が代わるとき

この23からも３条は農地や採草放牧地の使用目的を変更せずに，持ち主等が代わる契約を締結するとき，つまり食糧供給の場が減らずに持ち主等が代わるときに受ける規制とわかります。

「しかし，4については所有者等以外に使用目的も代わっています。なぜ３条の規制を受けるのですか?」

「[7 章 - 最初に知っておこう］**でも説明したように『採草放牧地が農地になる』と食糧供給の場が増えるため規制の対象にはなりません。4で規制を受けるのは『所有者等が代わる』ことで，食糧供給の場が減らずに所有者が代わる以上は３条の規制対象となります」**

規制の方法は，次のように許可を必要とする内容です。

対象地が自分の住所と同じ市町村内ならば，農業委員会の許可が必要です。

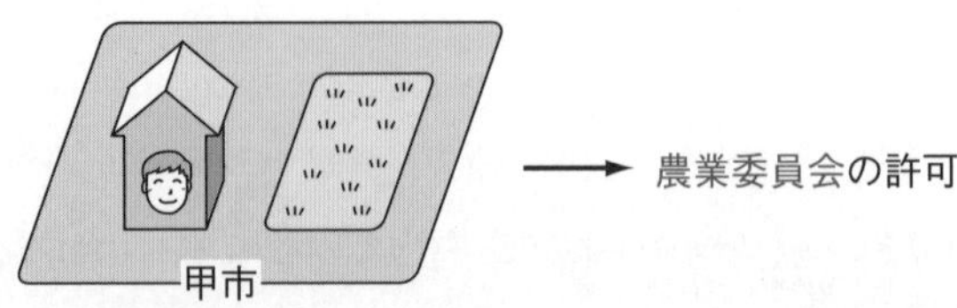

甲市に住むAさんが甲市の農地を購入

対象地が自分の住所と異なる市町村内の場合も農業委員会の許可が必要です。

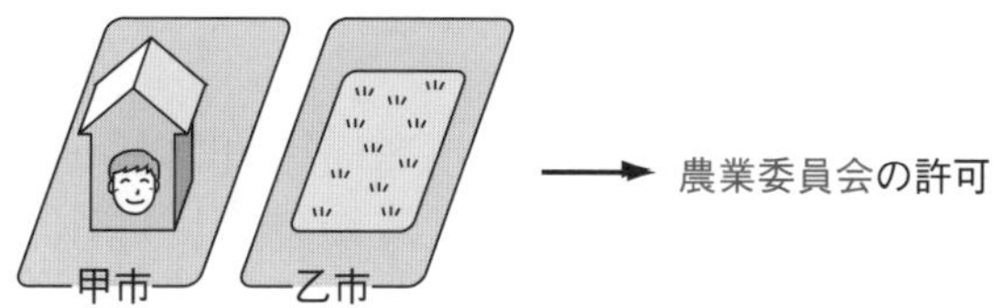

甲市に住むAさんが乙市の農地を購入

ただし，次の場合は，許可不要です。

① 国や都道府県が権利を取得する場合
② 法に基づく調停等によって権利を取得する場合
③ 遺産分割や包括遺贈によって権利を取得する場合
④ 土地収用法に基づいて収用，使用される場合　等

ただし，③の相続等により許可を受けることなく農地や採草放牧地の権利を取得した者であっても，遅滞なく，当該農地等の存する市町村の農業委員会にその旨を届け出なければなりません。

ひっかけ注意!!

抵当権を設定する場合は，許可が必要か？

答えはノー。抵当権は使用・収益する権利ではないので，許可は不要です。

賃貸借の存続期間の上限は 20 年？

答えはノー。農業を営む，つまりは生涯の生計を農業に頼るということであり，20 年で生涯の生計が立てられるかを考えれば，答えはおのずとわかるはずです。農地または採草放牧地の賃貸借の存続期間の上限は 50 年となります。

〇×ドリル　農地を相続により取得する場合は，農地法第 3 条の許可を得る必要はない。

語句の意味をチェックする

農業委員会…農業委員会等に関する法律に基づき市町村に設置される行政委員会で，自作農の創設維持，農地等の利用関係の調整等，農政上の諸活動を行う。メンバーは農業者の代表や農協職員等で構成される

法人に至っては…法人の場合は

土地収用法…公共の利益となる事業に必要な土地等の収用または使用に関し，規定する法律

権利移動…「所有権の移転」「地上権，賃借権その他の使用・収益をする権利の移転，設定」

収用…特定の公共の利益となる事業のために，強制的に国や公共団体に財産権を取得させ，または消滅させ，もしくは制限する行為

関係する条文　第 3 条〔農地または採草放牧地の権利移動の制限〕
第 3 条の 3〔農地または採草放牧地の権利取得の届出〕
第 19 条〔農地または採草放牧地の賃貸借の存続期間〕

7-2 農地を転用するとき

暗記ナビ

第４条に基づく取引においては
農地を農地以外（自己転用）…都道府県知事等の許可
市街化区域内の農地　…………農業委員会に届出

解説ナビ 自らの農地を売却せず，用途を宅地等の農地以外に転用する場合は，その農地の所在する区域を管轄する都道府県知事等（都道府県知事か指定市町村であれば市町村長）の許可を受けなければなりません。

ただし，市街化区域内の農地の用途を転用する場合は，あらかじめ農業委員会に届け出れば許可不要です。

市街化区域の市街化を促す目的で，手続きを簡単にしているためです。

基本ナビ この４条の規定は［7 章 - 最初に知っておこう］であげた６つの規制対象のうち，次に該当します。

1 **農地が宅地になるとき**

このように，４条は農地を農地以外に転用するときに限って適用されます。

そして，その際に必要となるのが原則として知事の許可であり，知事がこの許可をしようとする場合には，あらかじめ都道府県農業会議の意見を聴きかなければなりません。

「許可を受けないで転用した場合にはどうなるのですか？」

「工事の停止や現状回復等の措置が命ぜられる場合もあれば，３年以下の懲役または 300 万円以下の罰金，法人に至っては１億円以下の罰金に処せられる場合もあります」

ただし，次の場合には許可不要です。

① 国や都道府県等が道路，農業用用排水（ようはいすい）施設等に転用する場合
② 土地収用法に基づいて農地を転用する場合
③ 2a 未満の農地を農業用施設に転用する場合　等

また，国や都道府県等が農地を農地以外にものに転用しようとする場合には原則として知事等との協議が成立することで許可があったものと，みなされます。

ひっかけ注意!!

自己所有の農地を農業用倉庫として転用する場合，その面積にかかわらず農地法４条の許可が必要である。

答えはノー。この場合，面積が２ａ未満だと許可は不要で，２ａ以上だと許可が必要です。

市街化区域内の農地を農地として売買する場合，あらかじめ農業委員会に届け出れば農地法４条の許可は不要となる。

答えはノー。この場合は届出では足りず，許可が必要で，そして農地を農地として売買するので４条ではなく，３条の許可が必要です。

○×ドリル 賃貸住宅を建てるため一度農地法の許可を受けた農地を，その後工事着工前に賃貸住宅用地として売却する場合，改めて農地法の許可を受ける必要がある。

語句の意味をチェックする

転用…使用目的の変更

都道府県農業会議…農業及び農民に関し意見を公表し，行政庁に建議し，その諮問に応じて答申する，農業及び農民に関する情報提供，調査，研究を行う等の業務を行うために都道府県の区域ごとに設立される公益法人

農業用用排水施設…貯水池，頭首工，揚水機場，水路等

頭首工…湖沼，河川などから用水路へ必要な用水を引き入れるための施設

揚水機場…農地の用水改良または排水改良を目的とした揚水施設で，機場，ポンプ施設，運転管理設備，取付水路及び付帯施設を含めた総称

農業用施設…畜舎，たい肥舎，集出荷施設，農機具収納施設等

関係する条文　第４条〔農地の転用の制限〕

7-3 農地等の転用を伴って権利移動するとき

暗記ナビ

第５条に基づく取引においては
農地を農地以外（転用目的の権利移動）…都道府県知事等の許可
市街化区域内の農地…農業委員会に届出

解説ナビ 農地を農地以外のものに，もしくは採草放牧地を農地以外，かつ採草放牧地以外のものにするための目的で，これらの土地について，所有権，地上権，永小作権，賃借権等を他人に移転・設定する場合には，当事者双方が，その土地の所在する区域を管轄する都道府県知事等（都道府県知事か指定市町村であれば市町村長）の許可を受けなければなりません。

ただし，市街化区域内の農地や採草放牧地を，農地以外のものに転用するために権利を取得する場合は，あらかじめ農業委員会に届け出れば許可不要です。これは，市街化を促進させる目的から，手続きを簡単にしているためです。

基本ナビ この５条の規定は［7 章 - 最初に知っておこう］であげた６つの規制対象のうち，次に該当します。

5 農地が宅地になり，かつ，所有者等が代わるとき
6 採草放牧地が宅地になり，かつ，所有者等が代わるとき

この56からも，５条は食糧供給の場，もしくは食糧供給の場になりえる場が減るとき，かつ，持ち主等が代わるときに適用される規制です。

「許可を受けずに，農地以外のものに転用するために権利を取得した場合には，どうなるのですか？」

「契約は無効となり，工事の停止や現状回復等の措置が命ぜられる場合もあれば，３年以下の懲役または 300 万円以下の罰金，法人に至っては１億円以下の罰金に処せられる場合もあります」

ただし，次の場合には許可不要です。

① 国や都道府県等が道路，農業用用排水施設等に転用するために権利を取得する場合
② 土地収用法に基づいて収用，使用される場合等

また，国や都道府県等が農地を農地以外にものに転用しようとする場合には原則として知事等との協議が成立することで許可があったものと，みなされます。

ひっかけ注意!!

市街化区域内 4ha を超える農地を農地以外のものに転用するために権利取得した場合，農林水産大臣の許可が必要となる。

答えはノー。市街化区域の場合，農業委員会に届け出るだけでＯＫです。ちなみに平成 28 年の法改正により農地法 4 条，5 条の許可権者は都道府県知事，指定市町村の区域内にあっては市町村長となりました。

よって農地の面積が 4ha を超える場合，農林水産大臣の許可を受けなければならないとする規定はなくなりました。

○×ドリル

市街化区域内の農地を取得して住宅地に転用する場合は，都道府県知事にその旨届け出れば，農地法第 5 条の許可を得る必要はない。

関係する条文　第 5 条〔農地または採草放牧地の転用のための権利移動の制限〕

学習のポイントは?

宅地造成及び特定盛土等規制法を攻略するためには「宅地とは何か」を理解することです。あとは細かい数字等を暗記してください。宅地造成及び特定盛土等規制法の目的が危険回避にあることを念頭に学習を積み上げていけば許可や届出の重要性がわかってきます。諸法令の制限は許可権者，届出権者を中心に整理しながら押さえること。細部まで覚える必要はありません。

ここで学ぶのはどんなこと?

どれも行為を制限する法律で都市計画法が参考となります。誰が管理すべき地域や地区なのかを念頭に許可・届出を整理しましょう。

8 その他の不動産法令

8-1 宅地とは

暗記ナビ

宅地とは，公共施設の用に供されている土地を除いたすべて

解説ナビ 宅地造成及び特定盛土等規制法(たくちぞうせいおよびとくていもりどとうきせいほう)でいう宅地とは，いわゆる住宅の敷地のことであり，農地，採草放牧地，森林，道路，公園，河川，港湾施設，飛行場，鉄道，国または地方公共団体が管理する学校，運動場，墓地，その他の公共施設の用に供されている土地を除いたすべての土地をいいます。

基本ナビ ここから［8-8］までは宅地造成及び特定盛土等規制法の学習です。宅地造成及び特定盛土等規制法は「盛土規制法」と短縮して呼ばれます。

宅地造成及び特定盛土等規制法は，宅地造成，特定盛土等または土石の堆積に伴う崖崩れまたは土砂の流出による災害の防止のため必要な規制を行うことにより，国民の生命及び財産の保護を図り，もって公共の福祉に寄与することを目的としています。

ですから，日本全国どこでも，必要があると認められる区域の宅地造成等に適用されます。逆に，宅地でなければこの規定は適用されません。

○×ドリル 宅地造成等工事規制区域内において，宗教法人が建設する墓地の造成のため10万㎡の土地について切土または盛土を行う場合，宅地造成及び特定盛土等規制法の許可を要する。

関係する条文　第2条〔宅地の定義〕

8-2 宅地造成等とは

暗記ナビ

宅地造成等とは，宅地造成と特定盛土等

解説ナビ 宅地造成及び特定盛土等規制法において，宅地造成等とは次のことをいいます。

宅地造成：宅地以外の土地を宅地にするために行う盛土その他土地の形質の変更で政令で定めるものをいいます。

特定盛土等：宅地または農地等において行う盛土その他土地の形質の変更で，当該宅地または農地等に隣接し，または近接する宅地において災害を発生させるおそれが大きいものとして政令で定めるものをいいます。

政令で定めるもの

1. 盛土であって，当該盛土をした土地の部分に高さが 1m を超える崖を生ずることとなるもの
2. 切土であって，当該切土をした土地の部分に高さが 2m を超える崖を生ずることとなるもの
3. 盛土と切土とを同時にする場合において，当該盛土及び切土をした土地の部分に高さが 2m を超える崖を生ずることとなるときにおける当該盛土及び切土
4. 1. または 3. に該当しない盛土であって高さが 2m を超えるもの
5. 1. から 4. のいずれにも該当しない盛土または切土であって，当該盛土または切土をする土地の面積が 500㎡を超えるもの

また，土石の堆積というのもあり、下記になります。

1. 高さが 2m を超える土石の堆積
2. 1. に該当しない土石の堆積であって、当該土石の堆積を行う土地の面積が 500㎡を超えるもの

基本ナビ

「宅地造成等とはどういうことをいうのですか？」

「[解説ナビ] でも述べたように，次の 2 つの場合をいいます」

1 宅地以外の土地を宅地に転用する（森林を駐車場にする等）

2 宅地を宅地に転用する（工場用地を駐車場にする等）

「宅地を宅地にする工事とは，どのような形質の変更になるのでしょうか？」

「一口に宅地といっても，前述の宅地でない土地以外がすべて宅地とされるわけですから，その中にはいろいろな土地が含まれています。たとえば，工場用地を（宅地である）駐車場にする場合等も宅地を宅地にする工事にあたります」

ただし，すべてが宅地造成等であるというわけではなく，次のような大規模な工事に限って宅地造成等といいます。

① ２mを超える崖が生じる切土を行う場合

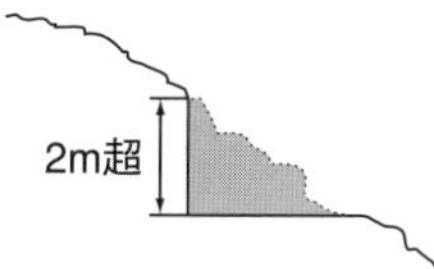

② １mを超える崖が生じる盛土を行う場合

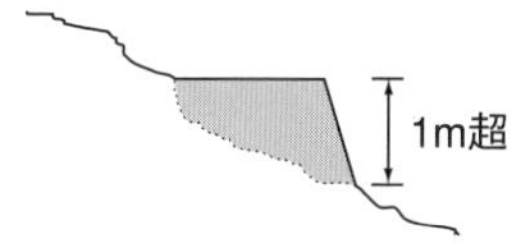

③ 切土と盛土を行う面積が 500㎡を超える工事の場合

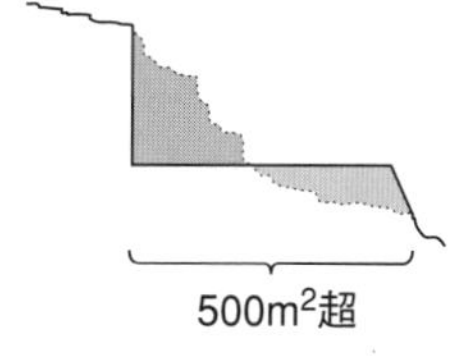

○×ドリル

宅地において行う土地の形質の変更で，高さが２mをこえるがけを生ずる切土は，その造成の目的のいかんを問わず，宅地造成及び特定盛土等規制法にいう宅地造成等である。

語句の意味をチェックする

崖…本法では 30 度を超える角度をなす土地
切土…地面の高いところを削り取ること
盛土…地面にさらに土を盛って高くすること
寄与…役に立つことを行うこと，貢献

関係する条文 第３条〔宅地造成等〕

8-3 宅地造成等工事規制区域を指定するとき

暗記ナビ

宅地造成等工事規制区域は，知事や指定都市等の長が指定する

解説ナビ 都道府県知事や指定都市等の長（指定都市または中核市の市長）は，国民の生命や財産を守り，公共の福祉に貢献するという目的達成のために必要と認められるときには，宅地造成等（宅地造成，特定盛土等または土石の堆積）に伴い災害が生ずるおそれが大きい市街地もしくは市街地になろうとする土地の区域または集落の区域（市街地等区域）であって，宅地造成等に関する工事について規制を行う必要があるものを宅地造成等工事規制区域として指定することができます。

都道府県知事は宅地造成等工事規制区域を指定しようとするときは，関係市町村長の意見を聴かなければいけません。

知事や指定都市の長が，宅地造成等工事規制区域を指定するときには，次の３つの手順を踏む必要があります。

1 **公示する**
この公示によって指定の効力が生じることになります。

2 **国土交通大臣へ報告する**

3 **関係市町村長へ通知する**

基本ナビ 我が国の宅地の多くが，山を削ったり谷を埋めて造成されているため，台風等で崖が崩れたり，土砂が流出する等の災害が起きやすく「事前に補強していたら，この崖崩れは防げたかもしれない」という場合も少なくありません。

このような「宅地造成等に伴う崖崩れや土砂の流出による災害が生じるおそれが大きい市街地または今後市街地となる予定の区域」について，自分の管轄する区域の住人等を守るために，宅地造成等に関する工事について規制を行う必要があると認められれば，知事や指定都市等の長が，行政区画，都市計画区域とは無関係に宅地造成等工事規制区域を指定します。

○×ドリル 宅地造成等工事規制区域は宅地造成等に伴い災害が生じるおそれが大きい市街地または市街地となろうとする土地の区域または集落の区域であって宅地造成等に関する工事について規制を行う必要があるものについて指定される。

語句の意味をチェックする

指定都市等…指定都市，中核市のこと
公示…一定の事項を周知させるため，一般公衆が見聞等できる状態におくこと
行政区画…行政機関の権原が及ぶ範囲について地域的な限界が設けられている場合の地域をいい，都道府県の区域や郡の区域のこと

関係する条文 第10条〔宅地造成等工事規制区域の指定〕

8-4 宅地造成等に関する工事の許可

暗記ナビ

宅地造成等工事規制区域では，工事主が工事着手前に知事の許可を受ける

解説ナビ 宅地造成等工事規制区域内において，宅地造成等に関する工事を行う場合には，工事主は，その工事に着手する前に，都道府県知事の許可を受けなければなりません。

同様に宅地造成等の工事の許可を受けた工事主は，その工事の計画を変更しようとする場合には，都道府県知事の許可を受けなければなりません。

一方，知事は，許可の申請にかかる工事の計画が一定の技術的基準に従い擁壁等，宅地造成等に伴う災害の防止のために必要な措置が講じられていない場合には，その工事を許可できず，その理由を文書で通知しなければなりません。

基本ナビ 宅地造成等規制区域の指定の他にも，知事（指定都市等の長）は，区域内の行為について許可を与える，つまり災害が起きないように監視する役目も担っています。

ただし，国や都道府県が行う宅地造成等の工事については，国あるいは都道府県と，知事との間の協議が成立することで，許可があったものとみなされる他，都市計画法第 29 条の開発許可を受けたものの内容に適合した宅地造成等については許可が不要となります。

「どういった工事について監視しなければならないのですか?」

「[8-2] **で学習した，２つの宅地造成等の工事を監視しなければなりません」**

「許可の申請は，工事主が行うようですが，工事主とはいったい誰を指すのですか?」

「工事主とは，宅地造成等に関する工事の請負契約の注文者や，請負契約によらないで自ら工事をする者をいいます。請負人ではありませんので注意してください」

「宅地造成等規制区域外」の宅地造成等も，災害発生のおそれがあれば，知事の許可が必要?

答えはノー。監視が必要な土地を宅地造成等規制区域に指定することから，宅地造成等規制区域外であれば許可を必要としません。

○×ドリル 規制区域内での宅地造成等の工事については，工事施行者が都道府県知事の許可を受ける。

語句の意味をチェックする

擁壁等…擁壁（崖等の土止めのために造った壁），排水施設，地すべり抑止くい，グラウンドアンカーその他の土留めのこと

関係する条文 第 12 条〔宅地造成等に関する工事の許可〕

8-5 有資格者が設計すべき宅地造成等とは

暗記ナビ

有資格者による設計が必要な宅地造成等とは
1 高さ５ｍ超の擁壁の設置
2 面積 1,500㎡超の切土や盛土を行う土地の排水施設の設置

解説ナビ 宅地造成等規制区域においては，宅地造成等にともなう災害防止のための必要な措置として，次のような大規模な擁壁（ようへき）や排水施設が設置される場合，一定の資格を持っている者の設計によらなければなりません。

1 **高さ５ｍ超の擁壁**
2 **面積 1,500㎡超の切土や盛土を行う土地の排水施設**

基本ナビ 盛土や切土を行う土地はどうしても緩みます。そこへ雨が降ると土地はたくさんの水を含み土砂崩れ等が発生する危険があります。そのときに適切な措置が行われていれば土砂災害は防げるのです。大きな工作物を設置するときほど，確実に安全を確保しなければなりません。そのためには，相応の知識を持つ人の手にかからなければならないということです。

○×ドリル 宅地造成等工事規制区域内で宅地造成等を行う場合において，高さ３ｍの擁壁の設置をするときは，一定の資格を有する者の設計によらなければならない。

語句の意味をチェックする

設計…本法においてはその者の責任において設計図書（宅地造成等に関する工事を実施するために必要な図面及び仕様書をいう。）を作成すること
一定の資格…土木または建築の技術に関する一定の学歴と経験年数等

関係する条文 第 13 条〔宅地造成等に関する工事の技術的基準等〕

8-6 宅地造成等工事の完了手続き

暗記ナビ

工事完了後は，知事の検査を受けなければならない

解説ナビ 宅地造成等について許可を受けた者は，宅地造成等工事規制区域内における工事が完了したときには，工事が一定の技術的基準に従って行われ，擁壁や排水施設，その他宅地造成等に伴う災害の防止のために必要な措置が講じられているかについて，再度，知事の検査を受けなければなりません。宅地造成等または特定盛土等に関する工事について許可を受けた者は、当該許可に係る工事を完了したときは、工事が完了した日から 4 日以内に、その工事が技術的基準に適合しているかどうかについて、都道府県知事の検査を申請しなければなりません。

これに対し知事は，検査の結果，基準に適合していれば，検査済証を許可を受けた者に対して交付しなければなりません。

基本ナビ 工事主が，知事に対して，造成工事の許可基準に適合するような申請書を提出したとしても，工事がその通りに施行されるとは限りません。

ですから，知事は造成工事を許可するだけではなく，最後まできちんと見届けなければならないのです。

〇×ドリル 宅地造成等工事規制区域内において許可を受けて行われた宅地造成等に関する工事が検査に合格した場合，都道府県知事は，工事主に対して検査済証を交付しなければならない。

関係する条文 第 17 条〔完了検査等〕

8-7 届出が必要な宅地造成等工事とは

暗記ナビ

届出が必要な宅地造成等工事とは
工事中に宅造規制区域に指定されたとき…指定日から21日以内
宅地以外の土地を宅地に転用したとき……転用日から14日以内

解説ナビ 宅造規制区域内において，以下の行為を行う場合は，届け出なければなりません。

1 工事の途中で宅造規制区域に指定された場合

造成工事を始めたときには宅造規制区域に指定されておらず，許可を受けていなかった工事主は，宅造規制区域の指定があった日から21日以内に，当該工事について知事に届け出なければなりません。

2 ２mを超える擁壁等の除去工事を行おうとする場合

工事を行おうとする者は，工事に着手する日の14日前までに，知事に届け出なければなりません。

3 宅地以外の土地を宅地に転用した場合

宅地造成等を行わずに，宅地以外の土地を宅地に転用することがあります。転用した者は，その日から14日以内に知事に届け出なければなりません。

4 許可を受けた宅地造成等の内容について軽微な変更を行った場合

宅地造成等変更後，遅滞なく届け出なければなりません。

基本ナビ 元々宅造規制区域が指定されていて宅地造成等の工事を行おうとする場合は，許可を必要とすることで規制できますが，規制したくてもできない場合があります。それが1～3です。

危険なのに規制できないでは国民の安全を保障できません。そこで届け出させ監視の目を向けられるようになっています。

また工事着手予定日の変更等，再度の許可を受けるまでもない4の軽微な変更も届出対象となります。

○×ドリル 宅地造成等工事規制区域の指定の際，当該区域内において行われている宅地造成等に関する工事の工事主は，その指定があった日以降の工事については，都道府県知事の許可を受けなければならない。

関係する条文 第12条〔変更の許可等〕，第14条〔工事等の届出〕

8-8 土地を保全するとき

暗記ナビ

勧告・改善命令を受けるのは，所有者，管理者，占有者

解説ナビ 宅地造成等工事規制区域内の，土地の所有者，管理者，占有者等，現在その土地を使用している者は，宅地造成等工事規制区域の指定が宅地造成等工事前か終了後かにかかわらず，それを常に安全な状態に維持するよう努めなければなりません。

それでも，災害防止のために必要な場合には，知事は，所有者，管理者，占有者，工事主，工事施行者，その土地を現に使用している者に，擁壁，排水施設の設置や改造その他，災害防止のために必要な措置を講じるよう勧告できます。

さらに，災害防止のために必要な擁壁等が設置されていなかったり，不完全な状態で設置されていて災害の発生のおそれが大きいと判断される場合，知事は，その土地，擁壁等の所有者，管理者，占有者に対し，相当の猶予期間を設けて，その設置，改良，改造の工事を命じられます。

ただし，土地の所有者，管理者，占有者以外の者の行為によって災害が発生，あるいは災害発生の危険性が生じたときは，その行為者に災害防止のための工事を命じられます。

基本ナビ 〔8-1〕から学習してきた宅地造成及び特定盛土等規制法の最後です。

宅地造成及び特定盛土規制法では，知事は，土地の災害防止対策として，宅地造成等工事規制区域の他，宅地造成等工事規制区域以外の土地の区域で，特定盛土や土石の堆積が行われた場合に災害が生ずる危険が大きい区域を，「特定盛土等規制区域」として指定することができます。その他にすでに造成された「既存の造成宅地」の崖崩れを防ごうとする「造成宅地防災区域」の指定もあります。特定盛土等規制区域と同様に宅地造成等工事規制区域外の土地に指定されます。

造成宅地防災区域が指定されると，その区域内の土地の所有者，管理者，占有者は，宅地造成等工事規制区域同様，災害が生じないよう土地について擁壁等の設置又は改造その他，必要な措置を講ずるように努めなければなりません。

さらに必要があると認められる場合には，知事は，土地の所有者，管理者，占有者に対し，擁壁等の設置や改造その他災害の防止のため必要な措置の勧告，加えて，相当の猶予期限を付けて，それらの工事を命ずることができます。

○×ドリル 宅地造成等工事規制区域の土地の所有者等は，当該区域の指定前に行われた宅地造成等についても，それに伴う災害が生じないよう，その土地を常時安全な状態に維持するように努めなければならない。

関係する条文 第41条〔土地の保全等〕，第46条〔災害の防止のための措置〕

8-9 行為を制限する諸法令とは

暗記ナビ

誰に，届出なのか，許可なのか（を最低限知っておきたい）

解説ナビ 建築物の建築や宅地の造成を行うにあたっては，ここまで法令上の制限で学習してきた法律以外にも，制限を加えている法律があり，そこで各種の手続きを定めています。

基本ナビ ここまで法令上の制限で学習してきた法律群は，宅建業法第 35 条書面の記載事項（［宅建業法 7-1］参照）のひとつである「法令上の制限」を顧客に説明するための知識ですが，その他にも，約 50 種に及ぶ諸法（雑法ともいいます）があります。誰に対する届出・許可なのかを中心に，以下にあげた過去に出題のあった代表的な法令について，目を通しておきましょう。

1 **都市再開発法**

目的は	市街地の再開発のために定める
対象は	市街地再開発事業の区域
誰の	知事
なにが必要	許可
どんな制限に	土地の形質変更，建築物の建築，工作物の設置等

2 **道路法**

目的は	道路網の整備のために定める
対象は	道路の区域
誰の	道路管理者（国道…国土交通大臣，県道…都道府県，市町村道…市町村）
なにが必要	許可
どんな制限に	土地の形質変更，工作物の新築，物件の付加増置等

3 **河川法**

目的は	流水の正常な維持，河岸・河川管理施設の保全のために定める
対象は	河川区域，河川保全区域，河川予定地内
誰の	河川管理者（1 級河川…国土交通大臣，2 級河川…都道府県知事）
なにが必要	許可
どんな制限に	土地の掘さく，盛土・切土等

4 **自然公園法**

目的は	すぐれた自然の風景地の保護等のために定める	
対象は	国立公園	国立公園の普通地域
誰の	環境大臣	環境大臣
なにが必要	許可	届出
どんな制限に	工作物の新築等	工作物の新築等

目的は	すぐれた自然の風景地の保護等のために定める	
対象は	国定公園	国定公園の普通地域
誰の	知事	知事
なにが必要	許可	届出
どんな制限に	工作物の新築等	工作物の新築等，土地の形状の変更等

5 生産緑地法

目的は	農林漁業との調和を図り，良好な都市環境の形成のために定める
対象は	生産緑地地区
誰の	市町村長
なにが必要	許可
どんな制限に	土地の形質変更等

6 都市緑地法

目的は	都市の緑地の保全，緑化の推進のために定める
対象は	特別緑地保全地区
誰の	知事
なにが必要	許可
どんな制限に	土地の形質変更等

7 森林法

目的は	水源のかん養，土砂流出の防備，また係る必要な事業を行うために定める
対象は	保安林，保安施設地区
誰の	知事
なにが必要	許可
どんな制限に	立木の伐採，家畜の放牧，下草・落葉・落枝の採取等

対象は	民有林（国有林以外の森林）	
誰の	知事	市町村長
なにが必要	許可	届出
どんな制限に	開発行為	立木の伐採

8 地すべり等防止法

目的は	地すべりしている，地すべりのおそれの極めて高い区域等について定める
対象は	地すべり防止区域
誰の	知事
なにが必要	許可
どんな制限に	地下水の誘致等，地下水の排水施設の機能を阻害する行為，地下水の排除を阻害する行為等

9 急傾斜地の崩壊による災害の防止に関する法律

目的は	崩壊するおそれのある急傾斜地で，相当数の居住者に危害が生じるおそれのある区域等について定める
対象は	急傾斜地崩壊危険区域
誰の	知事
なにが必要	許可
どんな制限に	水を放流，停滞させる行為等，工作物の設置等，のり切，切土，盛土，掘さく，立木竹の伐採等

10 土地収用法

目的は	公共の利益となる事業の用に供するために必要な土地の確保のために定める
対象は	起業地
誰の	知事
なにが必要	許可
どんな制限に	事業に支障を及ぼす形質変更

学習のポイントは?

広告チラシ等に載っている不動産の価格には売主の儲けや広告代金等様々な費用が含まれています。では真の価格は? 実はここで学ぶ公示価格はこの真の価格に最も近いということを理解しましょう。

ここで学ぶのはどんなこと?

地価公示法の公示価格や，標準地に関する問題と，不動産の鑑定評価の方法についての問題が毎年交互に出題されています。地価公示法については［9-1］～［9-3］についての出題がほとんどで，比較的簡単ですが，後者は難しめですから，基本だけはしっかり覚えておきましょう。

9 地価公示法と不動産の鑑定評価

9-1 公示価格とは

暗記ナビ

公示価格は一般の土地取引価格の指標になる

解説ナビ 公示価格とは「正常な価格」として「このような条件の土地は，1㎡あたり○○円です（○○円が妥当です）」と公示された価格のことです。

業者等の土地取引を行う者は，一般の土地取引を行う際に，取引の対象土地に類似する利用価値を有すると認められる標準地（[9-2] 参照）の公示価格を指標にして取引を行うよう努めなければなりません。

また，公示価格は，公共事業のために使われる土地に対する補償金の額を算定する等の資（もと）にもなります。

基本ナビ 一般にいかなる商品であっても価格は需給関係によって上下し，値付けの際には類似商品の価格や相場，動向等を参考にしていますが，土地の値付けでは公示価格を参考にします。その点では公共事業でも公示価格を資にしており，公示価格はまさに土地の原価といえます。

公示価格とかけ離れた価格を付けて土地取引を行おうとしても，国土利用計画法でも学習したように，対価の額，あるいは予定対価は知事へ届け出る必要がある（[1-2] 参照）ため，勧告を受けてしまいます。

○×ドリル 都市及びその周辺の地域において土地取引を行う者は，取引対象土地に類似する利用価値を有すると認められる標準地について公示された価格を規準として取引を行わなければならない。

語句の意味をチェックする

正常な価格…投機目的のない，自由な取引が行われる場合に通常成立するはずの価格
標準地…自治体内の地域ごとに，その主要な道路に接し，規模や形状などが標準的な宅地
指標…物事の見当をつけるための目印
資…もとになるもの

関係する条文 第1条〔目的〕，第1条の2〔土地取引を行う者の責務〕

9-2 標準地とは

暗記ナビ 標準地は，土地鑑定委員会が規制区域を除く都市計画区域内等で選定する

解説ナビ 土地鑑定委員会は，都市計画区域内や土地取引が相当程度見込まれる区域（公示区域といいます）の土地のうち，特に土地の価格が高騰しては困る場所を，正常な価格を求めるための標準地に選定します。

ただし，国土利用計画法（[第１章] 参照）の規定により指定された規制区域においては，土地取引に際して知事の許可が必要なことから高騰の心配がないため，標準地に選定されることはありません。

基本ナビ 取引の対象となる土地があるからこそ，土地の価格の指標となる地価公示が存在します。したがって，斜面や山奥といった地価が高騰しても誰も困らない場所であることが多い都市計画区域外は，ほとんど取引の対象とはならず，そのような区域は標準地には選定されません。

逆に，都市計画区域外であっても，国土交通省令で定める土地取引が頻繁に行われているであろう区域は指標が必要であり，例外として標準地に選定されます。

このように，標準地は自然的条件，社会的条件からみて類似の利用価値がある地域から選定されます。

〇×ドリル 標準地は，土地鑑定委員会が，自然的及び社会的条件から見て類似の利用価値を有すると認められる地域において，土地の利用状況，環境等が通常と認められる一団の土地について選定する。

語句の意味をチェックする

土地鑑定委員会…地価公示法に基づき，地価の公示に関する事務を処理するため国土交通省に置かれる合議制の機関で，大学教授等の学識経験者が委員に任命される

標準地…手本となる土地

関係する条文　第２条〔標準地の選定〕

9-3 正常な価格とは

暗記ナビ

正常な価格は，建物や借地権が存在しないものとして算定する

解説ナビ 土地鑑定委員会は，毎年1月1日現在における各標準地の1㎡あたりの正常な価格（正常価格）を決定します。

正常な価格とは，投機目的のない，自由な取引が行われる場合に通常成立するはずの価格のことです（［9-1］参照）。土地の上に建物や借地権が存在する場合には，それらが存在しないものとして算定されます。

また，正常な価格の決定は，次の手続きに従って行われます。

1. **土地鑑定委員会は，2人以上の不動産鑑定士に鑑定評価を依頼する**
2. **依頼を受けた不動産鑑定士は，標準地の近傍類地（きんぼうるいじ）の取引価格，地代（ちだい），造成費用を勘案して，鑑定評価を行う**
3. **鑑定評価を参考に，土地鑑定委員会が正常な価格を決定する**
4. **土地鑑定委員会は，官報に正常な価格を公示する**
5. **土地鑑定委員会は，公示事項を記載した書面を関係市町村長に送付する**

基本ナビ 土地鑑定委員会が，1～5の方法で正常な価格を決定，公示することで，正常な価格は，公示価格として土地取引における指標となるのです。

また，毎年行われる不動産鑑定士による公示区域内の土地についての鑑定評価では，当該標準地の公示価格を規準としなければなりません。

○×ドリル 標準地の正常な価格は，土地鑑定委員会が各標準地について2人以上の不動産鑑定士の鑑定評価を求め，その結果を審査し，必要な調整を行って判定される。

語句の意味をチェックする

不動産鑑定士…不動産鑑定評価を行う専門資格を有する者
鑑定評価…ここでは，土地の良否を判定し，どれだけの価値があるか見定めること
近傍類地…近所にある，似た条件の土地

関係する条文 第2条〔標準地の価格判定等〕，施行規則第1条〔標準地の価格判定の基準日〕，第4条〔標準地についての鑑定評価の基準〕，第6条〔標準地の価格等の公示〕

出題頻度 ★★★★★

9-4 不動産の鑑定評価とは

暗記ナビ

不動産の鑑定評価の方法は
1 原価方式 2 比較方式 3 収益方式 を併用する

解説ナビ 地価公示法で「不動産鑑定士に鑑定評価してもらう」と学びました（[9-3] 参照）が，この不動産鑑定士は，原価方式，比較方式，収益方式のうち，その土地にあった方式をいくつか併用して，鑑定評価を行います。

基本ナビ 不動産の価値を専門家が判定する行為を不動産の鑑定評価といいますが，業者が取引のために鑑定を依頼する等鑑定の機会は多々あります。つまり地価公示のように正常な価格を知る目的ばかりでなく，具体的には次のような種類の価格について鑑定されます。

① 正常な価格…市場価値を表示する適正な価格
② 限定価格…借地や隣地等，限定された不動産の取得を目的とする売買等の価格
③ 特定価格…民事再生法等の特定な事情による早期売却や事業の継続を前提とした価格
④ 特殊価格…文化財の指定を受けた建物等，特殊な不動産の価格

「原価方式とはなんですか?」

「ビルを建てるとしたら，また，土地を再造成するとしたらいくらかかるかという，不動産の再調達に要する原価に着目して鑑定します。この方式には原価法と積算法の２つがあり，試験には主に原価法が出題されます（[9-5] 参照）」

「比較方式とはなんですか?」

「類似した不動産がいくらで取引されたかに着目して鑑定します。この方式は態様により取引事例比較法と賃貸事例比較法の２種に分けられますが，評価方法は一緒です（[9-6] 参照）」

「収益方式とはなんですか?」

「その物件を賃貸したら賃料がどのくらい入るのかという，不動産から生み出される収益に着目して鑑定します。この方式には収益還元法と収益分析法の２つがありますが，試験には主に収益還元法が出題されます（[9-7] 参照）」

○×ドリル 鑑定評価の手法は，不動産の再調達に要する原価に着目する原価法，不動産の取引事例に着目する取引事例比較法及び不動産から生み出される収益に着目する収益還元法があり，原則として，この三手法を併用すべきである。

語句の意味をチェックする

不動産の再調達…目的となる不動産が，再び最初の姿に戻るのに必要なものを調えること

9-5 原価法とは

暗記ナビ

原価法は，建物，造成地，埋め立て地等の鑑定評価に有効

解説ナビ 原価法は，ビルを建てるとしたら，また，土地を再造成するとしたらいくらかかるかという，不動産の再調達（さいちょうたつ）に要する原価に着目して鑑定評価を行う方式です（［9-4］参照）。

その算出方法の特徴から，建物，造成地，埋め立て地等の鑑定評価には有効ですが，既成市街地の土地には適用できません。

基本ナビ 原価法の具体的な手順は次の通りです。

まず，評価対象建物について，建築資材等の種別，品等，数量等を調査し，再調達原価を算定します。

次に，新品の資材等を調達，使用して算定した再調達原価に対して，実際の評価対象建物が少なからず老朽化している点を考えます。腐朽している，型が旧式である等のマイナス要因を減価修正して，今現在の価格（積算価格という）を算出します。

○×ドリル

原価法において，土地の再調達原価は，建設請負により，請負者が発注者に対して直ちに使用可能な状態で引き渡す通常の場合を想定し，その土地の標準的な取得原価に当該土地の標準的な造成費と発注者が直接負担すべき通常の付帯費用を加算して求める。

9-6 取引事例比較法とは

暗記ナビ

取引事例比較法は，既成市街地の土地等の鑑定評価に有効

解説ナビ 取引事例比較法は，過去に取り引きされた類似した不動産の価格に着目して鑑定評価を行う方式ですが（［9-4］参照），収集する不動産の取引事例は次のようなものでなければなりません。

1. **近隣地域または同一需給圏(じゅきゅうけん)内の類似地域にあること**
2. **土地の形状や日照時間等個別的要因の比較が可能なこと**
3. **取引事例について特殊事情がないこと**
4. **できるだけ新しい取引事例であること**

これらの条件を満たす取引事例を収集し評価にあたりますが，もし，取引事例が３年前のものであれば，３年間分の価値変動を考慮して，今現在の価格（比準価格という）を求めます。

この取引事例比較法は，既成市街地の土地等の鑑定評価に適用されます。

基本ナビ 収集する事例はあくまでも正常な価格を算出するためのものです。投機的取引等適正さを欠いたものは用いられません。

○×ドリル 取引事例比較法の適用に当たっては，取引事例を豊富に秩序正しく収集すべきであり，投機的取引であると認められる事例は用いてはならない。

語句の意味をチェックする

同一需給圏内…需要と供給の場が同一範囲内である

9-7 収益還元法とは

暗記ナビ

収益還元法は，賃貸用不動産の他，企業用不動産の鑑定評価に有効

解説ナビ 収益還元法は，その物件を賃貸したら賃料がどのくらい入るのか，つまり不動産から生み出される収益に着目して鑑定評価を行う方式です。

実際には，固定資産税や地代取立経費といった費用を考慮した純収益を基礎とし，それから，今現在の価格（収益価格という）を求めます。

この収益還元法は，賃貸用不動産の他，企業用不動産の鑑定評価に適用されます。

基本ナビ 銀行の利息は元本×利回りで算出されます。不動産も同じように利回りがあって，銀行の利息計算のように収益を算出できます。つまり賃料と利回りがわかれば不動産の価格がわかるということになります。収益還元法はこの賃料÷利回り＝元本（不動産の価格）という計算式で不動産価格を算出する方法です。

〇×ドリル 収益還元法は，賃貸用不動産または一般企業用不動産の価格を求める場合に適用されるものであり，自用の住宅地の価格を求める場合には適用しない。

語句の意味をチェックする

元本…利益・収入等を生み出す基礎となる財産や権利
利回り…利息や利益配当の元金に対する割合

学習のポイントは?

税金は安いに越したことはありません。しかしひと口に安くなるといっても，税金額を算出する段階で安くなる場合もあれば，算出後に安くなる場合もあります。どちらに該当するのか見極めながら進めましょう。

ここで学ぶのはどんなこと?

「より安く納める」ための知識を養うのが本章の学習内容です。様々なケースで様々な「控除等」がありますので，その条件と併せてしっかり整理しておきましょう。実生活でもきっと役に立ちます。

10 税金

10-1 不動産取得税の控除と特例

暗記ナビ

居住用不動産に対する措置は
1 一定の住宅…課税標準から 1,200 万円が控除される
2 宅地…課税標準が 1/2 となる

解説ナビ

課税標準の特例

新築住宅の場合

課税標準額から一戸につき 1,200 万円が控除される。

（課税標準額－ 1,200 万円）× 3%＝税額

要件

自己居住用または貸家用であること。

床面積が 50㎡（賃貸住宅の場合は 40㎡）以上 240㎡以下であること。

※取得者が個人である場合のほか，法人が取得した場合も適用あり。

中古住宅の場合

課税標準から新築された当時の控除額が控除される。

（課税標準額－新築時の控除額）× 3%＝税額

要件

自己居住用であること（賃貸住宅は適用外）

床面積が 50㎡以上 240㎡以下であること。

昭和 57 年 1 月 1 日以降に新築されたこと。または，新耐震基準に適合していることのいずれか。

※取得者が個人の場合のみ。法人が取得した場合は適用外。

基本ナビ 不動産取得税，固定資産税，消費税，所得税等，私たちは日頃から様々な税金を納付していますが，それらの税額は次の計算式で算出できます。

課税標準×税率＝税額

税率は各法律で異なり，それぞれの法律で規定されていますが，施策の促進や納税者の負担軽減等の理由から，本来納付すべき税金を安くする措置が講じられています。たとえば，税率を軽減する（軽減税率），課税標準から一定額を差し引く（控除），課税標準を半分等にする（課税標準の特例），税額から差し引く（減額）等の措置です。

不動産取得税は，不動産を取得（売買，交換等）した場合には買主が，新築，増築（改築）したときで築後 6 ヶ月を経過しても使用・譲渡がない場合には築造した者が，さらに，不動産の贈与を受けたときには受贈者等が，それぞれ不動産の所在する都道府県へ普通徴収の方法で納付する地方税であり，相続，法人の合併等，形式的な所有権の移転等に対しては課税されません。

不動産取得税の税率は原則として 4 %ですが，令和 7 年 3 月 31 日までに住宅または土地を取得した場合には，その税率が 3 %となります。

したがって令和7年3月31日までに取得した不動産の不動産取得税は次の計算式で算出できます。

〔住宅以外の家屋（店舗等）の場合〕課税標準×4％＝税額

〔住宅・土地の場合〕課税標準×3％＝税額

宅地については，この段階で課税標準を半分にする特例が設けられています。課税標準額，つまり税の対象となる価格を小さくし，税額を安く計算できるようにしているのです。

住宅については［解説ナビ］の要件を満たすことで課税標準が控除（令和7年3月31日までに取得した長期優良住宅の普及の促進に関する法律に規定する認定長期優良住宅にあっては1,300万円）されます。新築住宅であれば，自己用・賃貸用，あるいは個人・法人に関係なく控除の対象となりますが，中古住宅は自己用かつ個人に限られます。

ちなみに，この場合の課税標準は取得代金の額ではなく，固定資産課税台帳に登録されている登録価格，もしくは価格が登録されていない不動産については固定資産評価基準によって決定された価格となります。

さらに，宅地については，取得後3年以内に住宅を建築する等の要件を満たせば，①②いずれか多い方の額が控除されます。

① 45,000円

② 土地1㎡あたりの登録価格×住宅の延べ床面積の2倍×3%

また，不動産取得税には軽減措置の他に免税もあります。居住用であっても，非居住用であっても同一所有者に依る課税標準が次の金額に満たない場合には課税されません。

⑴ 土地……10万円

⑵ 家屋の新築・増築・改築……23万円

⑶ その他……12万円

語句の意味をチェックする

控除…金額，数量等を引き去ること

居住用財産…宅地，住宅のこと

課税標準…税額を決定するための基礎となる課税物件の価格のこと

建物の経過年数…建物が建ったときから現在までの年数

新耐震基準…建築基準法の改正により1981（昭56）年施行。1978年の宮城県沖地震の教訓に立ち従前より厳格化された

普通徴収…都道府県等の徴収者から送られてくる納税通知書によって納税者が納付する方法

固定資産課税台帳…固定資産の状況や課税標準である固定資産の価格を明らかにするために，市町村に備えられた土地課税台帳，家屋課税台帳等の総称

登録価格…固定資産課税台帳に登録されている不動産の価格で3年ごとに評価し直される

固定資産評価基準…不動産評価方法等の基準の一つで，土地，家屋，償却資産について，その価格の評価の基準並びに評価の実施方法および手続きを定めた基準

長期優良住宅の普及の促進に関する法律…長期にわたり良好な状態で使用するための措置がその構造及び設備について講じられた優良な住宅の普及を促進するための法律

認定長期優良住宅…一定の手続きによって認定された長期にわたり良好な状態で使用するための措置がその構造及び設備について講じられた優良な住宅のこと

関係する条文　第37条の2〔納税義務者等〕，第73条の14〔課税標準の特例〕
付則第11条の5〔宅地評価土地の取得に対して課する不動産取得税の課税標準の特例〕

10-2 固定資産税の減額と特例

暗記ナビ

居住用不動産に対する措置は
1 一定の住宅…床面積 120㎡までの居住部分の税額が 1/2〔×3年間〕減額される
2 宅地…200㎡以下の課税標準が 1/6 となる
200㎡超の課税標準が 1/3 となる

解説ナビ 不動産取得税と同様，固定資産税も一定の要件を満たす住宅や宅地は，税金が安くなります。その内容についてみてみましょう。

住宅の場合は，床面積が 50㎡以上 280㎡以下（貸家住宅の場合は 40㎡以上 280㎡以下）の新築住宅の場合に限り，床面積の 120㎡までの居住部分について固定資産税の 1/2 が，新たに固定資産税が課せられる年度から３年間（３階以上の耐火・準耐火建築物は５年間）減額されます。

宅地の場合は，固定資産税の算出式は次のようになります。

〔一戸あたり 200㎡までの部分〕 課税標準× 1/6 × 1.4％＝税額

〔一戸あたり 200㎡を超える部分〕課税標準× 1/3 × 1.4％＝税額

基本ナビ 固定資産税とは，固定資産，つまり不動産に課せられる税金で，毎年１月１日現在において，固定資産課税台帳に所有者として登録されている者（質権や 100 年以上の存続期間を定めた地上権の目的となっている場合にはその権利者）が，不動産が所在する市町村へ普通徴収の方法で納付する地方税です。

固定資産税の算出方法は，原則として次のようになります。

課税標準× 1.4％＝税額

課税標準は不動産取得税と同様に，固定資産台帳に登録されている登録価格となります。

そして［解説ナビ］にもあるように，固定資産税も居住用になると，通常よりもぐっと安くなるのです。

さらに同一人が所有する固定資産税の標準課税の合計額が土地であれば 30 万円，家屋であれば 20 万円に満たないときには課税すらされません。

○×ドリル 令和５年度に新築された２階建ての住宅については，新築後３年間に限り，固定資産税の１／３が減額される。

関係する条文 第 343 条〔納税義務者等〕，第 349 条の３の２〔住宅用地に対する固定資産税の課税標準の特例〕
付則第 16 条〔固定資産税の減額〕

10-3 所得税が課されるとき

暗記ナビ

譲渡所得に対する措置は，譲渡所得から 50 万円が控除される

解説ナビ 所得税は，個人が 1 年間に稼得(かとく)したすべての所得が対象となりますが，合算される所得のうち，譲渡所得の金額は次のように計算します。

譲渡益－特別控除額（最高 50 万円）＝譲渡所得の金額

ただし，この特別控除はまず先に短期譲渡所得の譲渡益から控除します。

基本ナビ 所得税は個人の様々な所得（給与，賞与，株式の配当金，不動産譲渡による所得等）に対して課される国税で，その算出方法は（［10-1］参照）で述べた通りです。様々な所得を合算して課されることから総合課税と呼ばれます。

総合課税の対象となる所得のうち，土地，建物，ゴルフ会員権等の資産を譲渡することによって生ずる所得を譲渡所得といいます。たとえば購入時 100 万円のゴルフ会員権を 200 万円で売るときに利益となる差額の 100 万円が譲渡所得であり，［10-1］の課税標準に該当しますが，事業用の商品等の棚卸資産や山林の譲渡や取得価額が 10 万円未満の一定の減価償却資産等の譲渡による所得等は譲渡所得にはなりません。よって原則として譲渡所得は次の式で算出されます。

短期譲渡所得の総収入金額－（取得費＋譲渡費用）－⑴

長期譲渡所得の総収入金額－（取得費＋譲渡費用）× 1/2 －⑵

⑴＋⑵＝譲渡所得

このように短期譲渡所得は全額ですが，長期譲渡所得の金額は，その 1 ／ 2 に相当する金額が合算の対象となります。

では特別控除額の 50 万円がどのように控除されるのかをみてみましょう。

「たとえば短期譲渡所得が 30 万円，長期譲渡所得が 30 万円の場合は?」

「短期譲渡所得から控除すると，特別控除額が 20 万円残ります。よって長期譲渡所得から 20 万円控除すると 10 万円の譲渡所得となりますが，合算の対象となる譲渡所得は 1/2 に相当する金額であり， 5 万円（10 万円× 1/2）が譲渡所得となります」

語句の意味をチェックする

減価償却…時の経過や使用により価値の消耗・減耗を生ずる固定資産について，その取得費を取得時に一括して計上せず，その減価に対応して徐々に費用化するための配分手続きをいい，減価償却の対象となる資産を減価償却資産という

短期譲渡所得…所有期間，つまり取得の日から 5 年以下の資産を譲渡することにより生ずる所得のこと

長期譲渡所得…所有期間，つまり取得の日から 5 年を超える資産を譲渡することにより生ずる所得のこと

取得費…その資産の取得に要した金額や設備費，改良費の額の合算額

関係する条文 第 33 条〔譲渡所得〕，第 38 条〔譲渡所得の金額の計算上控除する取得費〕

10-4 土地建物の譲渡所得の控除

暗記ナビ

自己居住用の土地建物を譲渡した場合の措置は
課税譲渡所得から 3,000 万円が控除される

解説ナビ 土地建物の譲渡にかかわる所得税は，土地建物の所有期間，用途，譲渡理由によって税率等が細かく分類されていますが，どんな譲渡でも，共通することがあります。それは，譲渡の内容によって，課税譲渡所得（かぜいじょうとしょとく）から下記の金額が控除されるということです。

1 **自己の居住の用（よう）に供（きょう）していた土地建物を譲渡した場合……3,000 万円**
2 **収用対象事業のために土地建物を譲渡した場合……………5,000 万円**
3 **特定住宅地造成等事業等のために土地等を譲渡した場合……1,500 万円**

これら以外にも控除の適用を受ける譲渡はありますが「自己の居住の用に供していた土地建物を」「特定の造成事業のために譲渡した」等，控除の要件が２つ以上重なっているときには，合計 5,000 万円まで課税譲渡所得が控除されます。

基本ナビ ［10-3］のように，本来個人の所得税は個人が１年間に稼得したすべての所得が合算されて課されますが，土地や建物の譲渡における所得税は，合算せずにこれらから分離して課されることから分離課税といいます。

土地や建物を譲渡することによって生ずる譲渡所得を課税譲渡所得といい，所得税の課税対象となります。課税譲渡所得は，次の式で算出されます。

譲渡価格－（取得費＋譲渡費用）＝課税譲渡所得

それでは，控除について実際に計算してみましょう。

「Ａが居住用の土地を売った際の課税譲渡所得が１億円であった場合は?」

「まず，居住用という点に着目してください」

≫居住用の土地ですから，土地の所有期間にかかわらず，まず 3,000 万円控除されます。

１億円－ 3,000 万円＝ 7,000 万円

この 7,000 万円を使って，所得税の計算がされることになるのです。

ただし，3,000 万円控除を受けるには，次の要件を満たさなければなりません。

① **売った相手先が配偶者，直系家族等ではないこと**
② **前年または前々年に 3,000 万円特別控除や［10-6］の特例を受けていないこと**

〇×ドリル　居住用財産を配偶者に譲渡した場合，居住用財産の譲渡所得の特別控除を適用できない。

関係する条文　第 35 条〔居住用財産の譲渡所得の特別控除〕

10-5 居住用財産の長期譲渡所得の軽減税率

暗記ナビ

所有期間10年超の居住用財産の課税長期譲渡所得に対する措置は
6,000万円以下の部分……税率10%
6,000万円超の部分………税率15%

解説ナビ 譲渡の内容によっては，課税譲渡所得から一定の金額が控除されます（[10-4]参照）が，さらに，自己の居住の用に供していた土地建物を譲渡した場合で，かつ，譲渡した年の1月1日現在で所有期間が10年を超えるときには，税率が次のようになります。

〔課税長期譲渡所得が6,000万円以下の部分〕課税長期譲渡所得×10%＝税額
〔課税長期譲渡所得が6,000万円超の部分〕 課税長期譲渡所得×15%＝税額

基本ナビ 課税長期譲渡所得とは，原則として所有期間が5年超の場合をいいます。個人が土地や建物を譲渡したときに生ずる譲渡所得に係る所得税の算出方法は，原則として次の計算式になります。

〔課税長期譲渡所得の場合〕課税譲渡所得×15%
〔課税短期譲渡所得の場合〕課税譲渡所得×30%

居住用財産（居住用の宅地や建物）の譲渡において「所有期間10年超」の要件を満たす課税長期譲渡所得については，[10-4]の1～3のいずれの控除を受けていたとしても，[暗記ナビ]の軽減税率の対象となります。

ただし，[10-4]の1同様，譲渡した年の前年または前々年に，この税率で課税長期譲渡所得の所得税を納めていないことや譲渡先が親族等特別な間柄でないことが適用の前提となります。

また，有効活用を目的として不動産を譲渡しても，[10-4]の控除や[暗記ナビ]の軽減税率の適用を受けられない場合には，譲渡した年の1月1日現在で所有期間が5年を超える土地等で，かつその譲渡先が国，地方公共団体，都市再生機構等で優良住宅地の供給を目的とした諸事業に対するものであれば，課税長期譲渡所得の所得税の計算方法は次のようになります。

〔課税長期譲渡所得が2,000万円以下の部分〕課税長期譲渡所得×10%＝税額
〔課税長期譲渡所得が2,000万円超の部分〕 課税長期譲渡所得×15%＝税額

つまり，この優良住宅地の造成等のための軽減税率は，[10-3]の控除あるいは本項の居住用財産のための軽減税率と併用できないのはもちろんのこと，[10-6]の特例とも併用できません。

○×ドリル 譲渡した年の1月1日において所有期間が5年を超える居住用財産を譲渡した場合には，居住用財産を譲渡した場合の軽減税率の特例を受けることができる。

関係する条文 第31条の3〔居住用財産を譲渡した場合の長期譲渡所得の課税の特例〕

10-6 居住用財産の買換えの特例

暗記ナビ

居住用財産の買換え特例と居住用財産の課税長期譲渡所得の軽減税率は併用不可

解説ナビ 以下にあげる一定の要件を満たしている場合には，居住用財産の買換えの特例を適用できます。

〔譲渡する宅地建物の要件〕

1 **日本国内にある居住用の土地建物であること**
2 **売却する年の 1 月 1 日現在の所有期間が 10 年を超えること**
3 **売却する日現在の居住期間が 10 年以上であること**
4 **売った相手先が，配偶者，直系家族，生計を共にする親族，生計を共にする内縁の妻あるいは夫等ではないこと**
5 **譲渡に係る対価の額が 1 億円以下であること**

〔購入する宅地建物の要件〕

6 **日本国内にある居住用の土地建物であること**
7 **譲渡した年とその前後の年の合計 3 年間に購入し，譲渡した年の翌年 12 月 31 日までに居住すること**
8 **住宅についてはその居住部分の床面積が 50㎡以上であること**
9 **宅地についてはその面積が 500㎡以下であること**
10 **既存住宅で耐火建築物の場合は，新築後経過年数が 25 年以内であること，もしくは地震に対する安全に必要な技術的基準等に適合すること**

〔宅地建物以外の要件〕

11 **譲渡した年の前年，前々年に 3,000 万円の特別控除等の適用を受けていないこと**

この居住用財産の買換えの特例は，居住用財産の特別控除に代えて適用できるものであり，たとえ課税譲渡所得が発生したとしても，それについて［10-4］や［10-5］の措置の適用を併せて受けることはできません。

基本ナビ 今まで所有していた土地や建物を売って，新たに土地や建物を購入したときには，次のように，課税譲渡所得を算出できます。

売った土地建物の代金－新たに買った土地建物の代金＝課税譲渡所得

つまり売った不動産よりも，新たに買った不動産の方が高額ならば課税譲渡所得は算出されず，結果的に所得税が課されないのです。

一方，［10-4］で学んだ課税譲渡所得は，１つの宅地あるいは建物の購入代金と売却代金から算出しおり，新しく土地や建物を購入することは考慮していませんでした。

「では，今まで所有していた土地や建物を売って，新たに土地建物を購入した場合の所得税はどうやって算出するのでしょうか？」

「実は，その２つの宅地建物の価格差から課税譲渡所得を算出し，そのうえで［10-6］の［基本ナビ］で解説した〔課税譲渡所得の場合〕にあてはめれば，所得税を算出できるのです」

しかし，居住用財産の買換えの場合には，［10-4］［10-5］を併用して所得税を算出した方が得な場合もあれば，［10-6］の式で算出した方が得な場合もあります。すなわち得になる方法を選んで算出すればいいことになりますが，逆にいうと［10-6］を選んだときには［10-4］［10-5］の措置を併用してはいけないことにもなります

「本項の方法で算出した課税譲渡所得がマイナスになった場合は？」

「マイナスになった分を譲渡損失といいますが，一定の要件を満たす買換えであれば，この譲渡損失を他の所得と通算し，なおも控除しきれない損失があれば，翌年以降３年間の所得から控除できます」

たとえば，給料 300 万円の者の譲渡損失が 500 万円の場合には，譲渡した年については 300 万円から譲渡損失のうち 300 万円を控除します。つまりその年の所得は０となり所得税が課されません。翌年は残りの譲渡損失を控除し，所得 100 万円として所得税が課されることになります。

このように譲渡損失を他の所得に利用する措置は，本項の買換えだけでなく［10-4］の購入代金と売却代金から算出する課税譲渡所得に対しても，一定の要件を満たせば適用されます。

ちなみに，サラリーマンの給料天引き等，既に所得税が納付されている場合において，これらの譲渡損失が生じた者は，年末時に確定申告によって所得税の還付を請求することになります。

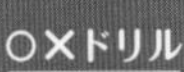

居住用財産を譲渡した場合に，特定の居住用財産の買換えの場合の長期譲渡所得の課税の特例の適用を受けるときには，居住用財産を譲渡した場合の軽減税率の特例を受けることはできない。

関係する条文　第 36 条の 2〔特定の居住用財産の買換えの場合の長期譲渡所得の課税の特例〕

10-7 住宅取得等特別控除（ローンにかかわる控除）

暗記ナビ

一定の居住用建物の購入等で住宅借入金を有する場合の措置は所得税額の一定額〔×入居年以降 13 年間〕が控除される

解説ナビ 民間の金融機関等からローンを組んで，自ら居住する次の要件を満たす住宅（土地は不可）を購入，新築，増改築した場合，その住宅に入居した年から 13 年間にわたって，（新築および業者が再販する中古は 13 年、中古は 10 年）毎年の所得税から一定額が控除されます。

1 取得してから 6 ヶ月以内に入居し，その後居住していること

2 控除を受けようとする個人の年間所得が 2,000 万円以下であること

3 入居した年とその年の前後 2 年以内の所得税について，〔10-4〕〔10-5〕〔10-6〕等の適用を受けていないこと

4 住宅の床面積が 40㎡以上であり，居住の用に供する部分の床面積が 1 ／ 2 以下であること（年間所得が 1,000 万円以上は適用されない）

5 中古住宅を購入する場合は，新耐震基準に適合している住宅用家屋（登記簿上の建築日付が昭和 57 年 1 月 1 日以降の家屋は新耐震基準に適合とみなす）であること

基本ナビ 不動産を購入等するときには，大抵，購入代金等のために高額のローンを組み，多額の税金を支払うことになりますが，不動産の買換え時に様々な控除があったように，初めて不動産を購入する場合，給料等から引かれる所得税について控除を受けられます。つまり，サラリーマンであれば還付請求できるということです。

控除額の算出方法は次の計算式になります。

適用年のローンの年末残高×控除率＝控除額

控除率は適用年で異なるため，控除額の算出式を覚える必要はありませんが，1～5の要件だけはしっかり覚えましょう。

さらに控除を受けられる住宅の要件には1～5以外もありますが，本試験の出題頻度が低いため説明を省略しています。

〇×ドリル 居住年または当該居住年の前年もしくは前々年に居住用財産所得の 3,000 万円特別控除の適用を受けている場合であっても，当該居住年以降 10 年間の各年分については，住宅取得促進税制度の適用を受けることができる。

関係する条文 第 41 条〔住宅借入金等を有する場合の所得税額の特別控除〕

10-8 住宅取得資金の贈与にかかる贈与税の控除

暗記ナビ

住宅取得資金の贈与に対する措置は
親から…………贈与価額のうち 1,000 万円が非課税となる
親から…………贈与価額から 2,500 万円が控除される
配偶者から……贈与価額から 2,000 万円が控除される

解説ナビ 令和 6 年 12 月 31 日までに親から住宅の取得等の資金の贈与を受け，相続時精算課税の特例を受ける場合には，贈与税の計算式は次になります。

（課税価格－1,000 万円の非課税措置－ 2,500 万円の特別控除）× 20%＝税額

ただし，この相続時精算課税の特例を受けるためには，次の1～7の要件を満たさなければなりません。

1 **受贈者が将来の相続人である 18 歳以上の子であること**
2 **旧措置である住宅取得資金贈与の適用を受けている場合には，5 年を経過していること**
3 **贈与財産が金銭であること**
4 **贈与の年の翌年 3 月 15 日までに金銭の全額を一定の新築，中古住宅の取得等に充当し，同日までに居住すること**
5 **取得した新築，中古住宅の床面積が 40㎡ 以上であること**
6 **新耐震基準に適合している住宅用家屋（登記簿上の建築日付が昭和 57 年 1 月 1 日以降の家屋は新耐震基準に適合とみなす）であること**
7 **配偶者等からの取得でないこと**

また，贈与が配偶者からの場合には，贈与税の計算式は次のようになります。

（課税価格－110 万円の基礎控除－2,000 万円の特別控除）×税率－一定の控除額＝税額

ただし，この特例を受けるためには，次の8～11の要件を満たさなければなりません。

8 **婚姻期間が 20 年以上であること**
9 **居住用不動産を取得するための資金の贈与であること**
10 **資金を取得した年の翌年 3 月 15 日までに，新築，中古住宅を取得し自分の住宅として使用すること**
11 **過去に同一の配偶者からこの贈与税の控除を受けていないこと**

基本ナビ 贈与税は贈与財産の取得に対して，その財産の価額をベースに受贈者に課す税金です。

贈与税の計算の対象となる贈与財産は，1 月 1 日から 12 月 31 日までの 1 年間に贈与を受けた財産の価額の合計であり，これを課税価格といいます。

贈与税の計算式は次のようになります。

原則：（課税価格－ 110 万円の基礎控除）×税率 10％～ 50％－一定の控除額＝税額

「税率」や「一定の控除額」は基礎控除後の課税価格によって異なりますが，宅建試験の範疇ではないため省略します。

この計算式により算出される納税額はかなり高額となりますが，配偶者から贈与財産を取得した場合には，課税価格から基礎控除の他に 2,000 万円がさらに控除されたうえで，税額が計算されるのです。これにより，本来ならばかなり高額となる納税額も適度に押さえられています。

また，親から贈与財産を取得した場合にも，原則として上の原則計算式によって贈与税を納付しますが，相続時精算課税制度を用いることで納税額を押さえられます。

相続時精算課税制度の目的は，65 歳以上の高齢者の保有する財産を早い段階で次世代である 18 歳以上の子に移転させることで経済を活性化させることにあります。贈与財産の価額の合計額のうち 2,500 万円までの生前贈与に対して低い税率（20％）を適用させ生前贈与をし易くしています。

相続時精算課税制度による贈与税の計算式は次のようになります。

相続時精算課税制度：（課税価格－ 2,500 万円の特別控除）×税率 20％＝税額

受贈者が相続時精算課税制度を選択すると，贈与時に贈与財産に対する贈与税を支払い，その後の相続時に，その贈与財産と相続財産とを合算した価額を基に計算した相続税額から，すでに支払った贈与税相当額を控除することにより，贈与税と相続税を通じた納税ができます。

しかし，親からの贈与財産が住宅の取得や増改築等を目的とし，かつ金銭である場合には税額をさらに押さえられます。それが相続時精算課税の特例で，［解説ナビ］の計算式となります。

この相続時精算課税の特例では，親の年齢制限がなくなり，65 歳未満の親からの贈与資金であっても適用を受けられます。

また，相続時精算課税の特例の計算式は，相続時精算課税制度と直系尊属から住宅取得等資金の贈与を受けた場合の非課税の特例を組み合わせたものです。住宅取得投資金の贈与を受けた場合の非課税の特例とは，令和 6 年 12 月 31 日までの間に，父母や祖父母などの直系尊属から住宅取得等資金の贈与を受けた 18 歳以上の受贈者が受ける特例であり，贈与資金のうち 1,000 万円（耐震，省エネ，バリアフリーの住宅 1,000 万円，それ以外 500 万円）を非課税とする措置です。

○×ドリル　自己の配偶者から住宅用の家屋を取得した場合には，住宅取得等資金の贈与を受けた場合の相続時精算課税の特例を適用できない。

語句の意味をチェックする

直系尊属…父母，祖父母，曾祖父母等

関係する条文　第 70 条の 3〔相続時精算課税の特例〕
第 70 条の 3 の 2〔相続時精算課税に係る贈与税の特別控除の特例〕

10-9 登録免許税の軽減税率

暗記ナビ

一定の住宅に対する措置は
1 所有権の保存登記の税率…0.4%→ 0.15%
2 所有権の移転登記の税率…2%→ 0.3%
3 抵当権の設定登記の税率…0.4%→ 0.1%

解説ナビ 登記には多くの種類がありますが，そのなかでも代表的な，所有権の保存登記，所有権の移転登記，抵当権の設定登記の３つについては，次の共通要件を満たせば，上の1～3のように税率が軽減されます。

① 個人が，令和７年（2025年）３月31日までに一定の住宅を新築するか，または購入し，自分の住宅として使用すること，住宅専用または住宅部分の床面積が９割以上の併用住宅であること
② 住宅の床面積が50㎡以上であること
③ 新築または取得後１年以内の登記であること
④ 既存住宅の場合は，新耐震基準に適合している住宅用家屋（登記簿上の建築日付が昭和57年１月１日以降の家屋は新耐震基準に適合とみなす）であること

基本ナビ 民法で不動産登記について学習しました（[19章] 参照）が，実際に登記を行ったときに課税される税金が登録免許税です。

登録免許税の最大の特徴は，個人住宅で①～④の要件を満たせば，何度でも控除の対象になるということです。①～④の要件はしっかり覚えましょう。

さらに，住宅が認定長期優良住宅の場合には，1、3は0.1%，2はマンション等が0.1%，一戸建ては0.2%に税率が減税されます。（認定低炭素住宅はすべて0.1%）

〇×ドリル

A（個人）は，自己を権利者とする地上権の設定の登記がされている土地をその土地の所有者であるBから売買により取得した。この場合におけるBからAへの当該土地の所有権の移転の登記については，納税義務を負うのはAのみである。

10-10 印紙税が課されるとき

暗記ナビ

文書には，課税文書と非課税文書がある

解説ナビ 印紙税は，すべての契約書に対して課せられるわけではなく，課税される契約書を課税文書といい，不動産の譲渡に関する契約書，土地賃貸借契約書，請負工事に関する契約書等について，それぞれ契約金額が1万円以上のものが該当します。

一方，課税されない契約書を非課税文書といい，上にあげた文書についてそれぞれ契約金額が1万円未満のものの他，建物賃貸借契約書，国や地方公共団体が作成する文書等が該当します。

基本ナビ 銀行の窓口で5万円以上振り込んだときに，交付される受取書に貼付された200円の印紙こそ，銀行が印紙税を支払った証拠です。このように，印紙税は一定の契約書等の文書を作成した場合に，その作成者に課される，つまり作成者が納付する国税です。よって，2人以上の者が共同して作成すれば，連帯して納付します。

税額は契約書の記載金額によって異なり，つまりは記載金額が課税標準となります。具体的に本試験で出題される課税文書の課税標準をあげてみます。

1 不動産交換契約書

契約書に交換金額が記載されている場合はいずれか高い方の金額が記載金額となり，交換差金のみが記載されている場合はその交換差金が記載金額，つまり課税標準となります。

2 変更契約書

契約金額の総額を変更するもので，増額が記載されているときはその増加額部分のみが記載金額，つまり課税標準となり，減額であれば記載金額がない契約書として200円の印紙税が課されます。

3 土地賃貸借契約書

賃借権の設定の対価，つまり権利金（後日返還のないもの）が記載金額，つまり課税標準となります。賃料や後日返還される敷金は記載金額とはなりません。

4 不動産贈与契約書

贈与は無償による譲渡であり，記載金額がない契約書として200円の印紙税が課されます。

以上のように，契約書は様々であり，これらの契約書に印紙を貼り付け作成者本人やその代理人等の印や署名により消印をすることで納付します。

語句の意味をチェックする

交換契約…契約の当事者が互いに金銭の所有権以外の財産権の移転を約束することによって生じる契約

交換差金…交換当事者間でやりとりされる金銭のことで，交換する財産権の価値が異なる場合，その価値の異なる部分を金銭で精算すること

消印…切手，ハガキに使用済みの印をする等，消したしるしに押す印のこと

学習のポイントは?

景品表示法では「不当景品」より「不当表示」の方が頻繁に出題されています。このように,出題頻度をチェックしながら学習を積み上げていくことも必要です。

ここで学ぶのはどんなこと?

ここからの[11章]~[13章]は一部免除の講習を受けていない受験生に限って学習してください。

11 景品表示法

11-1 禁止されている景品

暗記ナビ

取引価格の10%，もしくは，100万円を超える景品の提供はダメ

別表現では 景品類の価額が10%以下，かつ，100万円以下であれば違反しない

解説ナビ 本法では，不動産取引における，法外な景品の提供を禁止しています。法外か否かは，公正取引委員会が決定しますが，現在においては，次に掲げる範囲を超えて提供する景品類を禁止しています。

1. **懸賞により提供する場合は取引価額の20倍又は10万円のいずれか低い価額の範囲**

   ただし，この場合において提供できる景品類の総額は，当該懸賞に係る取引予定総額の2/100以内でなければなりません。

2. **懸賞によらないで提供する場合は取引価額の1/10又は100万円のいずれか低い価額の範囲**

基本ナビ 旺盛な自由競争は，健全な市場を作る意味では好ましいことですが，競争に熱が入りすぎることは，業者にとっても，消費者にとっても避けたいものです。

質の悪い物件を高価な景品を付けることによってごまかしつつ売った結果，客に損害を与えたり，逆に，高価な景品のために業者が損をしたりと，行き過ぎた景品提供は，トラブルを生む原因になりかねません。

そこで，顧客のためにも，業者のためにも，フェアな競争が義務づけられているのです。

○×ドリル 宅地建物取引業者が，不動産の購入者に対してもれなく景品類を提供する場合，その景品類の価額が取引価額の1/10又は100万円のいずれか低い価額の範囲内であれば，景品類の提供に関する制限に該当するおそれはない。

語句の意味をチェックする

景品表示法…不当景品類及び不当表示防止法の略

懸賞…商品・サービスの利用者に対し，くじ等の偶然性，特定行為の優劣等によって景品類を提供すること

懸賞によらない景品類…商品・サービスの利用者や来店者に対してもれなく提供する金品等

11-2 禁止されている表示

暗記ナビ

一般消費者を不当に誘引・誤認させる表示はダメ

解説ナビ 業者は，広告等を行う場合「誇大広告でないか」及び「不当に表示していないか」の2点について注意を払わなければなりません。

このうち，誇大広告については宅建業法（[宅建業法 6-4] 参照）で触れますので，ここでは不当表示について学習します。

業者が自己の不動産を広告する場合，次の事項について不当な表示を行うことが禁止されています。

1 品質，規格その他の内容

未使用というだけで，築2年の建物を「新築」と表示したり，最寄りの駅からの所要時間15分を10分と表示したり，市街化調整区域内で建築禁止にもかかわらず「市街化調整区域」の旨の表示をしない等の場合です。ちなみに，徒歩○○分という表示は，道路距離80 mを1分として算出されます。

2 価格その他の取引条件

多数の宅地建物（集合住宅等）の販売広告において最高価格，最低価格，最多価格帯を表示しなければならないにもかかわらず，最低価格のみ表示した場合等です。

これらの表示をする，あるいは，故意に表示しないことは，一般消費者を誤認させ，不当に顧客を誘引し，さらには，業者間の公正の競争を阻害するおそれを生じさせます。

基本ナビ 購買意欲をかき立てるには，景品の他に，宣伝が重要な要素のひとつとなります。したがって，法外な景品と同様に，一般消費者を惑わせるような広告等を禁止しています。宅建業法に誇大広告等の禁止という規定がありました。この法律で学ぶことは，その誇大広告等にプラスされる禁止事項と考えてください。

○×ドリル 売約済みの物件の広告を行い，顧客に対しては別の物件を勧めたとしても，売約済みの物件が実際に存在するのであれば，不当表示となることはない。

語句の意味をチェックする

新築…建築1年未満，かつ，未使用の建物

11-3 罰則を受けるとき

暗記ナビ

公正取引委員会は違反者に対して聴聞を行い，排除命令を下す

解説ナビ 不当景品の提供や不当表示を行った業者に対しては，当然，その後罰則が待っています。

具体的には，公正取引委員会により，広告の排除命令，広告の中止，訂正広告を行う等の措置が下されます。この際，公正取引委員会は，必ず，業者のいい分を聴くための聴聞会を開かなければなりません。

また，これらの措置と併せて，50 万円以下の違反金が徴収されることもあります。

基本ナビ 不当表示に関しては，本法の他に公正競争規約で厳しく規制されています。

公正競争規約とは，公正取引委員会の認定を受け，団体ごとに自主的な規制を行うための規約で，宅建業者についても業界で自主規制が行われており，公正競争規約に違反すれば，警告や 50 万円以下の違約金等が課されます。

本試験では，過去においてこの公正競争規約（[11-2] 参照）が出題されていますので注意しましょう。

ひっかけ注意!!

業者が広告会社に作らせた広告の内容が不当表示にあたるときでも，広告を作ったのは業者ではないから，業者は処分されない？

答えはノー。広告会社と業者は連帯して責任を負うことになります。広告会社が広告を作ったとしても，最終的なチェックは，当然，業者が行っているはずです。

公正取引委員会は，違反行為がすでになくなっている（正された）場合には，業者に対して排除命令を下せない？

答えはノー。再発防止のために排除命令を下せます。

○×ドリル

公正取引委員会は，宅地建物取引業者の行為が景品表示法の規定に違反すると認めるときは，当該業者に対し，その行為の差止め等の必要な事項を命ずることができるが，その命令は，当該違反行為が既になくなっている場合においても，することができる。

学習のポイントは?

独立行政法人住宅金融支援機構は，旧住宅金融公庫からその権利・義務を引き継ぐために発足した機構であり，その大きな特徴は個人向け融資が廃止されたことです。旧住宅金融公庫と間違わないよう，注意してください。

ここで学ぶのはどんなこと?

平成 19 年 4 月 1 日から設立された制度であり，機構の主な業務は，住宅ローン債権の「証券化支援業務」です。
本書では絞りに絞った最低の項目のみを載せています。機構のおおまかな仕組みを学びましょう。

12 独立行政法人 住宅金融支援機構

12-1 住宅金融支援機構の業務

暗記ナビ

機構の主業務は，証券化支援業務と保険業務

解説ナビ 住宅金融支援機構(以下「機構」と略す)の代表的な業務は以下となります。

1 金融機関に対する支援

証券化支援業務及び住宅融資保険法による保険業務が機構の主業務となります。

2 情報の提供

住宅の建設・購入・改良等を行おうとする一般消費者やその事業者に対して，資金の調達，良質な住宅の設計，建設等に関する情報提供，相談等の援助を行います。

3 財投資金を活用した直接融資

重要，かつ一般の金融機関では対応が困難な融資に限って，直接行います。

基本ナビ 機構は，国民の住生活を取り巻く環境の変化に対応した，良質な住宅の建設等に必要な資金の調達等に関する情報の提供，その他の援助の業務を行う他，一般の金融機関による融資を補完するための災害復興建築物の建設等に，必要な資金の貸付業務を行います。

元々存在していた住宅金融公庫（以下「公庫」という）の役割が，銀行等の金融機関の多彩な融資業務の登場により見直され，直接個人へではなく，個人向け住宅に融資する銀行等の金融機関を支援・補完を行う制度へと変わったわけです。

証券化支援業務とは，主に一般の金融機関が行う住宅の建設や購入に必要な資金の貸付債権，いわゆる住宅ローン債権を証券化し，市場で投資家へ販売するために譲り受ける（買い取る）業務です。

一方，保険業務とは，中小金融機関をはじめとする民間の住宅ローンに対する保険業務で，住宅ローン債務を保証する保険契約をあらかじめ締結し，不測の事態に陥った債務者に代わって一般の金融機関に保険金を支払うことにより，貸渋り等がないよう支援する業務です。

また，公庫が貸し付けた資金に関する債権の管理・回収等，すでに発生している公庫の権利・義務は承継し，個人向け住宅に対する直接融資こそ行いませんが，一般の金融機関による融資が困難な災害関連，子育て家庭や高齢者向け賃貸住宅の建設等に対して，直接融資を行えます。

語句の意味をチェックする

機構…住宅の建設等に必要な資金の円滑かつ効率的な融資を図り，もって国民生活の安定と社会福祉の増進に寄与することを目的とした，政府が全額出資する独立行政法人。この機構の役員および職員は，公務に従事する職員とみなされる

住宅金融公庫…国民の健康で文化的な生活を保障するために，財投資金を個人向け住宅へ直接融資することにより，銀行等の融資を受けられない国民でもマイホームをもてるよう支援を行う制度。住宅金融支援機構の新設に伴い廃止された

関係する条文 第13条〔業務の範囲〕

12-2 貸付債権を信託するとき

暗記ナビ

機構は，主務大臣の認可を受ければ，貸付債権の一部を信託会社等に信託できる

解説ナビ 機構は，主務大臣の認可を受けて，機構債券にかかわる債務の担保に供するため，金融機関から買い受けた貸付債権や，公庫から承継した貸付債権等の一部を，信託会社等に信託できます。

基本ナビ 機構債券とは，機構の業務に必要な費用に充てるため，主務大臣の認可を受けて発行する機構の債券です。この債券を投資家に購入してもらい，その購入代金で金融機関から住宅ローン債権を買い取るのです。

しかし，投資家からすれば，住宅ローン債権回収は債券の元利金回収につながる重要な業務です。実際のところ，機構任せでは不安が拭えないところですが，財産活用のプロである信託会社等に回収を任せれば，その安心感はぐっと高まります。

そのため，機構は投資家に対する担保として，信託会社等に貸付債権を信託できることになっています。

また，機構は，主務大臣の認可を受けて，債券の買取りその他の業務に必要な費用に充てるため，貸付債権を信託会社等に信託し，そこから受ける受益権を譲渡したり，かつ，その譲渡先を特定目的会社に設定したり等できます。

住宅金融支援機構は，主務大臣の認可を受けることなく，機構債券に係る債務の担保に供するため，その貸付債権により譲り受けた貸付債権の一部について，特定信託をすることができる。

語句の意味をチェックする

主務大臣…機構については国土交通大臣および財務大臣のこと
信託…一定の目的に従って財産の管理や処分を行われるために他の者に財産権の移転その他の処分を行うこと

関係する条文 第21条〔機構債券の担保のための貸付債権の信託〕

12-3 業務を委託するとき

暗記ナビ

機構は，業務の一部を金融機関等に委託できる

解説ナビ 機構は，業務を滞りなく行うため，政令で定める業務を次の者に委託できます。

1 **一定の金融機関**

金融機関に対しては，買い取った貸付債権に関する元利金の回収等の業務，保険契約を行ったことにより取得した貸付債権に関する元利金の回収等の業務，機構が直接行う融資業務その他について委託できます。

2 **法律に規定する債権回収会社**

債権回収会社に対しては，1一定の金融機関に委託する業務のうち，貸付債権に関する元利金の回収等の業務その他について委託できます。

3 **地方公共団体等の一定の法人**

地方公共団体等に対しては，工事の審査，建築物やその部分の規模，規格等の審査について委託できます。

基本ナビ 機構は，業務の実施にあたり，住宅の質の向上を図るために，貸付債権の買取り，保証，資金貸付けの条件の適切な設定等の措置を講じなければなりません。

また，国・地方公共団体が行う街作り等の施策に協力しつつ，一般の金融機関との適切な役割分担を図り，国民に対する住宅の建設等に必要な長期資金の融資が，円滑に行われるように努めなければなりません。

しかし，銀行等の金融機関の協力のもとで業務を行っていた公庫を引き継いだ形の機構が，これらの業務を滞りなく実施することは到底できません。

そこで，公庫同様に，既存の団体が得意とするノウハウを利用しているのです。

金融機関や債権回収会社に対しては，融資業務のノウハウを利用すべく元利金の回収等の業務を，地方公共団体等に対しては，建築確認等のノウハウを利用すべく工事等の審査業務を，それぞれ委託するといった具合です。

○×ドリル 住宅金融支援機構は，機構が直接行う貸付け業務について，貸付けの決定も含めて，主務省令で定める金融機関に委託することができる。

語句の意味をチェックする

債権回収会社…金融機関や一般の会社の債権を譲り受けたり，委託を受けて回収・管理する会社

関係する条文 第16条〔業務の委託〕

学習のポイントは?

この項目を習得するコツは「危険」に着目して学習することです。聞き慣れない言葉で難しくなっていますが，それさえ解決できれば本当に一般常識がものをいいます。ただし，深入りしないこと。

ここで学ぶのはどんなこと?

テキストによっては，本章で学ぶ内容について「学習せず捨てろ」と教えています。しかし，ポイントさえつかんでしまえば，本試験で各 1 点ずつ合計 2 点獲得できます。

13 土地・建物に関する一般常識

13-1 宅地にふさわしい土地

暗記ナビ

宅地にふさわしい土地は，丘陵地，台地，段丘

解説ナビ 宅地のための土地として最も適しているのは，丘陵地，台地，段丘です。

緩やかな丘陵地，台地，段丘は，固結した土層や軟らかい岩層から成り，水はけもよく，地盤も安定していて，洪水や地震等の自然災害に対して安全度の高い土地です。

しかし，丘陵地の縁辺部，台地は，集中豪雨等のときに崖崩れを起こす危険があります。また，丘陵地を切り崩して平坦化（切土，盛土）した宅地は，土止めや排水工事が十分でないと崩壊するおそれがあるため，注意が必要です。

基本ナビ 宅地は，人が生活を営むうえで大切な地盤です。誰もが「土砂崩れ，水害等災害の危険のない土地に住みたい」と思います。

そして，業者には，宅地にふさわしい土地を顧客に提供しなければならない義務があります。宅地として最も適している土地は丘陵地，台地，段丘でしたが，ここではその他の土地についてもみてみましょう。

1 谷地

丘陵や台地等の高台が水路や河川によって浸食されてできた帯状の細長い低地に，上流や高台から微細の泥土が運ばれ堆積してできた土地は軟弱地盤となりやすく，これを埋土して造成された宅地は地盤沈下や排水不良を生じることが多く，十分な措置を講じなければなりません。

2 山麓，火山麓

山麓部等を宅地として利用する際には，建物の背後については，崖下や急傾斜地，風化の進んだところ，破砕帯に近いところを避ける，地盤については軟弱な低湿地を避ける等，十分気を付けなければなりません。

また，山麓や火山麓の地形には，過去の土石流や土砂崩壊による堆積でできた部分や，地すべりによってできた部分があり，一見なだらかで，水はけもよいため，宅地として好適のように見えますが，急斜面部等は危険度が高く，また，雲仙普賢岳のように土石流の災害がぼっ発するおそれもあることから，宅地利用は避けるべきです。

3 低地

低地は，洪水，地震に対して弱く，防災の面から見ても宅地として好ましくありませんが，用水や交通等の利便から，都市部が形成されることもしばしばです。したがって，低地でも危険度の低いところに限って宅地として利用しようという要求もあります。

低地で危険度の低い地形は，扇状地，自然堤防，砂丘，砂州，古い天井川等で，特に，砂質で水はけのよい微高地が好適です。

逆に，低地で危険度の高い地形は，沿岸部の低いデルタ地域，旧河道（きゅうかどう），自然堤防や人為的な工作物に囲まれた排水の悪い低地等です。これらの地域は地盤も軟弱であり，低湿で地震や洪水の被害を受けやすく，また，地下水汲み上げによる地盤沈下も受けやすくなっています。これらの地域にやむを得ず住宅を作る場合には，十分に埋土し，周辺地域の防災施設を確認する等の注意が必要です。

4 干拓地（かんたくち），埋立地（うめたてち）

干拓地や埋立地のような人工的な土地は，宅地として好適とはいえません。というのも，干拓地は海面以下の場合が多いうえ，安全な埋立地とはいっても，浸水（しんすい），高潮（たかしお），津波等の災害を受けやすいからです。

阪神大震災でもみられたように，埋立地は地盤沈下等も起こしやすいので，工場，倉庫，公園等に利用するのが望ましいといえます。

宅地や住宅は，顧客にとって一生に一度の大きな買い物です。その手助けをする立場にある宅建業者は，現地について十分に調査し，天候の悪い日にあえて直接出向いて確認することが必要です（天候の良い日は，条件の悪い土地でも良く見えてしまうためです）。

最後に，等高線について簡単な知識をおさらいしておきましょう。

① 等高線が疎になっている箇所は，そこが緩斜面であることを示している。
② 等高線が密になっている箇所は，そこが急斜面であることを示している。
③ 等高線が凸状に描かれている箇所は尾根を，凹状に描かれている箇所は谷をそれぞれ示している。

等高線については地図等で実際に確認しておくと理解が早いはずです。

〇×ドリル 自然堤防は，主に砂や小礫からなり，排水性がよく地震の支持力もあるため，宅地として良好な土地であることが多い。

語句の意味をチェックする

段丘…川，湖，海の沿岸にできた階段状の地形
縁辺部…周辺部
山麓…山のふもと，山すそ
破砕帯…破れ砕けた帯状の地域
扇状地…山地の裾野の川の出口等に砂礫層が堆積してできた，扇状に広がる微高地
自然堤防…低地の河川沿いに，過去の洪水によって堆積した粗粒の土砂で形成された微高地
砂州…水の流れや風によって運ばれた土砂から成り，入江の一方の岸から対岸に届いているか，または届きそうに伸びている，川，湖，海の水面に現れた所
天井川…川底が周辺の低地より高い廃川敷
デルタ地域…河口の近くにできた三角の砂地
旧河道…過去の河川流道
人為的な工作物…堤防，道路，鉄道等の盛土等
防災施設…堤防，排水施設，避難所等
干拓地…海面や湖面の一部を堤防で囲み，中の水を排除した土地
埋立地…土砂で埋めた土地
等高線…地図上で同じ高さの地点を連ねてできた線

13-2 住宅に適した構造

暗記ナビ

木造，鉄骨造，鉄筋コンクリート造ともに長所と短所あり

解説ナビ 住宅の構造のうち，現在多く用いられているものは，木造，鉄骨造，鉄筋コンクリート造（ＲＣ造ともいいます）の３つです。それぞれに，以下のような長所と短所，及び構造や施工において守らなければならない点があります。

1 木造

主要構造部が木造である架構式の構造です。

① 長所…軽量で強度が高い

② 短所…燃えやすい，腐朽しやすい

③ 住宅に適した構造・施工

(1) 柱…階数が２以上の建築物におけるすみ柱等は通し柱としなければなりません。

(2) 土台，基礎…土台は一体の鉄筋コンクリート造または無筋コンクリート造の布基礎に緊結しなければなりません。

(3) 筋かい…筋かいはその端部を柱とはりその他の横架材との仕口に接近して，ボルト，かすがい，くぎその他の金物で緊結しなければなりません。

(4) 継手，仕口…構造耐力上必要な部分である継手または仕口は，強度を高くするため，ボルト締，かすがい打，込栓打，他これらに類する構造方法により緊結しなければなりません。

2 鉄骨造

主要骨組部分に鋼材（形鋼，鋼板，鋼管等）を用いて組み立てた構造です。

① 長所…軽量で強度が高い，大量生産可能で経済的

② 短所…不燃材だが高熱に弱い，さびやすい

③ 住宅に適した構造・施工

(1) 柱…火災時における耐力は極端に低下するので，３階以上の建築物においてはモルタルその他耐火性のある材料で被覆しなければなりません。

3 鉄筋コンクリート造

引張り強度の低いコンクリートを，引張り強度の高い鉄筋で補強した構造です。

① 長所…強度が高い，耐震性・耐火性・耐久性が高い

② 短所…重い，材料・施工コストが高い

③ 住宅に適した構造・施工

(1) 柱…構造耐力上主要な部分である柱については，主筋は４本以上とし，帯筋と緊結しなければなりません。

日本の気候は高温多湿で地震も多いという風土であるため，建築工法や建材が工夫され，開発されてきました。

また，当然現在も新技術の研究，開発が各所で進められており，そのために試験範囲である築物の一般常識も増え続けています。

ここでは，すでに十分な検証が済み実際に定着している基本的な建築物の構造等について，建物の一般常識として学習しましょう。ポイントは安全確保です。

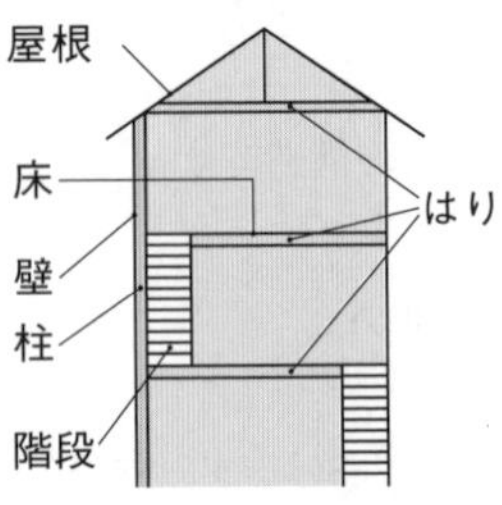

〔建物の主要構造部〕

語句の意味をチェックする

架構式…はり，柱等細長い構造部材を組み合わせて骨組をつくる方式
土台…木造の柱の下部に配置して，柱から伝えられる荷重を基礎に伝える役割を果たす横材（おうざい）
基礎…上部構造からの荷重を地面に伝える下部構造の総称
無筋コンクリート造…鉄筋等で補強されていないコンクリートのみでつくった構造
布基礎…壁下等に用いる壁の長さ方向に連続させた基礎。連続基礎ともいう
緊結…堅固に連結すること
すみ柱…建物の隅部にある柱
通し柱…木造の２階以上の建物で土台から軒桁（のきげた）（木造建物の外壁の頂部で軒の下に渡される横架材）まで一本物で通した柱
筋かい…軸組（じくぐみ）（土台，柱，梁，桁，筋かい等から構成される壁体の骨組）のうちの対角線上に入れた補強材
はり…柱の上に張り渡し，屋根を支える材
横架材…地面と水平方向に渡した部材
ボルト…継ぎ手や仕口の緊結に用いる金属製品
かすがい…棒鋼の両端を直角に折り曲げ，先をとがらせたもの
継手…部材をその材軸方向で継ぐこと
仕口…部材を一定の角度を持たせて接合すること
込栓…木造仕口を固めるために接合される２材を貫いて差し込まれる栓
モルタル…セメントと砂を水で練ったもの
被覆…物の表面を他の物でかぶせ覆うこと
鉄筋…コンクリートを補強するための鋼棒
主筋…鉄筋コンクリート部材で軸方向の力等を負担する鉄筋
帯筋…主筋に一定の間隔で巻き付けた水平方向の鉄筋

宅建業法

宅建業法を攻略する４つのコツ

1 業法の誕生経緯をしっかり理解する

「民法とのコンビネーション」と「消費者保護」

業法（宅建業法）は，民法から生まれた法律であるといっていいでしょう。かつては宅地建物が，民法の比較的ゆるい規定に基づいて取引されていました。その結果として一部に悪徳業者を生み出したため，業法が施行されることになったという経緯があるからです。

この法律は大きく分けて「業者になるには」「宅建士になるには」「宅建業の業務」「その他」の４つで構成されています。先の２つについては民法に規定はありませんが，３つ目の「宅建業の業務」については民法の規定に則った規定が数多く見られます。

また，不動産取引のプロである業者や宅建士を主体にした法律なので，プロの“あるべき姿”について様々に規定しています。それは業者や宅建士との取引において，常に受け身に回りがちで，ある意味だまされやすいともいえる顧客（一般消費者）を保護するためであり，トラブルを予防するためです。

これら業法の誕生経緯，かつ存在意義を常に理解することから学習を始めましょう。

2 理解だけもダメ，覚えるところは覚える

暗記なしで合格できる試験はありえないとしたら…

業法は理解の深さを問われる民法と違って「知っているかいないか」が試験で試されます。なぜなら業法自体が手続法（主に手続きを規定している法律）であり，難しい解釈等を必要としないからです。

業法を攻略するには暗記は避けて通れません。実際の業務から発生した内容や手続きの方法・取扱いを規定したものが多いことから単調な学習になりがちです。そのため，暗記しやすいように短くまとめるための創意工夫が必要になります。例として本書でもいくつか語呂合わせを載せていますので，自分なりのものを作ってみてください。

3 学習を始めるタイミングを間違えるな

貴重な学習時間を効果的に使うことに注意したい

業法は全体量も少なく，権利関係や法令上の制限ほど学習時間も必要としません。

それが業法を最大の得点源といわしめている理由です。かつて試験がやさしかった時代は“業法は満点を取る”ことが学習目標としていわれました。しかし，近年の出題では事例問題（問題肢にＡＢＣという名前の人物等が登場する出題形式）の増加に伴い，かつてのような高得点は簡単には取れなくなってきています。

ただし，業法はその性格上，学習を始める時期に注意が必要です。あまり早い時期から学習を始めてしまうと，せっかく覚えた重要事項も試験前には忘れてしまいかねません。短時間で効率よく覚えて，忘れないうちに試験に臨めるようなスケジュールを立てることが大切です。

かといって，本試験直前にすべて覚えきれるほど少量ではありませんから，試験２～３ヶ月前の８月頃に学習を開始するのが最も理想的でしょう。もっともそれまでに権利関係等，時間のかかる分野の学習をきちんと終わらせていればの話ですが。

4 実務の知識と異なる場合に注意する

宅建業に従事する受験生は，頭を切り換える必要あり

宅建業に従事している受験生は，業法の学習には特に注意が必要です。

実際の業務の方が法律の規定よりも，より厳しい自主規制を課していることも少なくありません。そのため実際の業務で当然と思っていることも，条文には規定がない等，混乱する要因の多い法律です。

実際の業務との共通点を無理に探し出そうとせず，頭を切り替えて学習に取り組むのが得策です。

逆に業務に携わっていない人にとっては覚えやすい法律です。短期間で高得点が望めますので必ず得点源にしましょう。

学習のポイントは?

本章の項目はすべて重要であり，得点源にすべき項目といえます。特に［1-1］を攻略しなければ先へ進むことはできません。

ここで学ぶのはどんなこと?

宅建業と業者についての知識は本法の基本です。まずは宅建業とはどういう行為を指すのかをしっかり理解しましょう。

1 免許制度

1-1 宅建業とは

暗記ナビ

宅建業とは
1 (自ら) 売買・交換
2 売買・交換・貸借の代理
3 売買・交換・貸借の媒介

解説ナビ 宅地建物取引業（通常は宅建業と略します）とは，建物や宅地について，不特定多数（ふとくていたすう）の者を相手に反復継続して次の1～3の行為を業（ぎょう）として行うことをいいます。

1 **自分の宅地・建物を，業者自身が売主となって，売買，交換する**
2 **他人の宅地・建物を，顧客に代わり（代理），売買，交換，貸借する**
3 **他人の宅地・建物を，別の人に紹介し，売買，交換，貸借をあっ旋（せん）（媒介（ばいかい））する**

1～3の行為を業として行う法人や個人のことを宅地建物取引業者（通常は業者と略します）といい，これらの業者は宅建業の免許を受けなければなりません。

基本ナビ 本来，職業の選択は自由であり，自ら店を持ち営業（仕事）するのも自由です。しかし，自己の利益を追求するあまり，他人への迷惑を顧みなくなってしまうと，営業の種類によっては，社会の秩序を乱し，社会の利益をも損ないかねません。そこで，免許制度，許可制度等が設けられ，社会に大きな影響をもたらす営業活動に制限が加えられています。

不動産取引においても同様です。

取引を業としてを行おうとする者に対しては，免許取得を義務づけ，宅建業を営める者を制限し，さらに，本法で，その営業活動に制限を加えることで，無秩序な営業活動に歯止めをかけているのです。

宅建業でいう業とは，業者が勝手に振る舞うと，その被害を受けるのは何の知識もない一般消費者であるという傾向を持った取引ともいえます。その取引が1～3なのです。

ひっかけ注意!!

自社の社員に，社宅をあっ旋する等の行為は宅建業？

答はノー。不特定多数という要件に欠けているので宅建業とはいえません。したがって，免許は必要ありません。権利を取得しても，権利者にはなれません。ただし，転得者が善意・無過失であれば，第94条，第110条等により保護されることもあります。

業者が貸主となって賃貸する行為は宅建業？

答えはノー。借地借家法の項目でも学習した通り，宅地建物の借主は気に入らなければ「こんな条件じゃ借りないよ」とすぐに契約を終了させられますが，逆に貸主は一定の時期に，かつ正当な事由なくしては契約を終了させられません。

貸主が業者の場合も同様です。何か問題が起こった場合に被害を被るのは貸主，つまり借主である一般消費者が被害を被る傾向の取引ではないため，一般消費者を守る必要もなく宅建業にはあたらないのです。

これに対して，貸借の代理・媒介では，報酬が絡むうえ，一般消費者が被害を被るおそれがあるため，宅建業として許可を受ける必要があるのです。

○×ドリル ＡがＢ所有の宅地を賃借してマンション（区分所有建物）を建築し，定期借地権付きマンションとして不特定多数の相手方に分譲しようとする場合，Ｂは，宅地建物取引業の免許を受ける必要はない。

語句の意味をチェックする

業…生活の中心をささえる仕事。暮らしの手だて

媒介…通常は，仲介，あっ旋と呼ばれるもの。顧客の依頼により，顧客の間に立って，契約を成立させるために，尽力すること

関係する条文 第２条〔用語の定義〕

1-2 宅地とは

暗記ナビ

宅地とは
1 用途地域内で公共施設の用地以外
2 建物の敷地

解説ナビ 宅建業の取引の対象となる宅地とは，次の２つです。

1 **建物の用途を定めた用途地域内の土地**

ただし，公共施設（道路，公園，河川，広場，水路）の用地を除きます。

2 **用途地域として指定されている土地以外では，現在，将来にかかわらず，建物の敷地となるすべての土地**

基本ナビ 宅建業の取引の対象となる宅地・建物のうち，宅地とは次の２つをいいます。土地取引であれば何でも宅建業の対象というわけではありません。農地を農地として売却する行為は宅建業の対象にはあたりません。

しかし，用途地域内の農地になると話は違ってきます。

このように，条文等で使われている言葉と日常的に使っている言葉の意味が異なっていることがあります。また，法律によっても若干異なることに注意してください。

地主Ｂが，都市計画法の用途地域内の所有権を，駐車場用地２区画，資材置場１区画，園芸用地３区画に分割したうえで，これらを別々に売却する場合，宅地建物取引業法の免許を受ける必要がない。

語句の意味をチェックする

用途地域…［制 12-5］参照
建物…居住用，非居住用（工場，倉庫）等を問わず，屋根と柱（壁）のある工作物（土地の定着物）
敷地…居住用，建物や道路・河川等に使う一定区域の土地

関係する条文 第２条〔用語の定義〕

1-3 免許を交付する者

暗記ナビ

事務所を設置するとき
1つの都道府県のみ……知事免許
2つ以上の都道府県………大臣免許

解説ナビ 宅建業を営もうとする者（個人，法人）は，免許を受けなければ，事務所を開業して宅建業を行えません。

免許には，都道府県知事（以下「知事」と略す）が交付するものと，国土交通大臣（以下「大臣」と略す）が交付するものとがあります。

1つの都道府県の区域内だけに事務所を設置して宅建業を営もうとする者は，その事務所のある知事の免許を受けなければなりません。

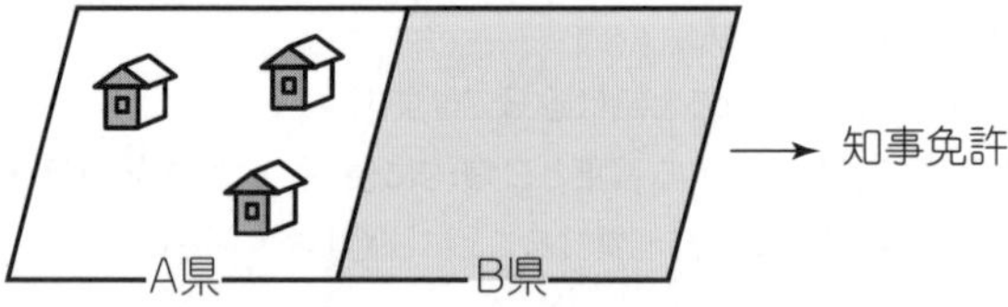

2つ以上の都道府県において事務所を設置して宅建業を営もうとする者は，大臣の免許を受けなければなりません。

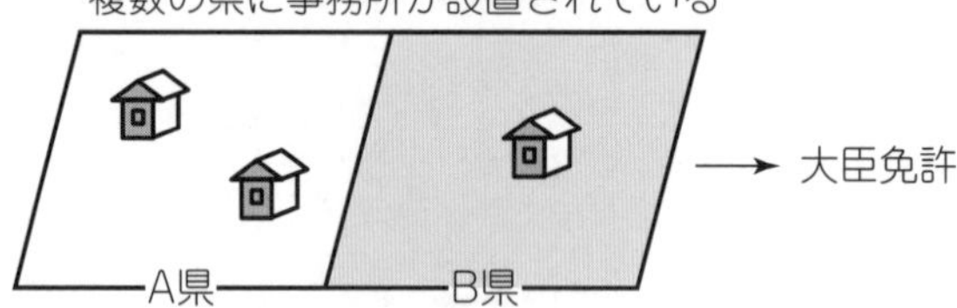

このように，業者は，大臣あるいは知事のいずれかの免許を受けなければならず，無免許で宅建業を行うこと，また，表示や宅建業に関して広告することは禁止されています。当然，免許を他人に貸して営業をさせたり，表示や広告させることも無免許営業として禁止されています。

✔〔罰則〕免許に関する違反

1 不正な手段によって業者免許を受けた場合には，３年以下の懲役もしくは300万円以下の罰金，あるいは両方の併科(へいか)
2 他人に自分の業者名義を貸して，他人に宅建業を営ませた場合には，３年以下の懲役もしくは300万円以下の罰金，あるいは両方の併科
3 他人に自分の名義を貸して，他人に宅建業を営む旨の表示，広告をさせた場合には，100万円以下の罰金
4 無免許で宅建業を営んだ場合には，３年以下の懲役もしくは300万円以下の罰金，あるいは両方の併科
5 無免許の者が宅建業を営む旨の表示，広告をした場合には，100万円以下の罰金

基本ナビ

「なぜ大臣と知事の免許に分かれているの？」

「大臣や知事は免許を与える以上その業者を監督する立場にあります。何かあったときにすぐ事務所へ行って調査できるよう常に側にいなければいけません」

事務所の場所がある知事から免許を受けるのが原則ですが，事務所は１つとは限らず，当然事務所別に管轄する知事が違う場合もありえます。そんなときには知事同士で揉めたり牽制し合わないよう，大臣が免許を与えることになります。

ただし，免許の効力は同一です。どちらから受けても全国どこでも業務は行えます。

ちなみに，免許を与える権限を持っていることから，大臣や知事を免許権者(めんきょけんじゃ)といいます。

○×ドリル 事務所は甲県に設置し，乙県内で事務所を設置することなく，乙県の区域内で業務を行おうとするAは，国土交通大臣の免許を受けなければならない。

語句の意味をチェックする
併科…各罪について定められている刑罰を併せ執行すること

関係する条文 第３条〔免許〕１項

1-4 免許が不要な者

暗記ナビ

免許不要な者は
1 信託会社
2 信託業務を行う金融機関

解説ナビ 次の者は，宅建業を営む場合において，免許ではなく大臣にその旨の届出をすればよいとされています。

1 **信託会社**

2 **信託業務を行う銀行**

また，独立行政法人都市再生機構や住宅金融支援機構，地方住宅供給公社等の国や地方公共団体が行う宅建業にも免許不要です。

基本ナビ 1 2は他人の財産を預かってそれを運用することを業としています。そのため，会社設立にあたっては別の法律に基づいて営業が許可され，その際には宅建業の免許を受けるときより厳しい審査を受けることになります。

厳しい審査にパスしている以上身元は確かなはずで，そのため届出だけでいいことになっているのです。

しかし，優遇されるのは免許に関する規定のみです。業務に関しては通常の業者同様制限を受けることになります。当然，専任の取引士の設置（[1-13] 参照）や，営業保証金の供託等（[3章] 参照）が必要となります。

一方，国や地方公共団体が行う宅地建物の取引はそもそも本法の適用を受けません。したがって，やはり免許不要です。

〇×ドリル Dが，宅地建物取引業を営もうとする場合において，Dが信託会社であるときは免許を受ける必要があるが，Dが信託業務を兼営する銀行であるときは免許を受ける必要はない。

語句の意味をチェックする

信託業務，信託会社…信託業務とは他人の財産を預かってその管理や処分を行うことで，これを業としている法人を信託会社という

関係する条文 第 77 条〔信託会社等に関する特例〕

1-5 事務所とは

暗記ナビ

事務所とは，本店，支店，営業所

解説ナビ 事務所とは次の３つをいいます。

1 **主たる事務所（本店）**

商業登記簿に本店として登記されたもので，支店を統括する機能を果たすと解釈され，必ず事務所として取り扱われます。

2 **従たる事務所（支店）**

商業登記簿に支店として登記されたもので，かつ，宅建業を営んでいれば事務所として取り扱われます。

3 **継続的に業務を行うことができる施設を有し，支店長，支配人といった宅建業における契約締結の権限を有する使用人を置く場所**

いわゆる営業所と呼ばれる事務所を指します。

基本ナビ

「業者Ａが，甲県にある本店で宅建業を，乙県にある支店で建設業を営んでいる場合は?」

「Ａは甲県知事免許を受けなければなりません」

この場合，宅建業を営んでいない支店は本法で制限される事務所には該当しません。

したがって，Ａは甲県のみに事務所を持っていることになり，１つの都道府県の区域内だけに事務所を設置する場合に該当し，知事免許を受けることになるのです。

「本人から単に代理の依頼のみを受けただけで，代理権の範囲が指示されていない場合は?」

「その場合は任意代理人，法定代理人共に保存行為，利用行為，改良行為の３つが自動的に権限の範囲となります」

この場合，宅建業を営んでいない支店は本法で制限される事務所には該当しません。

したがって，Ａは甲県のみに事務所を持っていることになり，１つの都道府県の区域内だけに事務所を設置する場合に該当し，知事免許を受けることになるのです。

○×ドリル 「事務所」とは，本店又は支店やその他の政令で定めるものを指すものであるが，宅地建物取引業を行わず他の兼業業務のみを行っている支店は「事務所」に含まれない。

関係する条文 第３条〔免許〕１項

1-6 免許の有効期間

暗記ナビ

免許の有効期間は，５年間

解説ナビ 宅建業の免許は，大臣免許，知事免許にかかわらず，５年間有効です。つまり５年ごとに更新を受けなければ，免許の効力は失われます。

基本ナビ 免許を与えた証拠として，免許権者は，次の様式の免許証を１業者につき１通交付します。

宅地建物取引業者免許証

商号又は名称
代表者氏名
主たる事務所
免許証番号
国土交通大臣／知事（　）第△△△号

有効期限○○年○○月○○日から
××年××月××日まで
宅地建物取引業法第３号第12項の規定により，宅地建物取引業者の免許を与えたことを証する。

○○年○○月○○日
国土交通大臣／知事 

「免許権者から受けた免許が，永久に有効でないのはなぜ？」

「宅建業を営むためには，それにふさわしい者でなければなりません。しかし，宅建業を始めて何年か経つと『昔はよかったのに今はダメ』ということもあります。したがって，一定の期間ごとに，免許権者は，その者の審査をする必要があります。この一定の期間が５年なのです」

○×ドリル 免許の有効期間は，３年間である。

関係する条文 第３条〔免許〕２項

1-7 免許を申請するとき

暗記ナビ

免許権者に直接申請する
（ただし，大臣免許は主たる事務所のある知事を経由して申請する）

解説ナビ 免許の申請には，次の事項を記載した免許申請書が必要です。

1. **商号または名称（会社の名前）**
2. **代表者の氏名**
   人の場合…役員，政令で定める使用人の名前
   人の場合…その個人，政令で定める使用人の名前
3. **事務所の名称及び所在地**
4. **専任の宅地建物取引士（以下「取引士」と略す）の名前**
5. **他に事業を行っている場合はその事業の種類**

業者は，この申請書を添えて，大臣免許の場合は主たる事務所のある知事を経由して大臣に，知事免許の場合はその知事に申請します。

✔ **〔罰則〕免許申請に関する違反**

業者が免許申請書や添付書類に虚偽の記載をした場合，100 万円以下の罰金

基本ナビ 申請書への記載事項はこの後学習する宅地建物取引業者名簿への登載事項でもあり，試験頻出事項です。

「ショウジカイシャのダイヒョウが，センとう立ってトリヒキする」
（商号）（事務所）（会社　（代表者）　（専任）　（取引士）

○×ドリル 甲県に本店、乙県に支店を設置する A が免許を申請しようとする場合、A は、国土交通大臣へ直接免許の申請書を提出しなければならない。

語句の意味をチェックする

役員…法人における業務の執行や監査等について，その職務上の権限を有する者
使用人…他人に使われている者
政令で定める使用人…業者の使用人かつ事務所の代表者で支配人・支店長等

関係する条文 第 3 条 6 項，第 4 条〔免許の申請〕1 項

1-8 免許の料金

暗記ナビ

大臣免許
1 新規申請……登録免許税９万円
2 更新…………手数料３万３千円
知事免許
新規申請，更新……各都道府県が定めた手数料

解説ナビ 大臣免許の場合は，新しく免許を受けるならば登録免許税として現金９万円，更新ならば手数料として収入印紙３万３千円分を，また，知事免許の場合は各都道府県が定めた手数料を，業者はそれぞれ納付しなければなりません。

基本ナビ 登録免許税と手数料を取り違えないこと。また，知事免許の手数料は各都道府県が条例で定めますが，現在はどこも３万３千円となっています。

○×ドリル 主たる事務所を甲県，従たる事務所を乙県に有するＡ社は，国土交通大臣の免許を受けなければならないが，その申請の際，登録免許税９万円を納めなければならない。

語句の意味をチェックする

登録免許税…登記，登録，特許，許可等の登記等を受ける者を納税義務者として課される税

関係する条文 第３条６項，第４条〔免許の申請〕１項

1-9 免許換えをするとき

暗記ナビ

免許換えは，新免許権者に直接申請する
（新免許権者が大臣の場合は，主たる事務所のある知事を経由する）

解説ナビ 免許換えは，新しい免許権者に直接申請しますが，新しい免許権者が大臣のときには，主たる事務所を管轄する知事を経由して申請します。

また，従前の免許は，新しい免許の交付により効力を失います。新免許証が交付されたときに，遅滞なく免許権者に旧免許証を返納（へんのう）しなければなりません。

基本ナビ 大臣免許，知事免許のいずれの免許を受けるかは，事務所の設置場所によって決まるため，業者は免許を受けた後も事務所の増設，廃止によっては免許を取得し直す必要があります。これを免許換えといいます。

「経営が順調だから，事務所を増設して事業を拡大しよう」という経営者もいれば「経営難だから，事務所を廃止して事業を縮小しよう」という経営者もいます。また，「いずれは営業不振を脱し，事務所をまた増やすつもりだから，このまま大臣免許を使っていよう」等と思っているかもしれません。

しかし，免許権者の目が光っています。免許の有効期間中は逃れられても，更新時には，事務所の場所等を改めて申請するため，事務所の増減を追及されて必ずバレてしまいます。そのときは，免許換えどころか，免許を取り消されてしまいかねません（［11-4］参照）。

「しかし，なぜ免許換えをしなければならないのでしょう?」

「これは『免許の取得』の事項でも説明した通り，何かあったときに，免許権者がすぐ本店や支店に調べに行けるようにするためです」

免許換えは，新たな免許権者によって審査し直され，有効期間を５年間（［1-6］参照）とする新たな免許が交付されます。したがって，業者は新たな免許の取得と同様の手続き（［1-7］参照）をし，登録免許税や手数料（［1-8］参照）を納付します。

「Ａ県とＢ県に事務所を持つ業者が，Ｂ県の事務所を廃止し，Ａ県の事務所のみとした場合は?」

「この場合には，大臣免許からＡ県知事免許への免許換えが必要となります」

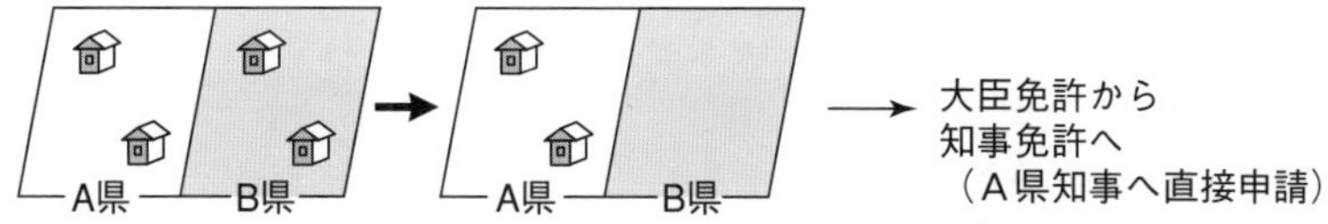

「A県に事務所を持つ業者が，A県の事務所を廃止し，かわりにB県に事務所を設置した場合は?」
「この場合には，A県知事免許からB県免許への免許換えが必要となります」

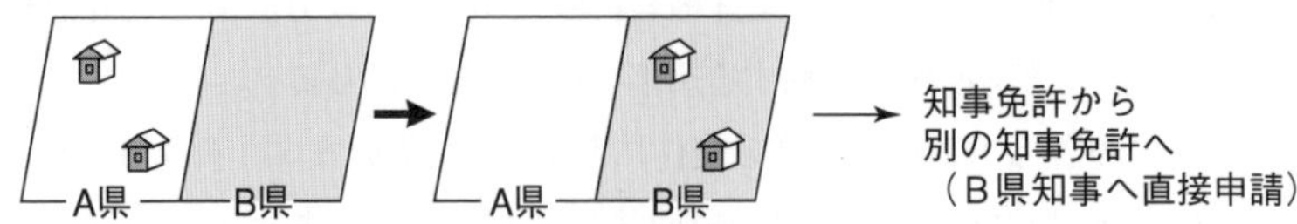

「A県に事務所を持つ業者が，B県に事務所を増設した場合は?」
「この場合には，A県知事免許から大臣免許への免許換えが必要となります」

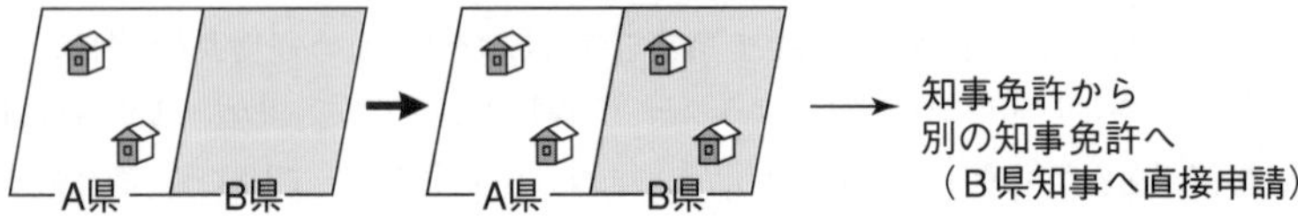

○×ドリル 甲県知事から免許を受けている業者Aが，甲県の事務所をすべて廃止し，乙県に事務所を設置して，引き続き宅地建物取引業を営もうとする場合，Aは，甲県知事を経由して，乙県知事に免許換えの申請をしなければならない。

語句の意味をチェックする

返納…免許証を業者が免許権者へ渡し，その後（効力が消滅したため）当該免許証が業者に返される余地がない場合に使う

関係する条文　第7条〔免許換えの場合における従前の免許の効力〕1項

1-10 免許を更新するとき

暗記ナビ

免許の更新は，有効期間満了の日の 90 日前から 30 日前までに行う

解説ナビ 免許の更新は，免許の有効期間満了の日の90 日から30 日前までに，免許権者に免許申請書を提出しなければなりません。

この期間内に申請書を提出した者は，仮に更新の作業が遅れたとしても，新免許が下りるまで，従前の免許が有効なものとして業務を継続できます。

ただし，遅れて更新された場合でも，その有効期限は，従前の免許の期間満了の日の翌日から５年間とされます。

基本ナビ 免許の有効期間は５年間で，５年経過後も宅建業を営むためには免許を更新しなければなりません。更新の際の免許権者による審査には大変時間がかかることから，免許の有効期間満了後も宅建業を営む者は，前もって更新のための申請書を提出しなければなりません。

この「前もって」が，免許の有効期間満了の日の 90 日前から 30 日前までなのです。

この「90 日前から 30 日前」は，しっかり覚えてください。

「ご ク 労 サント，マエを通る」
(90 日) (30 日 前)

「では，この期間内に更新のための申請書の提出を忘れてしまったときにはどうなるの?」

「運良く，有効期間満了前に新免許証が交付されればいいのですが，有効期間満了を過ぎても新免許証が交付されないときには，新しい免許を受けるまでは業務が行えないことになるのです」

「逆に，決まった期間内に申請書を提出した場合は?」

「有効期間満了後，新免許証がなかなか交付されなくても，それまでは，旧免許証を使って宅建業を引き続き営めます」

○×ドリル 業者Ａの免許の有効期間が満了した場合，Ａが当該有効期間満了前に所定の免許の申請をしていても，その申請についての処分がなされるまでの間，Ａは宅建業の業務を行うことができない。

関係する条文 第３条〔免許〕3,4,5 項

1-11 業者名簿とは

暗記ナビ

業者名簿の変更は，30 日以内に届け出る

解説ナビ 免許権者は，免許証交付の際には，次の事項を登載した宅地建物取引業者名簿（以下「業者名簿」と略す）を備え，一般の人がいつでも閲覧できるようにしなければなりません。

1 **免許証番号，免許証の年月日**

2 **商号または名称（会社の名前）**

3 **代表者の名前（氏名）**

法人の場合…役員，政令で定める使用人の名前

個人の場合…その個人，政令で定める使用人の名前

4 **事務所の名称及び所在地**

5 **専任の取引士の名前**

6 **その他の事項**

他に事業を行っている場合はその事業の種類

指示，業務停止処分があった場合は年月日，内容

2～5の変更は 30 日以内に免許権者に届け出なければなりません。

✔ **〔罰則〕業者名簿に関する違反**

業者が業者名簿登載事項の変更の届出を怠ったり，虚偽の届出をした場合には，50 万円以下の罰金

基本ナビ 業者に対する処分内容が記された業者名簿は，更新時の審査や業者の現状を一般に周知させるための貴重な資料となることから，その内容に変更が生じた場合には，業者は営業の公正さを示すために届け出なければなりません。この変更の届出期間「30 日以内」は絶対に覚えること。

ただし，6の「他に行っている事業」の変更については届け出る必要はありません。あくまでも審査資料に過ぎず，更新時に再申請すればよいからです。

変更の届出方法は免許申請（［1-7］参照）と同様です。したがって，大臣免許を受けている業者は主たる事務所のある知事を経由することとなります。

そのため，知事は，単に書類を受け付けるのではなく，管轄する区域内に主たる事務所を持つ大臣免許を受けた業者の業者名簿も備えたうえで確認等を行います。

語句の意味をチェックする

登載…一定の資格を有する者等を行政官庁等の備える名簿等に記し載せること

関係する条文 第 8 条〔宅地建物取引業者名簿〕1 項，第 9 条〔変更の届出〕

1-12 廃業等を届け出るとき

暗記ナビ

廃業等の届出手続きを行う者は
個人である業者が
1 死亡………………相続人
2 破産………………破産管財人
3 宅建業を廃止……業者本人
会社が
4 合併により消滅…消滅した会社の代表取締役
5 倒産………………破産管財人
6 解散………………清算人
7 宅建業を廃止……代表取締役

解説ナビ 以下に該当する場合は，免許権者に届け出なければなりません。

1 個人の業者が死亡した場合

業者免許は相続できず，相続人が本人の死亡を知った日から30日以内に届け出なければなりません。免許は，業者が死亡したときに効力を失います。

2 5 業者（個人，法人）が，破産，倒産した場合

その破産管財人（はさんかんざい）が，その日から30日以内に，免許権者に届け出なければなりません。免許は，届け出たときに効力を失います。

3 7 業者（個人，法人）が宅建業を廃止した場合

宅建業のみ廃業し会社は存続する場合も，会社が消滅する場合も，個人の場合は業者であった本人が，法人の場合は代表取締役が，その日から30日以内に，免許権者に届け出なければなりません。免許は，届け出たときに効力を失います。

4 法人の業者が，会社の合併により消滅した場合

消滅した会社の代表取締役であった者が，その日から30日以内に届け出なければなりません。免許は，会社が消滅したときに効力を失います。

6 法人の業者が，合併，破産以外で解散した場合

法人は，倒産だけではなく，当初の目的を果たしたとして解散する場合もあります。この場合，清算人がその日から30日以内に免許権者に届け出なければなりません。免許は，届け出たときに効力を失います。

基本ナビ　免許は一生ものではありません。免許有効期間中に自分から「もう業者はやめた」ともいえます。免許が不必要になったら，その旨を届け出て，免許権者に免許証を返納しなければなりません。そして，その届出までの期間が30日以内です。

ここでは，いつ誰が届け出るのかをしっかり覚えましょう。

「シソウを持とうとハハはいうが，ハイとはいえないゴウ情なコ」
（死亡）（相続人）（破産）（破産管財人）（廃業）（業者）（個人の場合）

「ガッタイしてタオれるよりハ，チッてセイせいしようじゃないかと
（合併）（代表者）（倒産）（破産管財人）（解散）（清算人）

ハイ者のタイ度にカッ采」
（廃業）（代表者）（会社の場合）

また，免許は①〜⑦によって効力を失い，業者は宅建業を行えなくなりますが，残務処理がある場合に，業者であった者や引き継いだ者はその処理に限って免許を受けることなく行えます。たとえば，業者が死亡した場合には，相続人が免許を受けずに残務処理を行えます。

なお，破産，合併及び破産以外の理由による解散，廃業の場合には，その届出をしない限り，免許の効力は失われません。

よって，廃業等の届出がなくても，その事実が判明したときには，免許権者は免許を取り消さなければなりません。

ひっかけ注意!!

業者である法人Aが業者でない法人Bと合併して消滅した場合で，Bが宅建業をしようとするときには，廃業の届出はいらない?

答はノー。会社の消滅によりAの免許は失効し，Aの代表取締役であった者は廃業等を届け出なければなりません。逆に，Bは合併しても免許を受けているわけではないので，宅建業を始めるには新たに免許を申請しなければなりません。

○×ドリル　国土交通大臣の免許を受けている宅地建物取引業者A社と，甲県知事の免許を受けている宅地建物取引業者B社が合併し，B社が消滅した場合，B社を代表する役員であった者は，その旨を国土交通大臣に届け出なければならない。

語句の意味をチェックする

合併…複数の会社が契約により合体して1つの会社になること
破産管財人…破産財団に属する財産を管理し，換価し，届出のあった債権について必要があれば異議を述べ，換価金を破産債権者に配当する等の事務を行う者
清算人…法人及びその団体が解散したときに，その後始末のために財産関係を整理する場合，その清算事務を執行する者

関係する条文　第11条〔廃業等の届出〕1,2項

1-13 事務所に必要な専任の取引士

暗記ナビ

専任の取引士数は，事務所で宅建業に従事する者の５人に１人以上

解説ナビ 免許取得の際，あるいは事務所を増設する際には，業者は，規定により定められた数の成年者である専任の取引士を事務所に設置しなければなりません。

規定により定められた数とは，事務所で宅建業に従事する者の５人に１人以上です。

✔〔罰則〕取引士の設置に関する違反

業者が成年者である専任の取引士の設置要件を欠いて，宅建業を行った場合には，100 万円以下の罰金

基本ナビ 専任の取引士数は簡単な公式で算出できます。

「主たる事務所で，宅建業に従事している者が 15 人の場合は?」

「5で割りましょう。15 ÷ 5 ＝ 3となるので，専任の取引士３人が必要となります」

「１人増えて，主たる事務所で，宅建業に従事している者が 16 人の場合は?」

「5で割りましょう。16 ÷ 5 ＝ 3，あまり1。あまり1に対しても，専任の取引士を割り当てなければなりませんので，合計で４人以上の専任の取引士が必要ということになります」

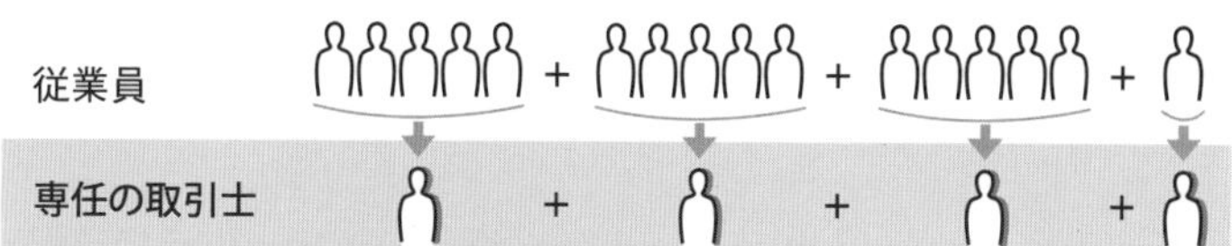

ここでいう宅建業に従事している者とは，どの様な形で雇われているかにかかわらず，長期にわたって働く者をいいます。つまり一時的に雇われた者は含まれませんので注意してください。

次に，間違えやすい例をみてみましょう。

「本店で建設業に従事している者が 16 人，支店で宅建業に従事している者が 16 人の場合は?」

「宅建業に従事している支店では，専任の取引士４人が必要となります。ここで『宅建業を営んでいない本店では，専任の取引士は０人』…と早とちりしないこと。たとえ宅建業を営んでいなくても，本店は事務所として取り扱われるため，少なくとも専任の取引士１人が必要となるのです。よって合計で５人以上の専任の取引士が必要ということになります」

「専任の取引士は『成年者である』ことが要件ですが，それはなぜ?」

「取引士といっても，中には未成年者が取引士となって働いている場合（[2-4] 参照）もあります。そこで，何か問題が生じたときに責任をとれる者として成年者が専任となるよう定められているのです」

「専任の取引士と専任でない取引士の違いは?」

「取引士の事務の内容に，専任であるか否かは関係ありません」

業者は，仕事を進めるうえで取引士を必要とする場合を必ず迎えますが，その際に，取引士の雇用形態が問われないとするならば，一時的に雇うならまだしも，取引士の名義を借りるだけで実際には雇わずに済ます業者の出現も想定されます。取引士資格を持たない無資格者の事務により一般顧客が損害を被ることのないよう，専任としての取引士名を免許申請書へ記載させることで，確実に取引士を確保させるようにしてあるのです。

そして取引士の重要性を考え，確実に確保する取引士の数が最低で５人に１人の割合となるのです。ただし，個人経営の業者等，その事務所に従事する役員や業者自身が取引士であれば，その者が専任のうちの１人になれます。

「では，未成年者の取引士であっても役員ならば専任になれる?」

「はい。未成年者に限らず取引士で，かつ宅建業に従事している役員であれば，専任の１人になれます」

業者Aは，甲県に従業者 14 人の本店，乙県に従業者 7 人の支店を有する者が，支店を廃止してその従業者全員を，本店で従事させ，甲県知事の免許を受けようとする場合は，甲県の事務所に成年である専任の取引士を５人以上おく必要がある。

語句の意味をチェックする

専任…掛け持ちでなく，その仕事だけを担当することで，本法では事務所専属の意
従事する…その仕事に携わること

関係する条文　第 31 条〔宅地建物取引士の設置〕3 項

1-14 専任の取引士を変更するとき

暗記ナビ

不足による専任の取引士の変更措置は，２週間以内

解説ナビ 転勤等の理由で，事務所で宅建業に従事する者の数が増えたことによって「５人に１以上」の割合に満たなくなるときには，業者は，成年者である専任の取引士を増やすか，もしくは，揃えられないときには，その事務所を廃止する等の措置をとらなければなりません。その期間は２週間以内です。

基本ナビ 専任の取引士は業者と顧客をつなぐ重要な仕事をしています。事務所になくてはならない存在です。

したがって，足りなくなったときの措置は迅速に行われなければなりません。それが２週間以内です。

さらに，措置に伴い，専任の取引士について業者名簿の変更が必要となりますが，［1-11］の通り，こちらは措置を行った日から 30 日以内に変更の届出を行うことになります。

注）令和２年の改正により，以前は専任の宅地建物取引士については事務所に常勤することが必須でしたが，IT の活用等により適切な業務ができる環境が整えられていれば事務所に常勤する必要はなくなりました。

○×ドリル 宅地建物取引業者である法人Ａ（甲県知事免許）の事務所において，専任の取引士であるものに１名の不足が生じた場合，Ａは，30 日以内に必要な措置を講じなければならない。

関係する条文　第 31 条〔宅地建物取引士の設置〕３項

1-15 業者になれないとき（欠格要件）

暗記ナビ

業者になれない者は
1 被・産トリオ
2 5年経過組
① 悪事で取消し，廃業（60日前まで役員だった者）
② 禁錮，懲役
③ 宅建業法，暴力関係法は罰金
④ 宅建業で不正
⑤ 暴力団員等
3 宅建業で不正のおそれあり
4 専任の取引士不足
5 申請書類の不備，虚偽

解説ナビ 上の1～5は，12種ある免許欠格要件を，覚えやすいようキーワード化したものです。具体的な内容をみてみましょう。

1 **被・産トリオ**（被＝心身の故障により宅建業を適正に営むことができない者・産＝破産者）

成年被後見人，被保佐人，破産者で復権を得ない者のことです。業者の業のひとつである代理行為を行うことが認められていない（［権利関係 2-13］参照）成年被後見人，被保佐人，破産者は免許を受けられませんが，後見開始等の審判の取消しや，破産からの復権で，すぐに免許を受けられます。成年被後見人、被保佐人は以前は一律に免許不可でしたが、個別に審査されるようになりました。

2 **5年経過組**

①悪事で取消し，廃業（60日前まで役員だった者）

(1) 悪事で取消し（60日前まで役員だった者）

不正な手段で免許を受けた，業務停止処分に該当する行為をして情状が特に重い，業務停止処分に違反した等の理由で免許を取り消され，その日から5年経っていない者は免許を受けられません。

さらに，免許を取り消されたのが法人の場合，当該取消しに係わる聴聞（ちょうもん）の期日，場所の公示の日前60日以内に当該法人の役員であった者も免許を受けられません。役員は会社運営にたずさわるため，聴聞にかかわる公示の日から遡って60日前まで役員であった者にも連帯責任を負わせています。

(2) 悪事で廃業（60 日前まで役員だった者）

(1) と同様の理由で，免許が取り消されそうになったとき「どうせ取り消されるなら，先にこっちから廃業してやれ」と自ら理由もなく廃業したり，法人を解散した場合，その廃業や解散の届出の日から５年経っていない者や，法人の場合で，当該取消しに係わる聴聞の期日，場所の公示の日前 60 日以内に当該法人の役員であった者も，免許を受けられません。

また，聴聞によって，取消処分をしないことが決定した場合でも「理由なく廃業した＝やましいところがあるから廃業した」とみなされ，５年間は免許を受けられません。逆に，破産等の正当な理由で廃業や解散をする場合には，すぐにでも免許を受けられます。

② 禁錮，懲役

一般に刑の種類は重い順から，死刑，懲役，禁錮，罰金，拘留，科料となっています。禁錮以上の刑に処せられると，その日から５年間は免許を受けられません。禁錮以上ということは，懲役刑に処せられた場合も当然，５年経たなければ免許を受けられないということです。

③ 宅建業法，暴力関係法は罰金

本法や暴力行為に関する法律ではもっと厳しく，罰金刑を受けると５年間は免許を受けられなくなります。暴力行為に関する法律とは，刑法の傷害罪，傷害現場助勢罪，暴行罪，凶器準備集合罪，脅迫罪，背任罪の６つ，暴力団員による不当な行為の防止等に関する法律，暴力行為等処罰に関する法律の計８つをいいます。

④ 宅建業で不正

免許申請前５年以内に，宅建業に関し不正あるいは著しく不当な行為をした者は免許を受けられません。

⑤ 暴力団員等

暴力団員または暴力団員でなくなった日から５年を経過しないものは免許を受けることができません。

3 宅建業で不正のおそれあり

宅建業に関し，将来，不正または不誠実な行為をするおそれが明らかな者は免許を受けられません。

2－④，3からもわかるように，特に，宅建業に関しての不正や不当な行為は許されず，過去も未来も審査されます。

4 専任の取引士不足

各事務所ごとに，５人に１人以上の成年者である専任の取引士が設置できないときのことです。

5 **申請書類の不備，虚偽**

免許の申請書類に虚偽があったり，重要な事実の記載がなかったときは，当然免許を受けられません。

そして，1～3に該当する次の者も免許を受けられません。

6 **法定代理人が1～3に該当する未成年者**

満 18 歳に近づくにつれ，成年者としての判断力が備わってくるため，原則的には，未成年者でも業者になれます。しかし，それまでは，法定代理人の同意等が経営状態に悪影響を与えないか審査されます。

ただし，その未成年者が，成年者と同じ営業能力を有すると認められた場合（未成年者登記をして，営業に関してのみ成年者扱いの者）には，単独で免許を申請でき，法定代理人の欠格は無関係となります。

7 **法人の場合，役員，政令で定める使用人のうち１人でも1～3に該当するとき**

8 **個人の場合，政令で定める使用人のうち１人でも1～3に該当するとき**

このように，免許権者は，申請者や役員等，そして申請書類について，欠格要件がないか審査し，免許を交付するか否かを決めます。

審査の結果，免許を与える場合は，免許権者は，申請者に対し免許証を交付しなければなりませんが，その際，宅建業の公正な取引等のための必要最小限の条件（条件の変更を含む）を免許に付けられます。ただし，それも免許を受ける者に不当な義務を課さない範囲でです。

逆に，免許を与えない場合には，免許権者は，免許を与えない理由を付けた書面をもって，申請者にその旨を通知しなければなりません。不備な点を申請者に教え，不備を改めてから，再度申請する機会を与えているのです。

基本ナビ 免許制度は，宅建業において公正な営業を営めるか否かを基準に，経営のひっ迫した者，業界や社会に悪影響を及ぼしそうな者を業界から排除する事前審査です。

申請書を受け取った免許権者は，開業を希望する者を審査し，一定の条件を満たせば，免許を与えなければなりません。その条件が免許欠格要件なのです。

逆に，審査される側からいえば，宅建業を営むためには［解説ナビ］の1～8の免許欠格要件に該当していてはならないことになります。

テレビ等で耳にする執行猶予（しっこうゆうよ）は，「何事もなく過ごせば，判決をなかったことしますよ」とチャンスを与える期間です。執行猶予期間が満了すれば，翌日から免許を申請できます。

逆にいえば，執行猶予期間中は判決がなかったことになるか否かがまだ決まっていない不安定な状態にあり，何か問題が起これば刑に服さなければならない以上は，免許を申請できません。

執行猶予期間中と似ているものに控訴中があります。これは裁判が行われていて判決がまだ確定していない状態を指しますが，この場合には免許を申請できます。

執行猶予や控訴中については，本試験でよく出題されるので注意しましょう。

4であげた事務所とは，主たる事務所と従たる事務所，つまり本店，支店のことです。共に営業の拠点となるため，事務所専属の取引士が必要ですが，専任というより重い責任に耐えられる成年者でなければなりません（[1-13] 参照）。

7の役員は，会社を経営する者であり，会社の悪事は，これら経営者が主謀者であったとも考えられます。また，78，の政令で定める使用人は，業者に雇われてはいるものの，宅建業務に関し，事務所の責任者として指揮を執っている者です。つまり経営者ばかりではなく，政令で定める使用人の考えも会社の運営に多くの影響を与えていると考えられます。そこで，営業の公正さを保持するため，経営や営業方針に深く関わる者に欠格要件者が１人でもいれば，免許を受けられません。

未成年者の法定代理人が法人の場合，その役員に欠格事由に該当する人がいるときはその未成年者は免許を受けられません。

ひっかけ注意!!

不正等の理由で，業務停止処分にかかわる聴聞の公示があった日の後，自ら理由もなく廃業したときには，その届出の日から５年間は免許を受けられない？

答はノー。これは間違いやすいところで，５年間免許を受けられないのは，取消処分にかかわる聴聞の公示日の後，理由なく廃業したときです。業務停止の処分では，停止処分の期間満了後は，いつでも免許を受けられます。

○×ドリル Ａ社の取締役Ｂが３年前に詐欺で懲役１年の刑に処せられた場合，Ａ社は免許を取得できる。

語句の意味をチェックする

破産者…破産宣告を受けて，現に破産手続が行われている者のことで，財産に関し，その管理処分権を失い，居住や通信の秘密等について制限を受ける
復権を得る…破産者が，破産者でなくなること
聴聞…行政機関が，行政処分や法律に基づく命令の制定を行うにあたり，処分の相手方その他の利害関係者や有識者の意見を聞く手続き
公示…一定の事項を一般公衆に周知させるために公表すること
拘留…１日以上 30 日未満の期間で拘留場に拘留する刑
傷害現場助勢罪…他人の身体を傷害した者に対して，その現場で勢いを助けた者に対する罪
凶器準備集合罪…２人以上の者が他人の生命・身体や財産に対し共同して害を加える目的で集合した場合に，凶器を準備し，または凶器の準備があることを知って集合した者に対する罪
背任罪…他人のためにその事務を処理する者が自己や第三者の利益を図り，あるいは本人に損害を加える目的で，その任務に背く行為をし，本人に財産上の損害を与えた者に対する罪
役員…企業内において，重要な地位を占める者をいい，業務を執行する社員，取締役，執行役，監査役，相談役，顧問，大株主等を指す
政令で定める使用人…支店長，営業所長等
免許権者…大臣あるいは知事で，免許を与えた者

関係する条文 第３条の２〔免許の条件〕，第５条〔免許の基準〕1,2 項

学習のポイントは？

取引士制度と免許制度との相違点に注意し，混同しないようしっかり理解しましょう。

ここで学ぶのはどんなこと？

宅地建物取引士は，営業の第一線で活躍する重要な仕事です。実際に顧客と接し，契約という大切な段階に関わる以上，厳しい教育を受けなければ，仕事を行えません。そのための制度が「講習」と「取引士証」です。

2 取引士制度

2-1 取引士資格試験を受験するとき

暗記ナビ

取引士資格試験は誰でも受験できる

解説ナビ 知事は，宅建業に必要な知識の有無を判定する目的で，取引士資格試験を行わなくてはなりません。

この取引士資格試験は，誰でも（制限行為能力者であっても）受けられます。さらに，宅建業に従事する者を対象に，大臣が指定する「宅建業に従事する者の資質向上を図るために必要な知識についての講習」を受け，修了試験に合格した者については，試験の一部が免除されます。

免除される期間は，一定の講習の修了試験合格から３年間です。

✔〔罰則〕取引士資格試験に関する違反

1 不正の手段によって試験を受け，合格した者に対して，知事は合格の決定を取り消せる

2 不正の手段によって試験を受け，合格した者で情状が重い場合，知事は３年以内の期間を定め受験を禁止できる

3 不正の手段によって試験を受けようとする者に対して，知事はその試験はもちろん，３年以内の期間を定め受験を禁止できる

基本ナビ 一般の人のほとんどが，宅地建物の取引における不動産の知識を持っていません。購入希望の不動産について，自分自身で下調べできないため，業者が勧めるままに購入して後悔するケースが多々あります。

そこで，顧客の立場に立って，不動産の調査をし，顧客自身が吟味できるよう情報を与える人が必要です。それが，取引士です。取引士は，不動産を調査し，業者の相手方にその説明をするという重要な役割を担っていますので，受験生の皆さんのように，勉強をして専門の知識を得た者でなければなれません。

したがって，取引士は，知事の管理の下にその資格が与えられます。その第１段階が取引士資格試験です。

○×ドリル 成年被後見人は，取引士資格試験を受けることができる。

関係する条文 第16条〔試験〕

2-2 登録を申請するとき

暗記ナビ

登録を申請できる者は
1 2年以上の実務経験を持つ者
2 大臣が認めた者
別表現では 2大臣が指定する講習を受講した者

解説ナビ 試験の合格者のうち，宅建業に2年以上従事していた者については，実務の経験が十分とされており，そのまま，知事に対して取引士資格登録（以下「登録」という）を申請できます。

それ以外の人達は，大臣から，実務の経験を有する者と同等以上の能力を有すると認められれば，登録を申請できます。具体的には，次のいずれかに該当すれば，同等以上の能力を有すると認められます。

1 免許不要で宅建業を営める公（国，都道府県，市町村，その他）の機関で，宅地建物の取得，処分等に関する業務に従事した経験が2年以上である者
2 大臣が指定する講習（宅建登録実務講習）を受講して修了した者

基本ナビ 第1段階の取引士資格試験に合格しただけでは，取引士にはなれません。第2段階として，実際に取引士としての業務を行っていくための実務の知識の有無が試されます。取引士として実務を行っていく以上，専門知識に加えて宅建業に関する実務経験も必要だからです。

しかし，試験の全合格者が実務経験を持っているとは考えにくく，とりあえず合格してから実務を積もうと考えて受験した者も大勢います。そして，その人達のほとんどは2の講習を受けることになるのです。[2-9] の講習（法定講習）と間違わないよう気を付けましょう。

〇×ドリル 宅地建物取引士資格試験に合格した者で，宅地建物の取引に関し2年以上の実務の経験を有しないものは，合格した日から5年を経過する日までに国土交通大臣が指定する実務の講習を終了しなければ，登録を受けることができない。

関係する条文 第18条〔登録〕1項

2-3 登録の申請先

暗記ナビ

登録は取引士資格試験の受験地の知事に申請する

解説ナビ 取引士資格の登録申請は，どの知事に対しても行えるわけではなく，取引士資格試験の受験地を管轄する知事に対して行います。

基本ナビ 第１段階の試験に合格し，第２段階の条件をクリアすれば，いよいよ取引士資格の登録申請です。

取引士を管理しているのは知事です。取引士資格試験を行うのも知事，その合格証書を交付するのも知事…と，知事が行わなければならないことは山ほどありますが。しかし，これらの業務も県を越えて知事同士が協力して行っているわけではありません。取引士資格試験を行うことも，合格証書を交付することも一人の知事に任されているのです。

したがって，誰に合格証書を交付したかを知っているのは取引士資格試験を行った知事ということになります。

そこで，登録の申請先は取引士資格試験の合格を証明してくれる知事，すなわち資格試験の受験地の知事ということになるのです。

○×ドリル

宅地建物取引業者Ａの取引士Ｂが甲県知事の取引士資格試験に合格し，同知事の取引士資格登録を受けている場合において，Ｂが乙県知事への登録の移転を受けた後，乙県知事に登録を消除され，再度登録を受けようとするとき，Ｂは，乙県知事に登録の申請をすることができる。

関係する条文 第18条〔登録〕

2-4 登録を受けられないとき（欠格要件）

暗記ナビ

取引士になれない者は
[1] 被・産トリオ，未成年者
[2] 5年経過組
①悪事で取消し，廃業（60日前まで役員だった者）
②禁錮，懲役
③業法，暴力関係は罰金
④悪事で登録消除処分，登録消除
⑤暴力団員等
[3] 事務禁止処分中

解説ナビ 上の①～③は，全部で９つある取引士資格登録欠格要件を，覚えやすいようキーワード化したものです。具体的な内容をみてみましょう。

[1] 被・産トリオ，未成年者

(1) 被・産トリオ（被・心身の故障により宅建士の事務を適正に行うことができない者）

成年被後見人，被保佐人，破産者で復権を得ない者のことです。取引の安全性を確保するためにも，民法で代理行為を行うことが認められていない成年被後見人，被保佐人，破産者は，資格試験は受けられても，取引士資格登録（以下「登録」と略す）は受けられません。

ただし，後見開始等の審判の取消しや破産からの復権で，すぐに登録を受けられます。免許の欠格要件と同じで単に成年被後見人，被保佐人というだけでは取引士の欠格要件とはなりません。

(2) 未成年者

宅建業の営業に関して，成年者と同一の能力を有しない未成年者は登録を受けられません。

これは，条件を満たした法定代理人がいれば，未成年者でも取得できた免許の場合とは異なります。

逆に，免許と同様に「営業に関してのみ成年者と同一の能力を有する」とみなされる（未成年者登記をした）者であれば，登録を受けられます。

[2] 5年経過組

① 悪事で取消し，廃業（60日前まで役員だった者）

(1) 悪事で取消し（60日前まで役員だった者）

不正な手段で免許を受けた，業務停止処分に該当する行為で情状が特に重い，業務停止処分に違反した等の理由で免許を取り消され，その取消しの日から5年を経過していない者は，登録を受けられません。

さらに，取り消された者が法人の場合は，当該取消しにかかわる聴聞の期日，場所の公示日前60日以内に当該法人の役員であった者も登録を受けられません。

(2) 悪事で廃業（60日前まで役員だった者）

（1）と同じ理由で，免許が取り消されそうになったとき「どうせ取り消されるなら，先にこっちから廃業してやれ」と自ら理由もなく廃業した個人や，解散した法人で，その廃業や解散の届出の日から5年を経過していない者や，法人の場合で，当該取消しにかかわる聴聞の期日，場所の公示の日前60日以内に当該法人の役員であった者も，登録を受けられません。

2－①は，宅建業の免許欠格要件にも含まれています。取引の公正さ等を確保するために，このような者は業者としても取引士としても不適任なのです。

② 禁錮，懲役

禁錮以上の刑（当然，懲役刑を含む）に処せられたときには，その刑の執行が終り，または，その刑の執行を受けることがなくなった日から，5年を経過していない者は，登録を受けられません。

③ 宅建業法，暴力関係は罰金

宅建業や暴力行為に関する法律については，もっと厳しく，罰金刑を受けると5年間登録を受けられません。

暴力行為に関する法律とは，刑法の傷害罪，傷害現場助勢罪，暴行罪，凶器準備集合罪，脅迫罪，背任罪の6つ，暴力団員による不当な行為の防止等に関する法律，暴力行為等処罰に関する法律の計8つをいいます。

2－②，2－③について，執行猶予が付いた場合の取扱いは。［1-15］と同様です。

④ 悪事で登録消除処分，登録消除

(1) 悪事で登録消除処分

不正等を行った理由で，過去に取引士登録の消除の処分を受け，その日から5年を経過していない者は，登録を受けられません。

不正等を行った者とは，不正手段で登録を受けた者，不正手段で取引士証を受けた者，事務禁止の違反等で情状の重い者，取引士証なしで取引士事務をした者，禁止処分に違反した者をいいます。

⑤ 暴力団員または暴力団員でなくなった日から5年を経過しないものは登録を受けられません。

(2) 悪事で登録消除

不正等の理由で，過去に登録の消除の処分を受けそうになったため，正当な理由なく，自ら登録の消除を申請した場合，登録が消除された日から５年を経過していない者は，登録を受けられません。

また，正当な理由なく登録の消除を申請する行為は，不正等の隠蔽行為であるため，聴聞で不処分が決定した場合でも，消除の日から５年を経過していなければ登録を受けられません。

③事務禁止処分中

事務の禁止処分を受けた場合，その取引士自ら登録を消除したときに，未だ事務の禁止期間が満了していない者は，登録を受けられません。

自ら登録を消除する場合のように，消除処分にかかわるときには，消除の日から５年を経過しなければ登録を受けられませんでしたが「取引士としての事務禁止処分」にかかわるときは，事務の禁止期間が満了すれば，すぐに登録を受けられます。

基本ナビ 取引士となるためには，第１段階の宅建試験で専門知識，第２段階で実務の知識が試されました。これを無事に通過できた者は，第３段階として，受験地の知事から取引士資格の登録を受けられますが，①〜③の条件をクリアした者でなければ，登録を受けられません。

この条件が，登録の欠格要件です。これに該当する者は，取引士として責任ある事務が行えない者であるとして，知事の登録を受けられないのです。

登録は，試験に合格すれば，好きなときに受けられます。合格した年度内にする必要はありません。必要な者が必要なときに登録を受ければよいのです。

①〜③の欠格要件は，宅建業の免許の欠格要件と酷似していますが，①－（1)，②－①)〜③以外は不正等の理由の内容が若干異なります。しっかり区別して覚えなければなりません。

宅建業の免許の場合，宅建業の不正行為については，過去も未来も審査されますが，登録の場合，未来については審査されません。これは，不正等を行いそうな者でも，講習で更正できると考えられているからです。

また，取引士は個人資格であるため，宅建業の免許欠格要件［1-15］に出てくる⑥〜⑧の「申請者以外の者」の素行は関係ありません。

○×ドリル 破産して復権を得た後，５年経過しない者は取引士資格登録を受けることができない。

関係する条文 第18条〔登録〕1項

2-5 登録簿とは

暗記ナビ

登録簿の変更は，遅滞なく

解説ナビ 知事は，取引士資格登録簿（以下「登録簿」と略す）を設け，その登録簿に次の事項を登載し，取引士の資格がある者として登録します。

1 氏名

2 生年月日

3 住所

4 本籍（ほんせき）及び性別

5 合格年月日及び合格証書番号

6 宅建業に従事していれば，その業者の商号や名称，当該業者の免許証番号

7 登録番号及び登録年月日

また，登録後に，取引士証を交付したときには，交付年月日及び有効期限満了日，取引士としての事務の禁止等の処分があれば，その内容及び処分年月日も登載します。

登録は，不正等によって消除されない限り，更新の必要もなく一生有効ですが，134（本籍はかわることがあります）6について変更があれば，取引士は遅滞なく変更の登録を申請しなければなりません。

基本ナビ 試験に合格したからといっても，すぐには取引士資格登録を受けられず，試験合格→２年以上の実務経験 or 大臣の認可→欠格要件の審査，のすべてをクリアしてはじめて知事の登録を受けられます。

登録をした知事は登録簿を作成し，それを保管します。この登録簿には個人情報が登載されているため，業者名簿のように一般の閲覧には供されません。

しかし，こうして登録を受けてもまだ，すぐに取引士としての事務を行えません。登録されただけでは取引士になる資格があるというだけであり，取引士となるには取引士証の交付を受けなければならない点に注意しましょう。

○×ドリル

Aは，乙県の支店を廃止して従業者全員を，甲県にある本店で従事させようとする場合，甲県の事務所に移転する取引士で，乙県知事に取引士資格登録をしている取引士は，自己の住所を甲県に移転したときには，遅滞なく，乙県知事に変更の登録申請をする必要がある。

関係する条文 第 18 条〔登録〕2 項，第 20 条〔変更の登録〕

2-6 登録を移転するとき

暗記ナビ
登録の移転申請は，現知事を経由して新知事へ

解説ナビ 登録を受けている者が，転勤や転職によって，現在登録を受けている知事以外の都道府県の事務所で宅建業に従事する場合は，当然，登録簿について変更の登録を申請しなければなりませんが，同時に登録の移転も申請できます。

登録の移転手続きは，現在登録を受けている知事を経由して，新たに従事する事務所の所在地を管轄する知事に申請することになります。

ただし，この登録の移転は，必須ではありません。

また，取引士としての事務の禁止処分を受けている場合は，その禁止期間が満了してからでなければ移転できません。

基本ナビ 知事の登録については有効期限がなく，一度登録をすれば一生有効ですが，取引士証（［2-9］参照）の交付を受けた場合には，取引士証の有効期間が満了するたびに，登録を受けている知事のところまで行き，更新手続きを行わなければなりません。

転勤や転職によって，登録を受けている知事の管轄から，遠方に住所が移った場合には，更新や登録の変更等のたびに，時間と高い交通費をかけて出向かなくてはならず，大変です。そこで，それが不便と思う人は，移転できるようになっています。

逆に，移転したくないと思えばそのままにしておけばよいのです。必ず，移転の登録を行わなければならないわけではないことに注意しましょう。

また，移転の登録には，業者の証明書を求められる場合もあり，単に住所が変わっただけでは，移転の登録を行えません。

○×ドリル 甲県知事の登録を受けて，甲県に所在する本店に従事する取引士が，乙県に所在する支店に従事することとなったときは，２週間以内に甲県知事を経由して，乙県知事に対し，登録の移転の申請をしなければならない。

関係する条文　第 19 条の 2〔登録の移転〕

2-7 死亡等を届け出るとき

暗記ナビ

届出者は
1 取引士が死亡…………相続人
2 取引士が成年被後見人や
被保佐人になる………成年後見人または保佐人
3 2 以外の登録の欠格要件に該当する………取引士本人

解説ナビ 登録簿の変更以外にも，次に該当する場合には，登録を受けた知事に届け出なければなりません。一方，届出を受けた知事は，登録を消除することになります。

1 取引士が死亡した場合

取引士は個人的資格のため，相続できません。そのため，相続人は，本人の死亡を知った日から30 日以内に，死亡した取引士が登録を受けていた知事に届け出なければなりません。

2 取引士が成年被後見人や被保佐人になった場合

取引士が後見や保佐開始の審判を受けた場合には，その日から30 日以内に，成年被後見人となったときにはその成年後見人，被保佐人となったときにはその保佐人が，それぞれ取引士が登録を受けていた知事に届け出なければなりません。

心身故障者となったときは，本人，法定代理人，同居の親族が届け出る。

3 その他，登録の欠格要件の１つに到った場合

①営業に関して成年者と同一の能力を有する未成年者が，なんらかの理由で法定代理人から未成年者登録を取り消され，成年者と同一の能力を有しなくなった

②取引士が破産した

③不正な手段で免許を受けた，業務停止処分に該当する行為で，情状が特に重い，業務停止処分に違反した等の理由で，業者の免許を取り消されたときに，その業者自身あるいは代表取締役（法人の場合）が，取引士としても登録している場合

④業法，あるいは，暴力関係法の違反では罰金以上，それ以外の法律違反で禁錮以上の刑が確定した場合

①～④については，登録を行っている知事は，取引士本人が，その日から30 日以内に登録を受けている知事に届け出なければなりません。

これら1～3の理由以外でも，本人から登録の消除の申請を受けた場合や，届出前に知事が登録者の死亡事実を知ったとき，さらには，登録者が不正な手段により取引士試験に合格し，その決定が取り消されたときにも，知事は登録を消除しなければなりません。

基本ナビ 取引士は個人資格ですから，取引士の死亡等に関する届出は，業者の廃業等の届出とは異なり，破産管財人や清算人は出てきません。本人を中心に届出が行われます。

たとえば③-④について知事は，自らで処分を下すわけではないので，届出がなければその事実を知ることができません。このことからも届出の中心は本人となると理解しましょう。

しかし，同様に知事自らが処分を下すわけではない②に至っては，本人が正常な判断が下せない以上，その保護者である法定代理人等が届け出ることとなります。

また①については，本人が届け出ることは不可能なのでその相続人が届け出ますが，届け出なければならないという決まり自体を知る相続人は少ないため，役所等に提出される死亡届でその事実を知ることができる知事が，たとえ相続人からの届出がなくても，登録を消除することになります。

届出時期の「30日以内」は，取引士の死亡等に関する届出においても，業者の廃業等の届出においても同様です。

○×ドリル 宅地建物取引士であるＡが死亡したときはその相続人が，破産したときはＡ自らが，届出をしなければならない。

関係する条文 第21条〔死亡等の届出〕，第22条〔申請等に基づく登録の消除〕

2-8 取引士の事務とは

暗記ナビ

取引士の事務は
1 35 条書面の説明，交付
2 35 条書面への記名
3 37 条書面への記名

解説ナビ 取引士としての事務とは次の３つです。

1 顧客へ35 条書面の説明を行い，その内容を書いた書面を交付する（[7-3] 参照）

2 35 条書面へ記名する（[7-3] 参照）

3 37 条書面へ記名する（[7-8] 参照）

1～3は必ず取引士証の交付を受けてからでなければ行えません。

特に1では，顧客に取引士証を見せてから事務を行わなくてはならないうえ，顧客から請求されたら，提示しなければなりません。

したがって，取引士は仕事中常に取引士証を携帯する必要があります。

基本ナビ ［2-5］で学んだ通り，登録を受けただけでは取引士になる資格を有するだけで，まだ取引士にはなれません。

取引士は，取引士証が交付されてはじめて取引士になり，その事務を行えるようになるのです。

また，取引士は取引士証の有効期間にも注意が必要です。有効期間切れの取引士証では1～3の事務を行うことができないからです。

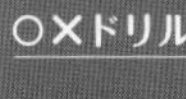

宅地建物取引業者Ａが，取引士をして宅地建物取引業法第 37 条に規定する契約内容を記載した書面を相手方に交付させる場合には，取引士は，当該相手方から請求があったときに取引士証を提示すれば足りる。

語句の意味をチェックする

記名…名前を表記すること。手書き以外の手段で自分の名前を表記する行為。他人による代筆，ゴム印等を押したもの，ワープロ等で印刷したものでも可。ちなみに署名とは名前を表記する本人が手書きで書いたもの。

2-9 取引士証の交付を受けるとき

暗記ナビ

取引士証の交付を受けるには
交付申請前６ヶ月以内に行われる講習を受講しなければならない

解説ナビ 取引士資格登録を受けている者は，登録を受けている知事に対し，いつでも取引士証の交付を申請できます。

この取引士証の交付を受けるには，交付を申請する前の６ヶ月以内に行われる，登録した知事が指定する講習を受けなければなりません。

しかし，取引士資格試験の合格後，１年以内に取引士証の交付を受けようとする者は，講習の必要はありません。

基本ナビ 取引士証の交付を申請する者は，次の３つに分けられます。

1. **取引士資格試験の合格後１年以内の者**
2. **取引士資格試験の合格後１年を超える者**
3. **取引士証の更新をしようとする者**

このうち，1の者は，申請前の６ヶ月以内に行われる講習を受ける必要はありませんが，2 3の者は講習を受けなければなりません。

というのも，2は，試験後の時間が経ち過ぎて，取引士としての事務をすぐに行うには不安があり，3も５年間，実際に取引士としての事務を行っていたかどうか知事には判断できないからです。

申請する前の６ヶ月以内の間に行われる講習ということは，７ヶ月や８ヶ月前の講習ではダメということです。その場合には，もう一度講習を受ける必要があります。

本試験では「有効期間満了の前６ヶ月以内」とよく出題されます。引っかからないよう注意しましょう。

○×ドリル 取引士証の交付を受けようとする者は，国土交通大臣が指定する宅地または建物の取引に関する実務についての講習で，交付の申請前６ヶ月以内に行われるものを，受講しなければならない。

関係する条文 第 22 条の 2（取引士証の交付等）1,2 項

2-10 取引士証の有効期間

暗記ナビ

取引士証の有効期間は，５年間

解説ナビ 取引士証は，５年間有効です。つまり，５年ごとに更新しなければ取引士証の効力は失われます。

基本ナビ

「取引士資格登録が永久に有効であるのに対し，取引士証はなぜ永久に有効ではないの?」

「取引士としての事務を行うには，常に新しい知識を持っていなければ顧客に満足なサービスを提供できません。そのために一定の期間ごとに知事の講習（[2-9] 参照）を受講しなくてはなりません。いわば，取引士証は知事の講習を確かに受講したという証なのです」

取引士証の更新は，免許のように「いついつまでに申請しなさい」という規定はありませんが，おおむね自動車免許の書換えと同じです。

前もって［2-9］の講習日程の知らせが届き，都合のよい日に講習を受けに行くのです。

○×ドリル 取引士証の有効期間は，３年間である。

関係する条文 第 22 条の 2（取引士証の交付等）1,2,3 項

2-11 取引士証を書き換えるとき

暗記ナビ

取引士証の書換えが必要なときは
1 氏名，住所を変更したとき
2 登録を移転したとき

解説ナビ 取引士証の様式は下の通りです。

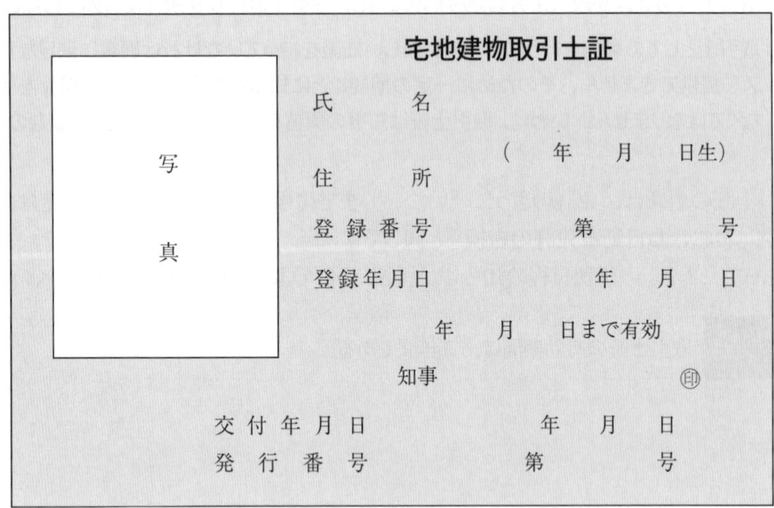
宅地建物取引士証

写真

氏名
（　年　月　日生）
住所
登録番号　第　号
登録年月日　年　月　日
年　月　日まで有効
知事　㊞
交付年月日　年　月　日
発行番号　第　号

取引士証の記載事項のうち，氏名，住所について変更があった場合には，取引士は，登録簿の変更の申請と同時に，取引士証の書換交付を申請しなければなりません。この場合，新しい取引士証は，取引士が現在有している取引士証と引き換えに交付されます。

その有効期限は，従前の取引士証の有効期間が満了するまで，つまり残存期間（5年－旧取引士証の経過年数＝新取引士証の有効期間）となります。

このような取引士証の書換交付は，取引士証の交付を受けている者が，転職や転勤による住所変更に伴い，取引士資格の登録を移転したときにも行われますが，この場合の新しい取引士証の有効期限も残存期間となります。

基本ナビ 氏名や住所が変われば，当然取引士証の「氏名」「住所」欄を変更しなければならず，取引士証の書換えが必要になります。

しかし，勤務先は，取引士証の記載事項ではありません。これは，会社勤めの者には転職，転勤がつきもので，勤務先が何度も変わることが予想されるからです。そして，そのたびに取引士証の書換交付を申請することは，単に，知事の事務の負担を増大させるだけであり，あまりメリットはありません。したがって，勤務先については，登録簿の変更を届け出るだけで良いのです。

しかし，取引士証の交付を受けている者が，勤務先等の変更によって，知事の登録を他の都道府県に移転した場合には，取引士証に記載される「知事名」や「登録番号」等が変わることになります（取引士証の様式を参照のこと）。したがって，移転を申請した場合には，取引士証の書換えが必要です。

「取引士証が書換えられた場合，［2-9］の講習はいったいどうなるのでしょうか？」

「ここで注目すべきは，新取引士証の有効期間が，旧取引士証の残存期間となっていることです。取引士証交付申請前６ヶ月の講習を受けない代わりに，交付される取引士証の有効期間はそのままとなっているのです」

○×ドリル 取引士は，勤務先を変更したとき，取引士証の書換え交付の申請を行わなければならない。

関係する条文 第 22 条の 2〔取引士証の交付等〕4,5 項

2-12 取引士証を提出するとき

暗記ナビ

取引士証の提出は，速やかに

解説ナビ 取引士は，事務禁止処分を受けた際には，取引士証の交付を受けた知事に取引士証を速やかに提出します。そして，事務禁止期間の満了等，提出理由がなくなったとき，知事は，取引士から返還の請求があれば，取引士証を，直ちに本人に返還しなければなりません。

✔〔罰則〕**取引士証提出に関する違反**

取引士がその事務の禁止の命令を受けたにもかかわらず，取引士証を提出しなかった場合には，10 万円以下の過料

基本ナビ 提出は，処分を確実に執行するための措置であり，提出の理由がなくなり，取引士から請求があれば，取引士証は返還されます。

そして，ここで気をつけることは取引士証の提出先で，取引士証を交付した知事に提出することをしっかりと頭に入れておいてください。

「なぜ提出先は取引士証を交付した知事なんですか？」

「取引士証を交付した知事はそのための手数料を受け取っています。この手数料は知事がしっかりと取引士を管理するための必要経費というわけです」

［11-7］にもあるように，事務禁止処分自体は取引士証を交付した知事以外でも行えますが，これはその知事自らが管轄する地域の治安を守るための手段ともいえます。ふとどきなよそ者に地元の治安を乱して欲しくないと思うのは当然だからです。

ただし，事務禁止処分後の取引士証の提出も受け付ければ，その管理にも責任を負うことになります。それは，知事の負担を増やすことであり，そう簡単な話ではありません。そこでこの負担については，手数料の一部として予め受領することで，交付した知事の管理責任であることを明確にしているといえます。知事は，自らが管轄する地域の治安を守るために，躊躇せずに事務禁止処分を下せる仕組みになっているのです。

○×ドリル 取引士は，取引士としてすべき事務の禁止処分を受けたときは，速やかに，取引士証をその処分をした都道府県知事に提出しなければならない。

語句の意味をチェックする

提出…取引士から知事に渡され，その後，当該取引士証が知事から取引士に返還される可能性がある場合に使う

関係する条文 第 22 条の 2〔取引士証の交付等〕7,8 項

2-13 取引士証を返納するとき

暗記ナビ

取引士証の返納は，速やかに

解説ナビ 取引士等は，効力を失った取引士証を，速やかに交付した知事に返納しなければなりません。

✔ 〔罰則〕取引士証返納に関する違反

取引士証が効力を失ったとき，速やかに取引士証を返納しなかった場合には，10 万円以下の過料

基本ナビ 効力を失った取引士証とは，次の４つです。

1. **登録が消除されたときの取引士証**
2. **有効期間が満了した取引士証**
3. **登録を移転，氏名を変更したときの旧取引士証**
4. **取引士証を亡失，破損等し，再交付を受けたときの旧取引士証**

4の場合で，再交付後に亡失した取引士証（旧取引士証）が出てきたときには，速やかに，交付した知事に対して，旧取引士証を返納しなければなりません。このように，返納した取引士証は返還されません。

○×ドリル 取引士は，取引士としてすべき事務の禁止処分を受けたときは，速やかに，取引士証を交付した都道府県知事に返納しなければならない。

語句の意味をチェックする

取引士等…ここでは取引士と元取引士を指す

返納…取引士から知事に渡され，その後，当該取引士証が知事から取引士に返される余地がない（効力が消滅したため）場合に使う

関係する条文 第 22 条の 2〔取引士証の交付等〕6,7,8 項

学習のポイントは?

学習のポイントは「営業保証金を供託しなければ営業できない」です。これを踏まえて，覚えるべき数字をしっかりと覚えましょう。

ここで学ぶのはどんなこと?

営業保証金の存在意義を理解し，そのうえで項目と項目を関連づけて学習しましょう。

3 営業保証金制度

3-1 営業保証金の供託時期

暗記ナビ

営業保証金は，営業開始前に供託する

解説ナビ 業者は，免許を受けただけでは営業できません。必ず，営業保証金(えいぎょうほしょうきん)を供託し，さらに，供託した旨を免許権者に届け出なければならないのです。

以上の手続きは，業者が免許を取得後，その事業の拡大等によって新たに事務所を設置した場合も同様となり，新たに設置した事務所について営業保証金を追加供託し，供託完了を届け出た後でなければ，新たに設置した事務所での宅建業に関する営業や広告等を開始できません。

〔罰則〕供託の届出に関する違反

業者が営業保証金の供託の届出前に営業を開始した場合には，6ヶ月以下の懲役もしくは100万円以下の罰金，あるいは両方の併科

基本ナビ 不動産取引では多額の金銭が移動するため，業者の責任で顧客に損害を与えた場合の被害額も高額になります。そこで，突然「損害を賠償しろ!」といわれた際に速やかに対応できるよう「いざというときのお金のストック」があると便利です。それが営業保証金です。

営業保証金は，営業上の取引による債務を支払うための金銭であり，業者の営業活動の安全を確保する目的で設けられています。

さらには，トラブルを未然に防ぐ対策を講じることで業者の信用を高め，取引を円滑に進める目的もあります。

ひっかけ注意!!

営業保証金供託の届出前に宅建業に関する広告を行った場合は，無免許営業に該当する?

答えはノー。営業保証金の供託は「免許を与えたので供託しなさい」という免許権者の通知のもとで行われます。したがって，供託の届出を要する＝すでに免許を持っている，となり，本項目にこそ違反しますが，無免許営業違反には当たりません。

○×ドリル 業者は，免許を受けても，営業保証金を供託し，その旨の届出をするまでは，宅地建物の売買契約をすることはもとより，広告をすることもできない。

語句の意味をチェックする

供託，供託所…法令の規定により，金銭，有価証券またはその他の物品を供託所または一定の者に寄託すること。供託所はその供託事務を取り扱う機関

関係する条文 第25条〔営業保証金の供託等〕1項

3-2 営業保証金の供託先

暗記ナビ

営業保証金は，主たる事務所の最寄りの供託所に供託する

解説ナビ 業者が営業保証金を事務所ごとに供託したのでは免許権者も管理しにくいため，主たる事務所の最寄りの供託所にまとめて供託することになります。

これは，新たに事務所を設置した場合も同様です。

基本ナビ 免許を申請すると，免許権者から「免許を与えますから供託済の証明書を持って免許証を取りに来てください」と連絡があります。

この連絡を受けた後に営業保証金を供託し，供託所から証明書をもらうのです。

しかし，各所に点在する事務所ごとに，その近辺の供託所に供託し証明書をもらっていたのでは手続きが煩雑になり，管理も大変になります。あるいは紛失等も考えられます。

そこで，業者の本店から最も近い供託所にまとめて供託することになるのです。

○×ドリル 甲県知事免許を受けている宅地建物取引業者Aが事業の開始後新たに事務所を設置したときは，政令で定める額の営業保証金を設置した事務所のもよりの供託所に供託し，かつ，その旨を甲県知事に届け出なければ，当該事務所で事業を開始することができない。

関係する条文 第25条〔営業保証金の供託等〕1項，第26条〔事務所新設の場合の営業保証金〕

3-3 営業保証金の供託額

暗記ナビ

営業保証金の供託額は
主たる事務所……1,000 万円
従たる事務所……事務所ごとに 500 万円

解説ナビ 営業保証金の供託額は，主たる事務所（本店）及び従たる事務所（支店や営業所）ごとに，業者の取引の実状及びその取引の相手方の保護を考慮したうえで，政令によって定める金額となっています。

そして，現在，政令によって定められている金額は，主たる事務所が1,000 万円，従たる事務所はその事務所ごとに500 万円とされています。

この金額は，知事免許であっても，大臣免許であっても同一です。

基本ナビ 営業保証金の供託額は，事務所の数によって決まります。

したがって，業者が事務所を増設しても，増設した数だけ事務所を廃止すれば事務所の数には変更が生じないため，業者名簿を変更等するだけで営業保証金の供託は必要ありません。

実際の供託金額を考えてみましょう。

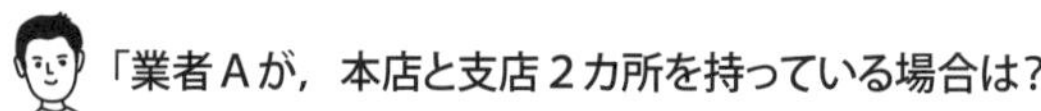

「業者Aが，本店と支店2カ所を持っている場合は?」

「この場合，1,000 万円＋ 500 万円＋ 500 万円＝ 2,000 万円を，本店（主たる事務所）に最も近い場所の供託所に，まとめて供託することになります」

また，事務所については［1-5］でしっかりと確認しておきましょう。

ひっかけ注意 !!

本店，a 支店，b 支店の3つを有する業者が，1,500 万円を供託して，その旨を免許権者に届け出れば，本店とa 支店のみで営業を開始できる?

答はノー。免許申請の時に申請した事務所の数に相当する営業保証金を，まとめて供託しなければなりません。つまりこの場合には，2,000 万円です。一部分だけ後まわしで供託するのはダメなのです。

○×ドリル 業者は，免許を受けた場合において，主たる事務所と2カ所の従たる事務所を開設するときは，営業保証金 2,000 万円を，いずれかの事務所の最寄りの供託所に供託した上，その旨宅建業の免許を受けた免許権者に届け出なければならない。

関係する条文 第 25 条〔営業保証金の供託等〕2 項

3-4 供託する有価証券の評価額

暗記ナビ

有価証券の評価額は
1 国債証券…………………………額面の 100%
2 地方債証券，政府保証債……額面の 90%
3 その他の有価証券……………額面の 80%

解説ナビ 営業保証金を供託する方法として，一番に思い付くのが現金ですが，国債証券，地方債証券，その他の有価証券でも供託できます。

ただし，有価証券の場合は，必ずしも額面通りには評価されません。評価は，誰が元本を保証しているのかによって違ってきます。

国が保証している国債証券であれば，額面の 100%，地方公共団体や政府が保証している地方債証券や政府保証債であれば，額面の 90%，その他銀行等の法人が保証している有価証券であれば，額面の 80%が有価証券の価値として認められています。株式等は元本が保証されていないため供託できません。

基本ナビ 実際に，有価証券の評価額を考えてみましょう。

「2,000 万円を，額面が 2,000 万円の国債証券，地方債証券，その他の債券で供託する場合，不足額として現金をいくら供託すれば良いのでしょうか？」

「国債証券ならば，評価は額面の 100%であり，額面 2,000 万円の国債証券のみで足ります」

地方債証券や政府保証債の評価は額面の 90%ですので，額面 2,000 万円の地方債証券は，1,800 万円の価値になり，不足分 200 万円を現金で供託しなければなりません。

その他の債券の評価は額面の 80%ですので，額面 2,000 万円の債券は，実際には 1,600 万円の価値になり，不足額として現金 400 万円を供託しなければなりません。

○×ドリル 甲県知事の免許を受け，額面金額 1,000 万円の国債証券と 500 万円の金銭を供託している業者Aは，国債証券を取り戻すため，額面金額 1,000 万円の地方債証券と 100 万円の金銭を新たに供託したときは，遅滞なく，甲県知事に営業保証金の変換を届出なければならない。

語句の意味をチェックする

有価証券…財産権を表章する証券で，その権利の移転，行使が証券によってされることを必要とするもので，小切手，手形等をいう

関係する条文 第 25 条〔営業保証金の供託等〕3 項

3-5 供託の届出が行われないとき

暗記ナビ

免許権者の
供託の催告………免許を与えてから３ヶ月
免許の取消し……催告が到達してから１ヶ月

解説ナビ 業者は,営業保証金の供託時に供託所から発行される,供託物受入れが記載された供託書正本の写しを添付して,供託の旨の届出をします。そして,その後に宅建業に関する営業,広告等を開始できるわけですが,届出自体に期限はありません。つまりいつでも届け出られます。

しかし,大臣または知事も,届出のないままにしておくわけにもいかないため,免許を与えてから３ヶ月経っても届出がない場合は,その業者に対して「１ヶ月以内に供託し,届け出るように」と催告しなければなりません。

それでも届け出ない業者に対しては,大臣または知事は,その催告が業者に到達した日から１ヶ月後に免許を取り消せます。

基本ナビ 業者は，免許を取得しただけでは営業を開始できません。営業保証金を供託し，供託を終了した旨を，その免許を受けた大臣または知事に届け出て，初めて，営業を開始できるのです。ここでは，いつから３ヶ月なのか，１ヶ月なのかを区別しましょう。

ひっかけ注意!!

供託完了の届出をするよう催告をした後，１ヶ月以内に届出をしなかった業者に対しては，必ず免許を取り消さなければならないのか？

答はノー。必ずではなく，事情によっては取り消さないこともあります。

○×ドリル 宅地建物取引業者が免許を受けた日から３ヶ月以内に営業保証金を供託した旨の届出をしない場合において，その情状が重いときは，その免許をした大臣または知事は，届出をすべき旨の催告をすることなく，その免許を取り消すことができる。

関係する条文 第 25 条〔営業保証金の供託等〕4,5,6,7 項

3-6 供託所を変更するとき

暗記ナビ

供託所の変更は
金銭のみ…………………保管替え
有価証券（＋金銭）……二重供託

解説ナビ 業者は，供託所の変更に際して，営業保証金を金銭のみで供託しているときに，銀行振込等の方法での現金の移動を請求でき，これを保管替え（ほかんがえ）請求といいます。ただし，供託金の移転に要する銀行振込料等の費用は前もって納めておく必要があります。

一方，営業保証金を有価証券のみ，あるいは有価証券と現金で供託しているときには保管替えでは対応できません。その場合には，移転前の供託所に供託していた営業保証金を残したまま，重ねて移転後の供託所に新規に営業保証金を遅滞なく供託し，その後に移転前の供託所から営業保証金を取り戻すことになります。これを二重供託といいます。

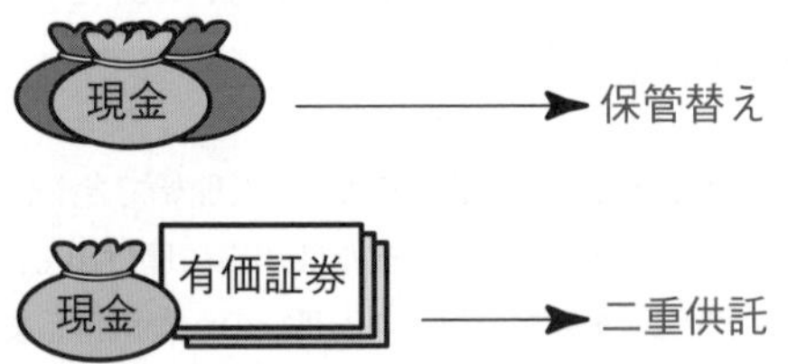

基本ナビ 事業を営んでいれば本店をA県からB県へ変更することもありえます。供託してある営業保証金をいったん取り戻してから，移転した本店の最寄りの供託所に新たに供託し直す必要がありますが，移転後の供託所が遠方の場合等は時間と手間がかかり，営業保証金を供託していない空白の日さえ発生しかねません。

いつトラブルが発生しても対応できるよう常に供託している状態を保つためには，二重に供託し，重複分の営業保証金を取り戻す方法が最善ですが，反面，事務所が1つしかないとしても1,000万円という大金を用意しなければなりません。そこで，銀行振込等の方法ですぐに現金を移動できる場合にはそちらを利用しなさい，としたのが保管替え請求なのです。

○×ドリル 甲県に本店aと支店bを設けて，額面金額1,000万円の国債証券と500万円の現金を供託して営業している業者Aは，bを本店とし，aを支店としたときは，aのもよりの供託所に費用を予納して，bのもよりの供託所への営業保証金の保管替えを請求することができる。

関係する条文 第29条（営業保証金の保管替え等）

3-7 営業保証金の還付を請求できるとき

暗記ナビ

営業保証金の還付請求者とは
業者と宅建業に関して取り引きし，被害を受けた者

解説ナビ 業者との取引によって損害を被った顧客等は，業者に対して損害賠償請求権等を持つことになります。

この場合，業者からの直接の賠償の他に，その業者が供託している営業保証金からも弁済を受けられます。これを還付（かんぷ）といいます。

還付を受けられる者，つまり還付請求者は，業者と宅建業に関して取引をした者でなくてはならず，業者から販売広告を依頼され，その取引で損害を被った広告業者や，未払い給料に対する請求権を有する使用人等は，還付請求者にはなれません。

基本ナビ 還付請求者が還付を受けるための債権には売買代金請求権，業者の債務不履行や不法行為に対する損害賠償請求権等があります。

そして，これらの請求権を持つ者は，供託所に供託物払渡請求書を提出します。供託物払渡請求書には確定判決の謄本，和解調書等「供託物の還付を受ける権利を証する書面」やその他の書類を添付し，請求権とその内容を証明します。そして，その証拠をもとに供託所は還付を行うことになります。

注）還付請求者が宅建業者の場合，営業保証金からの還付ができなくなり，直接売主に催告などして弁済を求めるしかなくなりました。

○×ドリル 業者との取引により生じた債権であっても，広告業者の広告代金債権については，当該広告業者は，業者が供託した営業保証金について，その債権の弁済を受ける権利を有しない。

語句の意味をチェックする

弁済…債務者その他の者が，債務の本旨に従って給付をし，債権を消滅させる行為
還付…領有（自分のものとして持つこと），所有，租借（一定期間借りて持つこと）していたものを所有者等のもとに戻すこと

関係する条文 第 27 条〔営業保証金の還付〕

3-8 還付後に不足額を供託するとき

暗記ナビ

還付後の不足額は
供託………………通知を受けてから２週間以内
その旨の届出……供託してから２週間以内

解説ナビ 取引の相手方が，取引によって生じた債権（損害賠償等）について営業保証金の還付を受けた場合，その還付によって供託している営業保証金は所定の金額より少なくなるため，業者は，不足額について供託しなければなりません。

不足額を供託するまでの手続きは，次の通りです。

1. **供託所は，還付した旨を大臣または知事に通知しなければならない**
2. **供託所からの通知により，大臣または知事は，業者に対して還付により営業保証金に不足が生じた旨を通知しなければならない**
3. **業者は，大臣または知事からの通知を受け取った日から２週間以内に，不足額を供託しなければならない**
4. **業者は，不足額を供託してから２週間以内に，その旨を，免許を受けた大臣または知事に届け出なければならない**

基本ナビ 覚えるべき数字がここにも登場しましたが，ここではいずれも「２週間以内」なので覚えやすいでしょう。

「キョウもカクシュウでくる金不足」
（供託）　（隔週）

ちなみに，会社の営業では手形を活用することも多く，この手形の精算日は５日，10 日，15 日，20 日…といったように５や 10 の付く日を指定することが多いようです。「２週間」にはそれらの日が２回含まれるため，資金が調達しやすく，不足額が供託しやすくなっています。

○×ドリル 甲県に本店ａと支店ｂを設けて，営業している業者Ａは，営業保証金が還付されたため甲県知事から不足額を供託すべき旨の通知書の送付を受けたときは，その日から 14 日以内に不足額を供託しなければならない。

語句の意味をチェックする

手形…一定の金額を支払うべき旨の単純な委託または約束を記載し，一定の形式で発行される有価証券

関係する条文 第 28 条〔営業保証金の不足額の供託〕

3-9 営業保証金を取り戻せるとき

暗記ナビ

営業保証金を取り戻せるときは
1 免許失効
2 事務所の一部廃止
3 二重供託
4 保証協会加入

解説ナビ 業者は，廃業等の理由により，営業保証金の全部または一部を供託しておく必要がなくなった場合には，不要な分についての営業保証金を払い戻せます。これを営業保証金の取戻しといい，それができるのは次の場合です。

1 免許の効力を失ったとき

有効期間満了にもかかわらず免許を更新しなかった，法人の業者が合併によって消滅した等を届け出た，さらには，免許取得後に不正等によって免許の取消処分を受けた場合は，免許が失効するため宅建業を営めません。当然，営業保証金を供託する必要もなくなり取り戻せます。

2 事務所の一部を廃止したとき

数カ所ある事務所の一部を廃止した場合，営業保証金の供託合計額が所定額を超えるため，超過分を取り戻せます。

3 二重供託したとき

主たる事務所の変更に伴って二重供託した場合，所定額を超えるため，移転前の主たる事務所の最寄りの供託所に供託されている営業保証金を取り戻せます。

4 保証協会へ加入したとき

保証協会（[4 章]参照）へ加入したときには，営業保証金を取り戻せます。これは供託所から保証協会へ供託先を変更するのと同じことです。

基本ナビ 営業保証金は業者自身の財産であり，いかなる理由で免許の効力が失われたとしても，一定の手続き（[3-10] 参照）後は取り戻せます。

○×ドリル 宅地建物取引業者がその免許を取り消された場合は，営業保証金を取り戻せない。

関係する条文 第 30 条〔営業保証金の取戻し〕1 項

3-10 取戻しにおいて公告が不要なとき

暗記ナビ

公告なしに営業保証金が取り戻せるときは
1 時効完成
2 二重供託
3 保証協会加入

解説ナビ 営業保証金は，［3-9］にある取戻事由に該当する場合に取り戻せますが，その前に，業者は宅建業に関する取引上での債権者や損害賠償請求者等の還付請求者の有無を確認しなければなりません。

そのため，6ヶ月以上の期間を定めて公告し，その期間内に還付請求者が申し出なかったときにはじめて取戻しが可能となります。

公告の必要がない場合は，次の通りです。

1 取戻事由が発生してから10年以上経って，請求権が時効によって消滅したとき

2 主たる事務所を移転した際に二重供託を余儀なくされた場合で，移転後の供託所へ供託が完了したとき

3 保証協会へ加入し，供託所と保証協会への二重供託となったとき

基本ナビ 営業保証金を供託する目的は，業者と取引して損害を被った者に対し損害を賠償することです。

［3-9］の1は，宅建業の廃業に伴って還付請求者の有無を確認するため公告が必要とすぐにわかりますが，2は廃業するでもなく営業保証金も供託しているのになぜ公告が必要？」

「還付は現在供託されている営業保証金の範囲内で行われるため，還付請求者にとっては，営業保証金が多ければ債権回収も容易です。よって，事務所の一部を廃止した場合であっても，公告後でなければ，営業保証金を取り戻せません」

また，公告を行った後，業者は遅滞なく，その旨を免許権者に届け出なければなりません。

○×ドリル 本店と支店aを有する宅地建物取引業者Aが，支店aを廃止し，営業保証金の額が政令で定める額を超えた場合，Aは，還付請求者に対し所定の期間内に申し出るべき旨の公告をし，その期間内に申出がないとき，超過額を取り戻すことができる。

語句の意味をチェックする

公告…ある事項を広く一般の人に知らせることで，その目的，方法等は一定ではなく，それぞれの法律の定めによる。この場合には官報となる

関係する条文　第30条〔営業保証金の取戻し〕2,3項

過去問を解いてみよう

〔問 33〕宅地建物取引業法に規定する営業保証金に関する次の記述のうち，正しいものはどれか。

(1) 営業保証金の供託は，必ず，主たる事務所のもよりの供託所に金銭を供託する方法によらなければならない。

(2) 新たに宅地建物取引業を営もうとする者は，営業保証金を供託所に供託した後に，国土交通大臣又は都道府県知事の免許を受けなければならない。

(3) 宅地建物取引業者は，営業保証金の還付が行われ，営業保証金が政令で定める額に不足することになったときは，通知書の送付を受けた日から２週間以内にその不足額を供託しなければ，業務停止の処分を受けることがあるが，免許取消しの処分を受けることはない。

(4) 宅地建物取引業者との取引により生じた債権であっても，内装業者の内装工事代金債権については，当該内装業者は，営業継続中の宅地建物取引業者が供託している営業保証金について，その弁済を受ける権利を有しない。

解答のポイント もしも考えが行き詰まったら，営業保証金は誰のために何のために存在するのかを考えてみよう

解答解説

(1) × 営業保証金の供託先ときたら主たる事務所の最寄りの供託所。営業保証金は金銭だけでなく有価証券でも供託できる。
タグ 営業保証金の供託先［業 3-2］，有価証券の評価額［業 3-4］

(2) × 営業の開始時期ときたら免許→供託→届出→営業。免許が受けられるかさえわからないのにお金だけ供託するのは変な話。
タグ 営業保証金の供託時期［業 3-1］

(3) × 免許取消処分。免許権者から通知を受けてから２週間以内に供託しないのは業法違反であり，その行為が悪質であれば免許取消処分もあり。
タグ 営業保証金の不足額の供託［業 3-8］，免許取消処分［業 11-4］

(4) ○ 営業保証金の還付請求ときたら業者と宅建業に関して取り引きし被害を受けた者が行う。内装工事代金債権は宅建業の取引により生じた債権ではない。したがって，営業保証金からは還付を受けられない。
タグ 営業保証金の還付請求［業 3-7］

学習のポイントは?

保証協会の役割とともに登場する数字もしっかり頭に叩き込みましょう。もしも理解に苦しんだら，保証協会＝会社，業者＝社員と考えてみましょう。

ここで学ぶのはどんなこと?

保証協会が業者と供託所の仲立ちをしていることを，まずは頭の隅に入れてください。また，営業保証金（[3 章] 参照）と比較することで，より理解を深められます。

4 保証協会

最初に知っておこう

業者による供託所への供託方法には２通りあります。そのひとつが３章で学習したように営業保証金という名目で，業者自らが供託する方法で，残るもうひとつが本項です。

業者自らが供託するのではなく，代わって他者に供託してもらう方法で，その他者に該当するのが宅地建物取引業保証協会（以下「保証協会」と略す）にあたります。

保証協会は，大臣が指定する一般社団法人ですが，そもそもこの保証協会が存在するに至った理由は，営業保証金という大金の呪縛から業者を解放することにありました。しかし，ただ呪縛から解き放ったのでは，業者と取引して損害を被った者の救済がおろそかになります。そこで，保証協会という大きな箱をつくり，そこへ多くの業者から少額を回収することで，営業保証金と同様の効果をもたらそうとしたのです。

多くの業者から回収した金銭を弁済業務保証金分担金（べんさいぎょうむ・ぶんたん）（以下「保証金分担金」と略す），それをまとめた物を弁済業務保証金といいます。

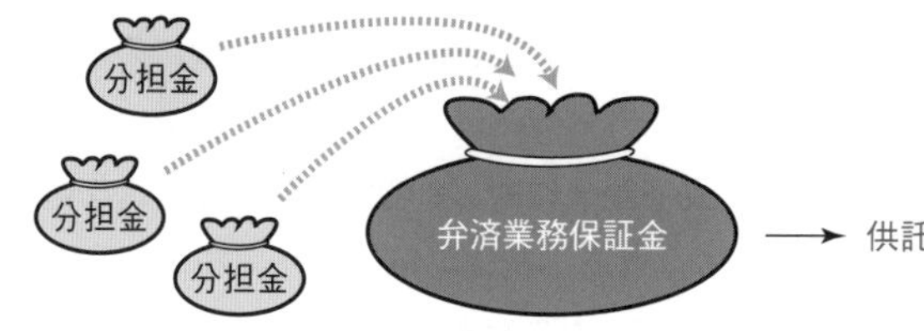

業者から納められた（納付）保証金分担金は，保証協会がとりまとめ，弁済業務保証金として供託所へ供託されます。つまり弁済業務保証金と営業保証金の中身はなんら変わりなく，わずらわしい手続きは業者の代わりに保証協会が行ってくれるともいえます。

本章で注意したいことは，供託と納付の違いです。供託は供託所へ金銭等を差し出すことで，納付は保証協会に納めることです。この違いをしっかり頭に留めておいてください。

また，メリットがあるのは業者ばかりのように書いてきましたが，そうではありません。実は，被害者にもメリットがあるのです。

たとえば，2,000 万円持っている業者が，1,000 万円を営業保証金として供託すると，手元には 1,000 万円しか残らなくなります。被害額が 2,500 万円のときには，被害者は供託所から多くても 1,000 万円，業者自身から 1,000 万円を回収し，残り 500 万円は回収できないという事態に陥るのです。

しかし，業者が保証協会に加入していればどうでしょう。業者は所定の 60 万円を納付し，手元には 1,940 万円が残ることになります。被害者は保証協会から 1,000 万円，そして，業者自身から 1,500 万円を回収，つまり債権全額を回収できることになります。

被害者も業者の手元に資力があった方が，債権回収が容易ということなのです。

語句の意味をチェックする

一般社団法人…社団法人とは，一定の目的で構成員（社員）が結合した団体（社団）のうち，法律により法人格が認められ権利義務の主体となる法人をいい，一般社団法人とは一般社団・財団法人法に基づいて，一定の要件を満たしていれば設立できる非営利目的の社団法人

4-1 保証協会の業務

暗記ナビ

保証協会の業務は
1 苦情の解決
2 研修
3 弁済業務
4 研修費用を助成する業務

解説ナビ 保証協会の具体的な業務は，次の通りです。

1 苦情の解決

①社員である業者と取引した相手方等から，その業者の取り扱った宅建業に関する苦情について解決の申出があったときには，その相談に応じ，申出人に対し必要な助言を与える

②苦情を調査し，社員である業者に対して苦情に対する迅速な処理を促す

③同じような苦情が起きないよう，苦情の解決の結果を全社員に周知させる

2 苦情等をなくすために，社員である業者の業務に従事している取引士に対しては業務に関する研修，従業者等に対しては宅建業に関する研修を実施する

3 社員である業者と宅建業に関して取引したことにより，損害等を被った顧客等に対し，保証協会が弁済する

4 2の研修費用の実施に要する費用の助成をすることができる。

基本ナビ 保証協会の最も大きな特徴は，保証協会に加入した業者が，自動的に保証協会の社員となることです。そして，保証協会は，社員となった業者を教育し，業者が起こした問題を解決しなければなりません。

つまりは，保証協会を業者という社員が働く会社と考えてください。そうすると，1～3が，会社が社員を教育するためのものであることが理解できるはずです。

○×ドリル 保証協会は，弁済業務を行わなければならない。

関係する条文 第64条の3〔業務〕1項

4-2 保証金分担金の納付時期

暗記ナビ

保証金分担金の納付時期は
保証協会加入……加入する日まで
事務所増設………2週間以内

解説ナビ 業者は，数ある保証協会のうちの1つを選んで加入することで，その社員になります。

加入しようとする日までに，その保証協会に弁済業務保証金分担金（以下「保証金分担金」と略す）を納付しなければ，宅建業に関する営業，広告等を開始できません。

そして，保証金分担金の納付を受けた保証協会は，新たに社員が加入した旨を，社員となった業者が免許を受けている大臣または知事に報告します。

また，保証協会の社員である業者が，やはり新たに事務所を設置した場合には，新たに設置した事務所ごとに［4-3］にある保証金分担金を，その日から2週間以内に保証協会へ追加納付しなければ，新たに設置した事務所で宅建業に関する営業，広告等を開始できません。

✔〔罰則〕事務所増設の場合の保証金分担金の納付に関する違反

所定の期日までに保証金分担金を納付しなければ，保証協会の社員は，社員としての地位を失う

基本ナビ 1人で買うと高くつくものも，共同で買えば個人の負担額は少なくて済みます。

保証協会でも同じことがいえます。保証協会に加入していない業者は，少なくとも1,000万円という多額の営業保証金を供託しなければなりませんが，保証協会へ加入すると，規定の保証金分担金さえ保証協会へ納めれば，保証協会が皆から集めた保証金分担金を弁済業務保証金として供託所へ供託してくれます（［4章-最初に知っておこう］参照）。

このように，保証協会は，社員である業者が集団で弁済業務保証金を負担することにより，一般消費者を保護し，業者の営業保証金にかかる負担を軽減させています。

「業者同士助け合うのはいいことですが，加入即還付では保証協会もたまりませんね」

「弁済業務の円滑な運営に支障を来すときは，保証協会は，その社員に対して弁済業務保証金分担金とは別に，担保の提供を求めることができます」

○×ドリル 甲県知事の免許を受けている業者Aが保証協会の社員となった日から2週間以内に，保証協会に対して弁済業務保証金分担金を納付しなければならず，この期間内に納付しないときは，社員としての地位を失う。

関係する条文 第64条の9〔弁済業務保証金分担金の納付等〕1項

4-3 保証金分担金の納付額

暗記ナビ

保証金分担金の額は
主たる事務所…60 万円
従たる事務所…事務所ごとに 30 万円

解説ナビ 保証金分担金の納付額は, 主たる事務所（本店）及び従たる事務所（支店や営業所）ごとに, 業者の取引の実状及びその取引の相手方の保護を考慮したうえで, 政令によって定める金額となっています。

現在, 政令によって定められている金額は, 主たる事務所は60 万円, 従たる事務所は, その事務所ごとに30 万円です。

この金額は, 知事免許でも大臣免許でも同額です。

保証協会の社員である業者は, この保証金分担金を現金で納付しなければなりません。

基本ナビ 実際に保証金分担金の額を考えてみましょう。

「業者Ａが, 本店と支店２カ所を持っている場合は?」

「この場合, 60 万円＋ 30 万円＋ 30 万円＝ 120 万円を, 自分が加入した保証協会に納付することになります。営業保証金とは, 雲泥の差ですよね」

「では, 事務所１つ増設した場合は?」

「30 万円を保証協会へ納付します。免許を受ける際には, 必ず本店を設置します。つまり増設される事務所は支店でなければならず, 本店ということはありえません。当然のことですが, 本店は１つしか存在しませんから」

○×ドリル 保証協会に加入しようとする業者が, 同保証協会に納付すべき弁済業務保証金分担金の額は, 主たる事務所につき 60 万円, その他の事務所につき事務所ごとに 30 万円の割合による金額の合計金額である。

関係する条文 第 64 条の 9（弁済業務保証金分担金の納付等）1 項

4-4 弁済業務保証金の供託先

暗記ナビ

弁済業務保証金の供託は
保証金分担金の納付を受けた日から１週間以内

解説ナビ　保証協会は，社員である業者からの保証金分担金の納付を受けた日から１週間以内に，同額を弁済業務保証金として法務大臣及び国土交通大臣が定める供託所に供託しなければなりません。

弁済業務保証金は，営業保証金同様，現金や有価証券で供託します。

そして，保証協会は，弁済業務保証金を供託した後に，供託所が発行した供託物受入れが記載された供託書正本の写しを添付して，その社員である業者が免許を受けた大臣または知事に，供託が終了した旨を届け出なければなりません。

基本ナビ　保証協会に加入していないときには，供託についての届出を業者自身が行っていましたが，保証協会へ加入すると，すべてを保証協会が代わりにやってくれます。

また，保証協会の社員になれば，営業保証金の供託が不必要になりますので，社員は営業保証金を取り戻せます。この場合，二重供託と同様と考えられるため，公告は必要ありません。二重供託と同様と考える理由については，保証協会は社員となる前の取引で生じた債権であっても弁済してくれるためと捉えましょう。

ここでも「２週間以内」「１週間以内」と覚えるべき数字が出てきましたね。

保証協会に関係する頻出数字は，業者が「２週間以内」，保証協会が「１週間以内もしくは２週間以内」と共通しているので覚えやすいはずです。

さらに「２週間」か「１週間」かについては，営業保証金も併せて考えてみると，お金を工面しなければならないときには「２週間」，そうではなく，預かったお金を単に供託するときには「１週間」となり，さらにまとめて覚えられます。

〇×ドリル　保証協会は，社員である業者から，弁済業務保証金分担金の納付を受けたときには，その日から１週間以内に，最寄りの供託所に弁済業務保証金を供託しなければならない。

関係する条文　第 64 条の 7〔弁済業務保証金の供託〕1,2,3 項

4-5 弁済業務保証金の還付を請求できるとき

暗記ナビ

弁済業務保証金の還付請求者は
業者が保証協会加入前と加入中に宅建業に関して取り引きし，被害を受けた者

解説ナビ 業者との取引によって損害を被った顧客等は，業者に対して損害賠償請求権等を持つことになります。

この場合，業者からの直接の賠償の他に，その業者が加入してる保証協会が供託している弁済業務保証金からも還付を受けられます。

このときの還付請求者は，業者が保証協会に加入した後に取引した者は当然として，その業者と宅建業に関して取引していれば，業者が保証協会に加入する前に取引した場合でも，還付請求者になれます。

基本ナビ ［3-10］にもあるように，業者は保証協会に加入すると，公告することなく営業保証金を取り戻せます。これは保証協会に加入する前に還付請求権を有した者に対しても還付が保証されていることを意味します。

「社員になる前の業者の債務は，保証協会に無関係なのでは？」

「保証協会の目的のひとつが社員同士で金銭面において互助し合うことなので，社員に対しては手厚くなっているのです。さらに顧客の相談窓口としての保証協会の役割を果たすため，社員が加入する前のトラブルについても一貫性を考慮しているためです」

このような理由により，業者との取引によって損害を被った顧客等は，その業者が保証協会へ加入した場合に弁済業務保証金で還付を受けられます。（［4章-最初に知っておこう］参照）が，ひとたびその業者が保証協会を脱会し社員でなくなれば話は別です。その元社員の所業に対して保証協会は責任を負ってくれません（［4-9］参照）。

○×ドリル 弁済業務保証金について弁済を受ける権利を有する者には，宅地建物取引業者が保証協会の社員となる前にAと宅地建物の取引をした者は含まれない。

関係する条文 第64条の8〔弁済業務保証金の還付等〕1項

4-6 弁済業務保証金の還付額

暗記ナビ

弁済業務保証金の還付額は，供託すべき営業保証金の該当額内

解説ナビ 還付請求者が還付を受けるためには, 保証協会の認証(にんしょう)が必要です。そのうえで, 還付請求者は, 社員である業者が「社員でない場合に供託すべき営業保証金」に該当する金額の範囲内で, 債権の弁済を受けられるのです。

基本ナビ 還付される額について，実際に考えてみましょう。

「Aが，本店と支店２カ所を持つ保証協会の社員である業者Bと取引した場合は?」

「Bは，保証協会へ，60 万円＋ 30 万円＋ 30 万円＝ 120 万円を納付していることになりますが，もし仮に，営業保証金を供託しているとすると，1,000 万円＋ 500 万円＋ 500 万円＝ 2,000 万円が営業保証金に該当する金額になります」

そのため，Bと宅建業に関し取引したことによって債権を有したＡは，営業保証金に該当する金額，つまり 2,000 万円を限度に弁済業務保証金の還付を受けられます。

また，還付請求は，保証協会が弁済業務保証金分担金を供託している法務大臣及び国土交通大臣が定める供託所（[4-4] 参照）に対して行われます。現金を持っていない保証協会に還付請求しても意味がないからです。ただし, 保証協会が債権額を認定する事務を負っているため, 供託所へ還付請求するためには保証協会の認証が必要となります。

○×ドリル 甲県知事の免許を受けている業者Ａが，保証協会に加入した場合において，保証協会加入前にＡと宅建業に関し取り引きしたＢが還付を受けるには，その額について，甲県知事の認証を受けなければならない。

語句の意味をチェックする

認証…一定の行為または文書の成立あるいは記載が正当な手続きによってなされたことを公の機関が確認証明すること。

関係する条文 第 64 条の 8〔弁済業務保証金の還付等〕1 項

4-7 還付後に不足額を充当するとき

暗記ナビ

還付充当金の納付は，通知を受けてから２週間以内

解説ナビ 保証協会の社員である業者の取引の相手方が，債権回収を実行し，弁済業務保証金の還付を受けた場合，保証協会と社員である業者は，還付された弁済業務保証金に相当する額を補充しなければなりません。その手続きは次のようになります。

1 供託所から弁済業務保証金の還付があった旨の通知を受けた大臣は，保証協会に対し，その旨を通知しなければならない
2 保証協会は，大臣からの通知を受け取った日から２週間以内に，還付された弁済業務保証金に相当する金額を供託しなければならない
3 保証協会は，その供託にかかわる社員である業者が免許を受けた大臣または知事に，その供託の終了を届け出なければならない
4 保証協会は，弁済業務保証金の還付があった場合，その社員に，還付額に相当する還付充当（じゅうとう）金を納付するよう通知しなければならない
5 社員である業者は，保証協会からの通知を受けた日から２週間以内に，通知された額の還付充当金を保証協会に納付しなければならない

✔〔罰則〕弁済業務保証金の還付に関する違反

①保証協会から還付充当金の納付を請求された社員である業者は，２週間以内に還付充当金を納付しない場合，社員としての地位を失う

②社員の地位を失った業者が，そのときから１週間以内に主たる事務所の最寄りの供託所へ営業保証金を供託しない場合，業務停止処分

基本ナビ 還付によって不足額が生じた場合，それを補わなければなりません。保証協会も，社員である業者も「通知を受けてから２週間以内」に，お金を工面しなければならないとなっています。誰からの通知かを区別しましょう。

○×ドリル 保証協会から還付充当金の納付の通知を受けた社員は，その通知を受けた日から２週間以内に，その通知された額の還付充当金を当該保証協会に納付しなければならない。

語句の意味をチェックする

充当…債務者の有する金銭，債券等を債務や給付の弁済に充てる方法またはその行為
還付充当金…還付された弁済業務保証金に相当する金銭

関係する条文 第 64 条の 8（弁済業務保証金の還付等）3 項，第 64 条の 10〔還付充当金の納付等〕

4-8 弁済業務保証金を取り戻せるとき

暗記ナビ

弁済業務保証金を取り戻せるときは
1 業者が社員でなくなった
2 業者が事務所の一部を廃止した

解説ナビ 保証協会の社員である業者が，還付充当金の納付をしなかったために社員としての地位を失った，宅建業を廃業した，死亡した等の理由により，社員でなくなったときには，保証金分担金の全額について，また，事務所の一部を廃止したときには，法定の納付額を超える分について，保証協会へ納付しておく必要がなくなります。

この場合には，業者あるいは元業者は，納付の必要がなくなった分の保証金分担金について保証協会に対し，返還を請求できます。

基本ナビ 業者のもとへ保証金分担金が返ってくるのは，保証協会がまず供託している弁済業務保証金を取り戻してからになります。

○×ドリル 保証協会に加入している宅地建物取引業者Ａがその一部の事務所を廃止した場合，保証協会は，弁済業務保証金の還付請求権者に対し，一定期間内に認証を受けるため申し出るべき旨の公告を行うことなく，弁済業務保証金分担金をＡに返還することができる。

関係する条文 第64条の11〔弁済業務保証金の取戻し等〕1項

4-9 公告不要で弁済業務保証金を取り戻せるとき

暗記ナビ

公告なしで弁済業務保証金を取り戻せるときは
事務所の一部を廃止したとき

解説ナビ 保証協会が，保証金分担金に相当する弁済業務保証金を供託所から取り戻し，社員であった業者に返還する場合には，まず，その業者に宅建業に関する取引上での債権者や損害賠償請求者等の還付請求者がいないかを確認しなくてはなりません。

そこで，６ヶ月以上の期間を定めて，還付請求者に対し認証を受けるよう公告し，還付の申出がなければ，業者に返還できます。

還付請求者からの申出があった場合には，還付充当金の返済が完了した後に業者へ返還することになります。

ただし，業者が，事務所の一部を廃止したことにより超過分の弁済業務保証金を取り戻す場合には，公告する必要はありません。

基本ナビ 保証協会は，業者が保証協会の社員となる前の宅建業の取引と，社員であるときの宅建業の取引において生じた債権について，業者が社員でいる間は弁済業務を行います。

したがって，業者が事務所の一部を廃止したとしても，還付請求者に対しての弁済業務が，責任を持って行われます。

ただし，社員でなくなったときには，その時点から弁済業務を行いません。

これに対し，営業保証金は，営業保証金供託後の取引上に発生した債権についてのみ還付の対象となるため，保証協会の社員をやめた業者が営業保証金を供託しても，社員であった間に発生した債権については，その営業保証金の還付はありません。

そうなると，その業者が社員でなくなった後に債権発生の事実を知った還付請求者は，営業保証金の還付も，保証協会の弁済も受けられないという事態になってしまいます。

したがって，保証協会は，業者が社員でなくなったときには必ず公告し，還付請求者に申出を促さなければなりません。

○×ドリル 業者Ａが，保証協会の社員としての地位を失ったため営業保証金を供託したときは，保証協会は，弁済業務保証金の還付請求権者に対する公告を行うことなく，Ａに対し弁済業務保証金分担金を返還することができる。

関係する条文 第64条の11（弁済業務保証金の取戻し等）2,3,4項

過去問を解いてみよう

〔問 45〕 宅地建物取引業者Aが宅地建物取引業保証協会（以下この問において「保証協会」という。）に加入している場合に関する次の記述のうち，正しいものはどれか。

（1） Aは，宅地建物取引業を行うに当たり保証協会へ加入することが義務付けられているが，一の保証協会の社員となった後に，重ねて他の保証協会の社員となることはできない。

（2） Aは，保証協会から弁済業務保証金の還付に係る還付充当金を納付すべき旨の通知を受けたときは，その通知を受けた日から2週間以内に，通知された額の還付充当金を保証協会に納付しなければならない。

（3） Aが，保証協会から特別弁済業務保証金分担金を納付すべき旨の通知を受けた場合で，その通知を受けた日から2週間以内に，通知された額の特別弁済業務保証金分担金を保証協会に納付しないとき，Aは，社員の地位を失う。

（4） 保証協会は，Aがその一部の事務所を廃止したため弁済業務保証金分担金をAに返還しようとするときは，弁済業務保証金の還付請求権者に対し，一定期間内に保証協会の認証を受けるため申し出るべき旨を公告しなければならない。

解答のポイント 肢（3）は難問だが他肢は基本問題。わからない肢があっても消去法で正解を導くコツを身につけよう

解答解説

（1）× 保証協会への加入は義務ではない。
タグ 分担金の納付時期［業 4-2］

（2）○ 還付後の不足額の充当ときたら通知を受けてから2週間以内。業者（社員）の場合は保証協会の通知のあった日から2週間以内に納付する。
タグ 弁済業務保証金の不足額の供託［業 4-7］

（3）× 特別弁済業務保証金分担金とは，保証金分担金とは別に分けあって納付してもらっているもの。したがって，不足額の充当も保証協会の通知のあった日から1ヶ月以内と猶予されている。

（4）× 公告不要の弁済業務保証金の取戻しときたら事務所の一部を廃止したとき。
タグ 公告不要の弁済業務保証金の取戻し［業 4-9］

学習のポイントは?

ここでは掲示，携帯，備え付け，届出の各義務について学習します。セールス前の準備と捉え，細かな点に気を配ってある規定を理解すること。

ここで学ぶのはどんなこと?

罰則がある項目は，その罰則までしっかり覚えること。また「事務所」と「案内所」の取り扱いの違いをしっかりと区別すること。些細なことのようですが，本試験対策として不可欠な学習なのです。

5 業務に必要な掲示・携帯等

5-1 報酬額の掲示義務

暗記ナビ

報酬額の掲示は，事務所ごとに

解説ナビ 業者は，事務所ごとに，公衆の見やすいところに，大臣の定めた報酬額を掲示しなければなりません。そして，業者が，自ら要求しようがしまいが限度額を超えた報酬を受領することは禁止されています。

これは，媒介等を依頼してきた一般の人に対して，業者の受領できる報酬額を事前に知らせ，業者の不当な報酬請求から依頼者を守るためです。

ただし，掲示する場所は事務所であり，案内所には不要です。

✔ **〔罰則〕報酬の規定に関する違反**

業者が報酬額を掲示しなかった場合には，50 万円以下の罰金

基本ナビ 依頼により代理契約や媒介契約を締結する際には，当然に報酬額を決める（［9-1］参照）必要があり，その観点から契約の締結は，目安となる報酬計算の方法が掲示されている場所において行うのが望ましく，具体的にはそれが事務所にあたります。

一方，案内所は，代理や媒介の依頼を正式に受けた業者が，営業上の必要に応じて設けるものであり，そこに報酬額を掲示する必要はありません。

事務所と案内所との取扱いが本試験では出題されますので，罰則と併せて覚えてください。

○×ドリル 甲県知事の免許を受けている宅地建物取引業者Ａが，20 区画の土地を分譲するために，案内のみを行う現地案内所を開設した場合，Ａは，当該案内所に国土交通大臣の定めた報酬額を掲示しなければならない。

語句の意味をチェックする

案内所… ［5-6 参照］

関係する条文 第 46 条〔報酬〕2,4 項

出題頻度 ★★★★★

5-2 従業者証明書の携帯義務

暗記ナビ

従業者証明書は
1 携帯……従業者に対する業者の義務
2 提示……顧客に対する従業者の義務

別表現では 1業者は従業者に携帯させなければならない
2顧客から求められたら従業者は提示しなければならない

解説ナビ 業者は，従業者に，その業者の従業者であることを証明する従業者証明書を携帯させなければ，その者を業務に従事させられません。

一方，従業者は，業務中は常に従業者証明書を携帯し，取引の関係者から請求があった場合，その証明書を提示しなければなりません。

したがって，取引士である従業者が，取引士としての事務を行う場合には，取引士証と，従業者証明書の両方を携帯しなければならないということです。

✔〔罰則〕従業者証明書に関する違反

業者が従業者に証明書を携帯させずに，その者を業務に従事させた場合には，50 万円以下の罰金

基本ナビ 路上で，宅配便のトラックを止めて配達をするドライバーをよく目にしますが，特徴のある制服を身につけているため，○○運送の従業員であると一目でわかります。

そのドライバーと何かトラブルがあった場合，その制服やトラックの塗装から，後で事務所に行って「あなたのところの従業員が…」と責任を追及できます。

このように，従業者が取引関係者に損害を与えた場合，その責任の所在を明らかにするために，どこの従業者であるのかをわかるようにしておかなければなりません。

その方法として，制服や記章等がありますが，業者の場合には，証明書による方法がとられています。この証明書は，パート等の一時的雇用者であっても，業務に従事させる以上は携帯させなければなりません。

○×ドリル 宅地建物取引業者Ａ（個人）は，取引の関係者から従業者証明書の提示を求められたが，それに代えて宅地建物取引士証を提示した場合，宅地建物取引業法の規定に違反しない。

関係する条文 第 48 条〔証明書の携帯等〕

5-3 従業者名簿の備付け義務

暗記ナビ

従業者名簿の備付けは，事務所ごとに

解説ナビ 業者は，事務所ごとに次の事項を記載した従業者名簿を備え，取引の関係者から請求があった場合，それを閲覧させなければなりません。

1 従業者の氏名

2 従業者証明書の番号

3 生年月日

4 主たる職務内容

5 取引士であるか否かの別

6 従業者となった年月日，及び従業員でなくなったときの年月日

この従業者名簿は，最終の記載日から10年間保存しなければなりません。

〔罰則〕従業者名簿に関する違反

業者が，従業者名簿を備えず，または，規定で定められた事項を未記入，虚偽の記入をした場合には，50万円以下の罰金

基本ナビ 顧客にとって，自分の接待者が新人なのかベテランなのか等，その人物が信頼できるか否かを知ったうえで取り引きできるならそれに越したことはありません。

その情報を提供するのが従業者名簿であり，従来通りの手書きの他，すぐにプリントアウトできる状態になっていればパソコン等で保存することも可能です。

○×ドリル	業者Cが本店及び支店のすべての従業者に従業者証明書を携帯させている場合，Cは，本店以外の事務所に従業者名簿を備え，取引の関係者に閲覧させる必要はない。

関係する条文 第48条〔証明書の携帯等〕

5-4 帳簿の備付け義務

暗記ナビ

帳簿の備付けは，事務所ごとに

解説ナビ 業者は，主たる事務所，従たる事務所等，事務所ごとに業務に関する帳簿を備え，宅建業に関する取引の都度，以下の事項を記載しなくてはなりません。

1 **取引のあった年月日**
2 **取引にかかわる宅地建物の所在，面積**
3 **取引態様の別**
4 **取引にかかわる各当事者の氏名，住所**
5 **物件の概要**
6 **売買金額，交換差金（さきん），賃料**
7 **報酬の額**
8 **取引に関する特約　等**

この帳簿は各事業年度の末日をもって閉鎖し，その後5年間保存しなければなりません。

✔ **〔罰則〕帳簿の備え付け義務に関する違反**

業者が，帳簿を備えず，または，規定で定められた事項を記入しない，虚偽の記入をした場合には，50万円以下の罰金

基本ナビ 帳簿は，取引に関する事故を未然に防ぐため，宅建業を適正に営んでいるか，取引を公正に行っているか等を業者自身がチェックできるよう，また，免許権者に即刻知らせられるよう，確実に備えるべきものとなっています。

一定期間営業した後に閉鎖する予定の案内所での取引についての記録は，案内所には備える代わりに，その案内所を管轄する等の事務所に備えます。

また，帳簿の作成では，従業者名簿同様，パソコン等も使用できます。

帳簿の記載事項をひとつひとつ覚える必要はありませんが，帳簿は事務所に備えるものということだけはしっかりと記憶しておいてください。

〇×ドリル 業者は，その業務に関する帳簿を，取引の終了後5年間保存しなければならない。

語句の意味をチェックする

交換差金…当事者が互いに金銭以外の所有権を交換したことによって生じる差額

関係する条文 第49条〔帳簿の備付け〕

5-5 標識の掲示義務

暗記ナビ

標識の掲示は，業務を行う場所ごとに

解説ナビ 業者は，宅建業に関する業務を行う場合において，以下の場所に，看板，貼紙等一定の事項が記載されている標識（ひょうしき）を掲示しなければなりません。

1. **主たる事務所，従たる事務所**
2. **宅地建物の取引に関する契約を締結，もしくは契約の申込みを受ける案内所（専任取引士を置く案内所）**
3. **宅地建物の取引に関する契約の締結，もしくは契約の申込みを受けない場所（専任取引士を置かない案内所や，案内所を設置しない現地等）**

✔ **〔罰則〕標識の掲示に関する違反**

業者が標識の掲示をしなかった場合には，50 万円以下の罰金

基本ナビ 免許権者から交付される免許証は 1 業者につき 1 通です。当然のこと，複数の事務所を設置している業者は，1 通の免許証をすべての事務所に掲げることはできません。そこで登場するのが標識です。

標識の掲示は，業務を行う業者が確かに免許を受けていることを顧客等に明示するためのもので，いわゆる「モグリ営業」の防止を目的としています。

したがって，専任取引士の設置にかかわらず，業務を行う場所であればどこであっても標識を掲げなければならず，すでに免許証を掲示しているならば，併せて掲げることになります。

〇×ドリル 甲県知事の免許を受けている業者Bが，区分所有建物一棟（20 戸）を分譲するために，案内のみを行う現地案内所を開設した場合，Bは，当該案内所に業者の標識を掲げる必要はない。

語句の意味をチェックする

標識…いわゆる目印。特定のもの，施設，場所，人等について，その名称，内容，性質，所在等を外部に対して明らかにするため，文字や図形等で表示したもの

掲示…特定の場所を訪れる人々に一定の情報や物件を周知させる目的で，その場所に当該情報を記した文書等を掲げておくこと

関係する条文 第 50 条〔標識の掲示等〕1 項

5-6 案内所とは

暗記ナビ

申込み等を受ける案内所の専任取引士の数は，１人以上

解説ナビ 業者は，業務を行う際に，現地に案内所を設置して，そこで顧客に対してセールスを行うことがあります。

その際，契約の申込みを受ける，または契約を締結する目的で設置する案内所には，専任取引士を少なくとも１人以上置かなければなりません。

基本ナビ 業務を行う場所として［5-5］の1～3がありますが，12を合わせて事務所等といい，3を事務所等以外といいます。

1は，［1-5］でも説明した通り，本店，支店，営業所等のことをいい，５人に１人以上の専任取引士を置かなければなりません。

ここで，［5-5］の123をもう一度みてみましょう。

1 **主たる事務所，従たる事務所**
2 **宅地建物の取引に関する契約を締結，もしくは契約の申込みを受ける案内所**
3 **宅地建物の取引に関する契約の締結，もしくは契約の申込みを受けない場所**

「案内所とはどのようなものをいうのでしょうか？」

「案内所とは，分譲地を売ったりする際に一時的に設ける，つまりいずれは取り壊される施設のことで，説明や見学客の休息に使用したり，分譲地でよく目にする宣伝のノボリ等を保管したりと，営業をする目的から物置までと用途は様々です」

ですから，案内所の取扱いがすべて一緒では，知事が現地に視察に来た場合，その都度，案内所の使用目的を説明しなければなりません。そこで，使用目的に応じて案内所を2と3に格付けし，2のような案内所には「案内所で営業をする以上その規模にかかわらず，専任取引士を１人設置しなさい」と専任取引士の存在を義務づけました。

「2の案内所とは，具体的にどのようなものをいうのでしょうか？」

「2には，専任取引士を置き，さらに『土地に定着した施設（案内所）を有し』かつ『契約の予約，申込みを受けるまたは契約を締結する』という２つの要件を満たす次のようなものをいいます」

4 **継続的業務を行うことのできる施設**
5 **一団の宅地建物を分譲する際の案内所**
6 **他の業者の依頼により一団の宅地建物の分譲の代理・媒介を行う際の案内所**
7 **業務に関する展示会等を催す展示場（モデルルーム等）**

逆にいえば，4～7の案内所であっても「土地に定着した施設（案内所）を有し」かつ「契

約の締結または契約の予約，申込みを受ける」という要件を満たしていない場合には，専任取引士をおく必要はありません。

そして，これが③の「宅地建物の取引に関する契約の締結，もしくは契約の申込みを受けない場所（専任取引士を置かない案内所や，取引に関係のない場所）」にあたります。

「では，③は具体的にどのようなものがあるのでしょうか？」

「まずは『契約の締結や契約の申込みを受けない』ことが第１条件となります」

⑧ 継続的に業務を行える施設を持っている場所ではあるが，事務所にあたらない場所

⑨ 一団の宅地建物の分譲を行う場合の，当該物件の現地

⑩ 一団の宅地建物の分譲を，案内所を設置して行う際の案内所

⑪ 業者が，他の業者の依頼により，一団の宅地建物の分譲の代理または媒介を，案内所を設置して行う際の案内所

⑫ 業者が業務に関して，展示会その他これに類する催しを実施する場合，これら展示会場（テント張り等），その他の催しを実施する場所

「②と③の違いは，簡単に見分けられる?」

「ポイントは，契約の締結や契約の申込みを受ける目的で設置したか否かです」

本試験においては「契約の締結や契約の申込みを受ける案内所において…」や「事務所等以外の場所…」という表現で出題されます。

当然，前者は専任取引士を１人は設置しなければならない案内所ですが，後者は設置しない案内所です。そして，専任取引士を設置する割合は違っていても，専任取引士を置くものを事務所等，そうでないものを事務所等以外といいます。

案内所については，報酬額（[5-1] 参照），標識（[5-5] 参照）の掲示の有無，従業者名簿（[5-3] 参照），帳簿（[5-4] 参照）の備付けの有無を中心に出題されることが多く，それらを整理する際には，案内所はいずれは取り壊されるものであり，大事なものを保管しておくとその際に紛失するおそれがあるとイメージしましょう。

○×ドリル 甲県内の一団の宅地 30 区画の分譲について，売主である宅地建物取引業者Ａが宅地建物取引業者Ｂに販売代理を依頼して，Ｂが案内所を設けて，売買契約の申込みを受ける場合，Ｂは，その案内所の従業員数に対して５人に１人以上の割合で，専任の取引士を置かなければならない。

関係する条文 第 31 条〔宅地建物取引上の設置〕3 項

5-7 案内所の届出義務

暗記ナビ

案内所の設置の届出時期は
免許権者と案内所のある場所を管轄する知事に，業務開始日の10日前までに

解説ナビ 業者は，専任取引士を置かなければならない案内所，つまり土地に固定した施設を有し，かつ契約の申込み等を受ける案内所（[5-6] 参照）を設けて業務を行おうとする場合には，業務を開始する10日前までに届け出なければなりません。

届出の内容は，所在地，業務内容，業務を行う期間，専任取引士の氏名等で，これらを記載したうえ，免許を受けた大臣または知事に1通，業務の所在地を管轄する知事に1通，届出を提出しなければなりません。

届出は，直接免許権者と業務の所在地を管轄する知事に行いますが，免許権者が大臣のときには，業務の所在地を管轄する知事を経由して行います。

✔〔罰則〕業務を行う場所の届出に関する違反

業者が業務に関する届出を怠ったり，虚偽の届出をした場合には，50万円以下の罰金

基本ナビ 届出が必要なのは，従業員の数に関係なく，専任取引士を1人設置した案内所に限られています。では，次のような場合には，誰が届出をするのかをみてみましょう。

「業者Aが所有する一団の分譲地を売買する際，業者Bにその媒介を依頼し，Bが契約の申込みを受ける案内所を設置した場合，誰が届け出る?」

「この場合，届出を要する業者はBであり，Aは届出の必要がありません」，免許権者は，その者の審査をする必要があります。この一定の期間が5年なのです」

なぜなら，Aは業者ではあっても単に物件の用意をしただけです。Aにとっては［5-6］であげた「⑨業者が，一団の宅地建物の分譲をする場合においての，当該物件の現地」にあたります。これに対し，Bの設置した案内所は，［5-6］であげた「⑥他の業者の一団の宅地建物の分譲の代理・媒介を行う際の案内所」に該当するため，結果として，Bの届出だけで済みます。

○×ドリル 業者Aは，甲県に本店，乙県に支店を有するが，支店を廃止して，甲県知事免許に免許換えした後，乙県区域内に一団の宅地分譲の申込みを受ける案内所を設置する場合，一定の事項を乙県知事と甲県知事に届け出る必要がある。

関係する条文 第50条〔標識の掲示等〕2項

過去問を解いてみよう

〔問 32〕宅地建物取引業法（以下この問において「法」という。）に規定する取引士に関する次の記述のうち，正しいものはどれか。

（1）取引士は，法第 35 条の規定による重要事項の説明をするときに，その相手方から要求がなければ，宅地建物取引士証の提示はしなくてもよい。

（2）宅地建物取引業者は，10 戸以上の一団の建物を分譲するために案内所を設置し，当該案内所において契約締結を行うときは，1 名以上の成年者である専任の取引士を置かなければならない。

（3）取引士は，取引士としてすべき事務の禁止の処分を受けたときは，2 週間以内に，宅地建物取引士証をその処分を行った都道府県知事に提出しなければならない。

（4）取引士は，法第 18 条第 1 項の登録を受けた後に他の都道府県知事にその登録を移転したときには，移転前の都道府県知事から交付を受けた宅地建物取引士証を用いて引き続き業務を行うことができる。

解答のポイント 基本事項の確認のような問題。こういう問題にはひっかけが多く注意を怠るとしてやられる

解答解説

（1）× 35 条書面の説明ときたら取引士証の提示。要求されなくても必ず取引士証を提示しなければダメ。
タグ 35 条書面の交付相手［業 7-2］

（2）○ ポイントは案内所が契約等を受ける案内所であるか否か。契約等を受けるのであれば専任取引士を 1 名以上置かなければダメ。
タグ 案内所の届出［業 5-7］

（3）× 取引士証の提出ときたら速やかに，取引士証の提出先ときたら交付を受けている知事。『2 週間』ではなく，速やかに，かつ『処分を行った知事』ではなく，取引士証を交付した知事に提出する。
タグ 取引士証の提出［業 2-12］

（4）× 取引士証の書換えときたら移転登録したとき。取引士証には登録権者である知事名も記載されている。したがって，移転登録したときには取引士証の書換えをせずに“前”取引士証を引き続き使うことはできない。
タグ 取引士証の書換え交付［業 2-11］

学習のポイントは？

「どんなときに制限を受けるのか」「どこで取引態様を明示しなくてはいけないのか」「どんな内容が制限を受けるのか」，この３点を重点的に学習しましょう。

ここで学ぶのはどんなこと？

比較的頻出度の低い項目ですが，［6-4］～［6-6］は重要なのでしっかり押さえておくこと。

6 セールスに関する制限

6-1 セールス時の禁止行為

暗記ナビ

1 手付貸与
2 断定的判断
3 威迫
4 不当に急
5 困惑
6 返還拒否
7 契約解除拒否

解説ナビ 上の1～7は以下の禁止行為について，覚えやすいようキーワード化したものです。具体的な内容をみてみましょう。

1 手付貸与により，信用を供与する行為〔キーワード 手付貸与〕

現金を持たずに分譲地へ見学に来た顧客の無知に乗じて「本日限り，手付金が安い」と手付を貸したり，約束手形によって手付金を受領する，手付を分割して受領する等，誠実と思わせて契約の締結を誘引する行為は，契約が締結されたか否かに関係なく禁止されています。

こうした行為を行う業者は，その後，顧客が契約解除を要求すると，手付を放棄して貸付金の返還，莫大な違約金の請求を行うといった，悪質な行為をしかねないからです。

2 断定的判断を提供する行為〔キーワード 断定的判断〕

業者またはその代理人，使用人，その他の従業者が契約の締結の勧誘に際し「いま買えば，２年後には３倍の価値になる」「日当たりも良く，将来南側に３階以上の建物が建つ予定はない」等，将来の利益，環境，交通その他の利便の状況について有利であると告げることによって，相手方に誤解をさせて勧誘することを禁止されています。

3 威迫行為〔キーワード 威迫〕

業者またはその代理人，使用人，その他の従業者が契約を締結させたり，契約の申込みの撤回，契約解除に応じない目的で，その取引の相手方等に対し，言葉や行動で気勢を示して相手方等を不安がらせるような威迫行為は禁止されています。

たとえば，巧妙で悪質な地上げ行為等が該当します。

4 不当に急がせる行為〔キーワード 不当に急〕

正当な理由なく，契約の締結を急がせる行為は禁止されています。

5 **相手方を困惑させる行為〔キーワード 困惑〕**

業者またはその代理人, 使用人, その他の従業者が, 契約を勧誘するとき「今日までしか待てない」「明日になるともう契約できない」等, 取引の相手方等に対して, 正当な理由もなく, 契約の締結を判断するために必要な時間を与えることを拒んだり, 電話・ファックス等で, しつこく勧誘し, 相手方の私生活, 業務の平穏を害するような方法で困惑させる行為は禁止されています。

6 **受領した預り金の返還を拒む行為〔キーワード 返還拒否〕**

業者またはその代理人, 使用人, その他の従業者が, 相手方が解約の申入れや, 契約の解除をしようとするときに, 預り金として受領したものを「預かったお金は手付金なので返せない」として返還を拒む行為は禁止されています。

7 **正当な理由なく契約の解除を拒む, 妨げる行為〔キーワード 契約解除拒否〕**

業者またはその代理人, 使用人, その他の従業者が, 相手方が解約の申入れや, 契約の解除をしようとするときに, 履行に着手していないにもかかわらず, 受領した手付金の返還や手付による解除を拒んで, 損害賠償金を請求する等の行為は禁止されています。

✔ **〔罰則〕手付貸与をした違反**

業者が1の手付貸与による契約締結の誘引(ゆういん)をした場合には, 6ヶ月以下の懲役もしくは100万円以下の罰金, または両方の併科

基本ナビ 1は, 2〜7とは違い, 会社ぐるみでの悪質な行為として厳しく罰せられます。2〜7は, 過度のセールストークが原因となる紛争を未然に防ぐことを目的としているため, 宅建業を営む者すべて（業者, その代理人, 使用人, 従業者）の禁止事項となっています。デパート等でしつこいセールス行為を受け「いやだな」と感じたことを思い出せば, すべて身近な行為として捉えられるでしょう。

○×ドリル 業者Aの分譲する宅地が, 10年後開発予定の地下鉄の複数の駅候補地の1つから徒歩5分の場所にある場合, Aは「地下鉄のシン駅まで徒歩5分」と記載したパンフレットにより契約締結の勧誘をすることができる。

語句の意味をチェックする

免手付貸与…手付金を貸し付けること
供与…ある利益を相手方に与えて得をさせること, その行為

関係する条文 第47条〔業務に関する禁止事項〕3, 第47条の2

6-2 秘密を守る義務

暗記ナビ

守秘義務は業者，使用人，元業者，元使用人にある

解説ナビ 業者や使用人は，業務上知った秘密を，他人に漏らしてはなりません。これを守秘(しゅひ)義務といい，宅建業を廃業した後も守らなければなりません。

ただし，次のような正当な事由がある場合は，この限りではありません。

1 裁判の証人等，法律上秘密事項を告げる義務がある場合

2 取引の相手方等に秘密事項を告知することが義務づけられている場合

3 本人の承諾があった場合

✔〔罰則〕取引士の設置に関する違反

業者等が守秘義務に違反した場合には，50万円以下の罰金

基本ナビ 個人の秘密は最大限に，保護されなければなりません。

「Aさんが資金に困って家を売ろうとした場合は?」

「この場合，Aさんは，できるだけ早く，できるだけ高く売りたいわけですが，それを，業者が買主に漏らしてしまったために，買い叩かれ，最終的には，通常5,000万円のところを4,000万円に値切られてしまいました。これでは，業者を信じたAさんは大損です。ですから，本人から直接知らされた場合であっても，自分で発見したものであっても，業務上知った秘密は他に漏らしてはいけないのです」

ただし，それが取引の利害に関する事実であって，その事実を告げないことで，取引の相手方に大きな不利益を与えてしまうような場合には，取引の関係者にのみ明らかにすることができます。

また［解説ナビ］の1～3の様な事情があれば，明らかにすることができます。

○×ドリル 業者は，宅地建物取引業を営まなくなった後においても，本人の承諾のある場合以外は，その業務上取り扱ったことについて知り得た秘密を他に漏らしてはならない。

関係する条文 第45条〔秘密を守る義務〕，第75条の2〔宅地建物取引業者の使用人等の秘密を守る義務〕

6-3 重要な事項の告知における禁止行為

暗記ナビ

重要な事項について禁止されていることは
1 故意に事実を告げない
2 不実のことを告げる

解説ナビ 35条に記載されている重要事項（［7-1］参照），37条書面（［7-6］参照）に掲げる事項，誇大広告として禁止されている事項（［6-4］参照），供託所等に関する説明（［7-4］参照），取引関係者の資力信用等について，故意に告げないこと，あるいは意図して事実と相違することを告げることで取引の関係者に重大な不利益を与えるおそれがある事項については，業者は，これを重要な事項として取引の相手方に対して正確に告げなければならず，それに反する行為は禁止されています。

〔罰則〕重要な事項の不告知（ふこくち）等をした違反

重要な事項について不告知等をした場合には，２年以下の懲役，もしくは300万円以下の罰金，または両方の併科

基本ナビ 業者等が契約を勧誘する目的で，または契約の申込みの撤回等を妨げる目的で，重要な事項について知っているのに告げなかったり，嘘を告げる行為は禁止されています。前者の場合は故意，過失にかかわらず，重要な事項の不告知等として罰せられますが，後者の場合は，過失によって業者自身が嘘であると知ることができなかったときは，別の処罰はされるものの，重要な事項の不告知等には該当しません。

また，罰則については，不告知等を行った者はもちろんのこと，それらの使用人，従業者等の法人に対しても１億円以下の罰金に処せられる場合があります。

○×ドリル 業者Aは，Bから停止条件付で取得する契約を締結した宅地を，その事実を故意に告げることなく，自ら売主として業者でないCに売却した場合，宅地建物取引業法に違反することはない。

語句の意味をチェックする

不実…誠意に欠けていること。事実でないこと
不告知…告げ知らせないこと。告知しないこと

関係する条文 第47条〔業務に関する禁止事項〕

6-4 誇大広告とは

暗記ナビ

誇大広告等で禁止されていることは
1 著しく事実と相違する表示
2 実際の物件よりも著しく優良・有利と誤認を与える表示

解説ナビ 業者は, 新聞, 雑誌, 社内掲示, 折り込みチラシ等, 様々な方法で, その業務に関する広告を行えますが, 広告方法を問わず, 下記の①〜⑦の事項について, 事実を隠す, 著しく事実と異なる表示, 実際より著しく優良・有利である等の, 読む人に誤解を与える表示は, 誇大広告として禁止されています。

① 宅地または建物の所在
　高級住宅地の町名, 地名を使用し, 実際はそうでないにもかかわらず, 高級住宅地であるかのように表示する等

② 規模, 形質
　中古を新築とする表示等

③ 現在もしくは将来の利用の制限
　市街化調整区域内に存在するにもかかわらず, 家が建築できると表示したり「まもなく用途地域が変更され商業開発が進む」と偽って表示する等

④ 現在もしくは将来の環境
　「近いうちにレジャー開発が進む」と表示したり, 騒音の多い土地を閑静な街と表示する等

⑤ 現在もしくは将来の, 交通その他の利便
　「新幹線や高速道路の計画がある」「駅ができる計画がある」と無根拠な表示をする等

⑥ 代金, 借賃等の対価の額, その支払い方法
　実際は2千万円を「1.8千万円」, 頭金20%を「頭金50万円」, 現金一括払を「割賦払い可能」と表示する等

⑦ 代金や交換差金に関する, 金銭の貸借のあっ旋について
　住宅ローン専門会社しか利用できないにもかかわらず, 金利の低い銀行ローンをあっ旋できると表示する等が, 誇大広告とみなされます。

✔ 〔罰則〕誇大広告等に関する違反
　業者が誇大広告等をした場合には, 6ヶ月以下の懲役もしくは100万円以下の罰金, または両方の併科

基本ナビ 業者は，取引の関係者に対し，信義誠実に業務を遂行しなければなりません。

業者の営業活動は広告から始まりますが，その内容に嘘や偽りのあると，契約締結後にトラブルが発生します。それを未然に防ぐ目的で，誇大広告を禁止しています。

誇大広告とは顧客を誘引する目的で，商品の内容や取引条件等について，事実を誇張して表示した広告です。つまり取引相手等が「これなら取引しよう」と思う物件の内容や条件に誇大な表示があれば，誇大広告となります。

よって，商号が有名大企業に類似していても誇大広告とはなりません（ただし，別の法律に違反します）が，売る予定のない物件を広告し，顧客に別の物件を紹介する「おとり広告」は，著しく事実と相違する表示にあたり，誇大広告となります。

なお，一度でも誇大広告が発覚すると，契約の成立や実害の有無にかかわらず，処分されます。

○×ドリル 宅地建物取引業者が，都市計画法による市街化調整区域内の土地について「近々，市街化区域と市街化調整区域との区分（線引き）を定めることが都道府県の義務でなくなる。」と記載し，当該土地について，すぐにでも市街化区域に変更されるがごとく表示して広告した場合，宅地建物取引業法の規定に違反する。

語句の意味をチェックする

規模…ここでは，宅地や建物の面積
形質…ここでは，土地であれば地目や引用水等の供給施設等の整備状況，建物であれば新築・中古の別，木造，コンクリート造築の構造のこと
交通その他の利便…街の中心部に出るために利用する交通機関の便利さのことで，その種類，路線名，所要時間，最寄りの駅等を指す
環境…ここでは，商店街，学校，病院等の利便性や眺望，騒音等を指す
信義誠実…人の社会共同生活は，相互の信頼と誠実な行動によって円滑に営まれるべきであるとする考えに基づき，権利義務の法律関係も同様にすること
市街化調整区域…自由に建物を建てられない区域のこと［「法令上の制限」参照］
割賦払…代金の支払いを数回に分割すること
交換差金…交換する物件の金額の差額

関係する条文 第32条〔誇大広告等の禁止〕

6-5 広告の開始時期

暗記ナビ

売買，交換，賃借における未完成物件の広告は
必要な許可等を受けてから

解説ナビ 業者は，宅地の造成または，建物の建築に関する工事の完了前に，その工事に関し必要とされる宅地造成の許可や建築の確認等を経た後でなければ，当該工事に係る宅地建物について，業者自ら売主となって，売買，交換を行う旨の広告，業者が代理で，売買，交換，貸借を行う旨の広告，業者が媒介をして，売買，交換，貸借を行う旨の広告をしてはなりません。

基本ナビ 通常，宅建業の広告宣伝は，完成予想図を載せて物件完成前から行われています。顧客がそれを信じて契約する以上，完成物件が予想図とかけ離れていては大問題です。ということは，ほぼ完成予想図通りに完成することが確実な時期にこそ，宣伝を始めるべきであり，その時期とは，宅地建物に関して，必要な許可等を受けた後のことになります。

「工事に関し必要とされる許可等を受ける」とは，設計に問題がないか審査されるということです。設計に大幅な変更を加える必要があるか否かは，この時点で判明し，大幅な変更を要するときには，変更後に改めて，許可等を受けることになります。

逆にいえば，許可等を受けた後は，設計に大幅な変更がないということです。

ひっかけ注意!!

未完成のマンションについて，業者が自ら貸主となって賃貸する旨を広告する場合は許可等を受けた後でなければ広告できない？

答はノー。自ら貸主となっての賃貸は，宅建業にはあたらず，許可等を受けずに広告できます。

○×ドリル 業者Aが自ら売主となって造成工事完了前の宅地を宅建業者でないBに分譲する契約を令和5年10月1日締結した。Aが当該宅地の開発許可を同年9月1日取得し，同年9月10日その分譲のパンフレットをBに郵送したとき，Aは宅建業法に違反する。

語句の意味をチェックする

宅地造成の「許可」…都市計画法の開発許可［「法令上の制限」参照］
建築の「確認」…建築基準法の建築確認［同上］
等（「～宅地造成の許可や建築の確認等」）…農地法の農地転用の許可等［同上］

関係する条文 第33条〔広告の開始時期の制限〕

出題頻度 ★★★★★

6-6 取引態様の明示とは

暗記ナビ

取引態様の明示を行うときは
1 広告
2 受注

解説ナビ 業者は，宅地建物の売買・交換・貸借に関する広告をするときには，それが自ら売主，代理，媒介のいずれによって行うのか，取引態様の別を明示しなければなりません。

さらに，事務所やその他の場所で，宅地建物の売買・交換・貸借に関する注文を受けたときにも，遅滞なくその取引態様の別を明らかにしなければなりません。

なお，取引の態様の別を明らかにする際には，口頭または「物件紹介書」等の書面のどちらでもできます。

基本ナビ 業者が行う宅建業に関する取引は次のいずれかの態様によらなくてはなりません。

① 業者自身が契約の当事者（売主）になって，売買，交換を行う
② 業者が注文者の代理人となって，売買，交換，貸借を成立させる
③ 業者が当事者を媒介して，売買，交換，貸借を成立させる

そして，業者は①～③のうち，どの取引態様をとるのかを明示する必要があります。

というのも「当初は業者相手の売買だったハズなのに，いつの間にか相手が変わって売買の媒介として売買代金の他に報酬まで請求されてしまった」等のトラブルを起こさないためです。

ひっかけ注意!!

取引態様の明示を広告すれば，注文を受けたときには明示しなくてもよいか？

答はノー。共に取引態様を明示する必要があります。注文者が必ずしも広告を見て注文しているとは限らないからです。

では，広告時に取引態様を明示しなくても，注文を受けたときに明示すればよいか？

答えはノー。共に取引態様を明示する必要があります。同じ物件でも，担当者によって媒介になったり，代理になったりでは，公平さに欠けるからです。

○×ドリル 宅地建物取引業者は，注文者に対して必ず文書で取引態様の別を明示しなければならない。

語句の意味をチェックする

取引態様…取引とは，売買，交換，貸借の別，そして態様とは，自ら売主，代理，媒介の別をいい，併せて取引態様という

関係する条文 第34条〔取引態様の明示〕

過去問を解いてみよう

〔問 31〕宅地建物取引業の免許（以下「免許」という。）に関する次の記述のうち，正しいものはどれか。

(1) Aが，土地区画整理事業により換地として取得した宅地を 10 区画に区画割りして，不特定多数の者に対して売却する場合，Aは，免許を必要としない。

(2) Bが，借金の返済に充てるため自己所有の宅地を 10 区画に区画割りして，多数のBの知人又は友人に対して売却をする場合，Bは，免許を必要とする。

(3) Cが，甲県の所有する宅地の売却の代理を甲県から依頼され，当該宅地を 10 区画に区画割りして，多数の公益法人に対して売却する場合，Cは，免許を必要としない。

(4) Dが，1棟のマンション（10 戸）を競売により取得し，自ら借主を募集し，多数の学生に対して賃貸する場合，Dは，免許を必要とする。

解答のポイント 免許の有無は頻出。宅建業に該当する行為か否かを見極めて免許の要・不要を考える

解答解説

(1) ×　自ら売主ときたら宅建業。Aの行為は不特定多数の者に自分の土地を売る，つまり「自ら売主」であり免許が必要。
　タグ 宅建業［業 1-1］

(2) ○　自ら売主ときたら宅建業。Bの行為は不特定多数の者に自分の土地を売る，つまり「自ら売主」であり免許が必要。多数の知人・友人も当然不特定多数に該当する。だまされないように。
　タグ 宅建業［業 1-1］

(3) ×　売買の代理ときたら宅建業。Cの行為は不特定多数の者と甲県の代わりに土地を売る，つまり「売買の代理」であり免許が必要。公益法人は数限りなく存在するので不特定多数に該当する。
　タグ 宅建業［業 1-1］

(4) ×　宅建業ときたら自ら売主・代理・媒介。「自ら貸主」は宅建業にはあたらない。よって免許不要。
　タグ 宅建業［業 1-1］

学習のポイントは?

自分だったら何を知りたいかを考えるといいでしょう。35条は見た目では確認できないこと，そして37条は守ってもらいたいことが記載事項になっています。

ここで学ぶのはどんなこと?

頻出項目なのでしっかりと覚える必要があるが，膨大なのでまずは35条書面（[7-1]～[7-3]参照）に関する事項を頭に入れること。そのうえで余裕があれば，37条書面に関する事項にも挑戦してください。とはいっても，[7-5][7-7][7-8]は必ず押さえておくこと。

7 契約締結に関する制限

7-1 重要事項（35 条書面）の記載事項

暗記ナビ

すべての契約での記載事項は
1 権利の種類・名義人
2 法令上の制限
3 建物賃貸借以外は私道負担
4 飲用水の施設
5 完了時の形状
6 代金以外の金銭・目的
7 契約の解除
8 損害賠償
9 保全の措置２つ
10 代金のあっ旋
11 契約不適合担保責任履行の措置

- 建物状況調査の結果の概要、建物の建築・維持保全の状況に関する書類の保存の状況（売買・交換の場合のみ）
- 造成宅地防災区域か否か
- 土砂災害警戒区域か否か
- 津波災害警戒区域か否か
- 水害ハザードマップの有無
- 水害ハザードマップにおける当該宅地建物の場所（売買･交換･貸借を問わず）

建物の契約での追加事項は
12 石綿使用の記録
13 耐震診断

新築の売買・交換契約での追加事項は
14 住宅性能評価

貸借契約での追加事項は
15 期間，更新
16 用途制限
17 精算金
18 管理会社
19 定期借地，定期借家，終身借家

宅地の貸借契約での追加事項は
20 取壊し

建物の貸借契約での追加事項は
21 台所

区分所有建物での追加事項は
22 敷地の権利
23 共用部分＆専用使用権
24 専有部分の用途制限※
25 管理費＆積立金
26 費用の減免
27 修繕状況
28 管理会社※

（※は貸借契約での追加事項）

解説ナビ 上の1～28は，重要事項のうち，過去に試験に出題された以下について，覚えやすいようキーワード化したものです。具体的な内容をみてみましょう。

1 **目的の宅地・建物の上に登記されている権利の種類と内容と登記名義人〔キーワード 権利の種類・名義人〕**

取引物件の登記名義人，所有権以外の権利の登記がある場合は，その権利の種類と所有者等を明らかにし，実際の所有者を定めます。

登記名義人がない場合は，表題部に記載された所有者名を説明します。

2 **法令に基づく制限の概要〔キーワード 法令上の制限〕**

都市計画法，建築基準法等，説明すべき法令は30種類以上ありますが，取引の態様によって異なります。

たとえば，すべての契約では造成宅地防災区域内や土砂災害警戒区域といった，宅地建物が存在する区域に指定されている区域，宅地・建物の売買や交換の場合は国土利用計画法の届出，都市計画法の行為制限等，すべての法令上の制限等を，宅地の貸借の場合は宅地の売買に関する制限の説明以外はすべて，建物の貸借の場合は賃借権の設定，移転に関する制限のみ，説明する必要があります。

3 **私道の負担に関する事項〔キーワード 建物賃貸借以外は私道負担〕**

土地の一部が私道の敷地となっている場合，私道内は建築不可の説明がないと，顧客に思わぬ損害を与えることになります。対象となる土地の私道負担の有無，私道面積，その位置等を説明します。

しかし，建物の貸借の場合は，すでに建物が建っており説明不要です。

4 **飲用水，電気，ガス，排水に関する供給や施設の状況，あるいは整備の見通し〔キーワード 飲用水の施設〕**

飲用水供給等の施設は，生活に必要不可欠です。したがって，どのような施設が整備されているか，すぐに使えるか，また，施設がない場合には，誰が整備するか，その費用は誰が負担するか，いつ完了するか等を説明します。

5 **宅地建物が工事の完了前である場合は，その完了時における形状，構造等〔キーワード 完了時の形状〕**

物件が工事完了前の場合，仕上がりの予定を説明しなければなりません。

完了時の形状，構造，宅地に接する道路の構造，幅員，建物の主要構造部，内装，外装，設備等を詳しく説明します。

6 **代金，交換差金，借賃以外に授受(じゅじゅ)される金銭がある場合は，その額と目的〔キーワード 代金以外の金銭・目的〕**

手付，敷金，権利金，礼金，保証金等がある場合は，賃借終了後に返還されるか等を含め，受領する金銭の性質や額等を説明します。

7 契約の解除に関する事項〔キーワード 契約の解除〕

いつまで解除できるか，どのような場合にできるか等を説明します。

8 解約，違約の際の，損害賠償額の予定または違約金に関する事項〔キーワード 損害賠償〕

債務不履行の場合の賠償の取り決めの有無と，賠償額を説明します。

9 保全措置に関する事項〔キーワード 保全措置２つ〕

①宅地・建物の工事完了の前後を問わず，手付金等の保全措置を講じる場合は，その措置の概要

これは業者自身が売主となる場合にのみ適用され，どの機関によって保全されるのか（［8-3］参照）等を中心に説明します。

②支払い金または預り金を受領する場合は，保全措置の有無，及びその概要

50 万円以上の支払い金等を受領する際，義務ではないが保全措置や保管措置を講じる場合は9－①と同様です。講じない場合は「講じない」と説明します。

10 代金，または交換差金に関する金銭貸借のあっ旋内容及びそのあっ旋に係る金銭貸借が不成立のときの措置〔キーワード 代金のあっ旋〕

「ローン付き」として，融資をあっ旋しても，必ず融資を受けられるとは限らず，受けられないために購入者が債務不履行になったり，たとえ受けても金利が高い等のトラブルが発生しないよう，融資が受けられなかった場合の措置，融資の条件を説明します。

11 契約不適合を担保すべき責任の履行に関する措置の有無，及びその概要〔キーワード 契約不適合担保責任履行の措置〕

目的物の契約不適合について売主の担保責任を履行できない場合に備えて保証人を立てる制度のことで，保険会社と締結する保証保険契約等，銀行等の金融機関と締結する保証委託契約等があり，これらの契約を締結するか否か等を説明します。

12 建物について，石綿使用の有無の調査の結果が記録されているときは，その内容〔キーワード 石綿使用の記録〕

石綿使用の有無の調査を業者に義務づけるものではありませんが，調査をしたにもかかわらず，その記録がない場合には「記録なし」と説明します。

13 建物が一定の者が行う耐震診断を受けたものであるときは，その内容〔キーワード 耐震診断〕

建物の耐震改修の促進に関する法律に規定する技術上の指針となるべき事項に基づいて，建物が建築士，指定確認検査機関等が行う耐震診断を受けていればその内容を説明しますが，昭和 56 年6月1日以降に新築工事に着手したものは除かれます。

またこの耐震診断は業者に義務づけられているものではありませんが，耐震診断をしたにもかかわらず，その記録がない場合には「記録なし」と説明します。

⑭ 建物が『住宅の品質確保の促進等に関する法律第５条第１項』に規定する住宅性能評価を受けた新築住宅である場合は，その旨〔キーワード 住宅性能評価〕

⑮ 契約期間及び更新に関する事項〔キーワード 期間，更新〕

契約の更新は何年ごとか，賃料の改定はどうするか等を説明します。

⑯ 当該宅地建物の用途，その他の利用にかかわる制限に関する事項〔キーワード 用途制限〕

ペット飼育，フローリング工事等の禁止や，事業用としての利用禁止等の定めがある場合に説明します。

ただし，区分所有建物のときは，㉑で同様の説明をするため除きます。

⑰ 敷金その他，名称を問わず，契約終了時に精算することになっている金銭がある場合は，その精算に関する事項〔キーワード 精算金〕

敷金等（「保証金」等，別の名目になっている場合もある）が，賃料の滞納分との相殺や，原状回復費用として充当される等の説明です。

⑱ 管理会社にその管理を委託している場合は，その管理会社の名前と住所，マンション管理業者の登録を受けている場合は，その番号〔キーワード 管理会社〕

区分所有建物のときには，㉕で同様の説明をするため除きます。

⑲ 定期借地権を設定しようとするときや定期借家契約，終身建物賃貸借契約を締結しようとする場合は，その旨〔キーワード 定期借地，定期借家，終身借家〕

借地権であれば一般定期借地権等，借家であれば定期建物賃貸借や高齢者専用の死亡時に契約が修了する終身建物賃貸借契約を設定するときには，普通の借地権や建物賃貸借契約であると誤解を招かないよう，その旨を説明します。

⑳ 契約終了時に当該宅地上の建物の取壊しに関する事項を定める場合は，その内容〔キーワード 取壊し〕

主に，一般定期借地権（［権利関係 16-11］参照）を念頭にしており，更地にして返還する等の条件について，その内容を説明しなければなりません。

㉑ 台所，浴室，便所その他の当該建物の設備の整備の状況〔キーワード 台所〕

建物の貸借の場合，借主は建物の設備を増改築することがないため，どのような設備が備わっているかは重要な事項です。

㉒ １棟の建物の敷地に関する権利の種類とその内容〔キーワード 敷地の権利〕

敷地の面積や敷地の権利が所有権であるのか，地上権や賃借権であるのかの区別，さらに，規約で定めた敷地であるか否か等を説明します。

23 **共用部分や専用使用権の規約に関する事項〔キーワード 共用部分＆専用使用権〕**

① 規約で共用部分を定めた場合は，その規約の定めの内容

まだ案の状態であればその説明をします。

② 建物または敷地の一部を特定の人だけに使用させる規約の定めがある場合は，その内容

バルコニー，駐車場等，本来は共有物であるものを，特定の者にだけ使用させる定めについて使用料や専用使用できる範囲等を説明します。

24 **専有部分の用途，その他の利用の制限に関する規約等を定め場合は，その内容〔キーワード 用途制限〕**

ペット飼育，フローリング工事等の禁止や，事業用としての利用禁止等の定めがある場合に説明をします。

25 **管理費や積立金に関する事項〔キーワード 管理費＆積立金〕**

① 当該建物の各区分所有者が負担すべき，通常の管理費の額

共用部分の管理等に要する共益費等のことで，マンションを購入しようとする者にとって月々負担する管理費用の額は重要なので，その内容を説明します。

② 積立金の規約がある場合は，その内容と現在積み立てられている総金額

維持・修繕のための積立ては，マンションの財産価値に大きく影響するため説明します。

26 **建物の所有者が負担しなければならない費用を特定の者にのみ減免する旨を定めた場合は，その内容〔キーワード 費用の減免〕**

27 **維持修繕費の実施状況に関する記録がある場合は，その内容〔キーワード 修繕状況〕**

28 **管理会社に管理を委託している場合は，その管理会社の名前と住所，マンション管理業者の登録を受けている場合は，その登録番号〔キーワード 管理会社〕**

マンションの経済価値を適正に維持しつつ快適に暮らすためには，日常の管理を誰が行うのかは重要であるため，説明しなければなりません。

以上のうち，宅地もしくは建物の売買や交換の場合には1～11（新築・中古にかかわらず建物であれば12 13，さらに新築では14も加わる）を，宅地の貸借の場合には1～11，15～20を，建物の貸借の場合には1 2 4～11 15～19 21を，区分所有建物の売買や交換の場合には1～13（新築では14も加わる）22～28を，貸借の場合には1 2 4～11 15 17 19 21 24 28を説明します。

基本ナビ 宅地や建物の買主や借主にとって，購入予定物件についての所有権等の権利を完全に取得できるか否か，また，完全に取得しても，公法上の制限を知らなかったばかりに予定建築物を建てられない等，後になって思わぬ損害を被ることもあります。

本来は，買主は取引上の重要事項を十分調査，確認したうえで契約を締結するのが望ましいのですが，一般消費者は自分で調査する能力を待っていません。

そこで，業者が，十分な知識と経験と調査能力を活かし，取引の相手方に対し一定の重要な事項を事前に説明するのです。これを重要事項の説明といいます。

この重要事項の説明は，必要最低限の事項として，必ず説明しなくてはなりません。よって，「定めがあれば」等以外は，該当しない場合も「なし」と説明する必要があります。

また，説明すべき重要事項が，売買・交換か，貸借かで異なり，建物か宅地かでも異なる点に注意しましょう。

しかし①～㉘がすべての重要事項ではありません。①～㉘はあくまでも頻出事項であり，重要事項はこれら以外にもあります。

たとえば，販売方法が割賦(かっぷ)販売の場合には，現金販売価格，割賦販売価格，宅地建物の引渡しまでに支払うべき現金の額と，引渡し後の割賦金の額・支払時期・方法が重要事項にあたります。

さらに，業者自らが保有する宅地や建物を信託している場合で，業者自身が委託者となってその信託受益権の売主となる場合にも，その取引の相手方を保護するために，信託財産である宅地や建物について重要事項を説明します。その際の説明事項は①～⑤⑪～⑭，さらに区分所有建物であれば㉒～㉘が追加され，宅地や建物の売買に関する重要事項とほぼ同じです。

○×ドリル 宅地建物取引業者が建物の貸借の媒介を行う場合，建物の用途その他の利用の制限に関する事項を説明しなければならない。

語句の意味をチェックする

手付金等…名目を問わず，契約締結後から物件引渡しの間に支払われる金銭

保全措置・保管措置…顧客から受領した金銭を債務不履行のときには返却できるよう，銀行等に保証人になってもらう制度。［8-3］参照

現金販売価格…土地建物の引渡しまでに全額が支払われる場合における価格をいい，通常は割賦販売価格より安く設定されている

割賦販売価格…業者が，割賦販売の方法により販売する場合の価格

割賦販売…宅地建物の「売買代金」の全部または一部を，目的物の引渡し後１年以上の期間にわたり２回以上に分割して受領することを条件として販売すること。月賦販売とは，毎月払うことだが「割賦販売」という場合は，毎月支払いというような形には限定されない。［8-7］参照

信託…一定の目的に従って財産の管理や処分をさせるため，他人に財産権の移転その他の処分をすること

信託受益権…信託財産の運用から生ずる収益の分配を受けたり，信託契約の終了後信託財産の元本の償還を受ける信託の受益者の権利

受益者…一定の行為，事実その他の原因によって利益を受ける者

関係する条文 第３条の２〔免許の条件〕，第５条〔免許の基準〕1,2 項

7-2 重要事項を説明する相手

暗記ナビ

重要事項を説明する相手は，買主と借主

解説ナビ 重要事項の説明は自ら売買, 代理, 媒介のいずれの態様であっても, また, 顧客が業者であっても売買・交換ならば買主に対して, 貸借ならば借主に対してそれぞれ行われます。

基本ナビ 重要事項の説明は，買主や借主が契約をするか否かを決める重要なものです。したがって，誰が説明しても良いというわけにはいきません。どんな疑問にも懇切丁寧に受け答えしてくれる人物が望ましいのです。それが, 取引士なのです。取引士であるか否かを証明するには, 取引士証を提示するのが一番です。とはいえ専任である必要はありません。

また，ひとつの取引に対して間に立つ業者が数人居る場合，誰が重要事項の説明をするのかが問題となります。原則的にはすべての業者にその義務があります。しかし顧客の方も同じ説明を何度も聴くのは大変で，飽きてしまいます。そこで責任は全業者，全取引士にあるものの，1人の取引士に代表で説明させることが可能です。

さらに，業者が信託受益権の売主となる場合にも，その取引の相手方に対して同様に説明しますが，このような取引は信託のプロ同士で行われることが多いことから，次の場合には相手方の保護に支障を生ずることがないものとして，重要事項の説明が不要となります。

1. **金融商品取引法等で特定投資家（いわゆる投資のプロ）とみなされる者を信託の受益権の売買の相手方とする場合**
2. **信託受益権の売買契約の締結前 1 年以内に，売買の相手方に対して当該契約と同一の内容の契約について書面を交付して説明している場合　等**

注）買主や借主が宅建業者の場合「重要事項の説明」は不要です。
しかし,「35 条書面」の交付は省略できません。

○×ドリル

業者Aは，宅地を自ら売主として売却するため，他の業者Bにその代理を依頼し，業者Cに売却する契約を締結した場合，Aは，取引士をして，Cに対し宅建業法第 35 条に基づく重要事項の説明をさせる義務はなく，Bがその義務を負う。

関係する条文 第 35 条〔重要事項の説明等〕

7-3 重要事項を説明する時期

暗記ナビ

重要事項を説明し交付する時期は，必ず契約締結前

解説ナビ 重要事項の説明は，必ず契約締結前に，業者が取引士に口頭で説明させますが，その際取引士は，必ず取引士証を提示しなければなりません。

また，業者は取引士に説明させるだけでなく，その内容を書面にしたものを買主や借主に交付させなければなりません。一方，取引士は記載内容について十分調査，検討し，記載漏れがないかを確認した証拠として，書面に記名をします。

〔罰則〕重要事項の説明に関する違反

重要事項の説明にあたり，取引士が取引士証を提示しなかった場合には，10万円の過料

基本ナビ 重要事項の説明は，通常，契約成立前に顧客に書面を見せながら，その書面にそって取引士が行います。そこでは，「必ず，契約成立前に行わなければならない」という点が重要です。なぜなら買主や借主は重要事項の説明を聞いて契約するか否かを考えるため，契約成立後に説明しても何の意味もないからです。そして，この説明の時期は本試験頻出事項です。

注）平成 29 年の法改正では貸借の媒介代理のみでしたが，令和 3 年より，全契約に拡大され，売買でも交換でもすべての宅地建物取引について重要事項説明のときに IT（テレビ会議、テレビ電話（スカイプ））等を使って説明してよいことになりました。これにより重要事項説明は、これまでどおり対面で行ってもよいし、IT を使ってもよいということです。

令和 4 年の改正により，宅建業者は，相手方の承諾を得て，書面の交付に代えて電磁的方法により，取引士をもって，書面に記載すべき事項を提供させることができるようになりました。電磁的方法による提供であっても，書面を交付させたものとみなされます。

〇×ドリル 宅地建物取引業者Ａが，自ら売主として，宅地建物取引業者でないＢと土地付建物の売買契約を締結しようとする場合において，Ａが，遠隔地に住んでいるＢの了承を得て，「Ｂが希望する時期に説明する」旨の条件付きで重要事項説明書を郵送した場合で，Ｂから希望する時期を明示されないときでも，Ａは，重要事項の説明を行った後に限り，売買契約を締結することができる。

関係する条文 第 35 条〔重要事項の説明等〕

7-4 供託所等に関する説明の時期

暗記ナビ

供託所，保証協会に関する説明は，契約締結前

解説ナビ 業者は，取引の相手方に対して，重要事項の説明の他に，売買・交換・貸借の契約が成立するまでの間に，次の事項について説明をするようにしなければなりません。

1. **保証協会の社員でない場合**

   営業保証金を供託した供託所とその所在地

2. **保証協会の社員の場合**

   社員であること，加入している保証協会の名称と住所，その保証協会が弁済業務保証金を供託している供託所とその所在地

基本ナビ この供託所に関する説明は，業者と取引をした相手方が，その取引によって被害を受けた場合でも，決して泣き寝入りにならないための便宜です。

したがって，供託所の所在を明らかにすることは業者の誠実さに任されており，取引士に説明させる必要もなければ，書面を交付する必要もありません。説明する場合でも，従業員が口頭で行えばＯＫです。

ただし，実務上はほとんどの業者が重要事項とともに説明しているのが現状です。

［解説ナビ］にもあるように，「説明するようにしなければならない」は義務規定を指しているわけではありません。

したがって，説明しなかったからといって，厳しい監督処分や罰則が設けられているわけではありませんが，本試験においても「説明しなければならない」に近い言い回しになる場合があるので注意しましょう。

注）取引の相手方が宅建業者の場合「供託所等の説明」は不要です。

○×ドリル 保証協会に加入している宅地建物取引業者Ａは，自己所有の宅地を宅地建物取引業者Ｂに売却する場合，売買契約が成立するまでの間に，Ａが保証協会の社員である旨の説明は行わなくてもよい。

関係する条文 第35条の2〔供託所等に関する説明〕

7-5 契約締結の時期

暗記ナビ

未完成物件の売買・交換契約は，必要な許可等を受けてから

解説ナビ 業者は，宅地の造成または，建物の建築に関する工事の完了前において当該工事に関して必要とされる宅地造成の許可や建築の確認等を経てその工事が予想完成図通りにできるという証明が下りた後でなければ，当該工事に係る宅地建物について，業者が自ら売主として，あるいは代理して，さらには媒介して行う売買・交換の契約を締結できません。

基本ナビ 物件が完成していれば，当然工事も完了しているため，すぐにでも契約が締結できます。しかし，未完成物件については，契約締結時の予想完成図と実際の出来上がりに大きな差があれば，当然トラブルの原因になります（[6-5] 参照）。

よって，広告の時期同様に，契約締結の時期についても適時があるのです。ここで注意することは，広告の開始時期と契約締結の開始時期のとに大きな違いがある，貸借の代理・媒介についての取扱いです。

広告の開始時期では，貸借の代理・媒介についても，工事に必要な許可等を受けた後でなければなりませんでしたが，契約の開始時期においては，制限を受けません。

なぜなら，広告はそれによって人を集めるものですから，たとえ，貸借の代理・媒介でも嘘を書くわけにはいきませんが，契約は，業者が示したものと完成したものが食い違っていたとしても，多額の違約金等を発生することなく「違うからやめる」と，顧客から簡単に契約解除できるからです。

〇×ドリル 業者は，建物の建築工事着手前において，建築基準法第 6 条第 1 項の確認を受けていない場合であっても，当該確認を受けることを停止条件とする特約付きで建物の売買契約を締結することができる。

関係する条文 第 36 条〔契約締結等の時期の制限〕

7-6 37 条書面の記載事項

暗記ナビ

売買・交換の場合の 37 条書面の記載事項は
1 当事者
2 物件の表示
3 代金の額・時期・方法
4 引渡時期
5 登記申請時期
6 代金以外の金銭※・目的※・時期（なければ不要）
7 契約の解除※（なければ不要）
8 損害賠償※（なければ不要）
9 代金のあっ旋※（なければ不要）
10 危険負担（なければ不要）
11 契約不適合担保責任（なければ不要）
12 租税，公課（なければ不要）
貸借の場合の 37 条書面の記載事項は
1 2 4 7 8 10
13 貸借の額・時期・方法
14 借賃以外の金銭※・目的※・時期（なければ不要）

（※は 35 条書面との共通事項）

解説ナビ 上の1～14は，37 条書面の記載事項を覚えやすいようキーワード化したもので，35 条書面と比較できるよう，35 条書面との共通事項には［暗記ナビ］に※印を付けています。具体的な内容をみてみましょう。

1 当事者の氏名・住所〔キーワード 当事者〕

当事者を特定するために記載します。

〔35 条書面では…〕契約することが決まってはじめて特定できることから，35 条書面には記載されません。

2 物件を特定するための表示〔キーワード 物件の表示〕

目的物を特定するために，宅地の場合には，所在，地番等，建物の場合には，所在，種類，構造等が記載されます。

〔35 条書面では…〕契約することが決まってはじめて特定できることから，35 条書面には記載されません。

3 代金や交換差金の額，その支払いの時期と方法〔キーワード 代金の額・時期・方法〕

代金の支払いは，重要な買主の義務でもあるため，その額，支払方法，支払時期，消費税（建物の場合）を明確に定め記載します。

〔35条書面では…〕買主が「買う」と決めてからの交渉過程での値引きもあり得るため，35条書面には記載されません。

4 宅地建物の引渡しの時期〔キーワード 引渡時期〕

物件の引渡しは，鍵の引渡し等によって行われますが，その引渡し時期を明確に定め記載します。

〔35条書面では…〕契約することが決まってはじめて決定できることから，35条書面には記載されません。

5 移転登記の申請をする時期〔キーワード 登記申請時期〕

特に宅地の場合には，第三者対抗要件を備えるまでは買主は安心できないため，いつ所有権の登記が移転されるのかを明確に定め記載します。

〔35条書面では…〕契約することが決まってはじめて決定できることから，35条書面には記載されません。

6 代金以外の金銭の授受に関する定めがある場合は，その授受の金額と目的と時期〔キーワード 代金以外の金銭・目的・時期〕

授受の金額，目的，時期の3つについて定め記載しますが，定めがない場合は記載の必要はありません。

〔35条書面では…〕授受の金額，目的の2つについては，それを用意する買主があらかじめ知っておく必要があるため35条書面にも記載しなければなりませんが，授受の時期については，契約することが決まってはじめて決定できることから記載されません。

7 契約の解除に関する定めがある場合は，その内容〔キーワード 契約の解除〕

「解除に多額のお金がかかるなら買わなかったのに」という事態にならないよう，定め記載しますが，定めがない場合は記載の必要はありません。

〔35条書面では…〕知らずに契約するとなると買主のリスクが大き過ぎるため，35条書面にも記載しなければなりません。

8 損害賠償額の予定，または違約金に関する定めがある場合は，その内容〔キーワード 損害賠償〕

「多額の違約金を取られるなら買わなかったのに」という事態にならないよう，定め記載しますが，定めがない場合は記載の必要はありません。定めがない場合は民法の損害賠償の規定（［権利関係 8-16］参照）が適用されます。

〔35 条書面では…〕知らずに契約するとなると買主のリスクが大き過ぎるため，35条書面にも記載しなければなりません。

9 代金または交換差金についての金銭貸借のあっ旋に関する定めがある場合は，そのあっ旋に係る金銭の貸借が不成立のときの措置〔キーワード 代金のあっ旋〕

融資をあてにして契約したが受けらなかった，融資は受けられたものの高金利だった等の事態に対処できるよう，融資が受けられなかったときの措置をや融資の条件等について定め記載しますが，定めがない場合は記載の必要はありません。

〔35 条書面では…〕融資の有無や内容は購入を決める大きな条件のひとつなので 35条書面にも記載しなければなりません。

10 天災その他，不可抗力による損害の負担に関する定めがある場合は，その内容〔キーワード 危険負担〕

危険負担は誰が負うかを定め記載しますが，定めがない場合は記載の必要はありません。実際には「引渡しまでの危険負担は売主が負う」旨の特約をする場合がほとんどですが，定めがない場合は民法の危険負担（[権利関係 8-20] 参照）が適用されます。

〔35 条書面では…〕契約することが決まってはじめて決定できることから，35 条書面には記載されません。

11 宅地建物の契約不適合を担保すべき責任または当該責任の履行に関して講ずべき保証保険契約締結その他の措置についての定めがある場合は，その内容〔キーワード 契約不適合担保責任〕

契約不適合担保責任を誰が負うか，あるいは契約不適合を誰が保証してくれるかを定め記載しますが，定めがない場合は記載の必要はありません。定めがない場合は民法の売主の担保責任（[権利関係 10 章] 参照）が適用されます。

〔35 条書面では…〕契約不適合担保責任については，契約不適合の実在を前提にして物件を説明するのも妙な話であり，35 条書面には記載されませんが，保証保険契約については，契約不適合担保責任の履行を保証してくれる，いわば保証人に関する重要な情報なので，(詳細な内容は 37 条に記載するとしても）その概要を 35 条書面に記載します。

12 宅地建物に係る租税，その他の公課の負担に関する定めがある場合は，その内容〔キーワード 租税，公課〕

固定資産税等の負担の内容や負担割合等について定め記載しますが，定めがない場合は記載の必要はありません。たとえば固定資産税は毎年 1 月 1 日現在の固定資産課税台帳（[法令上の制限 10-1] 参照）に登録されている所有者に課されるので，引渡しの日を境に税金の負担割合を決める場合がほとんどです。そのためには4の引渡し日が決まっていなければなりません。

〔35 条書面では…〕契約することが決まってはじめて特定及び決定できることから，35 条書面には記載されません。

⑬ 貸借の額・支払時期とその方法〔キーワード 貸借の額・時期・方法〕

貸借について借賃額，支払時期，支払方法の３つを明確に定め記載します。

〔35 条書面では…〕**借**りることが決まってはじめて決定できることから，35 条書面には記載されません。

⑭ 借賃以外の金銭の授受に関する定めがある場合は，授受の時期並びに金額と目的〔キーワード 借賃以外の金銭・目的・時期（なければ不要）〕

保証金等について額，その目的，授受の時期の３つを定め記載しますが，定めがない場合は記載の必要はありません。

〔35 条書面では…〕時期については借りることが決まってはじめて決定できることから，35 条書面には記載されませんが，賃料以外の金銭は借主が事前に想定していない場合もあり得るため，その金額と目的については，35 条書面にも記載しなければなりません。

以上，①～⑭のうち，業者が取引の相手方と売買・交換に関する契約を締結したときには①～⑫，貸借に関する契約を締結したときには①②④⑦⑧⑩⑬⑭を記載した書面を交付しなければなりません。

基本ナビ 高額な契約となる宅地建物の購入等に際しては，契約締結時の不明確な取り決めが後のトラブルの原因になりやすく，特に債務不履行に関する取り決めは非常に重要といえます。

そこで業者には，契約内容を 37 条書面として相手方に交付する義務が課せられています。

37 条書面は通常，売買契約書あるいは貸借契約書と呼びますが，宅建試験においては「37 条に規定する書面」あるいは「37 条書面」として出題され，その際には，35 条書面と 37 条書面の共通事項，相違事項について頻繁に問われます。

したがって，①～⑭を覚える必要がありますが，35 条書面の重要事項と，35 条書面と 37 条書面の共通事項の２点についてしっかり覚えておけば，自ずと「それ以外ならば 37 条事項のみの重要事項」と判別できるので便利です。

○×ドリル マンションの貸借の媒介を行った業者Ａは，貸主が借賃の支払方法を定めていなかったので，宅地建物取引業法第 37 条の規定に基づく書面において借賃の支払方法を記載しなかった場合，宅建業法に違反する。

語句の意味をチェックする

租税…国または地方公共団体が強制的に，私人に対し賦課する金銭給付。単に税ともいう
公課…国または地方公共団体が，その公の目的のために課する金銭負担のうち租税以外のもの

関係する条文 第 37 条〔書面の交付〕1,2 項

7-7 37条書面を交付する相手

暗記ナビ

37条書面を交付する相手は
1 自ら売主の売買・交換…………契約の相手方
2 代理での売買・交換・貸借……契約の相手方，代理の依頼者
3 媒介での売買・交換・貸借……契約の各当事者

解説ナビ 業者は，自ら売主となって契約を締結したときには，その契約の相手方（買主）に対し1通だけ，契約の当事者を代理して契約を締結したときには，その相手方と代理を依頼した人の双方に対し1通ずつの計2通，さらに，業者が媒介をして成立したときも，当事者である売主・買主または貸主・借主に対して1通ずつ計2通の，37条書面をそれぞれ交付しなければなりません。

✔〔罰則〕37条書面に関する違反

業者が37条書面を交付しなかった場合には，50万円以下の罰金

基本ナビ 37条書面については，その記載事項よりも，交付相手（交付先）について頻繁に出題されます。35条書面とは違い，契約の各当事者に交付することに注意しましょう。

○×ドリル 売主A，買主Bの間の宅地の売買について宅地建物取引業者Cが媒介した場合，Cは，Bに対しては37条書面を交付したが，Aに対しては37条書面を交付しなかった。宅地建物取引業法の規定に違反する。

関係する条文 第37条〔書面の交付〕1,2項

7-8 37条書面を交付する時期

暗記ナビ

37条書面を交付する時期は，契約成立後遅滞なく

解説ナビ 業者は，宅地建物の売買・交換・貸借に関して，契約成立時には，契約内容を記載した書面を作成します。そして，その内容を取引士にチェックさせ，問題点がなければ，取引士に記名をさせなければなりません。

そのうえで，業者は，その書面を契約成立後，遅滞なく当事者等に交付します。たとえ，相手方が業者であっても，必ず交付しなければなりません。

ただし，交付は，取引士以外の従業員が行っても構いません。

基本ナビ 37条書面は，買物のレシートみたいなもので，どんな取引をしたかの記録であり，業者との取引でトラブルが起きた際には重要な証拠となります。記録は行為の後に残すものと考えれば，37条書面が契約成立後に交付されるものとすぐわかりますよね。

注）令和4年の改正により，宅建業者は，37条書面の交付に関して，書面の交付に代えて相手方の承諾を得て，書面に記載すべき事項を電磁的方法により提供することが可能となりました。その場合，電磁的方法であっても，書面を交付したものとみなされます。

売主A，買主Bの間の宅地の売買について宅地建物取引業者Cが媒介した場合において，Cが，37条書面をA及びBに対して交付したが，当該書面が専任でない取引士をして記名させたとき，宅地建物取引業法の規定に違反する。

関係する条文 第37条〔書面の交付〕1,3項

7-9 不当な履行遅延の禁止

暗記ナビ

不当な遅延を禁止されているのは
1 登記，引渡し
2 取引の対価の支払い

解説ナビ 業者の責任において履行遅滞が生じた場合は，不当に履行を遅延する行為に該当するため，業者が罰せられることになります。

たとえ相手方が業者であっても，不当に履行を遅延する行為は禁止されています。

ただし，天災等の不可抗力によって債務の履行が遅れた場合には，不当な履行遅延（りこうちえん）にはあたりません。

✔ **〔罰則〕不当な履行遅延に関する違反**

業者が業務の履行を不当に遅延した場合には，6ヶ月以下の懲役もしくは100万円以下の罰金，または両方の併科

基本ナビ 民法上においては，債務者が契約の内容に従って債務を実現しなかったとしても，債務不履行の責任を負うだけです。債権者は，裁判所に訴えるか，履行遅滞を理由に契約を解除して損害賠償を求めるしか方法がありません。

しかし，これは，時間とお金，そして，それなりの知識があってはじめてできることであり，実際には泣き寝入りする人が多いことでしょう。

業者は，宅地建物の取引を業として行う者であり，債務の履行をする際にも，宅地建物取引のプロとして信義誠実に行わなければなりません。したがって，宅地または建物を売却した業者が，長期間所有権移転に応じなかった，すでに代金を受領して引渡し時期が来ているにもかかわらず引き渡さない，売買を媒介した業者が買主から預かった手付金を流用し売主へ支払不能となった等，債務を不当に遅延する行為は，信義誠実に業務を行っていない結果とされます。ですから，顧客が裁判を起こすまでもなく，罰則をもって処分されることになります。

○×ドリル 業者Aが，宅建業を廃止した旨の届出をした後においても，Aは，届出前に締結した宅地分譲の契約に基づく当該宅地の引渡しを，不当に遅延する行為をしてはならない。

関係する条文 第44条〔不当な履行遅延の禁止〕

学習のポイントは?

宅建業法のなかで最も難しい章です。ということは，得点源にできた人はかなり合格に近づけるということでもあります。注意すべきは「買主が誰か」をまっ先に確認すること。それから，本章であげた制限内であるか否かを見極めましょう。

ここで学ぶのはどんなこと?

［8-1］～［8-3］は理解，［8-4］～［8-7］は暗記が決め手となります。理解・暗記できるまで何度も反復して学習しましょう。

8 業者が売主となる売買契約の制限

最初に知っておこう

宅地建物の取引態様には，自らが売主となって売買・交換する場合と，本人の代理や媒介をして売買・交換・貸借をする場合がありましたが，このうち，業者が自ら売主となって売買する場合には，知識，経験，情報力等の当事者間の公平を考え，相手方（買主）が自衛手段を持たない一般消費者である場合に限って，一定の事項について制限を加えています。

そして，制限が加えられている事項とは次の８つです。

1 クーリング・オフ（[8-1] 参照）

クーリング・オフとは白紙撤回であり，民法の無効や取消しと同様の効果があります。民法では意思表示に錯誤等の問題を含んでいたときのみに無効や取消しを行えますが，ここでは意思表示に問題が含まれていなくとも白紙撤回できるよう，逆にいうと有効に成立する契約の範囲が制限されています。

2 他人物売買（[8-2] 参照）

民法では他人の権利を売買の対象とすることができますが，ここでは制限されています。

3 手付金等の保全（[8-3] 参照）

手付金等の保全とは簡単にいうと原状回復のために保証人を立てる制度です。民法では原状回復は当事者同士の義務としてゆだねられていますが，ここでは当事者同士にゆだねるのではなく確実に原状回復できるよう制限されています。

4 手付金の額（[8-4] 参照）

民法では手付金の額を自由に設定できますが，ここでは制限されています。

5 損害賠償の予定等の額（[8-5] 参照）

民法では損害賠償の予定額を自由に設定できますが，ここでは制限されています。

6 契約不適合責任（[8-6] 参照）

民法では契約不適合責任において，責任を負わない旨の特約をすることができますが，ここでは制限されています。

7 割賦販売契約（[8-7] 参照）

民法では一定の手続きのうえ，債権者は契約を解除ができますが，ここでは制限されています。

8 所有権留保（[8-7] 参照）

民法では期限や条件が付いた場合を除き，原則として所有権は契約成立時点で移転しますが，ここでは制限されています。

これらの制限が，買主が一般消費者である場合に限られているのは，相手方が業者の場合には知識，経験，情報力等，対等の取引が行えることから，民法の規定の範囲で売買契約を締結しても支障がないからです。したがって，業者同士の取引においては不要となります。

語句の意味をチェックする

所有権留保…売主が売買代金を担保するため，代金が完済されるまで引渡しの終えた目的物の所有権を留保するもの

8-1 クーリング・オフできるとき

暗記ナビ

申込者等がクーリング・オフできるときは
〔前提〕事務所等以外で買受けの申込み等したとき
1 物件の未引渡し，または，代金未納分がある
2 書面で撤回等ができる旨を告げられた日から８日以内

解説ナビ 業者が自ら売主になる宅地建物の売買契約で，業者の事務所等以外の場所，つまり専任取引士を置いていない場所において，一般の買主が宅地・建物の買受けを申し込んだとき，その申込者等は，申込みの撤回等（クーリング・オフ）ができます。

撤回等の方法は「言った言わない」の争いにならないよう，書面で行わなければならず，撤回の効力は，この書面を発したときに生ずることになります。

この書面を受けた業者は申込者等に対して，速やかに，買受けの申込みまたは売買契約の際に受領した手付金，その他の金銭を返還しなければなりません。

この申込みが撤回等ができる時期は，申込者等が宅地建物の引渡しを受け，かつ，その代金の全部を支払う，つまり業者・申込者等の両者の債務の履行が終了するまでです。

しかし，売主である業者から，書面で「事務所等以外の場所での契約なので，８日以内ならば書面で解除できます」と申込みの撤回等ができる旨とその方法を告げられた申込者等は，その日から起算して８日を経過すると撤回等ができなくなります。

一方，はじめから撤回等ができない場所もあります。具体的には「専任取引士を置いている場所」，つまり主たる事務所，従たる事務所，そして「土地に固定した施設を有し，かつ，申込み等を受ける案内所」ですが，さらに次の２つも撤回等ができない場所とされています。

①他の業者に，分譲等の物件販売の代理や媒介を依頼した場合における，代理・媒介の依頼を受けた業者の事務所等

②客から，客の自宅や客の勤務先で契約の説明を受ける旨の申し出があった場合にはその場所

②の場合，申込者等が呼び出してもいないのに，自宅や会社等に業者が押し掛けてきたり，逆に，呼び出したものの，その場所が喫茶店であった等の場合には，いくら購入の意思表示をしたとしても，申込者等はクーリング・オフできます。

以上の規定に反する特約で，申込者等に不利なものは無効となります。

基本ナビ クーリング・オフとは十分考えずに購入を決定してしまった場合，購入者にもう一度考え直す猶予を与える制度で，契約等をキャンセルすれば意思決定をしていなかった状態（白紙）に戻せます。

クーリング・オフについてはポイントが３つあります。

(1) 業者自身が売主であること

(2) 申込みの意思表示がどこで行われたのか

(3) クーリング・オフは，必ず，書面で行わなければならない

このうち，(2) が理解しづらいと思いますが，事務所等以外であるか否かをポイントに，加えて「申込み後に契約」といった形式で出題されたときには，申込みの方が重要視されることを整理しながら学習すれば，確実に理解できます。そのうえで，(3) ではクーリング・オフできる期間についてチェックしましょう。

[解説ナビ] の『両者の債務の履行が終了するまで』とは，たとえば物件の引渡しを受けていても，１円でも未払いであれば，申込者等にとってはいつでも撤回等できる状態を指しますが，売主である業者にとっては，次の契約者も探せず，受領した金銭も使えない状態です。

そこで，申込者等が常に撤回等できる状態に期限を設ける方法として，業者からの書面があります。

ただし，書面は申込者等へ交付されなければならないため，単に告げられただけの申込者等は，依然として『両者の債務の履行が終了するまで』は常に撤回等できます。

また，[8 章 - 最初に知っておこう] でも述べたように，この規定は，相手方が業者の場合には，適用されませんので，たとえ業者同士が近所の喫茶店で契約したとしても，撤回等できません。

ひっかけ注意!!

契約の申込みを近所の喫茶店で行い，締結は事務所で行った場合，契約は解除できない?

答はノー。この場合は解除できます。クーリング・オフの主旨は「不安定な状況でした意思表示は修正できる」ことです。

つまり契約の締結をどこでしようが，これは，単なる手続きであり，意思表示がどこでされたかが重要となってきます。喫茶店は，落ち着いてのんびりできるところもありますが，音楽も流れ，人の出入りも多いので，意思表示をする場所として不適当とされるのです。

クーリング・オフできる場合で，物件の引渡しを受け，かつ，代金の半分まで支払っている場合，契約を解除できない?

答はノー。クーリング・オフは「物件の引渡しを受け，かつ，代金の全額を支払った」ときにできなくなります。代金の支払いがまだ半分残っていれば，契約を解除できます。

○×ドリル 業者が 15 戸の一団の建物の分譲をするに当たって，当該建物の一棟に専任の取引士を置いた案内所を設置した場合，その案内所でなされた買受けの申込みについては，宅地建物取引業法第 37 条の 2 により撤回されることがある。

語句の意味をチェックする

申込みの撤回等…申込みの撤回と契約の解除

申込者等…買受けの申込みをした人と，売買契約をした人

関係する条文 第 37 条の 2〔事務所等以外の場所においてした買受けの申込みの撤回等〕

8-2 他人物売買ができるとき

暗記ナビ

他人物売買ができるときは
1 物件が将来業者のものになることが確実なとき
2 工事完了前の物件は，許可等を済ませ，手付金等の保全を行っているとき

解説ナビ 業者は，原則として，自分の所有ではない宅地建物を，自ら売主となって，売買（予約も含む）してはなりません。ただし，例外が２つあります。

1 物件が将来業者のものになることが確実なとき

たとえば，業者が，当該宅地建物を，その所有者から取得する契約や予約をすでに結んでいる場合，その物件が将来売主のものになることは明らかです。このような場合には，物件が現在他人のものであっても，業者自身のものとして，その物件を売買できます。

これには「土地区画整理事業等における保留地予定地である宅地をその施行者から取得する契約を締結している」等，都市計画法，土地区画整理法その他の法律の規定で，その物件が将来売主である業者のものになることが明白な場合も含まれます。

しかし，所有者と業者との間の契約が「農地法の許可が下りたら」等，停止条件付で結ばれた場合には，条件が成就するか否かが不確実であるため，条件が成就するまでは，その物件を，自ら売主として他の者に売ることはできません。

2 工事完了前の物件は，許可等を済ませ，手付金等の保全を行っているとき

未完成物件は，完成してはじめて所有権が所有者に帰属します。よって，未だ業者に所有権が帰属していない未完成物件は，工事に必要な許可等を受け，さらに，［8-3］で学習する手付金等の保全措置を行っていなければ売買できません。

以上，これら２つの例外は，取引の相手方が業者であれば適用されません。

したがって，同業者間では，たとえ停止条件付であっても，手付金等の保全措置がなくても取引できるのです。

基本ナビ　民法においては，他人の物であっても「あいつの土地を購入するつもりだから，おまえ，それを買わないか」と，買主を決めてから，目的物の持ち主へ売ってもらえるよう交渉できます。しかし，業者の場合には，まず目的の物件を売ってもらうよう交渉が成立してからでなければ，その目的の物件についての売買はできません。

これは，業者が宅地建物の取引を業として行っている以上，相手方は，業者を全面的に信頼して取り引きするため，業者には，目的の物件を確実に買主に引き渡す義務があるからです。

物件が手に入らなかったときに一番被害を受けるのは顧客ですから，業者は顧客の信頼に応えるべく，責任を持って取り引きしなければなりません。

買主が，民法の規定通り売買契約の解除や損害賠償を請求したとしても，知識，経験のある業者にかなうわけがなく，買主側は救済されないことがほとんどです。

このような事態を防止するために，他人の宅地建物を業者が売主となって売ることは禁止されているのです。

これに対して，買主が業者の場合には，民法で学習する「他人の権利の売買における売主の義務、売主の担保責任」（[権利関係 10-1　10-2] 参照）の規定が適用されることになります。

問題を解く際には「他人物，買主が一般人」の２つをまずは探し出し，次に「停止条件」といったヒッカケ要素を探し出せば，意外とカンタンに解けるハズですよ。

○×ドリル　業者Ａは業者でないＢの保留地予定地（造成工事完了済み）について，業者でないＣに売買する場合，Ａは，自ら売主として，保留地予定地をＣに販売するときには，あらかじめＢからその保留地予定地を取得する契約を締結しなければならない。

関係する条文　第 33 条の 2〔自己の所有に属しない宅地または建物の売買契約締結の制限〕

8-3 手付金等の保全が不要なとき

暗記ナビ

手付金等の保全が不要なときは
1 未完成物件……手付金等が代金の5%以下で1,000万円以下のとき
2 完成物件………手付金等が代金の10%以下で1,000万円以下のとき
3 買主名義で所有権の登記がされたとき

解説ナビ 業者は，売買契約締結後，物件を引き渡すまでの間に買主から手付金等を受領する場合に，保全措置等（保全措置または保管措置）を講じなければなりません。その際に保全措置等を受領した手付金等で講じることができる，つまり手付金等の受領後でもよいとすると保全の意味をなさなくなる可能性も生じます。よって，保全措置等は手付金等の受領前に講じなければなりません。

しかし，以下の場合には保全措置等は不要です。

1 未完成物件で，手付金等の額が売買代金の5％以下，かつ，1,000万円以下のとき

2 完成物件で，手付金等の額が売買代金の10%以下，かつ，1,000万円以下のとき

12ともにこれらの基準を超えるときには，今までに受領した金銭を含んだ金額すべてについて，1では保全措置，2では保全措置等を講じなければなりません。

3 物件の所有権が買主名義で登記されたとき

買主名義で登記が行われるということは，業者の債務が履行されたことを意味し，少なくとも買主の権利は保護されたことになるため，保全措置等は不要です。

基本ナビ 最近は，マンションや戸建て住宅等を完成前に売り出すことがほとんどです。業者が建物の完成前に倒産してしまい，引渡しはおろか代金も返還されないという被害も増えています。

そこで，業者の倒産が原因で買主が物件の引渡しを受けられないときには，買主にそれまでに支払った金銭を取り戻せるよう業者が保証人を立てるのが好ましく，これにあたるのが保全措置あるいは保管措置であり，民法でいうところの原状回復をスムースに行うための制度です。

保全措置は保管措置に比べて保証する会社の資本等がしっかりしているため，債務不履行に陥る危険性がより高い未完成物件については保全措置，危険性が低い完成物件は保全措置等を講じるようになっています。

措置の対象は手付金等，つまり手付金，中間金等，名目を問わず，代金に充てるために買主が支払った金銭で，かつ，契約の締結日以降，物件の引渡しまでに業者が受け取った金銭です。

ここでは，５％，10％，1,000 万円と覚えるべき数字が３つあります。混同しないよう，気を付けましょう。久しぶりに，こんな語呂あわせはどうでしょう。

「ミカン５つでカンジュース 1,000 個分」
（未完成）（５％）（完成）（10％）（1,000 万円）

当然ですが，相手方が業者である場合には，保全措置等を講じなくても，手付金等をいくらでも受領できることに注意してください。

ちなみに，原状回復制度として保全措置等があるのに対し，営業保証金等は主に損害賠償のための制度になります。

ひっかけ注意!!

売買代金が 5,000 万円の未完成マンションを買い，手付金として 250 万円，中間金として 2,000 万円，物件の引渡しと同時に残金を支払った。この場合，保全措置は 2,000 万円について行えばよい?

答はノー。この場合，中間金を受領する前に，手付金と中間金の合計額 2,250 万円について保全措置を講じなければなりません。

手付金等とは，契約締結日より物件引渡しまでに支払われる代金に充当される金銭ですので，中間金だけに保全措置を講じてもダメなのです。

売買代金が 5,000 万円の未完成マンションを買い，手付金として 500 万円，中間金として 2,000 万円，物件の引渡しと同時に残金を支払った。この場合，保全措置は 500 万円と，2,000 万円に分けて行えない?

答はノー。この場合，手付金を受領する際に，すでに代金の５％を超えています。

したがって，手付金を受領する際に，500 万円，中間金を受領する際に，2,000 万円の保全措置を講じるのです。

○×ドリル 業者Ａは，造成工事完了前の宅地を自ら売主として，業者Ｃに１億円で売却する契約を締結した場合において，Ａが，Ｃから手付金 3,000 万円を受け取るときは，宅地建物取引業法第 41 条に基づく手付金等の保全のための措置を講じる必要はない。

語句の意味をチェックする

手付金等の保全措置…業者が営業不振に陥り，手付金等を買主に返還しなければならなくなった場合，業者はその手付金等をすでに使ってしまっていることが多い。営業保証金（「1,000 万円超」はここからきている）でカバーできる金額ならよいが，それ以上の手付金等を受領した場合，営業保証金以外に別途の措置を前もって講じておく必要がある。その措置が「保全」である。

これは，業者が銀行や保険会社に保証料，保険料を支払って，物件引渡しまでの間，債務を保証してもらう契約を締結することで「保全」の証拠である保証書，保険証書を手付金等を受領したときに買主に交付するのである。

手付金等の保管措置…「指定保管機関（国土交通大臣が指定するもの）」による「保管」の措置。これは，業者が受領するべき手付金等を指定保管機関が代わりに受領し，引渡しまでの間，買主の安全のために保管することである。

関係する条文 第 41 条〔手付金等の保全〕1,4 項，第 41 条の 2，1,5 項

8-4 手付金の最高限度額

暗記ナビ

手付金は，代金の 20%以下

(別表現では) 20% = 2/10（あるいは）2 割

解説ナビ 業者は，自ら売主となる宅地建物の売買契約の締結に際して，保全措置等さえ講じてあれば手付金等という名目で上限なく受領できますが，手付金という名目では代金の 20%以下でなければ受領できません。

この手付金は，宅建業においては解約手付とされ，相手方が履行に着手するまでは，買主はその手付金を放棄して，売主の業者は手付金の倍額を償還して，それぞれ契約を解除できます。

また，この手付による解約には特約を付けられますが「業者が手付解約する場合には，受領した手付の全額を返還する」といった買主に不利な特約は無効となります。

逆に「買主が手付解約をする場合には，半額を返す」といった買主に有利な特約は有効です。

基本ナビ 民法では証約（しょうやく）手付，違約手付，解約手付の３つに分けられている手付金も，本法では，いかなる名目で受け取っても解約手付となります。したがって，相手方の債務不履行を理由として，別途に損害賠償等の請求はできません。

そして，この手付金の額が保全措置あるいは保管措置を必要とする場合には，当然講じなくてはならないことを忘れないでください。

ただし，買主が業者の場合には，手付金に関して制限はありませんので注意しましょう。

また，手付と手付金等の違いもしっかり理解しましょう。この違いがわからないと本試験において確実に２点を失うことになります。

○×ドリル 業者Ａが，自ら売主として，業者でないＢに対し，宅地（造成工事完了済み）を分譲しようとする場合，「Ｂは，Ａが契約の履行に着手するまでは，手付金の半額を放棄すれば契約を解除できる」旨の特約をしても，Ｂは全額を放棄しなければ解除できない。

語句の意味をチェックする

証約手付，違約手付，解約手付…［権利関係 8-21］参照

関係する条文　第 39 条〔手付の額の制限等〕

8-5 違約金，損害賠償の予定額

暗記ナビ

違約金＋損害賠償の予定額は，代金の 20%以下
別表現では 20% = 2/10（あるいは）2 割

解説ナビ 前もって損害賠償の予定や違約金の額を定めるときには，代金の20％以下でなければなりません。

つまり「違約金＋損害賠償の予定の額≦代金の20％」ということです。

そして，業者が，この式を無視して代金の20％を超える損害賠償等を定めた場合には，20％以下の部分については有効ですが，20％を超える部分については無効となります。

基本ナビ 債務不履行による契約解除に伴って発生した損害賠償については，契約に定めがなければ，民法の規定に従い，損害を受けた者がその実損額を算出して請求することになります。しかし，実際のところ，一般消費者にはその実損を調べる手立てがないため，請求できない場合がほとんどです。

そのため，損害賠償の予定や違約金の額を事前に定めておくのが普通です。

しかし，この場合も，業者が一方的に損害賠償の予定や違約金の額を決めてしまわないよう「代金の 20%以下」と制限が設けられています。

ここで気を付けたいことは，20%を超える損害賠償等を定めた場合も，全部が無効となるのではなく，20%を超える部分についてのみ無効となることです。

また，当然ですが，相手方が業者の場合には損害賠償等に上限はありません。

○×ドリル 業者Aが，自ら売主として，業者でないBに対し価格 5,000 万円の工事完了済み宅地を分譲する場合，Aは，「債務の不履行による契約の解除に伴う損害賠償の予定額を 1,000 万円とし，別に違約金を 500 万円とする」旨の特約をすることはできない。

関係する条文 第 38 条〔損害賠償額の予定等の制限〕

8-6 契約不適合責任を負う期間を特約するとき

暗記ナビ

契約不適合責任を負う期間の特約は，引渡しのときから２年以上

解説ナビ 業者が自ら売主となる売買契約においては，引渡しのときから２年以上の期間を定めて，契約不適合責任を負う旨の特約を付けられます。

この特約は２年以上であればよく，逆に，２年未満や，契約不適合責任を負わない等の特約は無効となり，民法の規定が適用されることになります。

基本ナビ 売買の目的物である種類，品質などに不適合があった場合，売主は買主からの履行の追完請求，代金減額請求，損害賠償請求，契約の解除に応じなければなりません。

民法では，売主が負うべき担保責任の期間は「買主が不適合を知った時から１年以内」としています。

一見，買主に有利に見えますが，「担保責任（契約不適合責任）をいっさい負わない」旨の特約も付けられるので，手抜き工事など悪用する業者も出てきてしまいます。

だから宅建業法でこういった特約を規制しています。

売主の業者にとっても，民法のまま「買主が不適合を知った時から１年以内」だと契約から何年も経ってからでも責任を負わなければいけません。

そこで，宅建業法で担保する期間を「引渡しのときから２年以上」の期間に区切り，その代わり「担保責任（契約不適合責任）を負わない」という特約を不可能にさせているのです。

逆に，この「引渡しのときから２年以上」の特約は，業者には適用されないため「担保責任（契約不適合責任）を負わない」旨の特約も業者に対しては可能です。

○×ドリル 業者Ａが，自ら売主として，業者でないＢに宅地を分譲する場合「Ａが契約不適合責任を負うべき期間を宅地の引渡しの日から２年間とする」旨の特約をしたときでも，Ａは，Ｂが不適合を発見した時から１年間は契約不適合責任を負わなければならない。

関係する条文 第40条

8-7 割賦販売するとき

暗記ナビ

債務不履行の催告期間は，30 日以上
所有権を留保できるのは，受領額が代金の額の 30％以下

解説ナビ 業者が自ら売主となる宅地建物の売買契約が割賦販売で行われる場合，その契約の締結に際し，買主には賦払金の支払い義務が生じます。

業者は，この買主の支払い義務が履行されない場合に，30 日以上の相当の期間を定めて賦払金の支払いを書面で催告できますが，たとえ賦払金の支払遅滞を理由に契約の解除を望んでも，さらに支払期限の到来していない賦払金の支払いの請求を望んでも，催告した期間内に履行されない場合を除いてはできません。

また，割賦販売で行われた宅地や建物の所有権の移転については，業者が受領する金銭の総額が代金の30％以下の場合や，たとえ代金の30％を超えたとしても買主が担保の提供や保証人を立てる見込みがないときには，業者は所有権を留保できます。

ただし，以上の規定に反する特約で，買主にとって不利なものは無効となります。

基本ナビ 割賦販売において買主が支払う各回ごとの代金を，賦払金といいます。

銀行等のローン制度が普及した現在，売主である業者は買主から代金を一括で受け取る場合がほとんどですが，それ以前は代金を数回に分けて受け取る割賦販売を多く見受けました。宅地建物の割賦販売における賦払金の支払いは 10 年以上にわたる場合がほとんどですが，たった一度の不払いを理由に契約が解除されてしまうようでは買主にとって負担が大きすぎます。

そこで給料日（月給日）が確実に含まれるよう，催告期間を 30 日以上とし，さらにその催告を口頭でなく書面でするよう，売主である業者に課しています。

その催告期間は書面が相手方に到達した日から起算しますが，期間内に履行されない場合においてはじめて，業者は契約の解除，あるいは支払期限が未到来の賦払金の支払いを請求できます。

逆に，代金全額を受け取るまでに 10 年以上待たなければならない状況は，業者にとっての負担でもあります。そこで物件を引き渡した後も，所有権だけは業者に留め置けます。完済前に第三者対抗要件である所有権移転登記の手続きをしてしまうと，代金不払いが生じた際に業者が損害を被りかねないからです。

ただし，いつまでも移転されない状況は一転して買主の負担となるため，所有権留保には一定の要件が定められています。二重譲渡等で買主が損害を被るおそれがあるからです。

語句の意味をチェックする

ローン制度…銀行などの金融機関が，利息（金利）を得る目的で，会社，個人などの資金需要者に金銭を貸し出すことで，住宅用のための土地・建物の取得や，リフォーム等のための貸し出しを住宅ローンという

関係する条文 第 42 条〔宅地又は建物の割賦販売の契約の解除等の制限〕 第 43 条〔所有権留保等の禁止〕

学習のポイントは?

例年「媒介契約書の記載事項」（[9-1] 参照）と「媒介契約の内容」（[9-4] [9-5] 参照）のいずれかが本試験で出題されます。媒介契約の内容については，専任媒介契約と専属専任媒介契約の違いをはっきりさせることが理解への早道です。

ここで学ぶのはどんなこと?

民法の代理制度に基づく契約です。それぞれの規定が民法のどの規定に該当するのかを思い出しながら学習すれば，より高い学習効果が期待できます。

9 媒介契約の制限

最初に知っておこう

媒介契約とは，宅地や建物の中古物件等の売買・交換の契約について，顧客である依頼者が業者に仲介を依頼する契約をいい，業者は，依頼の内容を成立させることで，依頼者より報酬を受け取ることができます。

媒介契約の種類は大きく分けると２つになります。

ひとつは，物件の仲介を１業者だけに依頼し，他業者に重ねて依頼することを禁止する専任媒介契約。もうひとつは，他業者も依頼できる一般媒介契約です。

専任媒介契約は，さらに，専属でない専任媒介契約（これを専任媒介契約という）と専属専任媒介契約の２つに分けられます。

この専任媒介と，専属専任媒介の大きな違いは，専任媒介契約が，依頼者自らが探してきた相手方であれば売買・交換の契約を締結できるのに対し，専属専任媒介契約は，自ら相手方を探すこともできない点です。

業者にしてみれば，いずれも他の業者に客を取られる心配がないので，積極的に契約を成立させるよう，営業できます。通常，専任媒介というと，専属でない専任媒介のことを指すことも頭の隅に入れておきましょう。

これらの専任媒介契約に対し，一般媒介は，依頼者が複数の業者に依頼することが可能な媒介契約をいいます。

そして，他に媒介を依頼した業者の名前を明らかにしなければならない一般媒介契約を明示型（めいじ），他に媒介を依頼した業者の名前を明らかにしなくてもよい一般媒介契約を非明示型（ひめいじ）といいます。

一般媒介は，専任媒介と違って，他の業者に顧客を横取りされることもあり，必ず成功報酬を得られるとも限りません。時間も費用も無駄に費やすおそれがあり，業者は契約を成立させることに消極的になりがちです。

そこで，専任媒介や専属専任媒介にあるような有効期間等の制限は一切ありません。報告義務についても，委任契約同様，依頼者から報告を求められたときと，終了したときに報告すれば良いとされています。つまり一般媒介契約でわからなくなったら，民法の委任契約を思い出せばいいのです。とはいっても，契約書は作成しますので，［9-1］～［9-3］を忘れてはなりません。

9-1 媒介契約書の記載事項

暗記ナビ

媒介契約書の記載事項は
1 物件の表示
2 価格，評価額
3 種類
4 期間，契約の解除
5 流通機構
6 報酬
7 約款の別等
8 契約違反があった場合の措置
9 既存の建物の場合、依頼者に対する建物状況調査（インスペクション）を実施する者のあっせんに関する事項

解説ナビ 上の1～7は，媒介契約書の記載事項を，覚えやすいようキーワード化したものです。具体的な内容をみてみましょう。

1 物件を特定するために必要な表示〔キーワード 物件の表示〕

媒介にかかわる売買等の対象物件を明確に把握しておくためのもので，宅地の場合には，所在，地番他，建物の場合は所在，種類，構造他を記載します。

2 宅地建物を売買すべき価格，または評価額〔キーワード 価格，評価額〕

媒介契約においては，中古物件の取り扱いが多く，価格が極めて重要です。以前は，客寄せのため値段に幅を持たせていましたが，トラブルが多発したため，売買価格等を明記しなければならなくなりました。目的物が建物なら，消費税の額も必要となります。

3 媒介契約の種類〔キーワード 種類〕

専任媒介，専属専任媒介，一般媒介（明示型，非明示型）のうち，どの媒介契約を締結するかを明記します。

4 媒介契約の有効期間及び媒介契約の解除に関する事項〔キーワード 期間，契約の解除〕

媒介契約では迅速さが重要で，媒介契約によって売買・交換の契約が成立しなかった場合も，一定期間が経過すれば，媒介契約は消滅します。

5 指定流通機構への登録事項〔キーワード 流通機構〕

現在，指定流通機構は4団体ほどあり，媒介契約書には，そのうちのどこに登録するかを明記します。

6 媒介の報酬に関する事項〔キーワード 報酬〕

媒介の結果，売買等が成立した場合，媒介業者への報酬金額と支払方法等を

事前に決めておき，トラブルを予防します。

7 **媒介契約書が，大臣の定めた標準媒介契約約款に基づくものであるかどうかの別等，その他建設省令で定める事項〔キーワード 約款の別等〕**

媒介契約には，「標準媒介契約約款に基づく」，あるいは「標準媒介契約約款に基づかない」と記載しなければなりません。

また，専任媒介契約，専属専任媒介契約において依頼者が他の業者に依頼して契約したときや，契約が一般媒介の明示型の場合でありながら依頼者が自ら明示していない業者を経由して契約したときの措置等を記載します。

基本ナビ 1～7の記載事項は，例外なくすべての種類の媒介契約書の記載事項となります。

このうち5では，業者は，目的物である宅地，建物の所在，規模，形質，売買すべき価格等を，実際に媒介契約書に記載した指定流通機構へ登録し，登録した証拠となる書面を依頼者へ引き渡さなければなりません。

逆に，契約が成立したときには，二重譲渡等の被害を防ぐ等の目的で登録を消除するために，契約が成立した年月日，取引価格等を遅滞なく指定流通機構へ通知しなければなりません。

また7の標準媒介契約約款とは，簡単にいうと国が示す媒介契約書のひな形です。業者の業務が複雑化しつつあるため，行政の手により，媒介契約によるトラブル等を未然に防ぐ目的で，多種ある媒介契約における当事者の権利義務をより明確化させることを推奨し（その普及を図って），標準媒介契約約款を示しているのです。

注）媒介契約をした後に，買主からの申込があった場合，遅滞なくその旨を依頼者に報告しなければいけません。

○×ドリル 宅地建物取引業者Aが，Bの所有する宅地の売却の依頼を受け，Bと媒介契約を締結した場合において，媒介契約が専任媒介契約以外の一般媒介契約であるとき，Aは，媒介契約を締結したときにBに対して交付すべき書面に，当該宅地の指定流通機構への登録に関する事項を記載する必要はない。

語句の意味をチェックする

売買すべき価格…売買する物件の売り出し価格をいい，依頼者の「希望価格」と，業者の「査定価格」を調整して決定される

評価額…交換における物件の依頼価格をいう

流通機構…不動産流通市場を活発化や依頼者のニーズに即応するためのシステムで，物件情報が集積され，多くの不動産業者がオンラインネットワークで閲覧できる。また，この事業は，国土交通大臣が指定した者が行える。

関係する条文 第34条の2〔媒介契約〕

9-2 媒介契約書を交付する時期

暗記ナビ

媒介契約書を交付する時期は，媒介契約後遅滞なく

解説ナビ 媒介契約書は，業者が顧客から宅地建物の売買・交換に関する媒介の注文を受け，媒介契約を締結したときに，依頼者に対して交付されます。

その際，業者は，契約内容を記載した書面を，媒介契約締結後に作成し，記名押印し，遅滞なく，媒介の依頼者に交付しなければなりません。

基本ナビ 35 条，37 条書面の違いをしっかり区別しましょう。媒介契約書は，業者と依頼者の契約に基づいて作成されるものですから，契約書には，取引士ではなく，業者自身の記名押印が必要なことに注意しましょう。意味もないからです。そして，この説明の時期は本試験頻出事項です。

ひっかけ注意!!

宅地建物の貸借の依頼を受けたときには，依頼者に書面を交付する?

答はノー。宅地建物の売買・交換の媒介の依頼を受けたときには，書面の交付が義務づけられていますが，宅地建物の貸借の媒介の依頼を受けたときには必要ありません。

注）令和 4 年の法改正により，媒介契約書は，書面の交付に代えて，依頼者の承諾を得ていれば，電磁的方法により提供することが可能となりました。記名押印した書面を交付したものとみなされます。

○×ドリル 宅地建物取引業者Aは，BからB所有の土地の売却を依頼され，これを承諾した。Aの媒介行為によりBを売主とする売買契約が締結された場合，Aは，遅滞なくBに対して媒介契約の内容を記載した書面を交付しなければならない。

関係する条文 第 34 条の 2〔媒介契約〕

9-3 業者が価額等について意見を述べるとき

暗記ナビ

業者が価額等について意見を述べるときは，根拠が必要

解説ナビ 専任媒介，専属専任媒介，一般媒介のうちのどの契約を依頼されても，業者は，価額または評価額について，書面に記載することになります。

また，業者が，依頼者に対して，これらの価額等について意見を述べる場合には，その根拠を明らかにしなければなりません。

逆に，意見がない場合には根拠を述べる必要もありません。

基本ナビ たとえば，顧客が「この値段で売りたい」と業者に申し入れ，その値段が妥当であれば，そのまま「わかりました」となりますが，たとえば，相場より高い場合に，なぜ高いのかを説明せずに「それは高いですね」と伝えるだけでは，業者の責務を果たしているとはいえません。したがって，顧客を納得させるための根拠が必要なのです。

○×ドリル 宅地建物取引業者Aが業者でないBから，その所有地の売却の依頼を受け，Bと専属専任媒介契約を締結した場合，Aは，当該物件の評価額について意見を述べるときは，Bの請求がなくても，必ず，その根拠を明らかにしなければならない。

関係する条文 第34条の2〔媒介契約〕2項

9-4 専任媒介契約とは

暗記ナビ

専任媒介契約の
1 有効期間………………3ヶ月以内。更新後も3ヶ月以内
2 業務報告………………2週間に1回以上
3 流通機構への登録……7日以内
別表現では 専任媒介契約 = 専属でない専任媒介契約

解説ナビ 専任媒介契約の有効期間は，3ヶ月以内でなければならず，3ヶ月を超える期間を定めたり，期間を定めなかった場合は，3ヶ月に短縮されます。

また，その3ヶ月間に，専任媒介による売買等が不成立の場合，依頼者からの申出があったときに限り，業者は有効期間を3ヶ月以内として，専任媒介契約を更新できます。ただし，更新を業者の方からは申し入れられず，自動更新の特約も付けられません。

専任媒介契約締結後に，業者は，有効期間内に依頼者の相手方を見つけられるよう，その日から休日を除いた7日以内に，その宅地建物の情報を指定流通機構に登録しなければなりません（[9-1]参照)。それによって，多くの業者に物件を紹介し，相手方を広範囲にわたって探せるようになります。

業務の処理状況についての報告義務は，口頭または文書で2週間に1回以上とされています。

これらの規定で，依頼者に不利になる特約を付けても無効となります。

基本ナビ 専属か否かにかかわらず，専任媒介契約の場合には，依頼者は他の業者に媒介を依頼できません。業者からしてみれば依頼者を独占できるので好都合ですが，それをいいことに業者が依頼者に相手方を紹介することを故意に引き延ばさないよう配慮する必要があります。そこで有効期間を3ヶ月以内とし，自動更新も排除しています。

このように，専任媒介契約は専属専任媒介契約と共通の事項と相違する事項が混在するので注意しましょう。

○×ドリル 業者Aが，B所有のマンションの売却の依頼を受け，Bと，専任媒介契約を締結した場合，その有効期間は3ヶ月を超えることはできないが，有効期間が満了して，Bの更新拒絶の申出がないときは，媒介契約は更新したものとみなされる。

関係する条文 第34条の2〔媒介契約〕3,4,5,8項

9-5 専属専任媒介契約とは

暗記ナビ

専属専任媒介契約の
1 有効期間………………3ヶ月以内。更新後も3ヶ月以内
2 業務報告………………1週間に1回以上
3 流通機構への登録……5日以内

解説ナビ 媒介の契約内容を決める際には，専属専任媒介契約においても，専任媒介契約同様，有効期間について規制を受けます。

有効期間は3ヶ月以内でなければならず，3ヶ月を超える期間を定めたり，期間を定めなかった場合は3ヶ月に短縮されます。

また，その3ヶ月間に専属専任媒介による売買等が不成立の場合，依頼者からの申出があったときに限り，業者は有効期間を3ヶ月以内として専属専任媒介契約を更新できます。ただし，更新を業者の方からは申し入れられず，自動更新の特約も付けられません。

指定流通機構への登録については，専属専任媒介契約締結後，その日から休日を除いた5日以内に行わなければなりません。

さらに，業務の処理状況についての報告義務は，口頭または文書で1週間に1回以上とされています。

これらの規定では，依頼者に不利になる特約を付けても無効となります。

基本ナビ 専属専任媒介契約は，専任媒介契約に属するので，制限も酷似しています。混同しないよう注意しましょう。特に，指定流通機構への登録については，過去の本試験にも何回か出題されており，しっかり覚えておく必要があります。

〇×ドリル 宅地建物取引業者Aが業者でないBからその所有地の売却の依頼を受け，Bと専属専任媒介契約を締結した場合，Aは，Bとの合意により，当該専属専任媒介契約の有効期間を，2月とすることはできるが，100日とすることはできない。

関係する条文 第34条の2〔媒介契約〕3,4,8項

学習のポイントは?

「計算が苦手」という人は1点を失う覚悟でとばし，他の学習のために時間を充てるのも方法です。ただし「媒介」「代理」で計算方法が異なることは覚えておいてください。

ここで学ぶのはどんなこと?

報酬計算の出題は減少傾向にありますが，確率で考えれば，いつ出題されてもおかしくない状況です。片手分の計算ができるようになると，それを足掛かりにして少しずつ理解できるようになります。

10 報酬の制限

10-1 片手分とは

暗記ナビ

物件の価格が 400 万円以上の場合は
取引物件の価格× 3%＋ 6 万円＝片手分

解説ナビ 売買・交換については，業者は，売主または買主の一方，あるいは双方から報酬を受領できますが，片方から受領できる金額の限度と，双方から受領できる報酬額の限度が決まっています。その基準となるのが片手分です。

片手分を算出するには，取引物件の価格を３つに分け，それぞれを計算します。

200 万円以下の部分…0 ～ 200 万円× 5 %－（1）

200 万円超～ 400 万円以下の部分…200 万円超～ 400 万円× 4 %－（2）

400 万円超の部分…400 万円超～× 3 %－（3）

（1）＋（2）＋（3）＝片手分

しかし，物件の価格が 400 万円以上の場合には［暗記ナビ］の計算式を使うと，簡単に片手分を算出できます。

ただし，400 万円未満のときには，使えませんので注意しましょう。

基本ナビ 媒介契約書の記載事項に「報酬額」がありますが（［9-1］参照），その額は業者がむやみに決めているわけではありません。ここにもやはり制限があり，その制限に基づいて，報酬を算出しなければなりません。

「片手分とは何ですか？」

「人は何かをもらう場合，両手を出しますよね。報酬もそのイメージがあるのでしょう」

代理の場合には，顧客＝業者となりますので，売買契約等を締結する際には登場人物は２人と考えます。２人しかいなければ，業者は両手を出して，両手分（片手分の２倍）の報酬を請求できるのです。

しかし，媒介の場合は，人と人の仲立ちをするわけですから，売買契約等を締結する際には，登場人物は３人となります。

そこで，業者は，１人ずつに片手を出して，報酬を請求できるのです。

この「片手を出す」行為から片手分という語を連想しましょう。

**「では，実際に計算してみましょう」**

「1,500 万円の宅地についての片手分は?」

≫速算法で片手分を算出します。

1,500 万円× 3%＋ 6 万円＝ 45 万円＋ 6 万円＝ 51 万円

ただし，この方法は，取引物件の価格が 400 万円超でなければ使えないことに注意してください。

注）平成 30 年の法改正により 400 万円以下の物件を売買する際の売主側から受け取ることのできる報酬額の上限は 18 万円となりました。また、消費税は別途受領することができますが、現地調査等に要する費用は別途受領することはできません。

ちなみに法改正前は
200 万円以下の物件の報酬額＝取引物件の価格× 5%
200 万円超 400 万円以下の物件の報酬額の上限＝取引物件の価格× 4% ＋ 2 万円
でした。
媒介契約時にあらかじめ現地調査等に要する費用を含めた 18 万円の報酬額について売主の合意が必要です。また、18 万円の上限で報酬を受領できるのは売主からのみで、買主からは従来の報酬額の上限で受領できます。

○×ドリル 宅地建物取引業者（消費税課税事業者）が宅地の売買の媒介に際し依頼者の一方から受けることのできる報酬の額の最高限度 (消費税及び地方消費税を含む。) は，当該宅地の売買に係る代金の額のいかんにかかわらず，代金の３%に相当する額に 6 万円を加えて算出された額に 1.1 を乗じたものである。

10-2 売買・交換の代理を行うときの報酬額

暗記ナビ

売買・交換の代理を行うときの報酬額は
売主＋買主≦両手分（＋消費税）

解説ナビ 売買・交換の代理を行うときの報酬計算は，公式によってまず片手分を算出し，それをもとに受領できる限度を考えます（［10-1］参照）。

代理を行った業者は，原則として依頼者から報酬を受領できますが，契約の内容によっては依頼者の相手方からも受領できます。どちらの場合も，さらには双方から合わせて受領する場合にはその合計額でも，両手分を超えてはいけません。

また，交換の場合は，業者は取り扱った物件のうち価格の高い方を報酬計算の土台にできます。

基本ナビ 依頼者をＡ，依頼者の相手方をＢとしたときに，次のような式が成り立ちます。

Ａ＋Ｂ≦両手分（＋消費税）

ＡがＢ売主でＢが買主の場合や，逆にＡが買主でＢが売主の場合を考えると，上の式は［暗記ナビ］のようになります。

契約にかかわる業者が何人いてもこの式は変わらず，業者全員の合計の報酬が両手分を超えることはありません。

「1,500 万円の宅地の売買について，代理の依頼を受け，Ａを売主，Ｂを買主として売買を成立させた場合は?」

「実際に，計算してみましょう」

≫取引物件の価格が 400 万円超なので，速算法で片手分を算出します。

1,500 万円× 3%＋ 6 万円＝ 45 万円＋ 6 万円＝ 51 万円…片手分

つまりＡからは両手分である 102 万円（＋消費税）を限度に受領でき，Ｂからも両手分である 102 万円（＋消費税）を限度に受領できます。さらに，ＡＢ双方から受領できる報酬の合計額も，両手分である 102 万円（＋消費税）が限度となります。

したがって，もし，Ａから 82 万円の報酬をもらう場合には，Ｂからは 102 万円－ 82 万円＝ 20 万円（＋消費税）を限度に報酬を受け取ることになります。

○×ドリル 甲所有の宅地 3,000 万円の売買について，甲から代理の依頼を受けた業者Ａと，買主乙から媒介の依頼を受けた業者Ｂとが共同して売買契約を成立させ，Ａが甲から 192 万円，Ｂが乙から 96 万円を受領した場合，宅地建物取引業法に違反する。

10-3 売買・交換の媒介を行うときの報酬額

暗記ナビ

売買・交換の媒介を行うときの報酬額は
売主≦片手分（＋消費税），かつ，買主≦片手分（＋消費税）

解説ナビ 売買・交換について，業者は，売主または買主の一方から受領できる報酬額は，原則として片手分を超えてはいけません。

その結果，双方から受領できる合計額は両手分を超えません。

基本ナビ 依頼者をＡ，依頼者の相手方をＢとしたときに，次のような式が成り立ちます。

Ａ≦片手分（＋消費税），かつ，Ｂ≦片手分（＋消費税），かつ，Ａ＋Ｂ≦両手分（＋消費税）

Ａが売主でＢが買主の場合や，逆にＡが買主でＢが売主の場合を考えると，上の式は［暗記ナビ］のようになります。

実際に，計算してみましょう。

「Ａが所有している 1,500 万円の土地と，Ｂが所有している 2,000 万円の土地について，両者から媒介の依頼を受け，ＡＢ間に交換を成立させた場合は?」

「価格の高い方が報酬計算をするための取引物件の価格となりますので，取引物件の価格 2,000 万円で報酬を計算します」

≫取引物件の価格が 400 万円超なので，速算法で片手分を算出します。

2,000 万円× 3%＋ 6 万円＝ 66 万円…片手分

つまりＡからは最高 66 万円（＋消費税）を受領でき，Ｂからも最高 66 万円（＋消費税）を受領できます。そして，ＡＢ双方から受領できる報酬の合計額は，66 万円＋ 66 万円＝ 132 万円（＋消費税）が限度となります。

このように，取引の当事者双方が１業者の依頼者であれば問題ないのですが，取引の当事者の一方が別の業者に媒介を依頼している際には，その片手分は，当該相手方から依頼された業者が受領してしまいます。

また，依頼者や依頼者でない相手方から報酬の値引きをされた場合には，当事者の一方から受領できる報酬の限度は片手分（＋消費税）のため，その値引き分については，業者が泣き寝入りするかたちになります。

いい方を換えれば，業者に媒介を依頼した売主や買主は，その業者に対する報酬として，片手分（＋消費税）を限度として用意すればよく，それを超えた負担はないことになります。

○×ドリル 甲所有の宅地 1,800 万円と乙所有の宅地 2,000 万円の交換について，甲から媒介依頼を受けた業者Ａと，乙から媒介依頼を受けた業者Ｂが共同して交換契約を成立させ，Ａが甲から 66 万円，Ｂが乙から 66 万円を受領した場合，宅建業法に違反する。

10-4 賃貸借の代理や媒介を行うときの報酬額

暗記ナビ

賃貸借の報酬額は
貸主＋借主≦１ヶ月分（＋消費税）

解説ナビ 貸借の報酬計算では，賃料によって受領できる限度が決まります。

代理の場合も媒介の場合も，業者は，原則として貸主・借主双方から受領できますが，双方からの合計額が１ヶ月分の賃料（＋消費税）に相当する額を超えてはなりません。

ただし，貸借の対象物が権利金を要する建物の場合には，報酬計算の方法が異なります。その権利金を取引物件価格に見立てた報酬計算も併せて行い，高額の方の報酬を選んで請求できます。

基本ナビ 代理，媒介の場合ともに，貸主をＡ，借主をＢとしたときに，次のような式が成り立ちます。

Ａ＋Ｂ≦１ヶ月分（＋消費税）－（1）

代理の場合で，貸借の対象物が権利金を支払う建物の場合には，その権利金を取引物件価格に見立てて［10-2］で学習した報酬計算を行います。

Ａ＋Ｂ≦両手分（＋消費税）－（2）

したがって，代理を行った業者は（1）（2），のうちで高額の方の報酬を選んで請求できます。

一方，媒介の場合で，貸借の対象物が権利金を支払う建物の場合には，その権利金を取引物件価格に見立てて［10-3］で学習した報酬計算を行います。

Ａ≦片手分（＋消費税），かつ，Ｂ≦片手分（＋消費税），かつ，Ａ＋Ｂ≦両手分（＋消費税）－（3）

したがって，媒介を行った業者は ad のうちで高額の方の報酬を選んで請求できます。

「建物を，賃料 30 万円で賃貸する代理の依頼を受け，Ａを貸主，Ｂを借主として賃貸借契約を成立させた場合は?」

「実際に，計算してみましょう」

この場合，Ａからは１ヶ月分である 30 万円（＋消費税）を限度に受領でき，Ｂからも１ヶ月分である 30 万円（＋消費税）を限度に受領できます。そして，ＡＢ双方から受領できる報酬の合計額も，１ヶ月分である 30 万円（＋消費税）が限度となります。

したがって，もし，Ａから 20 万円の報酬を受け取ることになった場合には，Ｂからは 30 万円－ 20 万円＝ 10 万円（＋消費税）を限度に，報酬を受け取れるのです。

「しかし，この建物を賃借する際に権利金 500 万円が支払われる場合は?」

「権利金を使って報酬計算をする場合は，まず片手分を算出します」

≫取引物件の価格（権利金）が 400 万円超なので速算法を使います。

500 万円× 3％＋ 6 万円＝ 15 万円＋ 6 万円＝ 21 万円…片手分

つまりAからは両手分である 42 万円（＋消費税）を限度に受領でき，Bから両手分である 42 万円（＋消費税）を限度に受領できます。そして，A B 双方から受領できる報酬の合計額も，両手分である 42 万円（＋消費税）が限度となります。

賃料を使って報酬計算をする場合，Aからは 1 ヶ月分である 30 万円（＋消費税）を限度に，Bからも 1 ヶ月分である 30 万円（＋消費税）を限度に受領できます。そして，A B 双方から受領できる報酬の合計額も，1 ヶ月分である 30 万円（＋消費税）が限度となりましたよね。

したがって，この場合は権利金で報酬を計算した方がより多くの報酬を受け取れるため，前者の方法で報酬を請求する方が業者は得なのです。

「媒介のときにはどうなる？」

「媒介で，かつ権利金を使って報酬計算をしたときには，A片手分（＋消費税），B片手分（＋消費税）がそれぞれから受領できる報酬の上限となります」

つまりAからは 21 万円（＋消費税），Bからも 21 万円（＋消費税）を限度に受領でき，A B 双方から受領できる報酬の合計額は 42 万円（＋消費税）が限度となります。したがって，代理の場合と同様，権利金で報酬を計算した場合の方がより多くの報酬を受け取れることになります。

以上，建物の賃貸借を例にあげて計算してきましたが，賃貸借であれば土地についても該当することを忘れないでください。

○×ドリル　業者Aが甲の，業者Bが乙のそれぞれ媒介依頼を受け，共同で甲の業務用建物を借賃 1 月 100 万円で乙が借りる賃貸借契約を成立させた場合，Aは甲より 100 万円，Bは乙より 100 万円受領できる。

語句の意味をチェックする

権利金…ここでの「権利金」とは，名目のいかんを問わず，権利設定の対価として支払われる金銭で，退去時でも返還されることのないものをいう。よって「貸」事務所でも，保証金 500 万円のうち退却時に 300 万円が返還されるような場合には，戻ってくる 300 万円は権利金とならないが，戻らない 200 万円の方は権利金となる。

10-5 居住用建物の賃貸借の媒介を行うときの報酬額

暗記ナビ

居住用建物の賃貸借の媒介を行うときの報酬額は
貸主≦半月分（＋消費税），かつ，借主≦半月分（＋消費税）

解説ナビ 貸借の媒介のうち，居住用の建物の貸借を媒介した場合には，報酬計算は次のようになります。貸主A，借主Bとすると，

A≦半月分（＋消費税），かつ，B≦半月分（＋消費税），かつ，A＋B≦1ヶ月分（＋消費税）

となります。ただし，依頼者の承諾があれば［10-4］に戻ります。

基本ナビ

「［10-4］の建物が居住用建物だった場合，え～と，居住用建物を賃料 30 万円で賃貸する媒介の依頼を受け，Aを貸主，Bを借主として賃貸借契約を成立させた場合は？」

「実際に計算してみましょう」

［10-4］の建物が居住用であった場合には，Aからは半月分である 15 万円（＋消費税）を限度に受領でき，Bからも半月分である 15 万円（＋消費税）を限度に受領できます。そして，AB双方から受領できる報酬の合計額は，1ヶ月分である 30 万円（＋消費税）が限度となります。

つまり，もしもAから 10 万円の報酬を受け取ることになった場合でも，Bからは最高で 15 万円（＋消費税）の報酬しか受け取れません。しかし，承諾があれば［10-4］に戻り，Bから 20 万円（＋消費税）を限度に報酬を受領できます。

「承諾はいつでもできる？」

「［9-1］でも学習した通り，業者が媒介契約の依頼を受けたときには，その際に報酬額を決めなければなりません。承諾も報酬額を決めるための材料なので，その時点で必要です」

○×ドリル

甲所有の居住用建物の賃貸借について，甲から媒介の依頼を受けたAと，借主乙から媒介の依頼を受けたBとが共同して，甲と乙の間に，賃貸借契約（借賃月額 40 万円）を成立させ，Aが甲から 10 万円，Bが乙から 30 万円を受領した場合，宅地建物取引業法に違反しない。ただし，媒介の依頼を受けるにあたり，報酬額について別段の定めはないものとする。

出題頻度 ★☆☆☆☆

10-6 報酬にかかる消費税

暗記ナビ

報酬にかかる消費税は
免税事業者……4%
課税事業者……10%

解説ナビ 消費税は，消費物に付く税金ですから，もちろん建物にもかかり，報酬計算の際には，この消費税を除いて計算しなければなりません。

それには，次の式で本体価格を算出し，それを使って報酬計算を行います。

消費税を含む価格÷ 1.1 ＝本体価格

さらに，報酬について消費税を請求する場合には，業者が一定の売り上げを上げている事業者であれば，消費税課税事業者として媒介や代理の報酬に対し 10%，消費税免税事業者であれば 4%の消費税を請求できます。

これらの税率で算出した額が［10-2］～［10-5］の計算式にある『＋消費税』の内容となります。

基本ナビ

「1,650 万円（消費税を含む）の建物と 1,500 万円の宅地の売買について，媒介の依頼を受け，Aを売主，Bを買主として売買を成立させた場合は?」

「実際に計算してみましょう」

≫まず 1,650 万円より消費税を除き建物自体の価格を算出します。

1,650 万円÷ 1.1 ＝ 1,500 万円…建物の価格

≫これに土地の価格を足すと，報酬計算のための取引物件の価格となります。

1,500 万円＋ 1,500 万円＝ 3,000 万円…取引物件の価格

≫取引物件の価格が 400 万円超なので，速算法で片手分を算出します。

3,000 万円× 3%＋ 6 万円＝ 96 万円…片手分

媒介した業者が消費税課税事業者なら，96 万円× 110%＝ 1,056,000 円が片手分，消費税免税事業者なら，96 万円× 104%＝ 998,400 円が片手分になります。貸借の場合も同様に，消費税課税事業者は 10%，消費税免税事業者は 4%が報酬額に課税されます。

○×ドリル 宅地建物取引業者Ａ（消費税免税業者）は，法人甲から，また，宅地建物取引業者Ｂ（消費税課税業者）は，法人乙から，それぞれ媒介の依頼を受けてＡＢ共同して，甲乙間に甲の所有する宅地 1,000 万円，建物 1,650 万円（消費税込み）の売買契約を成立させた場合，Ａが甲から受領できる限度額は，842,400 円である。

10-7 報酬の要求における禁止行為

暗記ナビ

不当に高額の報酬を要求してはならない

解説ナビ [5-1]で学習した通り，業者は，自らが要求したかしないかにかかわらず，限度額を超えて報酬を受領した場合には処罰されます。

さらに，自ら要求したときには，その報酬額を受領したか否かにかかわず，やはり処罰されます。

✔〔罰則〕不当に高額の報酬を要求した違反

1 業者が不当に高額の報酬を要求した場合には1年以下の懲役もしくは100万円以下の罰金，または，両方の併科

2 業者が報酬の基準額を超えて報酬を受領した場合には，100万円以下の罰金

基本ナビ 注意すべきは報酬がいわゆる成功報酬である点です。そのうえで罰則をしっかり覚えましょう。

○×ドリル 業者A業者Bの間で，土地の売買の媒介を行う業者Cは，国土交通大臣が定めた報酬の限度額を超えて報酬を受けることができる。

関係する条文 第47条〔業務に関する禁止事項〕

学習のポイントは？

ここで学ぶ内容には，免許と取引士資格登録の欠格要件が大いにかかわってきます。量が多すぎて覚えきれない人も，欠格要件だけは押さえておいてください。

ここで学ぶのはどんなこと？

処分によって免許が取り消されるのか，消除されるのかの違いさえ理解できれば，とりあえず及第点といえるでしょう。

11 監督処分

11-1 業者が監督処分を受けるとき

暗記ナビ

自ら免許を与えた業者の監督処分は
大臣……指示，業務停止，免許取消し
知事……指示，業務停止，免許取消し
他知事の免許を受けた業者の監督処分は……指示，業務停止

解説ナビ 大臣，または知事は，その免許を受けた業者が一定の事由に該当するときには，その業者に対して処分を行えます。また，知事は，他の知事の免許を受けた業者に対しても，自分の管轄する区域内で営業している場合には，指示処分，あるいは業務停止処分を行えます。

これらの処分を行う際には，聴聞会を開かなければなりません。そのため，免許権者等は業者に対して，予定される処分の内容，聴聞の期日，場所等を記載した書面で通知します。その際，業者の所在が不明なときには，その事実を公告し，一定の期間経過後，聴聞会を開くことなく免許を取り消せます。

また，指示処分を除く処分については，誤って取り引きする者がないよう，免許権者等は公告する必要があります。

基本ナビ たとえば，学校の廊下を走っている生徒をみて「あの生徒は自分の担任ではないから」と考える教師は失格ですが，宅建業でも同様で，他の免許権者から免許を受けている業者に対しても，知事は自ら管轄する区域内での業務については監督し，適切な処分を下す必要があります。

ただし，免許取消処分については，業者名簿を閉鎖しなければならないため，免許を与えた大臣または知事でなければ行えません。

また，監督には処分の他に指導，助言，勧告がありますが，どれも指示等の処分を下す前に行う宅建業の適正な運営を確保等するためのものです。これら指導等は，大臣であればすべての業者に対して，知事であれば管轄する区域内で宅建業を営む業者に対して，それぞれ行えます。

○×ドリル 甲県に本店（従業者 13 人），乙県に支店（従業者 5 人）を有する業者Aが，本店の専任の取引士が 2 人となったときは，直ちに宅地建物取引業法違反となり，甲県知事は，Aに対して業務停止処分をすることができる。

語句の意味をチェックする

聴聞会…公の機関がその権限に属する一定の事項を決定するにあたり，その参考にするため，利害関係者，学識経験者等から意見を聴取する制度

関係する条文 第 65 条〔指示及び業務の停止〕，第 66 条〔免許の取消し〕1,2 項

出題頻度 ★★★★★

11-2 業者が指示処分を受けるとき

暗記ナビ

指示処分を受けるときは
1 損害大
2 公正大
3 違反
4 取引士と連帯

解説ナビ 上の1～4は，業者について，処分のうち指示処分に該当する場合を，覚えやすいようキーワード化したものです。具体的な内容をみてみましょう。

1 **業務に関して，業者が取引関係者に損害を与えた，もしくは損害を与えるおそれが大であるとき〔キーワード 損害大〕**

2 **業務に関して，業者が取引の公正を害した，もしくは取引の公正を害するおそれが大であるとき〔公正大〕**

3 **業務に関して，他の法令に違反し，業者として不適当であるとき〔キーワード 違反〕**

4 **取引士が監督処分を受けた場合で，業者にも責任があるとき〔キーワード 取引士と連帯〕**

基本ナビ 学校で先生が生徒を注意する場合，まずは「やめなさい」と注意し，それでもやめない場合には「廊下に立っていなさい」と処罰します。そして，度を超した悪さには謹慎→停学→退学といった段階を踏んでいきます。

宅建業の場合も同様で，免許権者が処分を行う際には，まず，免許欠格に該当しなければ指示あるいは業務停止から処分が行われます。

また，1～4の事項に該当する場合，知事は，自分が免許を与えた業者ばかりでなく，他の免許を受けた業者で，現在自分の都道府県の区域内で業務を行っている者に対しても，当該都道府県の区域内における業務に関し，必要な指示を与えられます。

○×ドリル 宅地建物取引業者Aが，本店において宅地の売買契約をする際，宅地建物取引業法第35条の規定に基づく重要事項の説明をさせなかったときには，免許権者は，Aに対して，必要な指示をすることができる。

関係する条文 第65条〔指示及び業務の停止〕1,3項

11-3 業務停止処分を受けるとき

暗記ナビ

停止処分を受けるときは
1 指示処分では足りない・従わない
2 重大な業法違反
3 処分無視
4 不正・不当
5 不正・不当の判明

解説ナビ 上の1～5は，業者について，処分のうち業務停止処分に該当する場合を，覚えやすいようキーワード化したものです。具体的な内容をみてみましょう。

1 **業務に関して，業者が他の法令に違反したり，取引士が受けた監督処分の責任が業者にもあるときで，指示処分では足りないとき。または，業者が大臣や知事の指示処分に従わなかったとき〔キーワード 指示処分では足りない・従わない〕**

2 **専任取引士の設置義務や社員の地位を失った場合の営業保証金の供託義務等，業者が業法の重要な規定に違反したとき〔キーワード 重大な業法違反〕**

3 **業者が大臣や知事の業務上必要な報告の提出命令等の処分に従わなかったとき〔キーワード 処分無視〕**

4 **1～3以外で，業者が宅建業に関して不正または著しく不当な行為をしたとき〔キーワード 不正・不当〕**

5 **成年者と同一の能力を有しない未成年者の業者の場合はその法定代理人が，さらには役員や政令で定める使用人が，宅建業に関して不正や著しい不当行為をし，5年経過していないと判明したとき〔キーワード 不正・不当の判明〕**

基本ナビ 1～5に該当する場合，大臣及び知事は，自分が免許を与えた業者に対し，1年以内の期間を定めて，その業務の全部または一部の停止を命じることができます。

また，5以外の場合には，知事は，他の免許を受けた業者で，現在自分の都道府県の区域内で業務を行っている者に対して，当該都道府県の区域内の業務に関し，1年以内の期間を定めて，その業務の全部，または一部の停止を命じることができます。

〇×ドリル 宅地建物取引業者Aは，取引態様の別を明示すべき義務に違反する広告をした場合，業務停止処分の対象になることがある。

関係する条文 第65条〔指示及び業務の停止〕2,4項

11-4 免許取消処分を受けるとき

暗記ナビ

免許取消処分を受けるときは
1 免許欠格要件
2 無免許判明
3 １年休止
4 解散の判明
5 不正免許
6 停止処分では足りない・従わない
7 条件違反

解説ナビ 上の1～5は，業者について，処分のうち免許取消処分に該当する場合を，覚えやすいようキーワード化したものです。具体的な内容をみてみましょう。

1 **業者が成年被後見人，破産者になった，あるいは罰金刑，禁錮刑の刑に処せられた等，免許欠格要件の１つに該当するようになったとき〔キーワード 免許欠格要件〕**
2 **免許換えの際等に，業者の無免許が判明したとき〔キーワード 無免許判明〕**
3 **業者が免許を受けてから１年以内に事業を開始しなかった，あるいは事業の途中で引き続き１年以上事業を休止したとき〔キーワード １年休止〕**
4 **業者が廃業等の届出をしないでいるうちに破産した，合併及び破産以外の理由で解散した，廃止した事実が判明したとき〔キーワード 解散の判明〕**
5 **業者が不正な手段で宅建業の免許を受けたとき〔キーワード 不正免許〕**
6 **業者の行為が業務停止処分に該当し，その情状が特に著しい場合や，業務の停止処分に違反したとき〔キーワード 停止処分では足りない・従わない〕**
7 **業者が免許に付した条件に違反したとき〔キーワード 条件違反〕**

基本ナビ 「業務停止処分に従わなかったために免許取消処分」等，段階的な処分後に，さらに情状が著しく悪い場合の処分や，免許の欠格要件も関わってきますので整理して覚えましょう。

1～6の免許取消処分の要件に該当する場合，大臣または知事は，自分が免許を与えた業者に対して，必ず免許取消処分を行わなければなりませんが，7に該当する場合は，その内容が特に重いか，比較的軽いのかを免許権者が判断し，それによって免許取消処分を行います。

6の業務停止処分に違反して業務を営んだ場合は，免許取消処分の他，３年以下の懲役or300 万円以下の罰金に処せられることもあります。

また，3の場合は，悪事をはたらいているわけではないので，処分後すぐに免許を受けられます。

関係する条文 第 66 条〔免許の取消し〕1,2 項

11-5 取引士が監督処分を受けるとき

暗記ナビ

自ら登録した取引士の監督処分は
指示，事務禁止，登録消除
他知事が登録し自分の管轄区域内で事務を行った取引士の監督処分は
指示，事務禁止

解説ナビ 知事は，その登録を受けた取引士及び取引士資格者が，一定の事由に該当するときには，その者に対して処分を行えます。

また，知事は，他の知事の登録を受けた取引士に対しても，自分の管轄する区域内で取引士としての事務を行っている場合には，指示処分，あるいは事務の禁止処分に限って行えますが，登録の消除処分については，登録名簿を閉鎖する作業があるため，登録をした知事でなければ行えません。

また，これらの処分を行う際には，聴聞会を開かなくてはなりません。そのため，登録権者等は処分対象者に対して，予定される処分の内容，聴聞の期日，場所等を記載した書面で通知します。

そのうえで処分が行われた場合，指示を除く処分では，取引士としての事務をさせないよう，取引士証を取り上げる（[2-12][2-13]参照）ことになります。

基本ナビ 取引士を対象とする場合，取引士として事務を行っている者に対する処分と，取引士証の交付を受けていない取引士資格者に対する処分があることを忘れないでください。

○×ドリル 取引士が，取引士として行う事務に関し不正または著しく不当な行為をした場合で，情状が特に重いときは，その登録を消除されるとともに，消除処分があった旨の公告がなされる。

関係する条文 第68条〔取引士としてすべき事務の禁止等〕1,2,4項，第68条の2〔登録の消除〕

11-6 取引士が指示処分・事務禁止処分を受けるとき

暗記ナビ

指示処分を受けるときは
1 掛持ち専任
2 名義貸し
3 不正・不当
取引士が禁止処分を受けるときは
指示処分では足りない・従わないとき

解説ナビ 上の1～3は，取引士について，処分のうち指示処分に該当する場合を，覚えやすいようキーワード化したものです。具体的な内容をみてみましょう。

1 **専任取引士が掛け持ちで他の業者のもとでも専任取引士となり，その業者がその旨を表示したとき〔キーワード 掛持ち専任〕**

2 **取引士が他人に自分の名義の使用を許し，その他人がその名義を使用して取引士であると表示したとき〔キーワード 名義貸し〕**

3 **取引士として行う事務に関し，不正または著しく不当な行為をしたとき〔キーワード 不正・不当〕**

また，知事は，指示処分では足りないときや，取引士がその指示処分に従わないときには，1年以内の期間を定めて，取引士としての事務を禁止できます。

その際，処分を受けた取引士は，交付を受けた知事に取引士証を提出しなければなりません。

基本ナビ 指示処分，事務禁止処分ともに，知事は，自分が登録した取引士ばかりでなく，他の知事が登録した取引士に対しても行えますが，まずは指示処分，それに従わないときには事務禁止処分と段階を踏んで厳しくなるので，両者をまとめて覚えてしまうのが得策です。

○×ドリル 宅地建物取引業者Aが，本店において宅地の売買契約をする際，宅地建物取引業法第35条の規定に基づく重要事項の説明をさせなかったときには，免許権者は，A及び本店の専任の取引士に対して，必要な指示をすることができる。

関係する条文 第68条〔取引士としてすべき事務の禁止等〕1,2,4項

11-7 登録消除処分を受けるとき

暗記ナビ

登録消除処分を受けるときは
1 登録の欠格要件
2 不正登録
3 不正交付
4 禁止処分では足りない・従わない
5 取引士証なし

解説ナビ 上の1～5は，取引士について，処分のうち登録消除処分に該当する場合を，覚えやすいようキーワード化したものです。具体的な内容をみてみましょう。

1 **取引士登録した者が，成年被後見人，破産者になった，あるいは罰金刑，禁錮刑の刑に処せられた等，登録の欠格要件の1つに該当するようになったとき〔キーワード 登録の欠格要件〕**

2 **不正の手段によって，取引士の登録を受けたとき〔キーワード 不正登録〕**

3 **不正の手段によって取引士証の交付を受けたとき〔キーワード 不正交付〕**

4 **情状が特に重く，事務禁止処分では足りないときや，禁止処分に違反したとき〔キーワード 禁止処分では足りない・従わない〕**

5 **取引士証の交付を受けずに，取引士の事務を行い，その情状が特に重いとき〔キーワード 取引士証なし〕**

基本ナビ 取引士証の交付を受けている取引士が，取引士登録消除処分を受けるケースは，1～4に該当するときで，この場合には，取引士証を返納しなければなりません。

これに対し125は，登録は受けていても取引士証の交付は受けていない者が，取引士登録消除処分を受ける要件です。

1のうちで罰金刑，禁錮刑に処せられた等の場合と，2～5の要件によって登録消除処分を受けた者は，その後5年間は登録を受けられません。

○×ドリル Aが役員をしている宅地建物取引業者B社が，不正の手段により宅地建物取引業の免許を受けたとしてその免許が取り消されても，Aは，宅地建物取引士証の交付を受けていなければ，その登録を消除されることはない。

関係する条文 第68条の2〔登録の消除〕

学習のポイントは?

平成 22 年度本試験より新たに登場した本法は宅建業法とは異なる法律ですが，宅建試験では宅建業法の範疇（問題順）として出題されているため，本書では宅建業法のグループとして扱っています。消費者保護の立場は宅建業法と似ています。したがって宅建業法の知識をどう引用するかがポイントとなります。

ここで学ぶのはどんなこと?

消費者保護のためにはどんな措置が，なぜ必要かを整理しましょう。それが理解できれば及第点です。

12 住宅瑕疵担保履行法

12-1 新築住宅の売主等が資力を確保するとき

暗記ナビ

新築住宅を供給する事業者の義務は
住宅瑕疵担保保証金の供託，または，住宅瑕疵担保責任保険への加入

解説ナビ 新築住宅を供給する建設業者及び宅地建物取引業者は，当該新築住宅の注文者や買主が宅地建物取引業者でない場合に限り，特定住宅瑕疵に対する担保責任を確実に履行するため，次のいずれかの方法で資力を確保しなければなりません。

1 住宅瑕疵担保保証金の供託

建設業者である請負人は住宅建設瑕疵担保保証金，宅地建物取引業者である売主は住宅販売瑕疵担保保証金をそれぞれ供託し，基準日ごとにその供託の状況を国土交通大臣もしくは知事に届け出ます。これを怠ると，当該基準日の翌日から起算して50日を経過した日以後は，新たに住宅を新築する工事の請負契約や，新築住宅の売買契約を締結することはできず，さらに，これに違反して契約を締結した者は，1年以下の懲役もしくは100万円以下の罰金，もしくは両方の併科に処せられます。

2 住宅瑕疵担保責任保険への加入

建設業者である請負人は住宅建設瑕疵担保責任保険契約，宅地建物取引業者である売主は住宅販売瑕疵担保責任保険契約にそれぞれ加入し，基準日ごとにその加入状況を国土交通大臣もしくは知事に届け出ます。なお，住宅瑕疵担保責任保険は保険金額2,000万円以上，保険期間10年以上としなければなりません。

基本ナビ 民法では契約の目的物に瑕疵があった場合に，売主や請負人に対して，修補や瑕疵によって生じた損害の賠償等の瑕疵担保責任を負わせています（[権利関係 10-1 10-2][権利関係 11-3] 参照)。

しかし，平成17年11月に発覚した構造計算書偽造問題を契機に，住宅で特に重要な構造耐力上主要な部分や，雨水の浸入を防止する部分の瑕疵である特定住宅瑕疵に対する担保責任が，売主等の倒産等により履行されない場合が問題視され，新築住宅の買主等の利益を保護するために，平成21年10月1日以降に引き渡される新築住宅を対象として，平成19年に本法が制定されました。

買主等の利益を保護する『解説ナビ』12の措置をあわせて資力確保措置といいますが，注文者や買主が宅地建物取引業者の場合は，法が取引の安全を保護する必要性が低いため不要です。

語句の意味をチェックする

基準日…本法では毎年3月31日をいう
瑕疵担保責任…目的物が契約の内容に適合しない場合に対する責任
住宅瑕疵担保保証金…住宅建設瑕疵担保保証金及び住宅販売瑕疵担保保証金の総称
住宅瑕疵担保責任保険…住宅建設瑕疵担保責任保険及び住宅販売瑕疵担保責任保険の総称

関係する条文 第1条〔目的〕，第2条〔定義〕，第3条〔住宅建設瑕疵担保保証金の供託等〕，第11条〔住宅販売瑕疵担保保証金の供託等〕，第19条〔住宅瑕疵担保責任保険法人の業務〕

12-2 住宅瑕疵担保保証金に関する説明の時期

暗記ナビ

住宅瑕疵担保保証金に関する説明は，契約締結前

解説ナビ 住宅建設瑕疵担保保証金や住宅販売瑕疵担保保証金を供託した建設業者及び宅地建物取引業者は，供託所の所在地及び住宅瑕疵担保保証金に関し国土交通省令で定める事項について，当該事項を記載した書面を交付して，次の者に対して，次の時期に説明しなければなりません。

1 **建設業者の場合**

住宅を新築する建設工事の注文者に対して，当該工事の請負契約を締結するまでに

2 **宅地建物取引業者の場合**

自ら売主となる新築住宅の買主に対して，当該住宅の売買契約を締結するまでに

基本ナビ 新築住宅を供給する建設業者及び宅地建物取引業者は，［12-1］の通り，供託もしくは保険のいずれかの資力確保措置を講じる必要がありますが，自ら売主として新築住宅を供給する宅地建物取引業者は，資力確保措置の状況を35条書面に『⑪瑕疵担保責任履行の措置』（［7-1］参照）のひとつとして記載し，買主に対して説明することになります。

さらに，資力保全措置のうちの供託については，［7-4］同様に，供託所の情報を新築住宅の取得者（注文者や買主）に説明することで，どこから還付が受けられるかを知らせる必要があります。

資力保全措置のうち，供託は営業保証金（［第3章］参照）に，保険は保全措置（［8-3］参照）に，それぞれ多くの点で似ています。

したがって，建設業者及び宅地建物取引業者があらかじめ供託していれば，瑕疵の修補等を受けられない新築住宅の取得者は，法律で定められた額の保証金から，瑕疵の修補等に必要な金額について，供託所に対して還付を請求でき，さらに，建設業者及び宅地建物取引業者が保険料を支払って保険に加入していれば，特定住宅瑕疵担保責任が履行されなかったことによって損害を被った新築住宅の取得者に対しては，住宅瑕疵担保責任保険法人より保険金が支払われます。

ちなみに，供託とは異なり，保険の対象には新築住宅の瑕疵の修補等によって損害を被った建設業者及び宅地建物取引業者も含まれ，保険金が修補費用に充てられることで，ひいては新築住宅の取得者の利益が守られます。

このように，供託，保険ともに宅建業法の規定に大きく似通っている点を頭に入れ，本試験で本書にない初出の規定から出題されても勘を働かせてみましょう。

語句の意味をチェックする

住宅瑕疵担保責任保険法人…住宅瑕疵担保責任保険の引受け等の業務を行うために，国土交通大臣から指定を受けた一般社団法人，一般財団法人，株式会社等

関係する条文 第10条〔建設業者による供託所の所在地等に関する説明〕，
第15条〔宅地建物取引業者による供託所の所在地等に関する説明〕

○×ドリル 解答解説

権利関係

問題ある意思表示

1-2 ×『取消し』ではなく，無効
1-4 ×《錯誤》ときたら，重大な過失があったら有効。つまり過失があっても重大でなければ取消し
1-5 ○《通謀虚偽》ときたら，当事者間は無効
1-6 ×《公序良俗》ときたら，必ず無効
1-8 ×《取り消せる期間》ときたら，追認できるときから5年
1-9 ×《詐欺》ときたら，悪意の相手方には取消しを主張できる
1-10 ○《強迫》ときたら，必ず取り消せる
1-12 × 取り消せる行為のうち，善意の第三者に取消を主張できないのは，詐欺による意思表示
1-13 × 能力者が催告をそのままにしておくということは，制限行為能力者の行為を認めたということ

代理制度

2-1 ○《代理行為の効果》ときたら，本人に直接及ぶ
2-2 ○《本人名を表示・代理権あり・有効な行為》ときたら，代理は成立。本人に効力が及ぶ
2-3 × 任意代理人には未成年者でもなれる。「未成年者」を理由には取り消せない
2-4 × 代理権の範囲を定めていない場合は，保存・利用・改良行為が行える
2-5 ×《本人名欠落》ときたら，代理行為は成立しない
2-6 ○ 詐欺を知っている＝意思表示の欠落にはならない。したがって契約は取り消せない
2-8 ○《無権代理行為の相手方の保護》ときたら，善意であれば取消しOK
2-9 ×《無権代理行為・過失あり》ときたら，無権代理人に責任を追及できない
2-10 ×《他の代理権あり・善意無過失》ときたら，表見代理成立。本人が責任をとる
2-11 ○《自己契約》ときたら，本人の同意があればOK
2-13 ×「本人が成年被後見人」は代理権の消滅事由ではない

条件・期限

3-2 ○「3日後に支払います」等の場合，3日経過しなければ請求できない
3-3 ○《期限の利益》ときたら，放棄できる

時効と占有

4-1 ○《時効の効力》ときたら，時効開始時に遡る
4-2 ○《時効の利益》ときたら，時効完成前に放棄できない
4-3 × 賃借権に基づく占有では時効取得を主張できない
4-4 × 2年（自己所有）＋18年（他人に占有させる）＝20年間で取得時効完成
4-6 × 所有権はものある限り時効でも消滅しない
4-7 × その終了の時から6ヶ月を経過するまでは時効は完成しない。新たにはじまるではない

物権の種類

5-1 × 印章を盗取しての所有権移転は不法な行為で無効。権限のない者は所有権を主張できない
5-2 ○ 保存登記のある建物の所有は借地権の対抗要件であり，つまり権原を持っている者に該当。[16-10] 参照

所有権と共有

6-1 × その土地の上下に無限に及ぶとなると，たとえば航空に邪魔
6-2 × 枝はその所有者に切除してもらう
6-4 ○ 所有権にはA→B（時効による移転）とA→C（売買による移転）の2つの流れあり。対抗要件を備えた者勝ち
6-5 ×《共有物の使用》ときたら，共有物すべてを持分に応じて使用できる
6-6 ○ 不法占拠者への退去請求は保存行為。単独でできる
6-7 × 賃貸借契約の解除は利用・改良行為。過半数の賛成が必要
6-8 × 増築は変更行為，全員の賛成が必要
6-9 ×《自己の持分》ときたら，単独で処分できる
6-10 ○ 管理に関する債務は特定承継人に対しても請求できる
6-11 ×《共有物の放棄》ときたら，他の共有者が承継する
6-12 ○《共有物の分割》ときたら，いつでもOK

抵当権

7-1 ×《差し押さえられた法定果実》ときたら，抵当権の効力が及ぶ。賃料は法定果実
7-2 ○《抵当権の順位の変更》ときたら，登記で効力が生じる
7-3 ○《後順位がいる優先弁済額》ときたら，債権額＋2年分の利息
7-4 ×《代価弁済できる第三取得者》ときたら，抵当不動産の所有権 or 地上権を取得した者であり，永小作権を取得した者は除かれる
7-5 ○ 抵当権消滅請求の手続きが終わるまでは代金の支払いを拒める
7-6 ○ 抵当権実行の予想が付く第三取得者に通知する必要なし
7-7 ×《抵当権設定当時更地》ときたら，法定地上権は発生しない
7-8 × 優先弁済を受けられるのは抵当不動産から
7-9 × 抵当不動産については，利用・収益・処分は自由だが，賃借権については抵当権者が認めたものでなければ主張できない

契約の基本

8-1 ○ 自分振出しの小切手による弁済は確実でない
8-2 ○《特定物以外の弁済》ときたら，債権者の住所。金銭は特定物以外に該当する
8-3 ×《弁済する順序》ときたら，費用→利息→元本の順
8-4 ○ 別の第三者が受取証書を交付しても債務者が善意無過失であれば弁済は有効
8-5 × 兄でも債務については利害関係を持たない第三者。債務者の反対を無視できない
8-7 ○《代物弁済》ときたら，引き渡して効力発生。不動産の場合には移転登記

8-8 ×《相殺の要件》ときたら，双方の債権が同種類and相手方の債務が弁済期にある。両者が弁済期にある必要はない
8-9 ○《損害賠償の相殺》ときたら，加害者から主張はできない
8-10 ○《相殺の効力》ときたら，相殺適状まで遡って生じる
8-11 ○ 譲受人が悪意・重過失のときは，債務者は請求を拒むことができる
8-12 ×《債権の二重譲渡》ときたら，債務者に確定日付ある証書が先に届いたものが真の譲受人
8-15 × 債務者の責任で履行不能に陥っており，その時点から債務不履行の責任を負う
8-16 ○ 損害賠償の予定をしていたときには，それを覆せない
8-17 ○《履行不能の契約解除》ときたら，催告なしで解除できる
8-18 ○《原状回復》ときたら，同時履行
8-19 ×《契約解除による原状回復》ときたら，対抗要件を備えて権利を得た第三者には原状回復不可
8-20 ×《不可抗力による債務不履行》ときたら，債務者はそのままの状態で引き渡せばOK
8-21 × 債務不履行による損害賠償額は実損額

多数当事者の契約の基本

9-1 ×《多数当事者の契約解除》ときたら，全員で意思表示
9-4 ○ 他の債務者には免除されていない者の債務が残っているということ
9-5 ×《連帯債務の時効》ときたら，時効完成者の影響なし
9-6 ○《他の連帯債務者の債権での相殺》ときたら，負担部分の限度で債務の履行拒絶
9-7 ×《連帯債務の混同》ときたら，いったん全債務が消滅する
9-8 ○ 主債務が消滅すれば保証債務も消滅する
9-9 ○《保証人の要件》ときたら，能力者，かつ弁済できる財産を持っている者
9-10 ×《共同保証》ときたら，原則は保証債務は頭割り
9-11 ○《保証人の権利》ときたら，催告の抗弁権と検索の抗弁権
9-12 ×《連帯保証人の権利》ときたら，催告の抗弁権と検索の抗弁権はナシ
9-13 ○《主債務者への効果》ときたら，保証債務にも及ぶ
9-14 ○ 保証人は主債務が持つ債権で相殺できる。つまり相殺できなかった400万円について支払えばOK
9-15 ○ 主債務の消滅時効が完成すると，保証債務の消滅時効も完成する。主債務の時効援用・放棄に左右されない
9-16 ○［解説ナビ］参照

売買契約

10-1 × 他人物でも売買可。売主は買主に所有権移転義務を負う
10-3 ×《数量》は知った時から５年、行使できるようになった時から10年
10-4 ×《危険の移転》買主は代金の支払いを拒むことはできない。追完、減額、損害賠償の請求、契約の解除もできない
10-5 ○ 売主が知っていて告げなかった契約不適合については責任を免れることはできない

請負契約

11-1 ○ 請負人が完成した目的物を引き渡すと同時に，注文者より支払が行われる
11-2 × 契約不適合を理由に修補、減額、損害賠償の請求、契約の解除ができる
11-3 × 契約の不適合がある場合、土地の工作物であるかを問わず、注文者は契約を解除できる
11-4 ○ 知っていた契約不適合については免責されない

貸借契約

12-1 ×《賃貸借》ときたら，登記できる
12-2 ○ 賃借人は直ちに必要費の償還を請求できる
12-3 ○ たとえば駐車場を借りたならば，駐車場として使うのは当然のこと
12-4 × 承諾を必要とするのは賃借権の譲渡。賃貸人が自分の物をどう処分しようが賃借人には関係なし
12-5 × ＣはＡの代理人でありＣへの引渡し＝Ａへの引渡し。《建物の引渡し》は第三者対抗要件
12-6 ○ 旧賃貸人は自分の債権を回収した後，新賃貸人に敷金を承継する
12-7 ○ 一時使用は民法の賃貸借が適用される。申し入れから３ヶ月経てば終了する。正当事由は不要
12-8 ○ 不完全な物については，当然借賃の減額を請求できる

委任契約やその他の契約

13-1 ○ 報酬は特約しなければもらえない
13-2 ○《受領物の引渡し》ときたら，受任者の義務
13-3 ×《委任者の義務》ときたら，受任者に金銭的負担を負わせないこと
13-4 ○ 知らない瑕疵については責任ナシ
13-5 ○ 贈与は履行した分は撤回できない。移転登記は履行の行為に該当
13-6 ×《有償寄託》ときたら，善管注意義務
13-7 ○ 皆が出資しているのだから，組合財産は皆のもの

契約によらない債権債務

14-1 ×《損害賠償の相殺》ときたら，加害者からは主張できない。逆に被害者からは主張できる
14-2 ○《不法行為の効力》ときたら，債権発生時から履行遅滞に陥る
14-3 × 使用者も責任を負うが，実際の加害者である被用者の責任分は被用者に求償できる
14-4 ×《請負工事の不法行為》ときたら，原則として請負人が責任を負う
14-5 ○ 占有者は必要な注意をしていれば所有者が責任を負う
14-6 ×《共同不法行為》ときたら，全員が責任を負う
14-7 × 正当な理由のない損失は返還請求できる

相続

15-1 ○ 被相続人の死亡によって相続人はいっさいの権利義務を承継します
15-2 × 第三順位が相続する場合，甥が相続人となる可能性あり
15-3 × 第一順位の者がすべて相続を放棄しているので，したがって配偶者Ｄと母Ｃが相続人となる
15-4 ○ 相続人はＢ・Ｃ・Ｄ。その割合はＢ：Ｃ：Ｄ＝１／２:１／４:１／４。そして１／４をＥとＦで分けるのだから，それぞれの法定相続分は１／８となる
15-5 ○ 分割前の遺産は相続人全員で共有する
15-6 ×《相続の承認の時期》ときたら，相続人になったことを知ったときから３ヶ月以内
15-7 ○ 限定承認は相続人全員で行う
15-8 ○ 相続人が配偶者と第一順位なので，遺留分の割合は１／２。したがって，財産の１／４（１／２×１／２）を３人の子供で分けることになり，子供１人の遺留分は１／12
15-10×《遺言の効力》ときたら，遺言者の死亡時から発生する

借地借家法〔借地権〕

16-1 ×《借地権の当初存続期間》ときたら, 30 年以上。35 年と定めれば 35 年となる
16-2 ○《借地権更新の要件》ときたら，土地を継続使用している・建物がある
16-3 ○ 正当事由の判断材料は４つ。そのうちの１つしか考慮しないのは借地人に不利。借地人に不利な特約は無効
16-4 ○ 借地権は建物が消滅しても期間満了まで存続する
16-5 × 賃貸人から解約申し入れができるのは，借地人に債務不履行があったとき。建物が滅失しても解約の申し入れはできない
16-6 ○ 請求を受けた者が裁判確定までの地代等を決められる。請求を受けたのは賃借人であり，賃借人が相当と認める借賃を払えば OK
16-7 × 借地権者に債務不履行がある場合は買取請求は不可
16-8 ×《裁判所の申立て》ときたら, 借地権者が行う。つまりＡ
16-9 ○ 競落による第三取得者は裁判所へ申立てできる
16-10× 借地権の登記も第三者対抗要件だが,《借地権の第三者対抗要件》ときたら，建物の借地権者名義の保存登記
16-11○《一般定期借地権の存続期間》ときたら，50 年以上
16-12× 事業用定期借地権で賃貸マンションは建てられない
16-13× 本問の特約を付けた借地権を建物譲渡特約付き借地権という

借地借家法〔建物賃貸借〕

17-1 ○ １年未満は期間の定めのない契約となる
17-3 ○ １年未満は期間の定めのない契約。賃貸人から解約の申し入れをしたときにはその日から６ヶ月経過後に契約終了
17-4 ○ 通知をしなければ転貸借は終了しない
17-5 ×《建物賃貸借の第三者対抗要件》ときたら，登記があれば OK
17-6 × 当然，賃料増額を拒める。その結果，話し合いで決着できなければ裁判へ持ち越される
17-7 ○《造作買取請求》ときたら，有効な特約
17-8 × 相続人がいなければ同居人が承継できる
17-9 × 建物の種類や用途には関係なく定期借家契約とすることができる。
17-10× 一定の要件を満たせば賃借人から中途解約できる
17-11○ 正当事由を有することなく契約を消滅させられる建物賃貸借の一つ

区分所有法

18-1 ○ 規約敷地は定めがあれば分離できる
18-2 × 登記が必要なのは規約共用部分のみ
18-3 × 原則は専有部分の床面積の割合。しかし，規約で別の定めをすればそれに従う
18-4 ○ 管理者は区分所有者以外でも OK
18-5 ×《区分所有者全員の代理・訴訟》ときたら，管理者の権限
18-6 ○《管理組合法人》ときたら，区分所有者及び議決権の各３／４以上の賛成が必要
18-7 × 規約の変更が一部の区分所有者に影響するときには承諾が必要
18-8 ○ 公正証書によって定められる事項は４つ。そのひとつが規約共用部分の定め
18-9 ×《共用部分の保存》ときたら，単独でできる
18-10○《共用部分の利用・改良》ときたら，区分所有者及び議決権の各過半数の賛成が必要
18-11×《共用部分の変更》ときたら，規約により「区分所有者」については過半数まで減らせる
18-12○《一部滅失・１／２超》ときたら，区分所有者及び議決権の各３／４以上の賛成が必要。これは別段の定めができない
18-13○《建替え》ときたら，区分所有者及び議決権の各４／５以上の賛成が必要。これは別段の定めができない
18-14○《集会》ときたら，区分所有者及び議決権の各１／５以上を有する者が招集を請求できる
18-15○《占有者の義務》ときたら，区分所有者と同一の義務を負う

不動産登記法

19-2 × 登記簿が備えられる登記所は１つ
19-3 ×《登記の対象》ときたら，土地及び土地の定着物
19-5 ○《登記の順位》ときたら，同じ区内では順位番号順
19-7 ○《権利登記》ときたら，申請は共同主義
19-8 ○《確定判決あり》ときたら，単独で保存登記が申請できる
19-9 ○ 登記上利害関係を有する者があれば，損得にかかわるため承諾書等が必要
19-10○ 区分所有建物の表題部は一括申請であり，申請者は業者等の最初の所有者
19-11× 仮登記ができるときとは，手続法上以外に，実体法上の要件が整わないときも OK

○×ドリル 解答解説

法令上の制限

国土利用計画法

1-1 ○ 届出を要する契約は権利金等の対価が生じるもの
1-2 ×《土地売買等の届出時期》ときたら，原則は取引後２週間以内。その際，届け出るのは権利を取得した者のみ
1-3 × 勧告に従わなければ公表。助言に従わないときに公表というのはウソ

都市計画法〔都市計画〕

2-1 ×《都市計画区域の指定権者》ときたら，１つの都道府県内は都道府県，２つ以上の都府県にまたがるときは大臣
2-2 × 都市計画区域を指定できるのは大臣 or 都道府県
2-3 ○ [2-3]［基本ナビ］赤字参照
2-5 × 特別用途地域は用途地域に定められる
2-6 × 都市施設は市街化調整区域にも定められる
2-8 ○《予定区域》ときたら，必ず施行予定者を定める
2-9 × [2-9] 参照。地区計画等は全５種類
2-10 × 市街地開発事業のうち，小規模な事業は市町村が定める
2-12 ×《都市計画を提案する条件》ときたら，土地所有者等の２／３以上の同意
2-13 ×《計画提案の都市計画を決定しないとき》ときたら，遅滞なく提案者に通知する

都市計画法〔開発許可〕

3-1 ×《市街化区域》ときたら，1,000㎡以上で開発許可要
3-3 × 不許可でも文書
3-4 ○ 設計・工事施行者ともに申請書への記載事項
3-5 × [3-5] ⑨参照。同意は２／３以上
3-6 ○《関係する公共施設の管理者》ときたら，協議し同意を得る
3-7 ○《開発許可申請の変更・一般承継》ときたら，手続き不要

都市計画法〔行為制限〕

4-1 ×《開発許可を受けた土地・公告後》ときたら，予定建築物以外は建てられない。しかし，用途地域が定められている区域では，用途にあった建築物であれば建築 OK
4-2 ×《市街化調整区域で開発許可を受けていない土地》ときたら，建築物を建てられない。しかし，非常災害のために必要な応急措置として行うものは OK
4-3 ×《都市計画施設等区域内》ときたら，建築物を建てられない。しかし，非常災害のために必要な応急措置として行うものは OK
4-4 ○《市街地開発事業等予定区域内》ときたら，建築物の建築には知事の許可が必要
4-5 ×《都市計画事業地内》ときたら，建築物の建築には「知事」の許可が必要

土地区画整理法

5-1 ○ 借地権は，登記がなければ第三者はその有無が判断できない。登記がなければ当然申し出る
5-2 ○ 保留地を定める目的には，売って換金する他，定款で定める目的（集会場を建てる等）もある
5-3 ×《仮換地》ときたら，仮換地指定後は仮換地について使用収益できる。しかし，所有権は依然従前の土地にある
5-4 × 都市計画法を思い出そう。原則として公共施設の管理は市町村

建築基準法

6-1 × 水泳場は第一種住居地域から建築できる
6-2 × 公益上必要な建築物は，通行上支障がなければ道路に突き出して建築できる。たとえば，陸橋等のこと
6-3 × 第一種低層住居専用地域は [6-3]［基本ナビ］①の地域に該当する。その他の地域の上限は６／10
6-5 × 第一種低層住居専用地域の容積率の上限は 20／10
6-6 × ２つの地域にまたがる場合は，それぞれの地域において容積率・建ぺい率を算出し平均値を出す
6-7 ○《用途地域地域・敷地の最低限度》ときたら，200㎡を超えて定めてはいけない
6-8 × 道路車線制限は，都市計画区域内等であれば制限を受ける
6-9 ×《日影制限・その他の地域》ときたら，高さ10 m超の建物が対象
6-10 ×《低層住居の後退距離》ときたら，1.5 mもしくは１ mのどちらか
6-11 ○《防火地域・延べ面積 100㎡超》ときたら，耐火建築物
6-12 ×《準防火地域・延べ面積 500㎡超～ 1,500㎡以下》ときたら，準耐火建築物か耐火建築物
6-15 ○《木造３階》ときたら，建築確認要
6-16 ○《木造・３階以上・新築》ときたら，建築確認要。そして，工事完了の届出は４日以内

農地法

7-1 ○ 相続による農地取得は許可不要
7-2 ○ ４条から５条への切り替え。当然５条の許可が必要
7-3 ×《市街化区域内》ときたら，農業委員会へ届け出る

その他の不動産法令

8-1 ○「宗教法人」は公共ではない。この場合の墓地は宅地扱い
8-2 × 宅地以外→宅地，宅地→宅地の為の造成は本法を適用。宅地→宅地以外，宅地以外→宅地以外のための造成は本法の適用を受けない
8-3 ○ 災害が生じるおそれのある市街地や予定地に指定する
8-4 × 許可を受けるのは工事主
8-5 ×《有資格者による宅地造成等》ときたら，高さ５ m超の擁壁の設置

8-6　○　何事も証拠が必要。合格の証拠が検査済証

8-7　×《既に工事を行っている》ときたら，指定があった日から 21 日以内に届け出る

8-8　○　所有者・占有者・管理者等は土地を安全な状態に維持する義務あり

地価公示法と不動産の鑑定評価

9-1　×《公示価格》ときたら，一般の土地取引の「指標」

9-2　○　似通った土地でなければ正常な価格が求められない

9-3　○　[9-3] 1～3参照

9-4　○　様々な手法を併用して評価を行うことで正常な価格が求められる

9-5　○　原価法は再造成等をしたらいくらかかるかを想定して評価する手法

9-6　○　投機目的で行われた取引では，土地の価格は高騰しているため事例には不適切

9-7　×　自己の住宅地を借地と想定すれば，収益還元法で評価できる

税金

10-2　×《固定資産税・住宅》ときたら，床面積 120 ㎡までの部分について固定資産税の１／２控除される

10-4　○　[10-4]［基本ナビ］①参照

10-5　×《居住用財産の譲渡・税金の軽減》ときたら，所有期間 10 年を超えなければダメ

10-6　○《居住用財産の買換え特例》ときたら，居住用財産を譲渡した場合の軽減税率の併用は不可

10-7　×　3,000 万円特別控除を受けているときには，住宅取得等特別控除の適用を受けられない

10-8　○　[10-8]［解説ナビ］7参照

10-9　×　納税義務は申請する者に生じる。所有権移転は共同申請

景品表示法

11-1　○　もれなく提供＝懸賞によらない提供であり，取引価格の 10%，もしくは，100 万円を超えるものはダメ

11-2　×《おとり広告》ときたら，不当表示

11-3　○　違反行為がなくなっていたとしても，違反行為を行った事実があれば命令可

独立行政法人 住宅金融支援機構

12-2　×　貸付債権の信託には主務大臣の認可が必要

12-3　×　[12-3]［解説ナビ］1参照。貸付けの決定については委託できません

土地・建物に関する一般常識

13-1　○　自然堤防は危険度の低い地形。砂礫で水はけもよい

宅建業法

免許制度

1-1　○　Ｂの行為は「自ら貸主」であり，免許不要

1-2　×《用途地域》ときたら，宅地。宅地の売買は宅建業

1-3　×《２つ以上の都道府県に事務所あり》ときたら，大臣免許だが，営業活動は大臣免許・知事免許のどちらを取得しても全国で行える

1-4　×《免許不要者》ときたら，信託会社，信託業務を行う金融機関

1-5　○　本店と違い，支店等は宅建業を営んではじめて事務所扱い

1-6　×《免許の有効期間》ときたら，５年間

1-7　×　大臣への免許申請は本店のある知事を経由する

1-8　○《免許の申請》ときたら，大臣免許は９万円の登録免許税を納付

1-9　×《知事免許から別の知事免許へ免許換え》ときたら，直接新免許権者へ申請する

1-10　×　有効期間満了の日の 90 日前から 30 地に前までに申請書を提出して居れば，新免許交付まで従前の免許が引き続き使える

1-12　×《合併による消滅》ときたら，消滅する会社の役員が免許権者（この場合甲県知事）に届け出る

1-13　○　（14＋７）÷５＝４あまり１。つまり専任の取引士が少なくとも５人必要

1-14　×《取引士の変更》ときたら，２週間以内に措置

1-15　×《役員・懲役》ときたら，５年間免許を取得できない

取引士制度

2-1　○《取引士資格試験》ときたら，誰でも受験できる

2-2　×　大臣が指定する実務講習の受講はいつでも OK

2-3　×《登録場所》ときたら，取引士資格試験の受験地の知事

2-4　×　破産者は復権すればいつでも登録 OK

2-5　○《登録簿》ときたら，変更は遅滞なく登録権者に対して行う

2-6　×　登録の移転は自由

2-7　○《取引士死亡》ときたら，その相続人が届出をし，《取引士破産》ときたら，本人が届出を行う

2-8　○《35 条》ときたら，取引士証を提示する。37 条のときには請求があったときに提示すれば OK

2-9　×　取引士証交付のために受講する講習は知事が指定する講習

2-10　×《取引士証の有効期間》ときたら，５年間

2-11　×《取引士証の書換え交付》ときたら，氏名・住所を変更した場合

2-12　×　取引士証の提出は，交付を受けた知事に対して行う

2-13　×　事務の禁止処分を受けたときには取引士証を交付を受けた知事に「提出」する

○×ドリル 解答解説

営業保証金制度

3-1 ○ 営業・広告は供託した旨の届出後
3-2 ×《営業保証金の供託先》ときたら，主たる事務所のもよりの供託所
3-3 ×《営業保証金の供託所》ときたら，主たる事務所の最寄りの供託所
3-4 ○ 国債証券の評価額は100%，地方債証券は90%。つまり10%分多く供託する必要がある
3-5 ×《営業保証金の供託の届出》ときたら，催告は免許を与えてから3ヶ月したら行う
3-6 ×《営業保証金の供託所の変更・有価証券を含む》ときたら，二重供託が必要
3-7 ○《営業保証金の還付請求》ときたら，業者と宅建業に関して取引し，被害を受けた者が行える
3-8 ○《営業保証金の不足額の供託》ときたら，免許権者から通知を受けてから2週間以内（14日以内）
3-9 × 理由に関係なく，《免許失効》ときたら，営業保証金を取り戻せる
3-10 ○《事務所の一部廃止》ときたら，公告後，営業保証金を取り戻せる

保証協会

4-1 ○《保証協会の業務》ときたら，弁済業務
4-2 ×《保証金分担金の納付時期》ときたら，加入する日までに行う
4-3 ○《保証金分担金の納付額》ときたら，主たる事務所60万円・従たる事務所ごとに30万円
4-4 × 弁済業務保証金の供託先は法務大臣及び国土交通大臣が定める供託所
4-5 ×《還付請求者》ときたら，社員になる前の被害者も含まれる
4-6 × 弁済業務保証金の還付を請求するには保証協会の認証を受ける必要がある
4-7 ○《還付後の不足額の納付》ときたら，保証協会の通知を受けてから2週間以内
4-8 ○ 事務所が減った分，弁済業務保証金を返還してもらえる
4-9 ×《公告不要の弁済業務保証金の取戻し》ときたら，事務所の一部を廃止したとき。営業保証金を供託しても公告は必要

業務に必要な掲示・携帯等

5-1 ×《報酬額の掲示》ときたら，事務所ごと
5-2 × 取引士証を提示しても従業者であることは証明できない。従業者証明書の提示を求められたときには，それに従う
5-3 ×《従業者名簿の備え付け》ときたら，事務所ごと
5-4 × 帳簿の保存は各事業年度の末日をもって閉鎖してから5年間
5-5 ×《標識の掲示》ときたら，業務を行う場所ごと
5-6 ×《案内所の専任取引士の数》ときたら，1人以上
5-7 ○《案内所の届出》ときたら，免許権者と案内所のある場所の知事に届け出る

セールスに関する制限

6-1 × 候補地を断定的判断で有利であると告げる行為は，[6-1] ②に該当
6-2 × 本人の承諾以外にも正当な事由があれば秘密を他人に漏らせる
6-3 × 停止条件付きであるか否かは重要な事項。告げなければならない
6-4 ○《将来の利用の制限》ときたら，事実に相違する表示等は誇大広告
6-5 ×《未完成物件・売買の広告の開始時期》ときたら，開発許可後ならOK
6-6 × 取引態様の明示は口頭でもOK

契約締結に関する制限

7-1 ○ 貸借の用途制限は重要事項
7-2 ×《35条書面の交付相手》ときたら，買主。つまりAB共に説明する義務あり
7-3 ○《35条書面の説明時期》ときたら，必ず契約締結前
7-4 ×《保証協会に関する説明》ときたら，契約締結前に行うようにしないとダメ
7-5 ×《未完成・売買契約締結の時期》ときたら，確認後でなければ契約を締結できない
7-6 ○《37条書面・賃貸》ときたら，賃料の支払方法は記載事項
7-7 ○《37条書面の交付相手・媒介》ときたら，契約の各当事者。つまりCは，AB共に交付しなければならない
7-8 × 37条書面への記名は取引士であれば専任でなくてもOK
7-9 ○ 事後処理も迅速に

業者が売主となる売買契約の制限

8-1 × 専任の取引士を置く事務所での契約申込等はクーリング・オフできない
8-2 ○《他人物売買・買主は一般人》ときたら，物件が業者のものになるのが確実であればOK
8-3 ○《完了前の保全措置・買主は業者》ときたら，保全措置の必要ナシ
8-4 × 手付金半額の放棄は買主に有利。特約は有効
8-5 ○《違約金・損害賠償の予定額》ときたら，代金の20%以下。つまり1,000万円まで
8-6 ×《業者の契約不適合期間》ときたら，引渡の日から2年間以上とする特約であればOK

媒介契約の制限

9-1 ×《媒介契約》ときたら，指定流通機構については記載事項
9-2 ×《媒介契約書の交付時期》ときたら，媒介契約後遅滞なく
9-3 ○《評価額への意見》ときたら，述べるときは根拠が必要
9-4 × 専任媒介契約の自動更新は不可
9-5 ○《専属専任媒介の有効期間》ときたら，3ヶ月が限度。100日は3ヶ月を超える

報酬の制限

10-1 × 速算法が使えるのは取引物件の価格が400万円以上のとき

10-2 ○ 3,000万円×3％＋6万円＝96万円（片手分）。代理だから，双方合計して最高192万円（両手分）を受領できる

10-3 × 2,000万円×3％＋6万円＝66万円（片手分）。媒介だから，一方から受領できる最高額は66万円

10-4 ×《業務用の賃貸借ときたら，双方合計して最高100万円（1ヶ月分）受領できる

10-5 ×《居住用の賃貸借の媒介の報酬》ときたら，一方から受領できる最高額は20万円（半月分）

10-6 ○ まずは建物価格を算出すると1,500万円（1,650万円÷110％）。
2,500万円×3％＋6万円＝81万円（片手分）。媒介なので一方から受領できる最高額は消費税を含んで842,400円（81万円×104％）。

10-7 × 報酬額は依頼者が業者であっても制限される

監督処分

11-1 × 専任の取引士不足に対する必要な措置には2週間の猶予あり

11-2 ○《業者への指示処分》ときたら，業法あるいは業務違反で処分を受ける

11-3 ○ 取引態様の別の明示義務は宅建業法で重要な規定

11-5 × 公告せずとも，取引士証がなければ取引士としての事務はできない

11-6 ○《取引士への指示処分》ときたら，取引士として行う事務に関し不当・不正で処分を受ける

11-7 ×《登録消除》ときたら，登録の欠格要件で登録を消除される。役員で不正で免許取消しは登録の欠格要件

スピード検索

ア行

カ行

スピード検索

サ行

スピード検索

タ行

スピード検索

ナ行

ハ行

スピード検索

マ行

ヤ行

ラ行

おわりに

最後まで読んでいただきありがとうございます。

これからは過去問にどんどん挑戦していってください。

正直、覚えるためにまたテキストを最初から読みはじめ、繰り返し、繰り返し読むことだけはしてほしくありません。

インプットよりアウトプットのほうが断然大事です。

同じ繰り返すなら、過去問を解くことを繰り返す。過去問を解くことで、アウトプットの練習になり、繰り返すことで理解も深まります。

宅建試験は、マークシート方式でその場で考えさせるような試験ではありません。知識が頭に入っているかいないかを問う試験です。

知識を増やすのは、毎日勉強を継続するしかありません。毎日５分でも、過去問を解いてください。継続は力なりです。

わからないことがあれば、どんどん質問してください。

読者のみなさんのご健闘をお祈りしております。

大西 邦高